Carl Heinze
Mittelalter Computer Spiele

Historische Lebenswelten in populären Wissenskulturen
History in Popular Cultures | Band 8

Editorial

In der Reihe **Historische Lebenswelten in populären Wissenskulturen | History in Popular Cultures** erscheinen Studien, die populäre Geschichtsdarstellungen interdisziplinär oder aus der Perspektive einzelner Fachrichtungen (insbesondere der Geschichts-, Literatur- und Medienwissenschaft sowie der Ethnologie und Soziologie) untersuchen. Im Blickpunkt stehen Inhalte, Medien, Genres und Funktionen heutiger ebenso wie vergangener Geschichtskulturen.

Die Reihe wird herausgegeben von Barbara Korte und Sylvia Paletschek (geschäftsführend) sowie Hans-Joachim Gehrke, Wolfgang Hochbruck, Sven Kommer und Judith Schlehe.

Carl Heinze (Dr. phil.) hat in Freiburg und Paris Geschichte, Neuere Deutsche Literaturgeschichte und Informatik studiert und an der Albert-Ludwigs-Universität Freiburg i.Br. promoviert.

CARL HEINZE

Mittelalter Computer Spiele

Zur Darstellung und Modellierung von Geschichte
im populären Computerspiel

[transcript]

Zugl.: Freiburg (Breisgau), Univ., Diss., 2012
u.d.T.: Mittelalter Computer Spiele

Bibliografische Information der Deutschen Nationalbibliothek

Die Deutsche Nationalbibliothek verzeichnet diese Publikation in der Deutschen Nationalbibliografie; detaillierte bibliografische Daten sind im Internet über http://dnb.d-nb.de abrufbar.

Umschlaggestaltung: Kordula Röckenhaus, Bielefeld
Umschlagabbildung: Tim Ernst, *Leap of Faith*, 2011
Lektorat & Satz: Carl Heinze
Druck: Majuskel Medienproduktion GmbH, Wetzlar
ISBN 978-3-8376-2104-4

Gedruckt auf alterungsbeständigem Papier mit chlorfrei gebleichtem Zellstoff.
Besuchen Sie uns im Internet: *http://www.transcript-verlag.de*
Bitte fordern Sie unser Gesamtverzeichnis und andere Broschüren an unter:
info@transcript-verlag.de

Inhaltsverzeichnis

Das Mittelalter im Computerspiel

Danksagung

Im Sommersemester 2012 wurde vorliegende Arbeit an der Albert-Ludwigs-Universität Freiburg als Dissertation angenommen.

Mein erster Dank gilt meiner Betreuerin Sylvia Paletschek: für ihr Interesse am Thema, für ihre kompetente, zuverlässige und stets ermutigende Begleitung und für die freundlich-entspannte Atmosphäre, in der die Arbeit entstehen konnte.

Meinem Zweitgutachter Valentin Groebner möchte ich für seine Neugier, sein Engagement und seine Anregungen, die zum rechten Zeitpunkt meinen Blick nochmals geweitet haben, danken.

Folgende Firmen haben mich mit der Bereitstellung von Computerspielen und/ oder Auskünften unterstützt, ihnen sei herzlich gedankt: Crimson Cow, dtp entertainment Media, GEE Magazin, JoWood, Paradox Interactive, Ubisoft.

Das evangelische Studienwerk e. V. Villigst hat diese Arbeit mit einem Promotionsstipendium gefördert, dafür danke ich sehr herzlich. Den Promovierenden des Studienwerks danke ich für die ebenso sympathischen wie inspirierenden Treffen in Berlin und in Villigst.

Großer Dank gebührt meinen Lesern, Korrektoren und Beratern: Eberhard Heinze, Christoph Mohry, Peter Kratz und Christian Thier sowie dem Freiburger Kolloquium von Sylvia Paletschek.

Für ständigen Austausch und die Übernahme der Schlusskorrektur und für noch ganz viel mehr danke ich Carola Conradt.

Einleitung

Ich stehe vor den Toren Jerusalems. Von den sarazenischen Stadtwachen unbemerkt schleiche ich in die Stadt. Die Gassen sind eng und verwinkelt, Händler preisen ihre Waren, Bettler und Derwische kreuzen den Weg. Ein Prediger warnt, die Kreuzfahrer stünden bereits vor den Mauern Jaffas. Ein Durchgang führt zu steinernen Stufen, oben ein weiter Platz und ein großes Gebäude, der Felsendom.

Ich regiere eine große Stadt mit Marktplatz, Kirche, Burg und mehreren Dutzend Gebäuden. Die Einwohner lasse ich Brot, Wurst und Käse herstellen, aber auch Waffen, Kleidung und Arzneimittel. Vor den mächtigen Stadtmauern kümmern sich meine Untertanen um die Felder und das Vieh, in den Wäldern schlagen sie Holz und gehen der Jagd nach und in den Bergen wird Eisen abgebaut. Die Stadt wächst, die Bewohner werden anspruchsvoller, vermutlich sind bald Taverne und Theater zu errichten.

Ich habe Schottland unterworfen, die britischen Inseln sind nun vollständig in meiner Hand. Von meiner normannischen Besitzung erwäge ich einen Angriff auf Paris, doch die Franzosen sind stark. Zunächst sind in den Festungen von Nottingham und York weitere Truppen zu rekrutieren. Bis diese aufs Festland übergesetzt sind, sollte auch mein bester General mit seinem Heer vom Feldzug gegen die flämischen Rebellen zurück sein. Wenn sich dann noch die Spanier endlich zu einem Angriffspakt gegen Frankreich durchringen können, werde ich meinem Ziel, Hegemon Europas zu werden, ein gutes Stück näherkommen.

Diese drei Szenen historischen Erlebens berichten von Vergangenheitserfahrungen, die aufgrund der Aktivität des Subjekts nicht zu den Medien Film und Literatur, aufgrund der Dimensionen der Umgebungen nicht zu performativen Formen wie Theater oder Rollenspiel passen wollen. Die Kombination aus souveränem Agieren und fast grenzenlosen Weltentwürfen bietet nur jene Apparatur, die Abbildungen, bewegte Bilder, Laute, Musik, Texte und Daten als »totaler Medienverbund auf Digitalbasis« vereinen kann[1] und besonders in ihren zweckfreien, unterhaltenden Programmen als Vergangenheitsversionen von großer Komplexität und ungemeiner Vielfalt anbietet. Die Rede ist vom Computer und von den Spielen, die auf ihm ausgeführt werden.[2]

Seitdem Steve Russel 1961 mit *Spacewar!* eines der ersten Computerspiele auf einem Großrechner des Massachusetts Institute of Technology zur Ausführung brachte und damit »as realistically as possible« die Bewegung von Raumschiffen durch das Weltall nachahmte,[3] haben unzählige Computerspiele sich an den unterschiedlichsten Geschichten, Weltentwürfen und Handlungsräumen versucht. Ungefähr ab der Jahrtausendwende setzte dann in verstärktem Maße auch die wissenschaftliche Beschäftigung mit dieser neuen, zunehmend relevanter werdenden Medienform ein – »they're not going away«[4] – und 2005 plädierte der Medienwissenschaftler Henry Jenkins dafür, Computerspiele als »new lively art, [...] appropriate for the digital age«, zu verstehen: »They open up new aesthetic experiences and transform the computer screen into a realm of experimentation and innovation that is broadly accessible.«[5] Dass die von Jenkins indizierte Bedeutung des Computerspiels inzwischen erkannt wird, dokumentiert nicht zuletzt die Musealisierung des Gegenstandes: Fünfzig Jahre nach *Spacewar!* und finanziert unter anderem mit Mitteln der Europäischen Union eröffnete 2011 in Berlin das weltweit erste Computerspielemuseum.[6]

Für die »unerhörte[n] Wahrnehmungs- und Darstellungsräume« der Computerspiele[7] kommt der Vergangenheit keine unerhebliche Rolle zu: Von den Spielen für

---

1 | Friedrich Kittler, *Grammophon – Film – Typewriter*, Berlin 1986, S. 8.

2 | Die drei Eingangsbeschreibungen orientieren sich am Spielerlebnis, wie es so oder ähnlich (in dieser Reihenfolge) die Computerspiele *Assassin's Creed* (Ubisoft Montreal/Ubisoft 2008), *Die Siedler – Aufstieg eines Königreichs* (Blue Byte/Ubisoft 2007) und *Medieval II: Total War* (The Creative Assembly/Sega 2006) vermitteln können.

3 | David Myers, *The Nature of Computer Games. Play as Semiosis*, New York u. a. 2003, S. 9.

4 | Steven Poole, *Trigger Happy. Videogames and the Entertainment Revolution*, New York 2000, S. 14.

5 | Henry Jenkins, *Games, the New Lively Art*, in: Joost Raessens/Jeffrey Goldstein (Hrsg.), *Handbook of Computer Game Studies*, Cambridge, London 2005, S. 175–192, hier S. 177.

6 | Gegründet wurde das Computerspielemuseum bereits 1997, erhielt aber erst 2011 ein eigenes Ausstellungshaus. Zur Eröffnung vgl. Karin Wehn, *Computerspiele – Kunstform des digitalen Zeitalters*, in: Telepolis, 27. 01. 2011, URL: http://www.heise.de/tp/artikel/34/34093/1.html (besucht am 09. 10. 2011).

7 | Randi Gunzenhäuser, *Raum, Zeit und Körper in Actionspielen*, in: Dichtung Digital 4 (2002) 22, URL: http://www.brown.edu/Research/dichtung-digital/2002/03-22-Gunzenhaeuser.htm (besucht am 10. 10. 2010), S. 4.

den PC, die sich in den Jahren 2002–2010 in Deutschland am häufigsten verkauften, haben knapp 20 Prozent einen offenkundigen Bezug zur Geschichte.[8] Obwohl die »wachsende ästhetische, mediale, politische und kommerzielle Selbstbedienung im Supermarkt des Vergangenen«[9] inzwischen von der Geschichtswissenschaft zunehmend zur Kenntnis genommen wird, hat die Geschichtsdarstellung im Computerspiel bisher wenig Aufmerksamkeit erhalten.[10] Hier setzt diese Arbeit an. Sie will mit einer einschränkenden Konzentration auf das Mittelalter und unter besonderer Berücksichtigung der Situation in Deutschland klären, mit welchen präsentativen Strategien das Historische im Computerspiel erscheint und wie die Vergangenheitsbilder beschaffen sind, die dadurch evoziert werden.

Damit befindet sich die Arbeit im Schnittpunkt der Themenkreise *Mittelalter*, *Computer* und *Spiele*. Zum Ersten geht es mit dem *Mittelalter* um eine Idee, die eine vielschichtige und einflussreiche Tradition hat. Nachdem Francesco Petrarca im 14. Jahrhundert zwar nicht den Begriff ›Mittelalter‹, aber die diesem unmittel-

8 | Bestseller Deutschland 2002–2010 nach Media Control. Detaillierte Auswertung und Quellenangabe auf S. 111 f.

9 | Christoph Conrad/Martina Kessel, *Geschichte ohne Zentrum*, in: dies. (Hrsg.), *Geschichte schreiben in der Postmoderne. Beiträge zur aktuellen Diskussion*, Stuttgart 2004, S. 9–36, hier S. 9.

10 | Die einzige Monographie zum Thema ist die Arbeit von Waldemar Grosch, die aber aus didaktischer Perspektive vornehmlich »methodische Vorschläge für die Umsetzung im Unterricht« erarbeitet: Waldemar Grosch, *Computerspiele im Geschichtsunterricht*, Schwalbach/Ts. 2002, S. 7. Auseinandersetzung, von denen diese Arbeit besonders profitiert hat und die im weiteren Verlauf an je geeigneter Stelle aufgegriffen werden, sind: Ted Friedman, *Civilization and Its Discontents. Simulation, Subjectivity, and Space*, in: Greg M. Smith (Hrsg.), *On a silver platter: CD-ROMs and the promise of a new technology*, New York 1999, S. 132–150; Kacper Pobłocki, *Becoming-state. The bio-cultural imperialism of Sid Meier's Civilization*, in: Focaal – European Journal of Anthropology 39 (2002), S. 163–177; William Uricchio, *Simulation, History, and Computer Games*, in: Joost Raessens/Jeffrey Goldstein (Hrsg.), *Handbook of Computer Game Studies*, Cambridge, London 2005, S. 327–334; Kevin Schut, *Strategic Simulations and Our Past. The Bias of Computer Games in the Presentation of History*, in: Games and Culture 2 (2007), S. 213–235; Stefan Wesener, *Geschichte in Bildschirmspielen. Bildschirmspiele mit historischem Inhalt*, in: Tobias Bevc (Hrsg.), *Computerspiele und Politik. Zur Konstruktion von Politik und Gesellschaft in Computerspielen*, Münster 2007, S. 141–164; Oliver M. Traxel, *Medieval and Pseudo-Medieval Elements in Computer Role-Playing Games: Use and Interactivity*, in: Studies in Medievalism 16 (2008), S. 123–142; Heiko Brendel, *Historischer Determinismus und historische Tiefe – oder Spielspaß? Die Globalechtzeitstrategiespiele von Paradox Interactive*, in: Angela Schwarz (Hrsg.), *»Wollten Sie auch immer schon einmal pestverseuchte Kühe auf Ihre Gegner werfen?« Eine fachwissenschaftliche Annäherung an Geschichte im Computerspiel*, Münster 2010, S. 95–122. Für weitere Arbeiten, die Geschichtsdarstellungen in Computerspielen behandeln, vgl. unten S. 78 ff.

bar vorangehende Wendung vom ›mittleren Zeitalter‹ verwendet hatte[11] und damit das »Bewußtsein der Europäer, in einer qualitativ besseren, neuen Zeit zu leben«, ausdrückte,[12] haben vor allem die Romantiker in einer ersten »Erinnerungskonjunktur«[13] ab der Wende vom 18. zum 19. Jahrhundert das Mittelalter zum Referenzpunkt einer »Neuen Mythologie« gemacht.[14] Von dieser erhofften sie sich »nach den ›Entzauberungen‹ und Zerstörungen von Aufklärung und Revolution neue geistige Ordnungen und neue gesellschaftliche Bindungen«.[15] Um der politischen und gesellschaftlichen Orientierungslosigkeit ein eigenes kulturelles Erbe entgegenstellen zu können, verklärten die Romantiker das Mittelalter zum eigentlichen Höhepunkt der Geschichte und versuchten, in mittelalterlichen Sagen, Märchen und Liedern dem Charakter des deutschen Volkes nachzuspüren.[16] Bei August Wilhelm Schlegel ließt sich das dann wie folgt: »Rittertum, Liebe und Ehre sind nebst der Religion selbst die Gegenstände der Naturpoesie, welche sich im Mittelalter in unglaublicher Fülle ergoß, und einer mehr künstlerischen Bildung des romantischen Geistes voranging.«[17] Stephanie Wodianka hat das romantische Mittelalterbild in Literatur, Kunst und Geschichtsschreibung zusammengefasst: Es sei einerseits geprägt »durch ein verklärendes, literarisch geprägtes Ideal tugendhafter Ritter, minnewürdiger Damen und guter, weil ursprünglich-naiver Menschen«. Andererseits gehöre dazu aber auch »die düstere, bereits in der Aufklärung vorbereitet Vision eines von Armut, Seuchen und Unterdrückung gezeichneten Mittelalters«.[18] Diese Zweiteilung der Mittelalterbilder wurde von Otto Gerhard Oexle in der Wendung vom »entzweiten Mittelalter« auf den Punkt gebracht; sie bleibt nach Oexle im 19. und 20. Jahrhundert konstitutiv

---

11 | Karlheinz Stierle, *Fragmente eines Selbstentwurfs. Petrarcas Wege zur Neuzeit*, in: ders.: *Petrarca*, München, Wien 1998, S. 7–80, hier S. 72 f.

12 | Hagen Keller, *Überwindung und Gegenwart des ›Mittelalters‹ in der europäischen Moderne*, in: Frühmittelalterliche Studien 37 (2003), S. 477–496, hier S. 477.

13 | Stephanie Wodianka, *Zwischen Mythos und Geschichte. Ästhetik, Medialität und Kulturspezifik der Mittelalterkonjunktur*, Berlin, New York 2009, S. 137.

14 | Otto Gerhard Oexle, *Die Moderne und ihr Mittelalter. Eine folgenreiche Problemgeschichte*, in: Peter Segl (Hrsg.), *Mittelalter und Moderne. Entdeckung und Rekonstruktion der mittelalterlichen Welt*, Sigmaringen 1997, S. 307–364, hier S. 327.

15 | Ebd., S. 327.

16 | Gerhard Kozielek, *Ideologische Aspekte der Mittelalter-Rezeption zu Beginn des 19. Jahrhunderts*, in: Peter Wapnewski (Hrsg.), *Mittelalter-Rezeption. Ein Symposion* (Germanistische Symposien, Berichtsbde. 6), Stuttgart 1986, S. 119–132.

17 | August Wilhelm Schlegel, zit. nach Ernst Behler, *Frühromantik*, Berlin, New York 1992, S. 137.

18 | Wodianka, *Zwischen Mythos und Geschichte*, S. 137 f.

und charakteristisch für die Mittelalteraneignungen von Romanen, Filmen, Museen und ähnlichen Geschichtsangeboten.[19] Mit Thomas Martin Buck kann man »ohne Übertreibung sagen, dass es wohl keine Epoche gibt, die in ihrer Rezeptions- und Wirkungsgeschichte von allem Anfang an so sehr von Vorstellungen, Projektionen, Mythen und Legenden beherrscht und ›überwuchert‹ wurde, wie das für das Mittelalter der Fall war und bis heute ist.«[20] Da auch die Computerspiele das Mittelalter nicht neu erfinden, sondern ganz im Gegenteil in erheblichem Ausmaß von etablierten Mittelaltertopoi profitieren, muss eine Analyse des Mittelalters im Computerspiel auch immer wieder die Mittelalterbearbeitungen anderer Zeiten und anderer Medien in den Blick nehmen.

Zum Zweiten gehört zu dieser Arbeit die Auseinandersetzung mit dem *Computer* und mit den Bedingungen und Möglichkeiten, die die computerisierte Vergangenheitspräsentation bestimmen. Wolfgang Coy sieht »zwei charakteristische Merkmale«, die den Computer »zu einer Wissenstechnik machen« und die auch für die computerspielerischen Geschichtsversionen zentral sind: Computer »können als sehr große Wissensspeicher [...] dienen und sie erlauben den dynamischen Umgang mit gespeichertem Wissen in dialogischer Form«.[21] Letztlich meint auch Joseph Weizenbaum diese Potentiale, wenn er den Computer als »Spielplatz, auf dem jedes erdenkliche Spiel möglich ist«, bezeichnet und dafür auch Beispiele anführt: »Man kann Welten erschaffen, in denen keine Schwerkraft existiert [...], in denen die Zeit in Tanzschritten vorwärts und rückwärts abläuft [...]. Man kann sich Gesellschaften ausdenken, in deren Volkswirtschaft die Preise mit wachsendem Angebot steigen und in denen der Nachwuchs ausschließlich aus Homosexuellenehen hervorgeht.«[22] Doch die realisierbaren Entwürfe des Computers haben trotz aller Unabhängigkeit von den Beschränkungen der ›realen‹ Welt Grenzen. Florian Rötzer hat darauf hingewiesen, dass auch Weizenbaums Beispiele »als formales System beschreibbar« sein müssen, wenn man sie auf »den derzeitigen Digitalrechnern« umsetzen will.[23] Denn wie bei-

---

19 | Otto Gerhard Oexle, *Das entzweite Mittelalter*, in: Gerd Althoff (Hrsg.), *Die Deutschen und ihr Mittelalter. Themen und Funktionen moderner Geschichtsbilder vom Mittelalter*, Darmstadt 1992, S. 7–28, hier S. 7 ff.

20 | Thomas Martin Buck, *Mittelalter und Moderne. Plädoyer für eine qualitative Erneuerung des Mittelalter-Unterrichts an der Schule*, Schwalbach/Ts. 2008, S. 101 f.

21 | Wolfgang Coy, *Aus der Vorgeschichte des Mediums Computer*, in: Norbert Bolz/Friedrich Kittler/Christoph Tholen (Hrsg.), *Computer als Medium*, München 1994, S. 19–37, hier S. 33 f.

22 | Joseph Weizenbaum, *Die Macht der Computer und die Ohnmacht der Vernunft*, Frankfurt/M. 1978 (engl. 1976), S. 157.

23 | Florian Rötzer, *Konturen der ludischen Gesellschaft im Computerzeitalter*, in: ders. (Hrsg.), *Schöne neue Welten? Auf dem Weg zu einer neuen Spielkultur*, München 1995, S. 171–

spielsweise Lev Manovich ausgeführt hat, sind alle Programme und Visualisierungen, die der Computer ausführen und darstellen kann – mithin also alle Instanzen der Neuen Medien –,»composed of digital code; they are numerical representations«.[24] Da diese grundlegenden Bedingungen dafür verantwortlich sind, dass Computerspiele Vergangenheit in einer qualitativ ganz anderen Art und Weise präsentieren als die Literatur oder der Film, begleitet diese Arbeit die Überzeugung, dass zur Analyse der Geschichte im Computerspiel auch die Auseinandersetzung mit dessen technologischer Basis gehören muss.

Zum Dritten handelt es sich bei den Computerspielen, die Vergangenheit präsentieren, natürlich zunächst um *Spiele*. Diese werden in erster Linie nicht deshalb gespielt, weil der Spieler oder die Spielerin etwas über die Geschichte erfahren will, sondern weil im Spiel Spaß, Zerstreuung, Spannung oder Herausforderung gesucht wird. Dennoch ist bei Computerspielen, die beispielsweise Personen, Ereignisse oder Gesellschaften des Mittelalters zum Thema haben, die Geschichte nie bedeutungslos für die Spielerfahrung. Dass die»von den Spielen präsentierte Geschichte Spuren hinterlässt«,[25] belegt schon ein kurzer Blick in die Internetforen, die nahezu zu jedem Computerspiel existieren und in denen die Spieler immer wieder auch die angebotenen Geschichtsentwürfe diskutieren und nach ihrem ›Realitätsgehalt‹ befragen.[26] Dies ist jedoch nicht die Perspektive, die in dieser Arbeit eingenommen wird. Die Frage, ob die Darstellung der Geschichte und ihrer Abläufe im Computerspiel ›korrekt‹ ist, erscheint aus zwei Gründen verfehlt: Erstens zwingt man damit die Computerspiele in eine Prüfung, für die sie sich überhaupt nicht angemeldet haben. Computerspiele mit historischen Thematiken gehören nicht zur akademischen, sondern zur populä-

---

216, hier S. 192. Das wusste natürlich auch der Informatiker Weizenbaum, der mit seinem Sprachprogramm *ELIZA* zu den Pionieren der Mensch-Maschine-Interaktion gehörte. Zur – im Wesentlichen ungebrochenen – Aktualität von Weizenbaums Computerkritik vgl. Klaus Kornwachs, *Von der Macht der Vernunft und der Ohnmacht der Computer – Weizenbaum revisited*, in: Forum der Forschung (2009) 22, S. 33–40.

24 | Lev Manovich, *The Language of New Media*, Cambridge/Mass. 2001, S. 27.

25 | Angela Schwarz, *Computerspiele – Ein Thema für die Geschichtswissenschaft?*, in: dies. (Hrsg.), »*Wollten Sie auch immer schon einmal pestverseuchte Kühe auf Ihre Gegner werfen?*« *Eine fachwissenschaftliche Annäherung an Geschichte im Computerspiel*, Münster 2010, S. 7–28, hier S. 9.

26 | Z. B. zu *Die Siedler – Aufstieg eines Königreichs*: »Man sollte auch bedenken, in welcher Zeit Siedler 6 spielt. Es geht um eine mittelalterliche Stadt, was meiner Meinung nach auch sehr gut nachempfunden wird. Zu dieser Zeit wohnten die Bürger nun mal größtenteils in ihren Arbeitsstätten. Ich finds realistisch, so wie es ist.« Nutzer »zahlfuernix«, in: Ubi-Com Foren, 25.01.2008, URL: http://forums-de.ubi.com/eve/forums/a/tpc/f/3451082194/m/9481085816?r=73 51036826#7351036826 (besucht am 18.10.2011), Orthographie unverändert.

ren Historiographie; sie sind daher wie andere populäre Geschichtsthematisierungen bestimmt von »terms of audience, quantitative reception, time budget, commercial aspects, potential for re-usability and for international distribution«.[27] Die Geschichte im Computerspiel folgt keinen wissenschaftlichen Kriterien, sondern muss sich gegenüber anderen Angeboten »auf einem Markt mit hart konkurrierenden Anbietern und einem Millionenpublikum von Konsumenten«[28] behaupten. Zweitens weiß ja auch die Geschichtswissenschaft nicht, was denn eigentlich die ›korrekte‹ Geschichte sein soll. Die Historikerin arbeitet zwar »quellengestützt und auf methodischer Grundlage und Schulung«, nichtsdestotrotz sind ihre Ergebnisse Vergangenheitskonstruktionen,[29] die mit anderen Methoden oder aufgrund veränderter Erkenntnisinteressen immer auch anders aussehen könnten. Weil im Computerspiel Geschichte zum Teil des Spiels werden kann, bieten sie »a new way of organizing historical experience«.[30] Deshalb geht es in dieser Arbeit vor allem darum, Geschichte als Teil der spielerischen Handlungsaufforderung und des spielerischen Erlebens zu verstehen. Die Frage muss dann sein, welche Geschichtsbilder gerade dieses Medium hervorbringt und hervorbringen kann.

Antworten erhofft sich die Arbeit durch einen explorativen, qualitativen Zugriff. Eine quantitative Analyse würde der Vielfalt der gegenwärtigen Spielgenre und Spielprinzipien und den verschiedenen Möglichkeiten, wie Computerspiele Geschichte erzählen und spielbar machen können, nicht gerecht werden. Außerdem muss wohl davon ausgegangen werden, dass nicht alle Leser den Gegenstand der Arbeit aus eigener Erfahrung kennen. Mit einem qualitativen Zugang verbindet sich die Hoffnung, die Spezifik der Medienerfahrung Computerspielen nachvollziehbar darstellen zu können.

Die detaillierte Auseinandersetzung mit einzelnen Spielen und ihren Geschichtsdarstellungen war das ursprüngliche Anliegen dieser Arbeit. Es hat sich jedoch schnell gezeigt, dass der analytischen Auseinandersetzung mit der Empirie eine theo-

---

27 | Sylvia Paletschek, *Why Analyse Popular Historiographies?*, in: dies. (Hrsg.), *Popular Historiographies in the 19th and 20th Centuries. Cultural Meanings, Social Practices*, Essen 2011, S. 1–18, hier S. 4.

28 | Bernd Schönemann, *Die Geschichtskultur der Erlebnisgesellschaft. August der Starke in Tokio*, in: Sowi 30 (2001) 2, S. 135–142, hier S. 137.

29 | Hans-Werner Goetz, *Geschichtswissenschaft und Geschichtsbewusstsein. Gegenwärtige Tendenzen der Mediävistik*, in: Rolf Ballof (Hrsg.), *Geschichte des Mittelalters für unsere Zeit. Erträge des Kongresses der Geschichtslehrer Deutschlands »Geschichte des Mittelalters im Geschichtsunterricht«, Quedlinburg 20.–23. Oktober 1999*, Wiesbaden 2003, S. 265–278, S. 265.

30 | Uricchio, *Simulation, History, and Computer Games*, S. 323.

retische Auseinandersetzung mit dem Computerspiel und seinen präsentativen Modi vorausgehen muss – schon allein deshalb, weil ohne überzeugende Begrifflichkeiten und Kategorien eine qualitative Analyse auch ganz praktisch schnell unübersichtlich wird. Da die Computerspielforschung bisher die Frage, wie Computerspiele Geschichte präsentieren, noch nicht befriedigend beantwortet hat,[31] wurde dem analytischen zweiten Teil dieser Arbeit – *Das Mittelalter im Computerspiel* – ein erster Teil – *Geschichte und Computerspiele* – vorangestellt. Für die Theoriebildung wird von den generellen Existenzmodi von Geschichte in der Gesellschaft über eine Auseinandersetzung mit dem Spiel-Begriff sowie mit den Voraussetzungen und Bedingungen des Computerspiels zur Frage, was man sinnvollerweise unter einem ›historischen Computerspiel‹ verstehen sollte, ein relativ weiter Bogen geschlagen. Da im letzten Kapitel des ersten Teils dann aber mit einem belastbaren Computerspielbegriff die Auswahl der untersuchten Spiele begründet und das Programm der Analysen erläutert werden kann und da die Theoriebildung für den zweiten, empirischen Teil das notwendige begriffliche Instrumentarium bereitstellt, zahlt sich der verhältnismäßig lange Anlauf aus.

Die empirische Auseinandersetzung ist für die Frage, wie verschiedene Geschichtsdarstellungen die gesellschaftliche Geschichtskultur mitbestimmen, unerlässlich. Dass Geschichte nicht nur durch Schule und Universität, sondern durch eine Vielzahl von populären Medien und Erlebnisangeboten in der Gesellschaft präsent ist, wird inzwischen auch in den Geschichtswissenschaften zur Kenntnis genommen und diskutiert.[32] Grundsätzlich ist dabei Paul Noltes Vorschlag, die Wissenschaft solle sich dem öffentlichen Geschichtsinteresse »eher mit großer Neugier als mit Skepsis« nähern,[33] sicher zuzustimmen. Es scheint jedoch, als hinke die empirische Erforschung der außerakademischen Historiographieprojekte der theoretischen Reflexion über *Erinnerungskultur* und *Geschichtskultur*[34] ein wenig hinterher: Davon

---

31 | Vgl. dazu unten, S. 78 ff.

32 | Hier sei lediglich auf drei Sammelbände zum Thema verwiesen, die die Erträge von Tagungen jüngeren Datums zugänglich machen: Julia Hornig/Michele Barricelli (Hrsg.), *Aufklärung, Bildung, Histotainment? Zeitgeschichte in Unterricht und Gesellschaft heute*, Frankfurt/M. 2008; Barbara Korte/Sylvia Paletschek (Hrsg.), *History Goes Pop. Zur Repräsentation von Geschichte in populären Medien und Genres*, Bielefeld 2009; Martina Padberg/Martin Schmidt (Hrsg.), *Die Magie der Geschichte: Geschichtskultur und Museum*, Bielefeld 2010.

33 | Paul Nolte, *Öffentliche Geschichte. Die neue Nähe von Fachwissenschaft, Massenmedien und Publikum: Ursachen, Chancen und Grenzen*, in: Julia Hornig/Michele Barricelli (Hrsg.), *Aufklärung, Bildung, »Histotainment«? Zeitgeschichte in Unterricht und Gesellschaft heute*, Frankfurt/M. 2008, S. 131–146, hier S. 145.

34 | Beide Konzepte werden unten, S. 23 ff., diskutiert.

ausgehen, dass die *public history* »auch in dem Sinne ›public‹ geblieben [ist], als sie sich ganz überwiegend in öffentlicher Hand beziehungsweise zivilgesellschaftlicher Hand befindet«,[35] kann nur, wer die Geschichtsdarstellung im Computerspiel ignoriert oder nicht kennt. Leopold von Rankes grundlegende Aufforderung zur gewissenhaften Quellenarbeit, die die »kritische Durcharbeitung und Sichtung der vorhandenen Nachrichten« als das »zunächst Nothwendige« erachtete,[36] hat auch für die Annäherung an die Geschichtskultur unter den Bedingungen diversifizierter medialer Vergangenheitsthematisierungen nicht an Aktualität verloren.

---

35 | Nolte, *Öffentliche Geschichte*, S. 145.

36 | Leopold von Ranke, *Vorrede*, in: ders. (Hrsg.), *Jahrbücher des Deutschen Reichs unter dem Sächsischen Hause*, Bd. 1, Berlin 1837, S. V–XII, hier S. VI.

Geschichte und Computerspiele

1 Kultur und Vergangenheit

> Es hat eben jeder seine eigene (meist verdorbene) Idee
> vom Mittelalter.[1]
> UMBERTO ECO

Erinnerungskultur, Geschichtskultur

»Ein Monopol, Geschichte darzustellen und zu deuten, hat die Geschichts*wissenschaft*
nie besessen, und die universitäre erst recht nicht« – dieser Auskunft Dieter Langewiesches[2] wird schwerlich zu widersprechen sein. Besonders, nachdem gerade für
die Gegenwart und die allerjüngste Vergangenheit diagnostiziert wird: »Geschichte
hat Konjunktur in der Öffentlichkeit«.[3] Der »Geschichtsboom« (Jörn Rüsen)[4] wird
von Barbara Korte und Sylvia Paletschek zeitlich wie folgt skizziert: »Seit den 1980er
Jahren ist ein steigendes öffentliches Interesse an Geschichte zu verzeichnen, das seit
der zweiten Hälfte der 1990er und insbesondere in den letzten Jahren einen bisher
ungekannten Höhepunkt erreicht hat.«[5] Inhaltlich geht es um die vermehrte »Anwe-

---

1 | Umberto Eco, *Nachschrift zum »Namen der Rose«*, München, Wien [9]1987 (it. 1983),
S. 89.

2 | Dieter Langewiesche, *Zeitwende. Geschichtsdenken heute*, hrsg. v. Nikolaus Busch-
mann/Ute Planert, Göttingen 2008, S. 9.

3 | Michael Sauer, *Editorial*, in: Geschichte in Wissenschaft und Unterricht 60 (2009) 2,
S. 75. Ähnlich z. B. in Martina Padberg/Martin Schmidt, *Die Magie der Geschichte. Zur Einfüh-
rung*, in: dies. (Hrsg.), *Die Magie der Geschichte: Geschichtskultur und Museum*, Bielefeld 2010,
S. 11–22, hier S. 12.

4 | Jörn Rüsen, *Was ist Geschichtskultur? Überlegungen zu einer neuen Art, über Ge-
schichte nachzudenken*, in: Klaus Füßmann/Heinrich Theodor Grütter/Jörn Rüsen (Hrsg.), *Historische Faszination. Geschichtskultur heute*, Köln, Weimar, Wien 1994, S. 3–26, hier S. 3.

5 | Barbara Korte/Sylvia Paletschek, *Geschichte in populären Medien und Genres: Vom
Historischen Roman zum Computerspiel*, in: dies. (Hrsg.), *History Goes Pop. Zur Repräsentation*

senheit von Vergangenheit in der Gegenwart« – so der Untertitel eines Sammelbandes zum Thema.[6] Damit ist erstens der Bedeutungszuwachs von Geschichte in der öffentlichen politischen Diskussion gemeint.[7] Zweitens geht es um die Zunahme von Geschichtsdarstellung und Geschichtssimulation in textlichen, visuellen, audiovisuellen und performativen Medien, also in populärwissenschaftlicher wie in unterhaltender Literatur, in Zeitschriften und Magazinen, in Museen und Ausstellungen, in Freizeitparks und auf Mittelaltermärkten, in der Gastronomie und mittels Stadtführungen, in Kino, Comic, Fernsehen, Werbung und Internet – und auch im Computerspiel.[8]

Der Popularitätszuwachs, der der Verarbeitung der Vergangenheit in den Medien der Gegenwart beschieden ist, wird begleitet von Wandlungen innerhalb der akademischen Forschung selbst. So spricht Wulf Kansteiner von einer »Erinnerungswelle« – und meint damit gerade nicht die öffentliche Vergangenheitskonjunktur, sondern »das Aufkommen der Gedächtnisstudien am Ende des 20. Jahrhunderts«.[9] Man kann also der Rede von der Geschichte, die Konjunktur habe, eine quasi professionelle Eskorte zur Seite stellen: »Erinnerungsgeschichte hat Konjunktur« (Dieter Langewiesche).[10] Diese akademische Beschäftigung mit den Mechaniken, den Modi und den Funktionen verschiedenster Vergangenheitsthematisierungen hat zu mehreren Theoretisierungsversuchen geführt. Im Folgenden sollen mit *Erinnerungskultur* und *Geschichtskultur* jene Konzepte knapp vorgestellt werden, die in den letzten Jahren die wissenschaftlichen Untersuchungen von Geschichte und ihrer Repräsentation am häufigsten begleitet haben dürften.

Wichtige Stationen des Aufschwungs der Erinnerungsforschung sind Pierre Noras »lieux de mémoire« sowie die Revitalisierung Maurice Halbwachs' »memoire collective«[11] vor allem durch die Arbeiten von Jan Assmann. Ende der 1980er Jahre

---

von Geschichte in populären Medien und Genres, Bielefeld 2009, S. 9–60, hier S. 9; ausführlicher bei Heinrich Theodor Grütter, *Warum fasziniert die Vergangenheit? Perspektiven einer neuen Geschichtskultur*, in: Klaus Füßmann/Heinrich Theodor Grütter/Jörn Rüsen (Hrsg.), *Historische Faszination. Geschichtskultur heute*, Köln, Weimar, Wien 1994, S. 45–57, hier S. 47 ff.

6 | Vadim Oswalt/Hans-Jürgen Pandel (Hrsg.), *Geschichtskultur. Die Anwesenheit von Vergangenheit in der Gegenwart*, Schwalbach/Ts. 2009.

7 | Vgl. Grütter, *Warum fasziniert die Vergangenheit?*, S. 45 f.

8 | Vgl. Korte/Paletschek, *Geschichte in populären Medien und Genres*, S. 9.

9 | Wulf Kansteiner, *Postmoderner Historismus – Das kollektive Gedächtnis als neues Paradigma der Kulturwissenschaften*, in: Friedrich Jäger/Jürgen Straub (Hrsg.), *Handbuch der Kulturwissenschaften*, Bd. 2, Stuttgart 2004, S. 119–139, hier S. 119 f.

10 | Langewiesche, *Zeitwende*, S. 25.

11 | Pierre Nora (Hrsg.), *Les lieux de mémoire I–III*, Paris 1984–1992; Maurice Halbwachs, *Das Gedächtnis und seine sozialen Bedingungen*, Frankfurt/M. 1985 (frz. 1925); vgl. Astrid

hat Assmann im Anschluss an Halbwachs den Begriff ›kulturelles Gedächtnis‹ präzisiert:

»Unter dem Begriff kulturelles Gedächtnis fassen wir den jeder Gesellschaft und jeder Epoche eigentümlichen Bestand an Wiedergebrauchs-Texten, -Bildern und -Riten zusammen, in deren ›Pflege‹ sie ihr Selbstbild stabilisiert und vermittelt, ein kollektiv geteiltes Wissen vorzugsweise (aber nicht ausschließlich) über die Vergangenheit, auf das eine Gruppe ihr Bewußtsein von Einheit und Eigenart stützt.«[12]

Die gesellschaftlichen Kräfte und Prozesse, die das kulturelle Gedächtnis hervorbringen, tradieren und modifizieren, werden dann mit dem Begriff ›Erinnerungskultur‹ bezeichnet. Erinnerungskultur hat es mit »Gedächtnis, das Gemeinschaft stiftet«, zu tun; sie ist von der Frage: »Was dürfen wir nicht vergessen?« angetrieben.[13] Hier kann man bereits einen ersten Einwand gegen das Konzept vorbringen: Bei ›Erinnerungskultur‹ handle es sich, so Hans-Jürgen Pandel, um einen »missverständlichen Begriff«, denn streng genommen gelte:»Man kann sich nur an etwas erinnern, was man erlebt hat. Alles andere hat man gelernt.«[14]

Folgt man den Begrifflichkeiten dennoch und arbeitet mit ›kollektiven Erinnerungen‹ und ›kulturellen Gedächtnissen‹, dann gilt es stets gegenwärtig zu halten, dass der Zugriff auf die Geschichtsbilder von Individuen und vor allem von sozialen Gruppen eine anspruchsvolle Aufgabe darstellt. Zum einen muss man sich einen »erkenntnistheoretischen Taschenspielertrick« verkneifen, nämlich:»von der Repräsentation auf das Gedächtnis zu schließen«.[15] Zum anderen macht die »Vielfalt unserer Medien mit unterschiedlichen Publikumskreisen [...] die Herausbildung relativ einheitlicher Deutungen der Vergangenheit, die man mit Recht als Kollektivgedächtnis irgendeiner Gruppe bezeichnen kann, immer unwahrscheinlicher«.[16] So hat Bodo von Borries darauf hingewiesen, dass Rezeptionsvorgänge in aller Regel hochgradig selektiv und divergent sind:»verschiedene Zuschauer sehen eigentlich nicht densel-

---

Erll, *Kollektives Gedächtnis und Erinnerungskulturen. Eine Einführung*, Stuttgart, Weimar 2005, S. 14–26.

12 | Jan Assmann, *Kollektives Gedächtnis und kulturelle Identität*, in: Jan Assmann/Tonio Hölscher (Hrsg.), *Kultur und Gedächtnis*, Frankfurt/M. 1988, S. 9–19, hier S. 15.

13 | Ders., *Das kulturelle Gedächtnis*, München 1992, S. 30.

14 | Hans-Jürgen Pandel, *Geschichtskultur als Aufgabe der Geschichtsdidaktik: Viel zu wissen ist zu wenig*, in: Vadim Oswalt/Hans-Jürgen Pandel (Hrsg.), *Geschichtskultur. Die Anwesenheit von Vergangenheit in der Gegenwart*, Schwalbach/Ts. 2009, S. 19–33, hier Anm. 25, S. 31.

15 | Kansteiner, *Postmoderner Historismus*, S. 130.

16 | Ebd., S. 130.

ben Geschichts-Film oder lesen in Wahrheit nicht den gleichen historischen Roman: Der Leser/Zuschauer ist immer der erweiterte Autor/Regisseur.«[17]

Diesen Warnungen wird inzwischen mit einer überzeugenden Dimensionierung des Konzepts begegnet: Man geht von einer materialen, einer sozialen und einer mentalen Dimension von Erinnerungskultur aus und kann so die Medien von den Praktiken einerseits und den Mentalitäten andererseits unterscheiden.[18]

Zu fragen ist aber weiterhin, ob ›Erinnerungskultur‹ und ›kulturelles Gedächtnis‹ *per se* die theoretischen Apparate erster Wahl sein sollten, wenn man sich einem kulturellen Ausdruck, bzw., in der Terminologie von Peter L. Berger und Thomas Luckmann, einer »Objektivation«[19] von Vergangenheit nähern will. Dies wird reklamiert, wenn etwa Christoph Cornelißen ›Erinnerungskultur‹ als Oberbegriff für »alle [...] Repräsentationsmodi von Geschichte« veranschlagt,[20] oder wenn Astrid Erll ›kollektives Gedächtnis‹ ebenfalls als Oberbegriff vorstellt, nämlich »für all jene Vorgänge organischer, medialer und institutioneller Art, denen Bedeutung bei der wechselseitigen Beeinflussung von Vergangenem und Gegenwärtigem in soziokulturellen Kontexten zukommt«.[21]

›Erinnerungskultur‹ hebt aber, so wieder Cornelißen, besonders auf »das Moment des funktionalen Gebrauchs der Vergangenheit für gegenwärtige Zwecke, für die Formierung einer historisch begründeten Identität« ab.[22] Man muss konstatieren, dass das Forschungskonzept im Kern durch die Frage nach dem *identitären Potenzial* kultureller Formen und Darstellungen dominiert ist: Ob es nun um die Nation, die Generation oder die Subkultur als Erinnerungsgemeinschaft geht,[23] ob eher das Erinnern oder mehr das Vergessen untersucht wird,[24] stets interessieren Repräsentationen hier insofern, »als sie einen Beitrag zur Formierung kulturell begründete Selbstbilder

---

17 | Bodo von Borries, *Imaginierte Geschichte*, Köln, Weimar, Wien 1996, S. 122.

18 | Erll, *Kollektives Gedächtnis*, S. 101 ff.

19 | Vgl. Peter L. Berger/Thomas Luckmann, *Die gesellschaftliche Konstruktion der Wirklichkeit. Eine Theorie der Wissenssoziologie*, Frankfurt/M. [5]1980 (engl. 1966), S. 36 ff.

20 | Christoph Cornelißen, *Was heißt Erinnerungskultur? Begriffe – Methoden – Perspektiven*, in: Geschichte in Wissenschaft und Unterricht 54 (2003) 10, S. 548–563, hier S. 555.

21 | Erll, *Kollektives Gedächtnis*, S. 6.

22 | Cornelißen, *Was heißt Erinnerungskultur?*, S. 555.

23 | Assmann, *Das kulturelle Gedächtnis*, S. 130 ff.; Günther Lottes, *Erinnerungskulturen zwischen Psychologie und Kulturwissenschaft*, in: Günter Oesterle (Hrsg.), *Erinnerung, Gedächtnis, Wissen. Studien zur kulturwissenschaftlichen Gedächtnisforschung*, Göttingen 2005, S. 163–184, hier S. 167 ff.

24 | Vgl. Johannes Fried, *Erinnerung und Vergessen. Die Gegenwart stiftet die Einheit der Vergangenheit*, in: Historische Zeitschrift 273 (2001) 3, S. 561–593.

leisten«.[25] Versteht man Erinnerungskultur also mit Jan Assmann als »die Einhaltung einer sozialen Verpflichtung«[26] und das kulturelle Gedächtnis als »Wissensvorrat einer Gruppe, die aus ihm ein Bewußtsein ihrer Einheit und Eigenart bezieht«,[27] dann ist die Zielführung, die diese Konzepte begleiten, offenkundig. Darstellungen von Vergangenheit *prinzipiell* als Identitätsausdruck und Identitätskonstituens zu lesen, führt nach meiner Auffassung jedoch sowohl zu unnötigen Vorauswahlen als auch zu ungerechtfertigten Determinierungen.

Das Konzept der ›Geschichtskultur‹ will dagegen nicht nur Selbstvergewisserungsprozesse, sondern auch »Funktionen der Belehrung, der Unterhaltung, der Legitimation, der Kritik, der Ablenkung, der Aufklärung« einbegreifen.[28] Der Begriff wurde vor allem durch Wolfgang Hardtwig und Jörn Rüsen in je eigenen Akzentuierungen eingeführt[29] und im Anschluss besonders in geschichtsdidaktischen Arbeiten weiter profiliert. Es ist das Verdienst Bernd Schönemanns für eine überzeugende Konzeptualisierung gesorgt zu haben, indem er ›Geschichtskultur‹ mit dem komplementären ›Geschichtsbewusstsein‹ wie folgt verkettet hat:

»Geschichtsbewusstsein als *individuelles* Konstrukt, das sich in Internalisierungs- und Sozialisationsprozessen aufbaut, [...] Geschichtskultur als *kollektives* Konstrukt, das auf dem entgegengesetzten Wege der Externalisierung entsteht und uns in Objektivationen mit dem Anspruch auf Akzeptanz gegenübertritt.«[30]

Damit wird – in Anlehnung an eine von Peter Berger und Thomas Luckmann vertretene, die Wirklichkeit als soziale Konstruktion begreifende Wissenssoziologie[31] – Vergangenheit ganz grundsätzlich als Produkt gesellschaftlicher und personaler Konstruktionsprozesse verstanden. Ohne dass bereits mit Absichten und Funktionen operiert werden müsste, gilt Geschichtskultur dabei erst einmal als »die *Hardware* der

---

25 | Cornelißen, *Was heißt Erinnerungskultur?*, S. 555.

26 | Assmann, *Das kulturelle Gedächtnis*, S. 30.

27 | Ders., *Kollektives Gedächtnis und kulturelle Identität*, S. 13.

28 | Rüsen, *Was ist Geschichtskultur?*, S. 4.

29 | Wolfgang Hardtwig, *Geschichtskultur und Wissenschaft*, München 1990, S. 8 f.; Jörn Rüsen, *Geschichtsdidaktik heute – Was ist und zu welchem Ende betreiben wir sie (noch)?*, in: Ernst Hinrichs/Wolfgang Jacobmeyer (Hrsg.), *Bildungsgeschichte und historisches Lernen*, Frankfurt/M. 1991, S. 9–23.

30 | Bernd Schönemann, *Geschichtsdidaktik und Geschichtskultur*, in: Bernd Mütter/Bernd Schönemann/Uwe Uffelmann (Hrsg.), *Geschichtskultur. Theorie – Empire – Pragmatik*, Weinheim 2000, S. 26–58, hier S. 44.

31 | Berger/Luckmann, *Konstruktion der Wirklichkeit*, S. 139 ff.

Gesellschaften, mit der sie ihre Vergangenheiten konstruieren«.[32] So kann man sich der »Mannigfaltigkeit politisierter, kulturalisierter und kommerzialisierter Vergangenheitsbezüge in der Kommunikation unserer Gesellschaft«[33] unversperrt nähern und »rhetorische, ästhetische, simulative und literarische Hervorbringungen [...], die sich auf Ereignisse und Begebenheiten der Vergangenheit beziehen« zum weitläufigen Objektbereich von Geschichtskultur summieren.[34]

Dimensionen der Geschichtskultur

Jörn Rüsen hat vorgeschlagen, Geschichtskultur nach einer ästhetischen, einer politischen und einer kognitiven Dimension zu unterteilen. In der ästhetischen Dimension hat man es zunächst einmal mit primär künstlerischen Gestaltungen, wie beispielsweise historischen Romanen oder Dramen, zu tun. Ferner gilt es aber auch, die spezifisch literarische Form von Historiographie anzuerkennen. Wenn Geschichte für die Legitimierung von Herrschaft oder gesellschaftlichen Forderungen verwandt wird, dann ist die politische Dimension von Geschichtskultur berührt. Die kognitive Dimension schließlich meint die Objektivationen der historischen Wissenschaften. Das durch diese geprägte Geschichtsbewusstsein zeichnet aus, dass es »seinen eigenen, spezifisch kognitiven Status hat und dass dieser Status durch methodische Operationen der Geltungssicherung geprägt ist«.[35] Mit dieser Unterscheidung kann man »Geschichte also als Kunst, als Politik und als Wissenschaft betrachten«.[36] Diese Dimensionierung wurde verschiedentlich übernommen,[37] geht jedoch, wie Rüsen selbst angibt, »von dominanten Gegenwartserfahrungen aus«[38] und sollte daher nicht als

---

32 | Schönemann, *Geschichtsdidaktik und Geschichtskultur*, S. 46.

33 | Marko Demantowsky, *Der Zusammenhang und die Differenz von »Erinnerungskultur« und »Geschichtskultur«*, in: Alfred Loesdau (Hrsg.), *Erinnerungskultur in unserer Zeit – zur Verantwortung des Historikers*, Berlin 2005, S. 43–61, hier S. 43.

34 | Pandel, *Geschichtskultur*, S. 27.

35 | Rüsen, *Was ist Geschichtskultur?*, S. 12–17.

36 | Ders., *Geschichtskultur als Forschungsproblem*, in: Jörn Rüsen/Klaus Fröhlich/Heinrich Theodor Grütter (Hrsg.), *Geschichtskultur*, Pfaffenweiler 1996, S. 39–50, hier S. 42.

37 | Vgl. Cornelißen, *Was heißt Erinnerungskultur?*, S. 555; leicht variiert auch bei Aleida Assmann, *Geschichte im Gedächtnis. Von der individuellen Erfahrung zur öffentlichen Inszenierung*, München 2007, S. 25 f.

38 | Rüsen, *Geschichtskultur als Forschungsproblem*, S. 42.

prinzipielles Strukturmodell von Geschichtskultur, sondern forschungspraktisch wie erkenntnistheoretisch eher heuristisch denn anthropologisch verstanden werden.[39]

Einen Zugriff, der zunächst nicht von verschiedenen, letztlich inhaltlich definierten Modi oder Bereichen von Geschichtskultur ausgeht, sondern sich den Vergangenheitsdeutungen über eine Analyse der äußeren Strukturen der gesellschaftlichen Konstruktionsprozesse zu nähern sucht, hat Bernd Schönemann entwickelt. In seiner Dimensionierung spricht Schönemann mit *Institutionen, Professionen, Medien* und *Publika* von grundsätzlichen, inhaltsneutralen Kategorien kultureller Organisation.[40]. Vergangenheit wird demnach als Geschichte gedeutet und kommuniziert über die *Institutionen* einer Gesellschaft: Schulen, Universitäten, Archive und Museen, aber auch historische Vereine oder staatliche Geschichtskommissionen sowie, in jüngster Zeit und als »Einrichtung, die die Postmoderne hervorgebracht hat«, der kommerzielle Markt für historisch gekleidete Erlebnisangebote.[41] Zu den Institutionen treten dann die anderen Dimensionen der Geschichtskultur: die *Professionen*, die sich mit Geschichte beschäftigen und die häufig in institutionelle Strukturen eingebunden sind: Universitätshistoriker, Geschichtslehrer, Bibliothekare, Kuratoren usw., aber auch Freizeitunternehmer, Animateure oder Marketingspezialisten; die *Medien*, in denen sich Geschichtskultur manifestiert: politische Rede, Zeitung, Ausstellung, historischer Roman oder Internetseite, um nur einige zu nennen; die *Publika/Adressaten*, an die geschichtskulturelle Objektivationen gerichtet sind: Nationen, Ethnien, Schichten, Berufe, Generationen, Subkulturen usw.

Diese Arbeit hat ihren Zusammenhang in der *medialen* Dimension. Deshalb muss eine ausführliche Diskussion der medialen Eigenschaften und Anlagen von Computerspielen am Beginn stehen. Nur so kann man die allzu häufig praktizierte, von Claus Pias wegen »einträchtiger Technikvergessenheit« kritisierte Übertragung und Anwendung von traditionellen literatur-, kunst- und filmwissenschaftlichen Analysemethoden[42] umgehen und dem Medium in seiner spezifischen Disposition gerecht werden.

Die Computerspielforschung zeichnet sich – auch unter dem Signum der *Game Studies* – inzwischen durch eine rege wissenschaftliche Publikationskultur aus.[43] Das grundlegende Programm hat unter anderen Markku Eskelinen formuliert: »The

39 | Schönemann, *Geschichtsdidaktik und Geschichtskultur*, S. 46.

40 | Ebd., S. 50–55.

41 | Ebd., S. 52.

42 | Claus Pias, *Computer Spiel Welten*, Berlin 2002, S. 7 f.

43 | Genannt seien hier nur die zentralen Zeitschriften der Community: Game Studies. The International Journal of Computer Game Research, URL: http://www.gamestudies.org, seit 2001;

very idea [...] is to study games and especially computer games as games, and not as a derivative of something else like narratives, drama or film or their interactive and/or remediated offshoots. In short, games should be studied as their own transmedial discursive mode.«[44] Die Vorschläge zur methodischen wie epistemologischen Behandlung des Gegenstandes fallen jedoch nach wie vor durch bemerkenswerte Vielfalt, kaum jedoch durch breitere Akzeptanz auf. Ein Überblick zu den Theorien des Computerspiels und zu Methoden zu seiner Analyse wäre deshalb eine zu umfangreiche Aufgabe, als dass sie hier bewältigt werden könnte. Zudem scheint eine ordnende, vollständige Zusammenstellung der Ansätze im gegenwärtigen, noch sehr fluiden Stadium der Diskussion wenig zweckmäßig. Die folgende Annäherung an den Gegenstand wird stattdessen versuchen, zentrale Positionen der Computerspielforschung an je geeigneter Stelle aufzugreifen und zu diskutieren.[45]

Zielführend bei den folgenden Betrachtungen zur medialen Disposition des Computerspiels soll die Frage nach dem ›Sitz der Geschichte im Computerspiel‹ sein: Wie vermitteln Computerspiele historisches Wissen? Und: Wie kommt man überhaupt dazu, ein Spiel als ›Computerspiel, in dem Mittelalter präsentiert wird‹, zu bezeichnen? Erst wenn diese Fragen verhandelt sind, können in detaillierten Einzelanalysen konkrete Vermittlungen von Mittelalter untersucht werden.

Die Annäherung an das Medium Computerspiel erfolgt zweistufig: Zuerst ist die Betrachtung von Spiel und Spielen zentral. Spiel wird durch die Untersuchung spielerischer Tätigkeiten und geregelter Spiele und im Rückgriff vor allem auf Johannes Buytendijk, Hans Georg Gadamer und Hans Scheuerl als beobachtetes und wahrgenommenes Phänomen eingegrenzt. Danach gelingt es, Spiele als Systeme vorzustellen, die die Erzeugung von Spiel erlauben. Die Frage nach den Verschiebungen und Besonderheiten, die entstehen, wenn der Digitalcomputer das Spiel und seine Struktur bereitstellt, ist dann erkenntnisleitend für das Kapitel zu Computerspielen.

Games and Culture. A Journal of Interactive Media, URL: http://gac.sagepub.com, seit 2006; Eludamos. Journal for Computer Game Culture, URL: http://www.eludamos.org, seit 2007.

44 | Markku Eskelinen, *Six Problems in Search of a Solution. The Challenge of Cybertext Theory and Ludology to Literay Theory*, in: Peter Gendolla/Jörgen Schäfer (Hrsg.), *The Aesthetics of Net Literature. Writing, Reading and Playing in Programmable Media*, Bielefeld 2007, S. 179–207, hier S. 198.

45 | Zur Einführung in die Computerspielfoschung sei verwiesen auf Espen Aarseth, *Game Studies: What is it Good For?*, in: International Digital Media & Arts Association Journal 2 (2005) 1, S. 3–7; Christine Hanke, *Next Level. Das Computerspiel als Medium. Eine Einleitung*, in: Jan Distelmeyer/Christine Hanke/Dieter Mersch (Hrsg.), *Game over!? Perspektiven des Computerspiels*, Bielefeld 2007, S. 7–18; Frans Mäyrä, *An Introduction to Game Studies*, London u. a. 2008.

2 Spiele

All jene, die nur darauf aus sind, Spiele zu gewinnen, haben den eigentlichen Sinn nicht verstanden. Sie spielen in meinen Augen falsch.[1]

CÉSAR LUIS MENOTTI

Freies Spiel und geregelte Spiele

Was ist ›Spiel‹? Ein Begriff, der ein »klassisches Großphänomen«[2] bezeichnet und in einem weitläufigen Raum sprachliche Anwendung findet: Wir können vom Fußball- oder Schachspiel, ebenso vom Theaterspiel und vom Spiel kleiner Kinder sprechen, aber auch vom Spiel der Wellen oder von einem technischen Bauteil, das genügend Spiel hat. Es existieren umfangreiche Analysen zur Theorie und zu Theorien des Spiels,[3] im Folgenden soll auf einige Arbeiten eingegangen werden, die mit ihren Überlegungen und Konzepten helfen, den Untersuchungsgegenstand zu fixieren. Von Johan Huizinga stammt die vermutlich einflussreichste Studie zum Thema. Spiel wird als »gegebene Größe«, die »vor der Kultur selbst da ist«, verstanden und wie folgt definiert:

»Spiel ist eine freiwillige Handlung oder Beschäftigung, die innerhalb gewisser festgesetzter Grenzen von Zeit und Raum nach freiwillig angenommenen, aber unbedingt bindenden Regeln verrichtet wird,

---

1 | Carlos Inrusta, »*Ich verstehe den Fußball nicht mehr*« [Interview mit César Luis Menotti], in: Der Tagesspiegel, 27.06.2010, S. 19. Menotti war Trainer der argentinischen Fußballnationalmannschaft 1974–1983.

2 | Wolfgang Müller-Funk, *Einleitung: Das Spiel ist Ernst, der Ernst ist Spiel*, in: Ursula Baatz/Wolfgang Müller-Funk (Hrsg.), *Vom Ernst des Spiels. Über Spiel und Spieltheorie*, Berlin 1993, S. 1–4, hier S. 1.

3 | Eine kritische Diskussion verschiedener Spieltheorien in Brian Sutton-Smith, *The Ambiguity of Play*, Cambridge/Mass., London 1997.

ihr Ziel in sich selber hat und begleitet wird von einem Gefühl der Spannung und Freude und einem Bewußtsein des ›Andersseins‹ als das ›gewöhnliche Leben‹.«[4]

Diese Bestimmung deckt nicht alle oben genannten Verwendungszusammenhänge, da Huizinga lediglich vom *geregelten* Spiel spricht. Im Englischen kommt dies ziemlich genau dem *game* gleich, wie beispielsweise John Casti oder Jesper Juul feststellen.[5] Aber Spiel ist nicht prinzipiell *game*, das Englische kennt auch das *play*. Dies ist gegenüber *game* der ungleich mächtigere Begriff, wie etwa der Definitionsvorschlag von Katie Salen und Eric Zimmermann anzeigt: »Play is free movement within a more rigid structure.«[6] Damit wird *play* bzw. das Spiel in seiner allgemeinsten Form nicht als Tätigkeit, sondern als Bewegungsphänomen verstanden.

Diese Perspektive deckt sich im Deutschen mit wortgeschichtlichen Untersuchungen: Das altdeutsche Verb ›spilōn‹, das gegenüber dem Substantiv ›spil‹ die etwas älteren Belege eignet, hat die Bedeutungen »sich bewegen«, »sich tummeln« und »ausgelassen sein«. Daneben reihen sich »kämpfen« und »agieren« sowie »lustig sein«, »in froher Begierde sein«, »sich vergnügen« und »Scherz treiben« und bezeugen so bereits für das 8. und 9. Jahrhundert eine ähnlich große Mehrdeutigkeit, wie wir sie für den gegenwärtigen Sprachgebrauch festgestellt haben. Als Herkunft für das altdeutsche wird das noch ältere westgermanische ›spilōn‹ angesehen, das als »spielen«, »tanzen« und »sich lebhaft bewegen« angegeben wird und so das bisher Gesagte etymologisch stützt.[7] Nach Brian Sutton-Smith führt auch ein Vergleich verschiedener Sprachen dazu, dass sich »behende Bewegung« als der am weitesten verbreitete Bedeutungsgehalt des Wortes ›Spiel‹ herausstellt.[8]

---

4 | Johan Huizinga, *Homo Ludens. Vom Ursprung der Kultur im Spiel*, Reinbek b. Hamburg [20]2006 (ndl. 1938), S. 12, 37.

5 | Vgl. John L. Casti, *Artificial Games*, in: Florian Rötzer (Hrsg.), *Schöne neue Welten? Auf dem Weg zu einer neuen Spielkultur*, München 1995, S. 141–157, hier S. 142; vgl. Jesper Juul, *Half-Real. Video Games between Real Rules and Fictional Worlds*, Cambridge 2005, S. 28

6 | Katie Salen/Eric Zimmerman, *Rules of Play. Game Design Fundamentals*, Cambridge/-Mass. 2004, S. 304.

7 | Oskar Schade, *Altdeutsches Wörterbuch*, Bd. 2, Reprint Hildesheim u. a. 2000 (1872–1882), S. 851 f.; Gerhard Köbler, *Wörterbuch des Althochdeutschen Sprachschatzes*, Paderborn 1993, S. 1006 f.; Wolfgang Pfeifer, *Etymologisches Wörterbuch des Deutschen*, Bd. 3, Berlin 1989, S. 1672 f.

8 | Brian Sutton-Smith, *Die Dialektik des Spiels. Eine Theorie des Spielens, der Spiele und des Sports*, Schorndorf 1978, S. 196.

Nach Norbert Elias geht es beim Fußball dem Zuschauer »um die fließende Figuration, die die beiden Mannschaften miteinander bilden«.[9] Ohne sich auf Fußball-Spiele zu beschränken, haben Johannes Buytendijk und Hans-Georg Gadamer die Bewegung des Spiels als »Hin und Her« beschrieben. Dies sei die »Grunddynamik jedes Spiels«,[10] charakterisiert durch scheinbare Absenz von Ursache wie Absicht: »Spiel erscheint [...] als eine Selbstbewegung, die durch ihre Bewegung nicht Zwecke und Ziele anstrebt, sondern die Bewegung als Bewegung«.[11] Ganz analog spricht Hans Scheuerl vom »Spiel-zwischen« – und nicht vom »Spiel-mit« – als dem »Urphänomen«. Dieses sei frei, »nicht weil es ursachlos ist, sondern weil es sich abhebt von seinen Ursachen, weil es phänomenal nicht getan wird, sondern geschieht.«[12] *Geschehen* kann das »Hin und Her« wie das »Spiel-zwischen« freilich nur im Auge und im Bewusstsein eines Betrachters. Daher ist Spiel bei Scheuerl »Erscheinung, es ist *nichts als* Erscheinung«.[13] Ähnlich liegt bei Natascha Adamowsky Spiel »im Erleben des Spielenden«[14] und bei Gadamer verlangt »Spielen immer Mitspielen«.[15] Dieses Mitspielen vollzieht sich als »innere Teilnahme« und ist klar zu trennen von jenen Vorgängen, die das Spiel tatsächlich in Bewegung setzten oder in Bewegung halten.[16] Mit dieser »inneren Teilnahme« erkennt der Mensch wie auch immer erzeugte Bewegungen als Spiel an – und macht Bewegung so erst zum Spiel. Damit kann auf die Frage, ob etwas Gegebenes nun Spiel ist oder nicht, nur subjektiv geantwortet werden.[17]

---

9 | Norbert Elias, *Der Fußballsport im Prozeß der Zivilisation*, in: Rolf Lindner (Hrsg.), *Der Satz »Der Ball ist rund« hat eine gewisse philosophische Tiefe*, 1983 Berlin, S. 12–21, hier S. 20.

10 | Jacobus Johannes Buytendijk, *Wesen und Sinn des Spiels. Das Spielen des Menschen und der Tiere als Erscheinungsform der Lebenstriebe*, Berlin 1933 (ndl. 1932), S. 116 f.

11 | Hans Georg Gadamer, *Die Aktualität des Schönen. Kunst als Spiel, Symbol und Fest* (1974), in: ders.: *Gesammelte Werke, Bd. 8: Ästhetik und Poetik*, Tübingen 1993, S. 113 f.

12 | Hans Scheuerl, *Das Spiel. Untersuchungen über sein Wesen, seine pädagogischen Möglichkeiten und Grenzen*, Weinheim, Basel [10]1977 (1954), S. 130 f. Ähnlich sah schon Moritz Lazarus im Spiel »eine Bewegung bezeichnet, welche in sich selbst zurückkehrt, zu keinem Ziel hinstrebt«, Moritz Lazarus, *Über die Reize des Spiels*, Berlin 1883, S. 23.

13 | Scheuerl, *Das Spiel*, S. 192.

14 | Natascha Adamowsky, *Was ist ein Computerspiel?*, in: Ästhetik & Kommunikation 32 (2001) 115, S. 19–24, hier S. 21.

15 | Gadamer, *Aktualität des Schönen*, S. 114.

16 | Ebd., S. 114 f.

17 | Vgl. Ursula Baatz, *Das Spiel ist Ernst, der Ernst ist Spiel. Ein Versuch über unendliche Spiele*, in: Ursula Baatz/Wolfgang Müller-Funk (Hrsg.), *Vom Ernst des Spiels. Über Spiel und Spieltheorie*, Berlin 1993, S. 5–20, hier S. 13.

Neben die unbedingt notwendige *innere Teilnahme* tritt bei manchen Spielen eine *äußere Teilnahme*. Tennis beispielsweise ist auf Impulse durch den Menschen angewiesen. Wenn zwei Spieler Tennisspielen, dann bedeutet das eigentlich, dass sie ein Tennisspiel betreiben. Allgemein fasst das Hans Scheuerl wie folgt:

»Wir ›spielen‹ (im Sinne von: wir üben eine Spieltätigkeit aus), indem wir ›Spiele‹ (i. S. v. gestalteten Bewegungsabläufen) erzeugen oder mittragen, die sich – sei es gestützt auf vorgegebene Regelgebilde, sei es aus momentaner Improvisation – unserer eigenen Tätigkeit gegenüber verselbstständigen und damit eine Spannung, ein Abwarten und je nach Lage neue impulsgebende oder intervenierende Tätigkeiten provozieren [...]«[18]

Das *innerliche Mitspielen*, das sich bei den Zuschauern auf der Tribüne wie bei den Spielern selbst einstellen kann, wird also im Falle des Tennis komplettiert durch das *äußerliche Spielen*, das nur auf dem Platz selbst stattfindet. Mit dieser Zweiteilung wird es auch möglich, einen Bereich wie den Profisport zu behandeln: Ob dem Athleten seine Tätigkeit als leichte Bewegung oder als harte Arbeit erscheint, mag von Fall zu Fall unterschiedlich sein und hängt von seiner subjektiven Wahrnehmung ab, ist aber unabhängig von der Wahrnehmung des Wettkampfes durch den Zuschauer. Auch das Phänomen des »Gold Farming« kann mit dem subjektiven Spiel-Erleben (oder eben dessen Fehlen) erklärt werden: Unter diesem Begriff versteht man die Praxis, in Online-Computerspielen wie *World of Warcraft* (vgl. zu diesem Spiel auch S. 67 ff.) durch dauerhaftes, zielgerichtetes Spielen ein möglichst großes Guthaben der spielinternen Währung anzuhäufen und dieses virtuelle Geld dann außerhalb des Spiels für reales Geld zu verkaufen. Da mit der spielinternen Währung im Spiel virtuelle Güter (z. B. Ausrüstungsgegenstände oder Waffen für die Spielfiguren) erworben werden können, hat sich hier ein beachtlicher Markt entwickelt. In den Computerräumen von vornehmlich asiatischen Unternehmen generieren professionelle Spieler/Arbeiter im Schichtbetrieb durch pausenloses, effektives Spielen Einheiten der virtuellen Währung, die dann den meist aus Europa oder Nordamerika stammenden Kunden über Zwischenhändler – z. B. beim Unternehmen MMOG, dem »europäischen Marktführer für virtuelle Güter«[19] – für reales Geld angeboten werden. So können vermögende Spieler hochwertige Spielfiguren steuern, für deren Entwicklung auf ›normalem‹ Weg ein großer Einsatz an Spielzeit notwendig wäre. *World of Warcraft* bleibt bei alledem ein Spiel, aber für die verschiedenen Teilnehmer geht es nicht unbedingt um's Spielen, wie einer der chinesischen »Gold Farmer«, die bei Unternehmen dieser Branche

---

18 | Hans Scheuerl, *Zur Begriffsbestimmung von »Spiel« und »spielen«*, in: Zeitschrift für Pädagogik 21 (1975), S. 341–349, hier S. 347.

19 | Eigenaussage, vgl. URL: http://www.mmoga.de/ (besucht am 22.08.2011).

angestellt sind und für ihre Arbeit bezahlt werden, berichtet: »I have this idea in mind that regular players should understand that people do different things in the game [...] They are playing. And we are making a living.«[20] Auch dieses Beispiel macht also deutlich, dass zum Betreiben eines Spiels nicht zwingend auch eine innere spielerische Anteilnahme notwendig ist.

Salen/Zimmermann schlagen eine Unterteilung von Spieltätigkeiten vor: *Being Playful* ist die allgemeinste Kategorie. Damit sind nicht nur spielerische Aktivitäten gemeint, sondern alle Handlungen, die mit spielerischem Gemütszustand (*playful state of mind*) ausgeführt werden. *Ludic Activities* sind Aktivitäten, die nicht nur *games* einschließen, sondern auch »all of the non-game behaviors we also think of as ›playing‹«. Ein Beispiel wäre das einfache Hin-und Herwerfen einer Frisbee-Scheibe – sicherlich kein *game*, kein Spiel mit strengen, definierten Regeln, aber doch mehr als bloßes ›spielerisch sein‹. Die dritte und letzte Kategorie ist das *Game Play*, die formalisierte Interaktion mit den Regeln und der Struktur eines Regelspiels/*games*. Die Kategorien sind geordnet dergestalt, dass *Game Play* eine Spezialisierung der *Ludic Activities* ist, diese sind wiederum spezieller als das *Being Playful*.

Mit Buytendijk, Gadamer, Scheuerl und Salen/Zimmermann können wir Spiel/*play* also als Bewegungsphänomen und Spieltätigkeiten als das Erzeugen von Spiel/*play* verstehen. Was sind nun aber Regelspiele/*games*? Das Betreiben eines geregelten Spiels ist eine der Möglichkeiten, wie *play* entstehen kann. Erklärungen, die Regelspiele/*games* selbst als Aktivität oder Handlung verstehen, sind daher abzulehnen.[21] Nur das Betreiben eines Regelspiels – das Spielen – ist eine Handlung. Dieser Unterscheidung zwischen dem Spielen und dem Spiel folgen mehrere Autoren, indem sie Regelspiele als »Strukturen« (Natascha Adamowsky), als »Objektivationen von Spielabläufen« und »Spielrahmen« (Hans Scheuerl) oder als »Systeme« (Katie Salen/Eric Zimmermann, Jesper Juul, Chris Crawford) betrachten.[22] Mit Begriffsbestimmungen dieser Art werden im Folgenden die grundsätzlichen Gemeinsamkeiten von geregelten Spielen untersucht.

---

20 | Zit. nach Julian Dibbell, *The Life of the Chinese Gold Farmer*, in: The New York Times, 17.06.2007, URL: http://www.nytimes.com/2007/06/17/magazine/17lootfarmers-t.html (besucht am 06.08.2011).

21 | So etwa bei Alexander Galloway: »A game is an activity defined by rules in which players try to reach some sort of goal.«, Alexander R. Galloway, *Gaming. Essays on Algorithmic Culture*, Minneapolis 2006, S. 1.

22 | Natascha Adamowsky, *Spielfiguren in virtuellen Welten*, Frankfurt/M., New York 2000, S. 20; Scheuerl, *Zur Begriffsbestimmung*, S. 346; ders., *Das Spiel*, S. 132; Salen/Zimmerman, *Rules of Play*, S. 80; Juul, *Half-Real*, S. 36; Chris Crawford, *The Art of Computer Game Design*, Berkeley 1984, S. 4.

Spielsystem und Interpretation

Für Buytendijk muss das als wahrgenommene Bewegung skizzierte Spiel notwendig eine Rahmung erhalten:»Wenn die Dynamik des Spielens eine Hin- und Herbewegung ist, muß es Grenzen geben, an denen die Bewegungen zurückprallen.«[23] Diese Grenzen kann man als Spielsystem oder Spielrahmen bezeichnen und damit eine Struktur meinen, in der die Spieler durch Handlung Spiel erzeugen. Ein Bestandteil dieser Struktur sind die Spielregeln, die etwa Brett- oder Gesellschaftsspielen stets in gedruckter Form beigegeben sind. Solche Erläuterungen vermitteln, wie man das Spiel aufbaut, wie es abläuft, wie man gewinnt oder verliert. In den Spielregeln der Spielesammlung des Ravensburger Spieleverlages beginnen die Regeln für Pachisi, das man auch als Mensch-ärgere-Dich-nicht kennt, folgendermaßen:»Jeder Spieler erhält vier Spielfiguren einer Farbe. Drei Figuren setzt er auf das gleichfarbige Versteck und eine auf das davorliegende Startfeld. Man würfelt mit einem Würfel reihum.«[24] Die restlichen Schritte wären leicht sinngemäß zu ergänzen. Es sind diese Regeln gemeint, wenn von den Spielregeln eines Spiels die Rede ist. Aber mit diesen Regeln allein ist Pachisi nicht vollständig umschrieben: Die Anweisung »Man rückt um so viele Felder vor, wie man Augen geworfen hat« ergibt nur Sinn, weil der zugehörige Spielplan die Anzahl und die Anordnung der Spielfelder abbildet und so spezifiziert *wie* und *wohin* man vorrückt.

Das Spielsystem oder der Spielrahmen von Pachisi setzt sich folglich aus den Spielregeln und dem Spielmaterial – Spielplan, Figuren, Würfel – zusammen.[25] Grundsätzlich gilt, dass die Struktur, in der die Spieler handeln, entweder durch explizite, im Allgemeinen sprachlich fixierte Spielregeln oder durch implizite physikalische Eigenschaften des Spielmaterials oder durch eine Kombination von beidem bestimmt wird. So ist ein Teil des Fußball-Spiels die Bewegung des Balls. Diese entsteht typischerweise, wenn der Ball mit dem Fuß getreten wird und dann über das Spielfeld rollt. Dass der Ball (im Normalfall) mit dem Fuß, nicht aber mit der Hand,

---

23 | Buytendijk, *Wesen und Sinn des Spiels*, S. 118.

24 | Spielanleitung zu *Das Goldene Spielemagazin*, 1983, URL: http://www.ravensburger. de/spielanleitungen//ecm/Spielanleitungen/Das_Goldene_Spielemagazin.pdf (besucht am 10.09.2011), S. 6.

25 | Klassische Brettspiele und Kartenspiele sind in den allermeisten Fällen durch beide Komponenten bestimmt, vgl. Wolfgang Kramer, *Was macht ein Spiel zu einem Spiel? Erfahrungen und Ansichten eines Spieleautors*, in: Zeitschrift für Semiotik 23 (2001), S. 285–300, hier S. 289.

bewegt wird, steht in den Spielregeln, dass er rollt, bestimmen die Eigenschaften des Spielmaterials, nämlich die Kugelform des Balls und die Planheit des Rasens.

Alle geregelten Spiele eint, dass sie durch ihr Spielsystem einem Spieler oder mehreren Spielern die Möglichkeit zur Handlung geben. Wir werden noch sehen, dass Computerspiele häufig ohne explizite Spielregeln auskommen. Für den Moment soll aber das Spielsystem im Allgemeinen im Vordergrund stehen, unabhängig davon, ob die erlaubten Handlungen durch die Spielregeln oder das Spielmaterial konstituiert werden. Das Spielsystem muss die Handlungen regeln, es muss definieren, ob eine Handlung erlaubt ist und was die Konsequenz einer erlaubten Handlung ist. Man kann sich ein geregeltes Spiel deshalb als Zustandsmaschine vorstellen: Zu Beginn befindet sich das System im Startzustand. Dann wird eine Handlung ausgeführt und das System wechselt in einen neuen Zustand. Hier sind wieder Handlungen möglich, die zu anderen – möglicherweise bereits besuchten – Zuständen führen. Da Regelspiele für gewöhnlich ein Ziel (Sieg, Unentschieden, Niederlage) haben, sie also endlich sind, werden zudem einer oder mehrere Zustände als Endzustände gekennzeichnet. Das System muss also Zustände abbilden können und es muss definieren, wie mit Handlungen Zustandswechsel vollzogen werden.[26] Das einfache Spiel Magic Fifteen kann dies verdeutlichen:

Zwei Spieler wählen abwechselnd eine Zahl zwischen 1 und 9. Jede Zahl darf nur einmal gezogen werden. Der erste Spieler, der 3 Zahlen hat, die zusammen 15 ergeben, gewinnt. Sind alle Zahlen gezogen, ohne dass einer der Spieler gewonnen hat, dann endet das Spiel unentschieden.[27]

Der Startzustand (alle Zahlen sind verfügbar) und die möglichen Handlungen sind klar definiert (abwechselndes Wählen einer freien Zahl), ebenso die Endzustände (3 Summanden von 15 wurden gewählt). Spielt man Magic Fifteen ohne Hilfsmittel, dann müssen sich die Spieler den aktuellen Zustand selbst merken. Zudem müssen sie darüber wachen, ob eine Handlung zulässig ist oder nicht. Die Spieler könnten aber auch Stift und Papier zur Hilfe nehmen, um abwechselnd eine Zahl aus der Folge der freien Zahlen auszustreichen und um die eigenen Zahlen gesondert zu notieren. Nun würden die Zeichen auf dem Papier den Spielzustand vorhalten. Von einem *formalen* Standpunkt aus – also auf der Ebene der Spiellogik – kann man diese beiden

---

26 | Vgl. Juul, *Half-Real*, S. 59 f.; für ein formale Definition vgl. Uwe Schöning, *Theoretische Informatik – kurzgefasst*, Heidelberg, Berlin [4]2001 (1992), S. 27; für Anwendungsbeispiele aus der Computerspielentwicklung vgl. Martin Brownlow, *Game Programming Golden Rules*, Hingham 2004, S. 217–257.

27 | Vgl. Elwyn R. Berlekamp/John H. Conway/Richard K. Guy, *Winning Ways for Your Mathematical Play*, Bd. 3, Natick [2]2003 (1982), S. 732.

Spielformen von Magic Fifteen als identisch betrachten: Sie bieten dieselben Handlungsmöglichkeiten bei identischen Konsequenzen. Eine Strategie, die in der einen Form zum Erfolg führt, funktioniert genauso in der anderen Form. Mit den Begriffen der formalen Logik liegt beiden Spielen dasselbe formale System zugrunde.

In der Mathematik wird ein formales System durch die Komponenten *Alphabet*, *Grammatik* und *Ableitungsregeln* konstituiert und erlaubt das Ableiten einer *Menge von Theoremen* aus einer *Menge von Axiomen*. Das Alphabet besteht aus einer Menge von unterscheidbaren Symbolen und die Grammatik legt fest, welche Ketten von Symbolen zulässig sind. Mit dieser Konstruktion kann man alle Zustände eines Spiels eindeutig beschreiben. Der Startzustand des Spiels findet seine Entsprechung dann im (einzigen) Axiom des formalen Systems und die Menge der Ableitungsregeln legt fest, welche Zustandswechsel erlaubt sind, d. h. welche Theoreme gültig sein sollen. Einige dieser Theoreme kann man schließlich als Endzustände des Spiels definieren. Das Handeln der Spieler entspricht dann der Auswahl und der Anwendung einer Ableitungsregel.[28]

Es sei angemerkt, dass in viele Fällen das Verhältnis zwischen einem konkreten Regelspiel und einem formalen System dieses Spiels nur einer theoretischen Abstraktion und nicht einer vollständigen Abbildung entsprechen kann. Das liegt daran, dass die »Arithmetisierbarkeit der Naturwissenschaft« nicht unbegrenzt ist.[29] Die Spielobjekte, die die Handlungen begrenzen und die Spielzustände speichern, zeichnen sich durch spezifische physikalische Eigenschaften aus. Für sportliche Wettkampfspiele betrifft dies neben den Spielgeräten (Ball, Schläger) und den unterschiedlichen Spielfeldern (Rasen, Hallenboden, Sandplatz) mit ihrer Infrastruktur (Tor, Basketballkorb, Tennisnetz) auch die Körper der Spieler selbst. Sowohl die Position auf dem Spielfeld wie auch die Verfassung eines Spielerkörpers gehören während der Ausführung des Spiels zum Spielsystem.[30] Diese Objekte vollständig zu mathematisieren, ist zumindest praktisch unmöglich: »No real physical system should be expected to behave dynamically exactly according to the equations of the mathematical model that de-

---

28 | Vgl. John L. Casti, *Complexification*, New York 1994, S. 121–125; Dieter Mersch, *Die Geburt der Mathematik aus der Struktur der Schrift*, in: Gernot Grube/Werner Kogge/Sybille Krämer (Hrsg.), *Schrift. Kulturtechnik zwischen Auge, Hand und Maschine*, Paderborn, München 2005, S. 219–233, hier S. 216. Ein mathematische belastbare Konkretisierung der Analogie zwischen Regelspiel und formalem System versucht Stefan M. Grünvogel, *Formal Models and Game Design*, in: Game Studies 5 (2005) 1, URL: http://www.gamestudies.org/0501/gruenvogel (besucht am 04.03.2011).

29 | Stephan Körner, *Philosophie der Mathematik. Eine Einführung*, München 1968 (engl. 1960), S. 89.

30 | Vgl. Juul, *Half-Real*, S. 51.

scribes its ›ideal‹ elements and interactions.«[31] Deshalb ist das formale System von Fußball oder Tennis nur ein theoretischer Gegenstand. Selbst für das vergleichsweise übersichtliche Billard gilt, dass die kleinste Unsicherheit bei der Positionsbestimmung des Startballes sich schon nach wenigen Stößen zu einer gewaltigen Unschärfe auswächst, die vernünftige Angaben zur Lage der Kugeln nicht mehr zulässt.[32] Letztlich ist es wohl gerade diese ›Un-Formalisierbarkeit‹ mit der der Erfolg, den viele sportliche Spiele beim Publikum haben, erklärt werden kann: »Bisher hat sich [...] ein Wettkampf wie der Fußball allen Formen des Verstehens entzogen. Die Unberechenbarkeit des Balles bleibt ein Faszinosum, weswegen auch in Zukunft Millionen von Menschen in Stadien gehen werden, um hautnah zu erfahren, welche Mannschaft das schönere Spiel zeigt und welche gewinnt.«[33]

Trotz dieser Einschränkungen wollen wir den inneren Kern eines Spiels als formales System des Spiels begreifen. Die Definition einer Struktur nach den Erfordernissen eines formalen Systems ist ausschließlich syntaktischer (und nicht semantischer) Natur. Man hat es mit einer Menge bedeutungsleerer Symbole oder Zeichen zu tun, die formale Beziehungen zueinander unterhalten.[34] Dieser Umstand lässt die Formalisierung eines Spiels in aller Regel zu einer sehr aufwendigen Unternehmung werden, schließlich muss auf alle semantischen Konventionen verzichtet werden, die zur Verfügung stünden, würde ein Spiel mit den Mitteln einer natürlichen Sprache bestimmt.[35] Aber für einen formal definierten Ausdruck gilt, er steht nicht »für ›etwas‹, wenn ›Etwas‹ ein Ding, eine Entität oder ein Ereignis meint, weder kann er im Sinne einer ›Bezeichnung‹ noch einer ›Bedeutung‹ verstanden werden, vielmehr weist er als ›Marke‹ auf andere ›Marken‹, mit denen er eine formale Relation unterhält.«[36]

31 | Naim A. Kheir, *Motivation and Overview*, in: ders. (Hrsg.), *Systems Modeling and Computer Simulation*, New York 1995 (1988), S. 3–26, hier S. 9; vgl. auch Körner, *Philosophie der Mathematik*, S. 89.

32 | John D. Barrow, *Die Natur der Natur. Wissen an den Grenzen von Raum und Zeit*, Reinbek b. Hamburg 1996 (engl. 1988), S. 422 f.

33 | Axel Heimsoth, *Wettkampfspiele. Spiegel und Gegenwart*, in: Deutsches Hygiene-Museum Dresden (Hrsg.), *Spielen. Zwischen Rausch und Regel*, Ostfildern-Ruit 2005, S. 20–31, hier S. 30 f.

34 | Für eine zugängliche Einführung vgl. Douglas R. Hofstadter, *Gödel, Escher, Bach. Ein endloses geflochtenes Band*, Stuttgart 1985, S. 58.

35 | Eine formale Notation des Schach findet sich in Casti, *Complexification*, S. 193–198.

36 | Mersch, *Geburt der Mathematik*, S. 220.

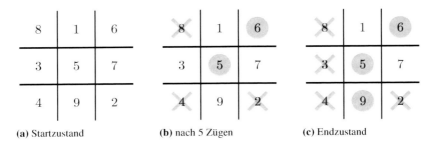

(a) Startzustand   (b) nach 5 Zügen   (c) Endzustand

Abb. 2.1: Äquivalenz von Magic Fifteen und Tic-Tac-Toe

Arbeitet man dann mit einem formalen System auf streng formale Art und Weise, dann spielt nur sein »logisches Gerüst eine Rolle«.[37]

Kann man nun mit solch einem logischen Gerüst ein Spiel vollständig beschreiben? Mit anderen Worten: ist ein Spiel *nichts* als sein formales System? In der Mathematik spricht man von einer *Interpretation*, wenn einzelne Elemente eines formalen Systems mit mathematischen Objekten – z. B. einer Zahl, einem Kreis oder einer Funktion – identifiziert werden.[38] Auch bei Spielen macht die formale Ebene stets nur einen Teil aus und wird immer von einer Interpretation begleitet. Das soll ein Beispiel verdeutlichen.

Das bekannte Spiel Tic-Tac-Toe wird auf einem Spielfeld mit 3×3 Feldern gespielt. Die Spieler besetzen abwechselnd freie Felder und versuchen eine senkrechte, waagrechte oder diagonale Reihe zu bilden. Weist man den einzelnen Spielfeldern aber die Zahlen 1 bis 9 wie in Abb. 2.1 zu, dann wird augenfällig, dass das Spielsystem von Tic-Tac-Toe mit dem Spielsystem des oben vorgestellten Magic Fifteen identisch ist: Die Summe der Zahlen einer Senkrechten, einer Waagrechten oder einer Diagonalen ist stets 15.[39] Ein Spieler, der mit seiner schrittweisen Okkupation von freien Feldern in Tic-Tac-Toe Erfolg hat, wird mit dieser Folge auch in Magic Fifteen gewinnen, sofern er für jedes Feld die Übersetzung in den entsprechenden Zahlwert durchführt und sofern auch der Gegner seine Strategie nicht ändert. Weil Tic-Tac-Toe und Magic Fifteen formal äquivalent sind, entsprechen ›Oben links‹ und

---

37 | Friedrich Kambartel, *Formales und inhaltliches Sprechen*, in: Hans-Georg Gadamer (Hrsg.), *Das Problem der Sprache. VIII. Deutscher Kongress für Philosophie*, München 1967, S. 293–312, hier S. 297.

38 | Vgl. Körner, *Philosophie der Mathematik*, S. 109.

39 | Vgl. Berlekamp/Conway/Guy, *Winning Ways 3*, S. 731 ff.; Salen/Zimmerman, *Rules of Play*, S. 128 f.

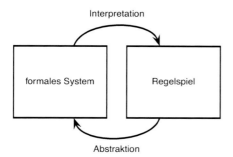

Interpretation

formales System   Regelspiel

Abstraktion

Abb. 2.2: Die Beziehung zwischen Regelspiel und formalem System

›8‹ formal demselben Element (vgl. Abb. 2.1), das ausschließlich durch seine Beziehung zu anderen Elementen des formalen Systems definiert ist.

Wollen wir in diesem System formal operieren, dann »müssen wir uns dabei verhalten, als ob wir eine Maschine wären.«[40] Aber Spielen ist nicht formal operieren, und der Mensch keine Maschine. Wenn wir Tic-Tac-Toe oder Magic Fifteen spielen, dann entspricht unser Handeln nicht dem Ausführen formaler Operationen, weil wir neben der Logik immer auch die Form des Spiels, neben den logischen Beziehungen immer auch die Gestalt der Spielelemente wahrnehmen. Und hier sind die beiden Spiele deutlich zu unterscheiden: Spielfeld und Spielstein (Tic-Tac-Toe) stehen Gedächtnis und Zahlenraum (Magic Fifteen) gegenüber. Im Detail stellt sich der Unterschied folgendermaßen dar: Bei Tic-Tac-Toe wird ein Teil der in Magic Fifteen explizit formulierten Regeln durch die Eigenschaften des Spielfeldes implizit umgesetzt. Dafür sind die Handlungsoptionen entsprechend angepasst: Statt dem Wählen von freien Zahlen werden nun freie Felder besetzt. Die Regel, dass nur abwechselnd gehandelt werden darf, muss hingegen auch für Tic-Tac-Toe explizit formuliert werden. Die Struktur des Spiels wird hier folglich nicht nur durch die Spielregeln, sondern auch durch das Spielmaterial (Spielfeld, Stift oder Spielsteine) definiert. Die Folge ist, dass die Spiele die Spieler mit verschiedenen Herausforderungen konfrontieren: Magic Fifteen konstituiert ein arithmetisches, Tic-Tac-Toe ein räumliches Problem. Obwohl also das formale System dasselbe ist, weichen die Formen der Spiele, oder die Interpretationen des formalen Systems, um in der mathematischen Terminologie zu bleiben, so voneinander ab, dass man es faktisch mit zwei unterschiedlichen Spielen zu tun hat.

---

40 | Sybille Krämer, *Symbolische Maschinen. Die Idee der Formalisierung in geschichtlichem Abriß*, Darmstadt 1988, S. 178.

Das Verhältnis zwischen Spiel und formalem System verdeutlicht Abb. 2.2: Erst die *Interpretation* (durch Spielmaterial und Spielregeln) macht aus einem formalen System ein konkretes Spiel; durch *Abstraktion* kann ein konkretes Spiel als formales System verstanden werden. Im Beispiel von Tic-Tac-Toe und Magic Fifteen würde man also auf der formalen Ebene von Identität ausgehen, durch je eigene Interpretationen aber von unterschiedlichen Spielen. Dies bestätigt dann auch die umgekehrte Richtung: die Abstraktionsschritte, durch die man zum (identischen) formalen System gelangt, müssen einmal von einem räumlichen, das andere mal von einem arithmetischen Problem ausgehen.

Symbolische Referenz

Die Interpretation ist die Ebene eines Spiels, welche das formale Spielsystem auf eine spezifische Weise abbildet. Ein Schach- oder Pokerspiel kann mit vielen unterschiedlichen Spielbrettern, Figuren oder Karten gespielt werden und bleibt in einem formalen Sinn dennoch stets dasselbe Spiel. Das verwendete Spielmaterial beeinflusst jedoch die Spielerfahrung. Eine erste Annäherung an die Differenz zwischen formalem und wahrgenommenem Spiel liefert Buytendijk, wenn er feststellt, ein Gegenstand sei »nur insofern Spielobjekt, als er Bildhaftigkeit« besitze. Er spricht dabei Bilder ihres semiotischen Potenzials wegen an: »Das Bild [...] stellt etwas vor, enthält verborgenen Eigenschaften, Möglichkeiten«.[41] Auch Frans Mäyrä erkennt den Bild- bzw. Zeichencharakter des Spielmaterials, wenn er Spiele in Kern und Hülle differenziert und die Hülle als Repräsentation oder Zeichensystem bezeichnet, die dem Spiel »semiotischen Reichtum« hinzufüge.[42] Auch wenn weder Buytendijk noch Mäyrä es so formulieren: Die Frage ist, wie ein Spiel durch die Interpretation Bedeutungen oder Verweise erhält, die nicht Teil des rein logisch definierten Beziehungsgeflechts des formalen Systems sind.

Der Bauhauskünstlers Josef Hartwig hat 1922 einen ganz neuen Figurensatz für das Schach entwickelt. Mit dieser Neuschöpfung soll im Folgenden der Zusammenhang von Spielsystem und Interpretation verdeutlicht werden. In Hartwigs Schach-Version werden die Schachfiguren vollständig von ihrer traditionellen Bedeutungsebene befreit, indem sie ausschließlich entsprechend ihrer Gangart und Spielstärke

---

41 | Buytendijk, *Wesen und Sinn des Spiels*, S. 129–133; vgl. Sybille Krämer, *Die Welt, ein Spiel? Über die Spielbewegung als Umkehrbarkeit*, in: Deutsches Hygiene-Museum (Hrsg.), *Spielen. Zwischen Rausch und Regel*, Ostfildern-Ruit 2005, S. 11–17, hier S. 14.

42 | Mäyrä, *Introduction to Game Studies*, S. 12.

Abb. 2.3: Figuren nach Hartwig   **Abb. 2.4:** Staunton-Figuren

gestaltet sind: Die überragende Beweglichkeit der Dame ist durch die Kugel versinn-
bildlicht, die diagonalen Schrittfolgen des Läufers finden ihre Entsprechung im An-
dreaskreuz, der König mit seiner geringen Reichweite ist mit einem Kubus gekrönt
(Abb. 2.3).[43] Die Intention von Hartwigs Schach ist es, die Figuren möglichst entsprechend der Funktion, die ihnen das formale Spielsystem zuschreibt, darzustellen,
und – wie es 1924 ein Zeitungsartikel formulierte – dadurch die »Entmilitarisierung
der Schachfiguren« zu realisieren.[44] Dagegen referieren traditionelle Interpretationen
(z. B. die sog. Staunton-Figuren, Abb. 2.4) auf Konzepte wie höfische Gesellschaft
und Monarchie und konstituieren nach Hartwig die »Imitation eines Kampfes zwischen zwei feindlichen Heeren«.[45]

Hartwigs Interpretation und traditionelle Interpretationen der Schachfiguren sind
offensichtlich recht verschieden, aber beide scheinen ›Bedeutung hinzuzufügen‹. Ist
dem wirklich so? Und was heißt das? Die Untersuchung von Bezugnahme bzw. Referenz ist gewissermaßen das Leitmotiv der Symboltheorie Nelson Goodmans; *Referenz*
wird verstanden als »ein sehr allgemeiner Grundbegriff, der alle Arten von Symbo-
lisierung, alle Arten des Bezugs zwischen Zeichen und Bezeichnetem, alle Fälle des
Stehens für umfaßt.«[46] Das zweite zentrale Konzept für Goodman ist das *Symbol*:

»›Symbol‹ wird hier als ein sehr allgemeiner und farbloser Ausdruck gebraucht. Er umfaßt Buchstaben, Wörter, Texte, Bilder, Diagramme, Karten, Modelle und mehr, aber er hat nichts Gewundenes

---

43 | Vgl. Anne Bobzin/Klaus Weber, *Das Bauhaus-Schachspiel von Josef Hartwig*, Berlin
2006, S. 8 f.

44 | Zit. nach ebd., S. 7.

45 | Zit. nach ebd., S. 8. Auch diese Interpretation war keineswegs schon ›immer so‹: Das
Schach hat seit seiner Einführung in Europa im 10.–11. Jahrhundert einige Aktualisierungen
erfahren, vgl. Hans Petschar, *Das Schachspiel als Spiegel der Kultur*, in: Ursula Baatz/Wolfgang
Müller-Funk (Hrsg.), *Vom Ernst des Spiels. Über Spiel und Spieltheorie*, Berlin 1993, S. 122–135,
hier S. 131 f.

46 | Nelson Goodman, *Wege der Referenz*, in: Zeitschrift für Semiotik 3 (1981) 1, S. 11–22,
hier S. 11.

oder Geheimnisvolles an sich. Das buchstäblichste Prädikat und die nüchternste Passage sind ebensogut Symbole und ebenso ›hoch symbolisch‹ wie die phantastischsten und figurativsten.«[47]

In diesem Sinne vollzieht sich beim Schach – sowohl in der traditionellen wie in Hartwigs reformierter Version – die symbolische Bezugnahme auf doppelte Weise: Erstens wird durch die *Benennung* der Spielfiguren sprachlich, zweitens durch ihre spezifische *materielle Gestaltung* bildlich referiert.[48] Jene Elemente des formalen Systems, für die die einzelnen Spielfiguren stehen, werden also zweifach interpretiert – durch ein sprachliches Symbol und durch ein skulptural-bildliches Symbol. Da Hartwig nur die figürliche Gestalt der einzelnen Elemente verändert, aber weiterhin von ›König‹ und ›Bauer‹ spricht und somit die Bezeichnung der Elemente nicht modifiziert, beschränkt sich seine Neuinterpretation nur auf die eine Hälfte eines jeden Spielelements.[49]

Die sprachliche Bezugnahme ist also in beiden Spielinterpretationen identisch. Sie verdient genauere Betrachtung, schließlich findet sich die Benennung von einzelnen Spielelementen mit Worten aus unserer Alltagssprache nicht nur im Schach, sondern in vielen Spielen: Spielkarten sind ähnlich wie Schachfiguren durch aristokratische oder feudale Begriffe benannt, in populären Brettspielen wimmelt es nur so von ›Siedlern‹, ›Räubern‹, ›Händlern‹, ›Zauberern‹ und dergleichen und *Monopoly* kennt ›Bahnhöfe‹, ein ›Gefängnis‹ und mehrere ›Straßen‹, die wiederum aussagekräftig Namen tragen.[50] Computerspiele – das wird noch zu zeigen sein – arbeiten ebenfalls extensiv mit sprachlichen Benennungen.

Grundsätzlich sind schriftliche Zeichen nur Symbole, insofern es ein Symbolsystem gibt, das festlegt, wie das Zeichen zu lesen ist. Sonst hat man es lediglich mit grafischen Formen, nicht aber mit Schrift zu tun. Wenn man also fragt, auf was die Zeichenfolge ›König‹ Bezug nimmt, ist es entscheidend, das Symbolsystem zu benennen, für das die Frage geklärt werden soll. Die Bedeutung der Rahmung für die Analyse der Referenz nochmals deutlich bei Oliver Scholz: »Nothing has in and of

---

47 | Nelson Goodman, *Sprachen der Kunst. Entwurf einer Symboltheorie*, Frankfurt/M. 1997 (engl. 1968), S. 9.

48 | Goodmans *bildliche Denotation* schließt Verweise durch Skulpturen mit ein, vgl. ebd., S. 215; ders., *Wege der Referenz*, S. 13.

49 | So werden die neuen Figuren auf einem Produktblatt von 1924 mit ihren herkömmlichen Namen bezeichnet, vgl. Bobzin/Weber, *Bauhaus-Schachspiel*, S. 31.

50 | In der 1940 in Palästina produzierten Version von *Monopoly* sind die Bahnhöfe Flughäfen, die Straßen lokale Städte und Kibbuzim und man landet nicht im Gefängnis, sondern muss nach Ägypten ziehen, vgl. Daniel Tyradellis/Michal S. Friedlander (Hrsg.), *10 + 5 = Gott. Die Macht der Zeichen*, Köln 2004, S. 129.

itself a certain mode of symbolization. It is a matter of how you interpret it, how you ›read‹ it, or, better, *how it is to be read* [...]. It is dependent on the symbol scheme or system in terms of which the mark is to be ›identified‹ and interpreted.«[51]

Gehen wir für den Moment von einem Anfänger des Schachspielens aus; dieser befindet sich (wie jeder andere Mensch auch) erst einmal in einer selbstverständlichen, vorwissenschaftlichen Wirklichkeit, die Alfred Schütz (im Anschluss an Husserl) als »alltägliche Lebenswelt« bezeichnet hat. Die alltägliche Lebenswelt ist der Bereich der Wirklichkeit, an dem »der Mensch in unausweichlicher, regelmäßiger Wiederkehr teilnimmt«.[52] Nach Schütz erfolgt menschliches Denken und menschliches Handeln in der Lebenswelt in Bezug zu einem »Wissensvorrat«. Dieser ist aufgebaut aus »mitgeteilten und unmittelbaren Erfahrungen« und dient »als Bezugsschema für den jeweiligen Schritt meiner Weltauslegung«.[53] Wichtig ist, dass der Wissensvorrat des lebensweltlichen Denkens nicht zu verstehen ist als »ein in seiner Gesamtheit durchsichtiger Zusammenhang, sondern vielmehr als eine Totalität der von Situation zu Situation wechselnden Selbstverständlichkeiten [...]. Diese Totalität ist nicht als solche erfaßbar, ist aber, als ein sicherer, vertrauter Boden jeglicher situationsbedingter Auslegung erlebt, im Erfahrungsablauf mitgegeben.«[54]

Für einen Anfänger des Schachspielens sollte man also zunächst in einer solcherart verstandenen alltäglichen Lebenswelt den ersten Bezugsrahmen oder das erste Bezugsschema sehen. Für den lebensweltlichen Wissensvorrat ist die Alltagssprache zentral, sie ist »das wichtigste Mittel der Wissensobjektivierung«[55] und »das wichtigste Zeichensystem«.[56] Goodman würde eine Zeichenkette wie ›König‹ im lebensweltlichen Bezugsrahmen eine »sprachliche Denotation« nennen, die auf »ein Ding, ein Ereignis etc.« angewendet wird.[57] Da die Symbole der Alltagssprachen keine eindeutige Semantik aufweisen, können solche Denotationen »mehr oder weniger allge-

---

51 | Oliver R. Scholz, *When Is a Picture?*, in: Synthese 95 (1993), S. 95–106, hier S. 97; vgl. Goodman, *Sprachen der Kunst*, S. 46.

52 | Alfred Schütz/Thomas Luckmann, *Strukturen der Lebenswelt*, Bd. 1, Frankfurt/M. [5]1994 (1975), S. 25.

53 | Ebd., S. 29.

54 | Ebd., S. 31.

55 | Ebd., S. 158.

56 | Berger/Luckmann, *Konstruktion der Wirklichkeit*, S. 72; vgl. Bernt Schnettler, *Thomas Luckmann: Kultur zwischen Konstitution, Konstruktion und Kommunikation*, in: Stephan Moebius/Dirk Quadflieg (Hrsg.), *Kultur. Theorien der Gegenwart*, Wiesbaden 2006, S. 170–184, hier S. 175 f.

57 | Goodman, *Wege der Referenz*, S. 12.

mein, mehr oder weniger vage, mehr oder weniger mehrdeutig und in Abhängigkeit von Zeit und Kontext verschieden sein.«[58]

Diese Ambiguität der natürlichen Alltagssprache ist evident, schließlich kann schwerlich bestimmt werden, auf was genau ein Anfänger des Schachspielens die Zeichenkette ›König‹ beziehen wird, was sie für ihn beschreibt. Wie der Anfänger sein Wissen zu Königen z. B. aus den Motiven der Grimmschen Märchen, den Erkenntnissen illustrierter Wochenzeitschriften oder den Befunden der historisch-kritischen Begriffsgeschichte zusammensetzt und mit dem sprachlichen Symbol ›König‹ verknüpft, ist deshalb zu Teilen eine kulturelle, zu Teilen eine individuelle Frage. Mit Alfred Schütz könnte man von den verschiedenen »kulturellen Sinnschichten« sprechen, die einem Gegenstand anhaften.[59] Zudem unterliegt der Auslegungsvorgang einer steten Dynamik und Relationalität, wie Maurice Halbwachs betont: »Jedesmal, wenn wir einen unserer Eindrücke in den Rahmen unserer gegenwärtigen Vorstellungen einordnen, verändert der Rahmen den Eindruck, aber der Eindruck seinerseits modifiziert auch den Rahmen.«[60] Den zur Anwendung kommenden Teilbereich des kollektiven Wissensbestandes kann man also kaum exakt angeben.

Aber er ist auch nicht beliebig: Die Lebenswelt ist »die Welt unserer *gemeinsamen* Erfahrung«,[61] die Sprache dabei »zugleich Fundament und Instrument eines kollektiven Wissensbestandes«.[62] Dem folgend kann man in der schematischen Darstellung die Größe *kollektives Wissen* zum bisher untersuchten Paar *Regelspiel* und *formales System* entsprechend Abb. 2.5 angliedern.

Durch fortgesetztes Schachspielen, durch Übung also, verschiebt sich jedoch der Bezugsrahmen des Spielers. Das konventionelle alltagssprachliche Symbolsystem tritt zurück zugunsten eines Verständnisses, das Wert und Funktion der Elemente entsprechend dem Spielsystem bewertet.[63] Diese Bewertung kann – je nach Spielkönnen – von einer statischen Wertzuweisung bis zu dynamischen Abschätzungen, die die aktuelle Stellung und mögliche zukünftige Situationen einbeziehen, reichen.[64] So tritt

---

58 | Goodman, *Wege der Referenz*, S. 12; vgl. ders., *Sprachen der Kunst*, S. 170 f.

59 | Schütz/Luckmann, *Strukturen der Lebenswelt 1*, S. 40.

60 | Halbwachs, *Das Gedächtnis und seine sozialen Bedingungen*, S. 189.

61 | Schütz/Luckmann, *Strukturen der Lebenswelt 1*, S. 98.

62 | Berger/Luckmann, *Konstruktion der Wirklichkeit*, S. 72 f.

63 | Vgl. Peter Baumgartner, *Der Hintergrund des Wissens. Vorarbeiten zu einer Kritik der programmierbaren Vernunft*, Klagenfurt 1993, S. 284–288.

64 | Eine einfache Faustregel weist den Figuren ganzzahlige Werte zu: Bauer = 1, Springer und Läufer = 3, Turm = 4, Dame = 8. Ambitionierte Bewertungssysteme sind wesentlich komplexer und unterliegen darüber hinaus dem kulturellen Wandel. So verwarfen die sog. ›Hy-

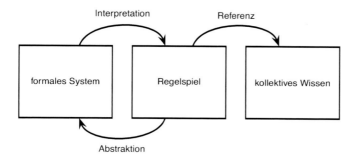

Abb. 2.5: Formales System, Regelspiel, kollektives Wissen

mit steigendem Spielniveau die natürlichsprachliche Bedeutung der alltäglichen Lebenswelt in den Hintergrund. Dieser Vorgang wird durch die Algebraische Notation, mit der sich geübte Schachspieler über Züge austauschen, anschaulich belegt: In einer Zeichenfolgen wie ›Kxd4‹ finden sich nur noch Spuren der normalsprachlichen Bezugnahme.[65] Und dennoch können Zeichenketten dieser Art mit den Worten des Dr. B. aus Stefan Zweigs *Schachnovelle* »hinter meiner Stirn zu visuellen, plastischen Positionen« werden.[66]

Eine Variante der Schachnotation verwendet statt der Anfangsbuchstaben Bildsymbole für die Angabe der einzelnen Figuren (›♔×d4‹) und legt so nahe, dass auch die Ebene der bildlichen Bezugnahme unter der Voraussetzung wechselnder Bezugsrahmen betrachtet werden muss. Grundsätzlich gilt dabei: »Fast jedes Bild kann fast alles repräsentieren.«[67] Entscheidend ist auch hier – analog zu verbalen Beschreibungen –, dass die Bezugnahme relativ zu einem Symbolsystem geschieht. Ein Objekt wird als Bild wahrgenommen, wenn die symbolische Bezugnahme relativ zu einem bildlichen Repräsentationssystem erfolgt. Ein bildliches Repräsentationssystem unterscheidet sich vom System einer natürlichen Sprache derart, dass es weder syn-

permodernen‹ zu Beginn des 20. Jahrhunderts, »was die Theoreme des 19. Jahrhunderts an Wahrheiten über das Spiel aussagten«, Edmund Bruns, *Das Schachspiel als Phänomen der Kulturgeschichte des 19. und 20. Jahrhunderts*, Münster u. a. 2003, S. 86.

65 | Der König schlägt eine andere Figur, die, von Weiß aus gesehen, in der dritten Reihe auf dem vierten Feld steht. Zur Geschichte der Schachnotation vgl. Serjoscha Wiemer, *Ein ideales Modell der Vernunft? Überlegungen zur Regelhaftigkeit und strategischen Rationalität des Schachspiels*, in: Rolf F. Nohr/Serjoscha Wiemer (Hrsg.), *Strategie Spielen. Medialität, Geschichte und Politik des Strategiespiels*, Berlin 2008, S. 136–161, hier S. 138 ff.

66 | Stefan Zweig, *Schachnovelle*, Frankfurt/M. 1974 (1949), S. 63.

67 | Goodman, *Sprachen der Kunst*, S. 46.

taktisch noch semantisch differenziert ist. Auf der Ebene der Syntax bedeutet dies, dass bei Bildern jede ihrer bildlichen Eigenschaften eine Rolle spielt. Während ein Buchstabe unabhängig von Druckfarbe oder verwendeter Schriftart erkannt wird, ist bei Bildern Farbe und Form immer konstitutiv, d. h. letztendlich ist jeder einzelne Bildpunkt relevant.[68] Für Bilder gibt es keine Alphabete, die einzelne Bestandteile eindeutig einem Charakter oder einer Klasse zuweisen könnten: »Konkrete Symbolvorkommnisse gehören nicht zu unterscheidbar verschiedenen Zeichen, sondern verschmelzen ineinander«.[69] Hinsichtlich der semantischen Logik ähneln sich Bilder und Sprache jedoch: Auf wen oder was genau die bildliche Darstellung eines Königs referiert, kann man ebenso wenig erschöpfend angeben, wie die Semantik der Buchstabenfolge »König«.

Ist ein Spieler über die Logik des Spielsystems (noch) nicht informiert, dann ist der Bezugsrahmen, mit dem er die Figuren eines Spiels betrachtet, in aller Regel ein bildliches Repräsentationssystem. Solch ein System ist – wieder ähnlich wie bei sprachlicher Referenz – durch personale Prägung und kulturelle Norm bestimmt,[70] durch »die Bilder einer uns *alle* beständig infiltrierenden Bildgeschichte«.[71] Vor diesem Hintergrund ist Josef Hartwigs Neugestaltung der Schachfiguren zu analysieren. Obwohl für ihn, ganz Bauhausianer, »die Funktion der Dinge das Elementarste ihres Wesens ist, demgegenüber die Form etwas Sekundäres ist«,[72] kommt er nicht umhin, auf etablierte Weisen der Bezugnahme zurückzugreifen. Wenn er dem Kubus Unbeweglichkeit und der Kugel Flexibilität zuordnet, setzt er einen spezifischen Bezugsrahmen voraus, indem diese Bezüge etabliert sind und mit dem sie verstanden werden. Hartwig selbst begründet die neue Form von König, Turm und Bauer folglich auch damit, dass der Würfel »das Symbol des Schweren und Massigen« sei.[73]

---

68 | Vgl. Oliver R. Scholz, *Bild, Darstellung, Zeichen*, Frankfurt/M. [2]2004 (1994), S. 114 f.

69 | Goodman, *Wege der Referenz*, S. 13. Vgl. auch die präzise Zusammenfassung von Goodmans Unterscheidung von Analogem und Digitalem in Thomas Hölscher, *Nelson Goodmans Philosophie des Analogen und des Digitalen*, in: Martin Warnke/Wolfgang Coy/Georg Christoph Tholen (Hrsg.), *Hyperkult II. Zur Ortsbestimmung analoger und digitaler Medien*, Bielefeld 2005, S. 111–122.

70 | Vgl. Goodman, *Sprachen der Kunst*, S. 45.

71 | Stefan Majetschak, *Sichtvermerke. Über Unterschiede zwischen Kunst- und Gebrauchsbildern*, in: ders. (Hrsg.), *Bild-Zeichen. Perspektiven einer Wissenschaft vom Bild*, Paderborn 2005, S. 97–121, hier S. 105.

72 | Zit. nach Bobzin/Weber, *Bauhaus-Schachspiel*, S. 8.

73 | Zit. nach ebd., S. 9.

Somit fallen auch seine Figuren nicht aus »der Interpretativität als solcher« heraus, der auch nicht-sprachliche Symbolisierungen grundsätzlich unterworfen sind.[74]

Aber ist Hartwigs Umgestaltung der Mühe wert? Schließlich ist es auf formaler Ebene unerheblich, ob die Spielfigur als stilisierter König oder als abstrakter Kubus interpretiert wird, da beiden innerhalb des Spielsystems identische Bedeutung zukommt. Wenn der Bezugsrahmen der Spieler die Logik des Spielsystems ist, dann sind die Symbole sowohl syntaktisch als auch semantisch differenziert. Ein Regelkundiger weiß, dass es im Schach nur 32 Figuren gibt, dass diese klar zu unterscheiden sind und dass sie jeweils etwas ganz spezifisches – nämlich ein Element des formalen Spielsystems – denotieren. Solch eine ›reine‹ Symbolrezeption ist aber utopisch: »Das Auge beginnt immer schon erfahren seine Arbeit« und funktioniert »nicht allein und als Instrument aus eigener Kraft, sondern als pflichtbewußtes Glied eines komplexen und kapriziösen Organismus«.[75] Ähnlich argumentiert Susanne Langer für eine nicht bloß sensuale Auffassung von Wahrnehmung: »Unsere reine Sinneserfahrung ist bereits ein Prozeß der Formulierung«. Deshalb sei ein wahrgenommenes Objekt »kein Sinnesdatum, sondern eine durch das sensitive und intelligente Organ gedeutete Form, eine Form, die gleichzeitig ein erlebtes Einzelding und ein Symbol für dessen Begriff, für diese Art von Ding ist.«[76] Wenn also das unschuldige Auge ein Mythos ist[77] und der jungfräuliche erste Blick eine leere Fiktion,[78] dann gibt es auch keine Symbole, die ihre Referenz *ausschließlich* durch einen spiellogischen Bezugsrahmen erhalten. Es mag vielleicht pedantisch erscheinen, aber man kann durchaus fragen, warum es genau das ›×‹ in ›♔×d4‹ ist, das das Schlagen einer anderen Figur symbolisiert – und nicht das ›♥‹ oder das ›♪‹. Anders ausgedrückt: Egal wie ein Spielsystem interpretiert wird, *immer* werden die verwendeten Symbole durch »das Zusammenspiel des individuellen und des öffentlichen Charakters unserer Interpretations-Praxis«[79] auch auf etwas verweisen, das außerhalb des formalen Spielsystems liegt. Dies gilt, das sollte dieser Abschnitt zeigen, auch für die Art und Weise, wie wir mit einem Spiel interagieren. Deshalb verändern Hartwigs

---

74 | Günter Abel, *Sprache, Zeichen und Interpretation*, in: Hans Lenk/Hans Poser (Hrsg.), *Neue Realitäten – Herausforderungen der Philosophie. XVI. Deutscher Kongreß für Philosophie*, Berlin 1995, S. 264–284, hier S. 267.

75 | Goodman, *Sprachen der Kunst*, S. 19.

76 | Susanne K. Langer, *Philosophie auf neuem Wege: das Symbol im Denken, im Ritus und in der Kunst*, Frankfurt/M. 1992 (engl. 1942), S. 95.

77 | Vgl. Goodman, *Sprachen der Kunst*, S. 19 f.

78 | Vgl. Majetschak, *Sichtvermerke*, S. 105.

79 | Abel, *Sprache, Zeichen und Interpretation*, S. 267.

Figuren die Wahrnehmung des Schachs *und* des Schachspielens ohne Zweifel, allein den Grad dieser Veränderung kann man schwerlich angeben.[80]

Um es zusammenzufassen: Die Schachspielerin nimmt von einer Schachfigur neben ihrem sachlichen auch ihren ästhetischen und kulturellen Wert war. Neben eine spiellogisch begründete Bewertung treten also immer die Bedeutungen, die das traditionelle Bezugssystem der jeweiligen Gesellschaft anbietet. Während einer Partie ist die Spielerin gegenüber dieser Symbolik aber in aller Regel indifferent. Die Perzeption der Spielfigur ist dann wesentlich von ihrer aktuellen Position innerhalb des formalen Systems bestimmt.[81] Beim Schach ist also der spiellogische Bezugsrahmen und die Abstraktion von den konkreten, gegenständlichen Figuren eines Schachspiels hin zu den abstrakten Werten und Objekten im formalen Spielsystem bestimmend. Schach ist in einer gewissen Hinsicht jedoch ein besonderes Beispiel: Sein Spielsystem kommt mit sehr wenigen Elementen aus, die überdies leicht erfassbare Eigenschaften haben. Daher begünstigt es ein Spielverständnis, das sich am formalen System des Spiels orientiert. Dies ist nicht bei allen Spielen so.

1780 erschien der *Versuch eines aufs Schachspiel gebaueten taktischen Spiels*, ein Regelbuch des Braunschweiger Mathematikers Johann Christian Ludwig Hellwig. Auf über 150 Seiten wird ein Spiel erklärt, dessen vornehmliches Ziel es ist, »das Wesentliche der wichtigsten Auftritte des Kriegs sinnlich zu machen«.[82] Damit reiht sich Hellwig in die Gruppe der Kriegsspielautoren des 19. Jahrhunderts ein, von denen der preußische Kriegsrat Georg Leopold von Reiswitz wohl der prominenteste ist.[83] Zwar will Hellwig »so viel möglich aufs Schachspiel gründen«, da aber »der Ausgang des durchs Schachspiel vorgestellten Krieges nicht natürlich« sei, nimmt er weitgreifende Änderungen und Erweiterungen vor.[84] Ohne deren Wirkung auf das

---

80 | Seine Reform wäre von ungleich größerer Rigorosität, wenn er auch die Bezeichnung der Figuren verändert hätte. Seine Interpretation hat sich aber bereits ohne diesen Eingriff nicht in großem Maße durchsetzen können.

81 | Vgl. Bruns, *Schachspiel*, S. 348, Anm. 981.

82 | Johann Christian Ludwig Hellwig, *Versuch eines aufs Schachspiel gebaueten taktischen Spiels von zwey und mehreren Personen zu spielen*, Leipzig 1780, S. 1. Eine dem heutigen Sprachgebrauch angepasste Neufassung der Regeln in Rolf F. Nohr/Stefan Böhme, *Die Auftritte des Krieges sinnlich machen. Johann C. I. Hellwig und das Braunschweiger Kriegsspiel*, Braunschweig 2009, S. 50–58.

83 | Vgl. Margret Kampmeyer-Käding, *Strategiespiele. Taktische Spielvergnügen mit Verstand und Fantasie*, in: Deutsches Hygiene-Museum Dresden (Hrsg.), *Spielen. Zwischen Rausch und Regel*, Ostfildern-Ruit 2005, S. 84–93.

84 | Hellwig, *Versuch eines aufs Schachspiel gebaueten taktischen Spiels*, S. 4 ff.

Spielsystem im Detail nachzuvollziehen,[85] sei hier lediglich auf ihre quantitative Dimension eingegangen. In Hellwigs Spiel verfügt jeder Spieler über 106 militärische Figuren, die jeweils einer von acht Klassen angehören. Dazu kommen 160 Brücken, 120 Brustwehren, 66 Transporteinheiten, 24 Kanonen und eine Fahne. In der Summe kann das Spielfeld also von über 900 Spielelementen bevölkert werden und ist konsequenterweise nicht wie beim Schach in 64, sondern in 1617 Felder eingeteilt (Abb. 2.6).[86] Das Zusammenspiel dieser Vielzahl von Spielelementen ist durch erschöpfende Wenn-Dann-Anweisungen geregelt, die ein komplexes Spielsystem aufspannen. Durch die so versuchte Modellierung des Krieges wird zwar durchaus im »spielerischen Probehandeln [...] Wissen der Welt« vermittelt,[87] der Preis dafür ist aber ein Spiel von so großer Komplexität, dass sein Spielen »zu einer verwaltungstechnischen Überforderung der Spieler führt, die nur durch Delegation von Buchführung und Kalkulation an eine externe Instanz zu lösen wäre.«[88]

Wie ist für dieses Spiel die Frage nach den Bezugsrahmen zu beantworten? Es ist wohl leicht einzusehen, dass man in Hellwigs Spiel schnell den Überblick verlieren würde, wenn sich die Figuren nicht *in etwa* so verhielten, wie die durch sie denotierten Gegenstände und Personengruppen es nach herkömmlicher Auffassung tun. Annähernd tausend verschiedene Spielelemente überschauen zu können, ist durch Bezugnahme einzig auf ihre formalen, spiellogischen Eigenschaften kaum möglich. Von einem Spielverständnis, das der normalsprachlichen und konventionellen bildlichen Referenz nicht mehr bedarf, kann hier also schwerlich die Rede sein. Die Ursache dafür ist die Menge der Spielelemente.

Die Komplexität des Spielsystems scheint also entscheidenden Einfluss auf die Modi der Bezugnahme zu haben. Wohlgemerkt, es geht hier nicht um die durch das Spiel ermöglichte Komplexität des Spielens – schließlich ist gutes Schachspielen sehr anspruchsvoll –, sondern um die Menge an Spielelementen und die Beziehungen, die diese miteinander unterhalten. Nun existieren aber Spiele, die auch die Größenordnungen von Hellwigs Spiel weit hinter sich lassen. So können im Spiel *Die Siedler*

---

85 | Vgl. dazu Pias, *Computer Spiel Welten*, S. 205–212.

86 | Vgl. Hellwig, *Versuch eines aufs Schachspiel gebaueten taktischen Spiels*, S. 124 f.; vgl. Pias, *Computer Spiel Welten*, S. 205, Anm. 36. Allein das Aufbauen des Spiels dauert nach Hellwig anderthalb Stunden, sei aber durch die genauen Instruktionen so einfach, »daß auch der einfältigste Domestike es folglich erlernen kann«, Hellwig, *Versuch eines aufs Schachspiel gebaueten taktischen Spiels*, S. 144.

87 | Nohr/Böhme, *Auftritte des Krieges*, S. 27.

88 | Pias, *Computer Spiel Welten*, S. 213.

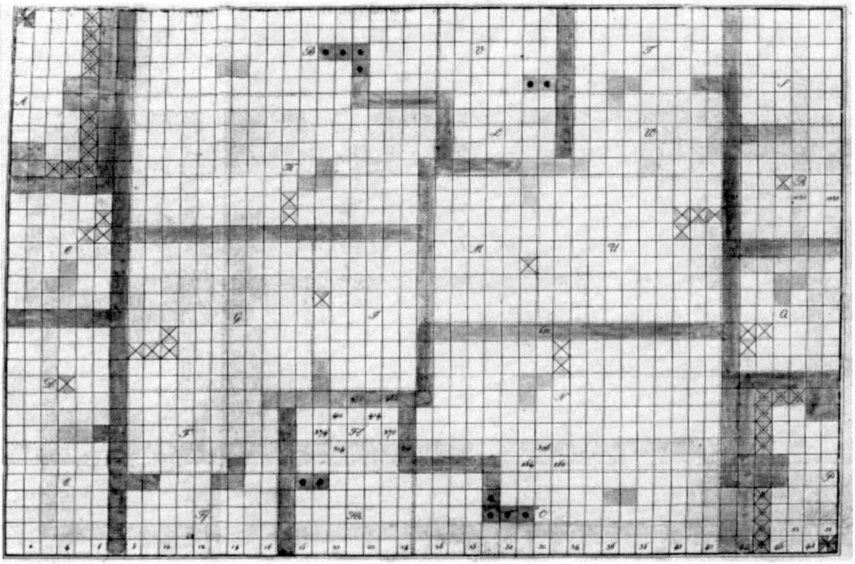

Abb. 2.6: Kriegsspiel Hellwig: Spielbrett

(Blue Byte 1993) bis zu 64 000 Einheiten das Spielfeld bevölkern.[89] Solche Quantitäten werden durch eine entscheidende Entwicklung ermöglicht, die ihren Anfang bei Hellwigs Spiel und ähnlichen Kriegsspielen des 19. Jahrhunderts nahm: Diese Spiele waren eigentlich nur spielbar, indem die Rechenarbeit, »also die Verarbeitung der Eingaben und Ausgaben der Spieler gemäß den Spielregeln«, von einer zusätzlichen Person übernommen wurde, die nicht am eigentlichen Spiel teilnahm.[90] *Die Siedler* ist ein Computerspiel von 1993 und hier führen keine menschlichen Gehilfen, sondern logische Schaltkreise die Berechnungen aus. Dadurch ist es möglich, die Menge der interagierenden Spielelemente zu ganz anderen Größenordnungen zu führen, als es selbst mit externen menschlichen ›Berechnern‹ möglich wäre. Nach Pias wird so ein »Spielen ohne Verstehen« ermöglicht,[91] das sich bei näherem Besehen als ein Spielen offenbart, das auf spiellogisch informierte Bezugnahme bis zu

---

89 | Jede dieser Einheiten übt einen von 20 Berufen aus und stellt während des Spielverlaufs eine große Anzahl an Produkten her, die aus einer Klasse von 26 Waren stammen. Hinzu kommt eine Vielzahl von Gebäuden, für die 23 unterschiedliche Typen zur Auswahl stehen.

90 | Pias, *Computer Spiel Welten*, S. 208, Anm. 48.

91 | Ebd., S. 208, Anm. 48.

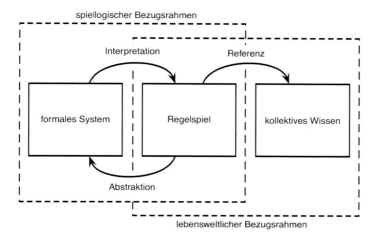

Abb. 2.7: Regelspiele und Bezugsrahmen

einem gewissen Grad verzichten kann und auch muss. Stattdessen leistet – zwangsläufig – die herkömmliche Bedeutung der Elemente Orientierungshilfe, wie auch Mi-
guel Sicart vermerkt: »As players, we compare the virtual environment with the real
world because physical reality is a reference point that makes the learning process
easier.«[92] Ohne bisher auf die Besonderheiten von Spielen, die mit einem Computer
dargestellt und ausgeführt werden, näher eingegangen zu sein, deutet sich so bereits
eine erste Besonderheit dieser Spielformen an: Durch die Menge an Spielelementen,
die in Computerspielen miteinander interagieren, ist die Art und Weise der Bezugnahme in aller Regel eine andere, als in Spielen ohne elektronische Berechnungs-
und Darstellungsinstanz. Insbesondere ist die Referenz, die einzelne Spielelemente
durch ihre sprachliche Benennung und ihre pikturale Darstellung zu Gegenständen,
Personen und Konzepten durch einen lebensweltlichen Bezugsrahmen – natürliche
Sprache und tradiertes bildliches Sehen – erhalten, entscheidend für das Spielen von
Computerspielen. Die Kriegsspiele des 19. Jahrhunderts haben dieses Spielen durch
ihre Trennung zwischen Spielern, die lediglich eine Betriebsanleitung benötigen, und
rechnenden Assistenten, die die Konsequenzen der Eingaben gemäß der Spiellogik
ausführen, bereits vorweggenommen, ehe dann im letzten Drittel des 20. Jahrhunderts die technologische Entwicklung die Quantitäten in neue Dimensionen führte –
und immer noch weiter führt.

92 | Migual Sicart, *The Ethics of Computer Games*, Cambridge/Mass. 2009, S. 34.

Bevor diesen Eigenheiten computerbasierten Spielens weiter nachgegangen wird, ein kurzer Blick auf die Ergebnisse, die die Annäherung an Spiel/*play* und dann die Analyse grundlegender Prinzipien geregelter Spiele/*games* bisher erbracht hat: Spiel/*play* wurde als eine beobachtete, freie Bewegung innerhalb einer festen Struktur ausgemacht. Spielen ist dann das Erzeugen von Spiel. Daran anschließend kann man grundsätzlich Regelspiele/*games* als Strukturen begreifen, die das Erzeugen von Spiel erlauben. Ausgeführte Regelspiele haben Beziehungen einerseits zum formalen System des Spiels, andererseits zu kollektiven Wissensbeständen; sie sollten daher als referentielle Prozesse aufgefasst werden, die relativ zu verschiedenen Bezugssystemen ablaufen (vgl. Abb. 2.7). Die einzelnen Elemente eines Spiels und die verschiedenen Spielsituationen werden dabei von den Spielern unter wechselnden Bezugssystemen interpretiert: Unter einem spiellogischen Bezugsrahmen referieren sie auf Werte des Spielsystems, unter einem lebensweltlichen Bezugsrahmen auf natürlichsprachliche oder pikturale Bedeutungen eines kollektiven Wissensbestandes.

3 Computerspiele

> You should simply key in and enter.[1]
> GRAND MASTER CHESS

Computer und Spielsysteme

Was ist ein Computerspiel? Es wird vorgeschlagen, ein Spiel dann Computerspiel zu nennen, wenn der Spielrahmen nur durch einen Computer bereitgestellt wird. Das bedeutet, dass die Interpretation des formalen Systems vollständig durch die Mittel des Computers erfolgt. Um unter diese Definition zu fallen, genügt es also nicht, dass bei einem Spiel ein Computer auf irgendeine Art und Weise involviert ist, sondern er muss eine ganz spezifische Position besetzten. Diese Bestimmung ist vielleicht kontraintuitiv und sei deshalb im Folgenden erläutert. Dabei soll das Computerspiel auch in seiner Geschichtlichkeit betrachtet werden, wenngleich eine vollständige Historie der Computerspiele hier natürlich außerhalb des Fokus wie der Möglichkeiten liegt.[2]

Claus Pias hat mit einer avancierten Medien- und Wissensgeschichte die Frage nach der Entstehung der Computerspiele als »Frage nach den Umständen ihres Erscheinens und nach dem diskursiven Feld, aus dem sie emergieren« verstanden.[3] Seine Darstellung erkennt unter anderem in Charles Babbages *Analytical Engine*, den Kriegsspielen des 19. Jahrhunderts, John von Neumanns und Oskar Morgensterns

---

1 | Handbuch zu *Grand Master Chess*, o. S.

2 | Vgl. dazu z. B. Steven Malliet/Gust de Meyer, *The History of the Video Game*, in: Joost Raessens/Jeffrey Goldstein (Hrsg.), *Handbook of Computer Game Studies*, Cambridge, London 2005, S. 23–45; Mathias Mertens, »*A Mind Forever Voyaging*«. *Durch Computerspielräume von den Siebzigern bis heute*, in: Claus Pias/Christian Holtorf (Hrsg.), *Escape! Computerspiele als Kulturtechnik*, Köln, Weimar, Wien 2007, S. 45–54; Mark J. P. Wolf (Hrsg.), *The Video Game Explosion. A History from PONG to PlayStation® and Beyond*, Westport, London 2008.

3 | Pias, *Computer Spiel Welten*, S. 9.

ökonomischer Spieltheorie und den Arbeiten von Alan Turing entscheidende Einflüsse und Vorbereiter des computerisierten Spielens. Die ersten Computerspiele entstehen dann in den 1950er Jahren: 1952 kreiert der Doktorand Alexander Douglas für den Großrechner der Universität von Cambridge eine Tic-Tac-Toe-Implementierung mit Namen *OXO*[4] und 1958 zeigt ein Oszilloskop im Kernforschungszentrum Brookhaven auf Long Island *Tennis for Two*.[5]

Zu den ersten Computerspiele wird häufig auch ein Schachprogramm gezählt, das 1954 auf dem Supercomputer *MANIAC I* im Forschungslabor von Los Alamos, einer Einrichtung der amerikanischen Regierung, die unter anderem das Manhattan Project beherbergt hatte, zur Ausführung kam.[6] Dieses Programm beherrschte nur eine Vereinfachung des Schach, die man *Los Alamos Chess* oder *Anti-Clerical Chess* nennt. Bei dieser Variante misst das Schachbrett nur 6 × 6 Felder und gespielt wird ohne Läufer und mit nur sechs Bauern je Farbe. Das Schachprogramm für den *MANIAC I* brauchte für die Berechnung des besten Zuges in diesem vereinfachten System im Mittel zwölf Minuten und berechnete und bewertete dafür die möglichen Zugketten für zwei Schritte im Voraus. Damit erreichte das Programm nach Ansicht seiner Autoren die Stärke eines Spielers, der durchschnittliches Talent und in seinem Leben ungefähr zwanzig Schachpartien bestritten hat.[7] Obwohl der Computer und sein Programm noch kein vollständiges Schach beherrschen konnten, führte dieses Experiment bereits zu zwei Einsichten, die das Computerschach bis heute bedingen: Erstens ist der *erfolgreiche* Schachautomat zu großen Teilen eine Frage der Rechenkapazität: »Most of the weak moves or blunders committed by our machine can be attributed to its inability to look far enough ahead in certain continuations.«[8] Zweitens ist dem Computer *gutes* Schachspielen nur schwer beizubringen: »It was not so terribly difficult to code it to play correctly according to the rules. The real problem is, even today, nobody knows how to put in its memory experiences of previous ga-

---

4 | Vgl. Martin Campbell-Kelly, *Past into Present: The EDSAC Simulator*, in: Rául Rojas/ Ulf Hashagen (Hrsg.), *The First Computers: History and Architectures*, Cambridge/Mass. 2002, S. 397–416, hier S. 403.

5 | Vgl. Konrad Lischka, *William Higinbothams »Tennis for Two«. Computerspiel als Rüstungsabfall – die Anfänge*, in: Telepolis, 13.07.2001, URL: http://www.heise.de/tp/r4/artikel/9/ 9043/1.html (besucht am 09.11.2010).

6 | Vgl. Mark B. Wells, *Maniac*, in: Roger B. Lazarus u.a. (Hrsg.), *Computing at LASL in the 1940s and 1950s. Los Alamos Scientific Laboratory Report LA-6943-H*, Los Alamos 1972, S. 16–21, hier S. 20.

7 | James Kister u.a., *Experiments in Chess*, in: Journal of the ACM 4 (1957) 2, S. 174–177, hier S. 177.

8 | Ebd., S. 177.

mes and a general recognition of the quality of patterns and positions.«[9] Damit sind die zwei Pole angedeutet, zwischen denen sich große Teile der Forschung zur künstlichen Intelligenz im 20. Jahrhundert bewegen werden. Im Kern geht es stets um das Problem, wie »die möglichen von den sinnvollen Zügen zu unterscheiden und nur diese weiterzuverfolgen« sind.[10]

Für die Frage nach den Eigenschaften und den Konstituenzien des Computerspiels ist hier aber etwas anderes wichtiger: Das Schachprogramm von Los Alamos ist kein Computer*spiel*, sondern ein Computer*spieler*. Es war notwendig, dass Mitarbeiter des Forschungszentrums nach einem Zug des menschlichen Gegenspielers die neue Situation in das Programm eingaben. Dann berechnete der Computer den Zug, der bei einer Suchtiefe von zwei Schritten als optimal erschien und gab ihn in numerischer Form aus. Dieses Kommando setzten die Mitarbeiter wiederum auf dem Schachbrett um (Abb. 3.1). Das Programm berechnete also unter den gegebenen Bedingungen die bestmöglichen Schachzüge, aber es stellte kein Schachspiel bereit. Das Spielsystem wurde hier nicht durch den Computer interpretiert. Den einen Teil der Interpretation besorgte ein herkömmliches Schachbrett und ein Figurensatz, den anderen der Spieler und die Mitarbeiter, indem sie gemeinsam dafür sorgten, dass mit dem Schachbrett und den Figuren nicht irgendwie, sondern schachregelkonform umgegangen wurde.

In diesem Sinn sind auch die ersten Schachcomputer für den Heimgebrauch keine Computerspiele. Der *Chess Champion MK I* der Firma Novag wurde ab 1978 als ein nach »modernster, wissenschaftlicher Erkenntnis entwickelter elektronischer Klein-Computer« vorgestellt (Abb. 3.2). Die Betriebsanleitung – und nicht die Spielanleitung! – verlangte ganz selbstverständlich, dass der Spieler sein »eigenes Schachspiel« aufbauen sollte,[11] der *Chess Champion MK I* wurde ohne Schachbrett ausgeliefert. Außerdem erhielt die Anleitung einen Absatz, der die Redlichkeit des Spielers zur Grundbedingung des Spielens machte:

»SEHR WICHTIG: Der Spieler muß in jedem Fall die gültigen Schachregeln beachten. Überprüfen Sie bitte daher jeden Ihrer eingegebenen Züge, bevor Sie ihn durch Drücken der Taste ›PLAY‹ speichern. Zur besseren Kontrolle ist es empfehlenswert, sämtliche Spielzüge auf einem Blatt Papier zu notieren. Sie sind damit in der Lage, eventuell versehentlich falsch eingegebene Züge zu rekonstruieren.

---

9 | Stanislaw M. Ulam, *Adventures of a Mathematician*, Berkeley, Los Angeles, London 1991 (1976), S. 201.

10 | Wolfgang Coy, *Matt nach 10^{60} Rechenschritten!*, in: Georg Hartwagner/Stefan Iglhaut/ Florian Rötzer (Hrsg.), *Künstliche Spiele*, München 1993, S. 202–218, hier S. 209.

11 | Betriebsanleitung zu *Novag Schachcomputer Chess Champion MK I*, S. 3.

CHESS CHAMPION MK I MACHT KEINE FEHLER!
Sollte es Ihnen doch so vorkommen, so können Sie mit Hilfe Ihrer Notizen dann feststellen, daß wahrscheinlich eine falsche Eingabe die Ursache ist.
Da der Computer nach international geltenden Spielregeln programmiert ist, setzt er bei Ihnen die Einhaltung dieser Regeln voraus.
Sollten Sie jedoch einen verbotenen oder unmöglichen Zug eingeben, wird der Computer diesen akzeptieren und unter der neugegebenen Spielsituation weiterspielen.«[12]

Neben den Handlungen, die das Spielsystem dem Spieler zuweist – das Ziehen der Figuren – hat der Spieler also weitere Aufgaben: Er muss das Einhalten der Regeln überwachen und er muss auch für seinen computerisierten Gegenspieler die Figuren bewegen. Im Fall eines Schachspiels mit dem *Chess Champion MK I* generiert und kontrolliert also nicht der Computer, sondern der Spieler das Spielsystem. Damit wird aber gegen gängige Auffassungen des Computerspiels verstoßen, wie sie etwa Michael Liebe formuliert: »In the computer game all possible actions are implemented in the (formal) software code.«[13] Anstatt beim *Chess Champion MK I* von einem Computerspiel zu sprechen, scheint es ratsamer, von einem herkömmlichen Spiel auszugehen, bei dem ein Spielelement computerisiert wurde.

Ausgehend von diesen Beispielen wird es möglich, eine Definition für Computerspiele zu formulieren: Von einem Computerspiel sollte man nur sprechen, wenn der Computer das gesamte Spielsystem – zu dem Spielfiguren und Spielfeld ebenso gehören wie die Spielregeln – bereitstellt. Jesper Juul insistiert ebenfalls in diese Richtung: »While video games are just as rule-based as other games, they modify the classic game model in that it is now the computer that upholds the rules.«[14] Indem das Augenmerk auf die spezifische Funktion gerichtet wird, die dem Computer zukommt, gelangt man zu einer soliden Perspektive auf computerisiertes Spielen. Ohne diese Unterscheidungen wird aus jedem Brett- oder Gesellschaftsspiel ein Computerspiel, sobald die mitgelieferte Sanduhr einmal zerbrochen ist und man die Zeit fortan mit einer digitalen Armbanduhr nimmt.

Natürlich existieren Beispiele, die diese Definition herausfordern. Die Spiele der ersten Videospielkonsole *Magnavox Odyssey 1 TL200* (Magnavox 1972) waren alle, da es sich um ein analoges Gerät ohne Speicher handelte, auf die Unterstützung

---

12 | Ebd., S. 3.

13 | Michael Liebe, *There is no Magic Circle. On the Difference between Computer Games and Traditional Games*, in: Stephan Günzel/Michael Liebe/Dieter Mersch (Hrsg.), *Conference Proceedings of the Philosophy of Computer Games 2008*, Potsdam 2008, S. 324–340, hier S. 337.

14 | Juul, *Half-Real*, S. 53 f.

Abb. 3.1: Schach in Los Alamos

Abb. 3.2: *Novag Chess Champion MK I*

Abb. 3.3: *Magnavox Odyssey*, Spielmaterial

Abb. 3.4: *Magnavox Odyssey*, Spielkonsole

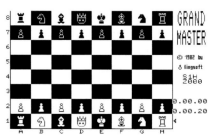

Abb. 3.5: *Grand Master Chess* für den *C64*

durch die Spieler angewiesen (Abb. 3.4). Bei *Table Tennis* bestand der Beitrag zur Konstituierung des Spielsystems lediglich aus dem selbstständigen Notieren des Spielstands. Bei *Football* hingegen musste mit einem ganzen Arsenal an Zusatzmaterial, darunter eine Folie zum Aufkleben auf den Fernsehschirm, ein Spielbrett, eine kleine Anzeigetafel sowie über 60 Karten, den Spielregeln gemäß hantiert werden (Abb. 3.3). Aber die *Magnavox Odyssey* steht ganz am Anfang der Geschichte der kommerziellen Video- und Computerspiele für den Heimgebrauch und war »eben kein digitaler Computer, sondern nur eine originelle Verschaltung mehrerer analoger Bildgeneratoren«.[15] Die Elemente herkömmlichen Spielens, die in Form von Spielkarten und Spielbrettern ihren Weg in den Karton dieses Apparats fanden, sorgen deshalb für jenen hybriden Charakter, der die Vorreiterrolle der *Magnavox Odyssey* als erster Spielkonsole unterstreicht.

Gut zehn Jahre später, Anfang der 1980er Jahre, waren solche Mischformen verschwunden. Unter den vielen Spielen für den brandneuen *C64*, den – so die Ansicht euphorischer Redakteure – die »hochauflösende Grafik und die Ton- und Geräuscheffekte« zum Spielecomputer prädestinierte,[16] fanden sich keine Spiele mehr, denen Würfel, Chips oder Spielkarten beigegeben waren. Auch musste der Spieler selbst nicht mehr zur Aufrechterhaltung des Spielsystems beitragen, wie ein Absatz aus der Spielanleitung für das Schachprogramm *Grand Master Chess* (Kingsoft 1982) von 1982 belegt:

»If at any time you key in and enter an illegal move, GRAND MASTER will refuse to make the move on the screen and clear the input area. You should simply key in and enter a new, legal move.«[17]

Anders als beim oben vorgestellten Schachcomputer *Chess Champion MK I* überwacht beim Schachcomputerspiel *Grand Master Chess* der Computer die Züge, hält also das Spielsystem *inklusive* der Spielregeln aufrecht. Spiele, bei denen dies ebenso ist, sollte man Computerspiele nennen. Demgegenüber werden im Folgenden Brettspiele wie Schach, Mühle, *Risiko* oder *Die Siedler von Catan*, Kinderspiele mit zumindest rudimentärem Regelwerk wie Verstecken oder Räuber und Gendarm und

---

15 | Claus Pias, *Vor dreißig Jahren: Die erste Spielkonsole*, in: Franfurter Allgemeine Sonntagszeitung,
28.12.2003, S. 54.

16 | Björn Schwarz, *Ein ganz starker Typ. Test Commodore 64*, in: CHIP 6 (1983) 6, S. 48–50, hier S. 49.

17 | Handbuch zu *Grand Master Chess*, o. S.

auch sportliche Wettkampfspiele wie Fußball oder Tennis der Einfachheit halber mit dem Sammelbegriff ›traditionelle (Regel-)Spiele‹ angesprochen.

Programmierte Regeln

Während in den meisten traditionellen Regelspielen die Spieler durch das Beachten der Regeln das Spiel ermöglichen, ist der Computerspieler von dieser Aufgabe befreit. Hier ist nicht der Raum, um erschöpfend auf entwicklungspsychologische und sozialkognitive Konsequenzen dieser Verschiebung einzugehen. Aber einige grundlegende Bemerkungen sind angebracht.

Computerspiele haben eine schlechte Reputation. Nach James Gee lautet ein populärer Vorwurf, Computerspiele seien, da ihr Inhalt als trivial angesehen werde und man durch sie folglich nichts lernen könne, nur »a waste of time«.[18] Aber das Unbehagen, das die Computerspiele seit geraumer Zeit zu begleiten scheint, hat seinen Grund nicht allein in der Darstellung von folgenloser Gewalt, von absurder Science-Fiction oder von heillos simplifizierter Vergangenheit. Es ist auch die Tätigkeit des Computerspiele-Spielens selbst, die – unabhängig vom Inhalt der Spiele – vielen Beobachtern als wenig wertvoller Zeitvertreib erscheint. Die Ursache für diesen Vorbehalt liegt in der veränderten Bedeutung der Spielregeln.

Jean Piaget untersuchte in der ersten Hälfte des 20. Jahrhunderts anhand traditioneller Spiele das Regelbewusstsein von Kindern und Jugendlichen. Seinen Studien zufolge haben Kinder in ihrer Entwicklung zunächst »eine mystische Achtung« vor Spielregeln. Sie sehen deren Ursprung bei »der väterlichen Autorität« oder gar bei »Gott dem Allmächtigen«.[19] Sie spielen den Regeln gerecht aus »einseitiger Achtung« gegenüber älteren Kindern oder Erwachsenen. Aber im Laufe seiner Entwicklung »tritt das heranwachsende Kind allmählich aus seinem Familienkreis heraus« und sein Regelbewusstsein wird »in dem Maße verwandelt werden, als es sich dem Familien-Konformismus entzieht«.[20] Im Spiel mit Gleichaltrigen werden die Regeln dann als grundsätzlich verhandelbar erlebt, als »das Ergebnis eines freien Entschlusses, das in dem Maße geachtet wird, als es auf gegenseitigem Übereinkommen beruht.«[21] Piaget sieht »eine Wechselbeziehung zwischen der Zusammenarbeit und dem

---

18 | James Paul Gee, *What Video Games Have to Teach Us About Learning and Literacy*, New York 2007, S. 21 f.

19 | Jean Piaget, *Das moralische Urteil beim Kinde*, Stuttgart 1983 (frz. 1932), S. 78.

20 | Ebd., S. 127 f.

21 | Ebd., S. 82.

Bewußtsein der Autonomie«: »Je mehr das Kind wächst, je weniger es dem Prestige des Älteren unterliegt, desto mehr diskutiert es als Gleichgestellter und desto mehr hat es die Gelegenheit, seinen Gesichtspunkt demjenigen der anderen frei, jenseits des Gehorsams, des Einflusses oder des Trotzes gegenüberzustellen«.[22]

Piagets Interesse richtet sich ganz auf das Wie und Warum des Gehorsams gegenüber der Regel. Für die Entwicklung von der Heteronomie zur Autonomie ist die individuelle Stellung zu den Regeln und das Bewusstsein über ihr Wesen relevant – und nicht das, was durch das eigentliche Spielen gelernt, erfahren, bewältigt, usw. werden kann. Das heißt aber, dass für Piaget nicht jegliches Spielen von geregelten Spielen, sondern nur das Spielen unter *eigenverantwortlicher* Regelung interessant ist. Nur wenn Kinder die prinzipielle Autorität über die Spielregeln haben, können sie den Schritt von der »aufgezwungenen Meinung zu [...] der inneren Kohärenz und der gegenseitigen Kontrolle« machen.[23]

Bei Computerspielen hält aber einzig der Computer das Spielsystem – und damit auch die Regeln – aufrecht. Man kann nun wie Jesper Juul behaupten, dass »players generally dislike having to argue about the rules of a game«[24] und dass es deshalb ein Segen ist, wenn der Computer – »freeing the player(s) from having to enforce the rules«[25] – sich um diesen Aspekt kümmert. Man kann aber auch mit Brian Sutton-Smith eine besondere Qualität eines Spieles gerade darin ausmachen, dass es »ein Vehikel ist, das man ständig umwandeln kann, um die Vorteile für alle oder einige Spieler zu erhöhen oder zu ändern«.[26] Weil der Computerspieler *nur* spielt, haben Computerspiele für die moralische Entwicklung und das soziale Erleben auf jeden Fall ein anderes Potenzial als traditionelle Regelspiele mit ihrer doppelten Aufgabenstellung aus gewinnorientiertem Spielen und Aufrechterhalten des Spielsystems. In diesem Unterschied scheinen mir einige der verbreiteten Vorbehalte gegenüber dem Spielen von Computerspielen ihren – geahnten oder gewussten – Hintergrund zu haben.

Dieser Unterschied findet seinen sprechenden Ausdruck in der Tatsache, dass die gedruckten Informationen, die Computerspielen beiliegen, »Handbücher« und nicht »Spielanleitungen« heißen. Noch prägnanter wird die qualitative Verschiedenheit von traditionellem Regelspiel und Computerspiel durch folgende Sachlage belegt: Beim Computerspielen gibt es, zumindest im herkömmlichen Sinn, kein Falschspielen. Wie

---

22 | Piaget, *Das moralische Urteil*, S. 118 f.

23 | Ebd., S. 133.

24 | Juul, *Half-Real*, S. 201.

25 | Ebd., S. 53 f.

26 | Sutton-Smith, *Dialektik des Spiels*, S. 79.

Andreas von Arnauld feststellt, haben traditionelle Spiele immer eine »konventionale Basis«, d. h. sie beruhen stets auf der Übereinkunft der Spielenden, miteinander spielen zu wollen.[27] Deshalb erkennt der Falschspieler hier »dem Scheine nach den Zauberkreis des Spiels immer noch an« (Huizinga),[28] er »bleibt in der Welt des Spiels« (Roger Caillois).[29] Computerspielen hingegen fehlt, so hat das Robert Pfaller auf den Punkt gebracht, der »Darstellungsaufwand, der für den Blick von anderen bestimmt wäre«.[30] Denn das vom Computer bereitgestellte Spiel ist unbestechlich und eindeutig: Entweder eine Handlung ist im Spielsystem vorgesehen – dann ist sie regelgerechter Teil des Spiels. Oder sie ist nicht vorgesehen, d. h. nicht programmiert, – und dann auch nicht möglich. Wenn bei Huizinga also »der Spieltisch, der Zauberkreis, der Tempel, die Bühne, die Filmleinwand, der Gerichtshof [...] allesamt [...] geweihter Boden, abgesondertes, umzäuntes, geheiligtes Gebiet [sind], in dem besondere Regeln gelten«,[31] dann gilt dies für das Computerspiel gerade nicht. Denn, so hat es Stephan Günzel formuliert, das Computerspiel »benötigt keinerlei Magie: Der Spieler hat gar keine andere Wahl; sobald er sich im Spiel befindet, gelten die Regeln.«[32] Wenn man die Grundlagen programmierter Spielsysteme untersucht, wird deutlich, dass dies so sein muss.

Im Kapitel über Spiel und Spiele wurde gezeigt, dass man geregelte Spiele als formales System und Interpretation dieses Systems theoretisieren kann. Dass diese Zweiteilung lediglich abstrahiert, aber nicht vollständig abbildet, wurde am Beispiel einiger Sport-Spiele erläutert. Schuld an der ›Un-Formalisierbarkeit‹ ist der Spielplatz: Wenn die Bewegungen der Spieler und der Spielgegenstände durch die ›normale‹ physikalische Welt umgrenzt werden, sich also in einer »kontinuierlichen Umwelt« – so der Begriff bei Friedrich Kittler[33] – vollziehen, dann muss die Formu-

---

27 | Andreas von Arnauld, *Vom Spielvertrag*, in: ders. (Hrsg.), *Recht und Spielregeln*, Tübingen 2003, S. 51–56, hier S. 51.

28 | Huizinga, *Homo Ludens*, S. 20.

29 | Roger Caillois, *Die Spiele und die Menschen. Maske und Rausch*, Stuttgart 1960 (frz. 1958), S. 54.

30 | Robert Pfaller, *Immer fleißig spielen! Profaner Realismus und Heiliger Ernst zwischen Menschen und Maschinen*, in: Claus Pias/Christian Holtorf (Hrsg.), *Escape! Computerspiele als Kulturtechnik*, Köln 2007, S. 147–159, hier S. 157.

31 | Huizinga, *Homo Ludens*, S. 18 f.

32 | Stephan Günzel, *Der reine Raum des Spiels. Zur Kritik des Magic Circle*, in: Mathias Fuchs/Ernst Strouhal (Hrsg.), *Das Spiel und seine Grenzen*, Wien 2010, S. 187–200, hier S. 198.

33 | Friedrich Kittler, *Es gibt keine Software*, in: ders.: *Draculas Vermächtnis*, Leipzig 1993, S. 225–242, hier S. 240.

lierung eines Spielsystems mit einer formalen Sprache zwangsläufig unvollständig bleiben.

Dies ist nun bei Computerspielen anders. Die Umwelt der allermeisten Computerspiele ist der Digitalcomputer.[34] Dieser arbeitet mit eindeutig unterscheidbaren elektrischen oder optischen Signalen. Einzelne Signale kann man so verketten, dass sie für Ziffern und Zahlen stehen. Die Zahlen können wiederum so verknüpft werden, dass sie Buchstaben, Worte, Farbpunkte, Linien, Flächen, Töne oder anderes repräsentieren. Aus diskreten, also eindeutig unterscheidbaren Signalen wird so digitaler, also ›verzifferter‹ Code.[35] Im Grunde wandeln Computer jedoch immer nur Zeichen nach festgelegten Vorschriften in andere Zeichen um. Deshalb nennt man sie ganz zu recht symbolverarbeitende Maschinen und verweist so auf Alan Turings Bandmaschine, die als universale Rechenmaschine die Möglichkeiten des Computers (immer) schon vollständig antizipiert hat.[36] Wie die Turingmaschine kann auch der leistungsstärkste PC oder die aktuellste Spielkonsole nur mit Inhalten umgehen, wenn diese eindeutig unterscheidbar, d. h. diskret sind. Jede schriftbasierte, visuelle oder auditive Darstellung, die ein Computer verarbeiten oder wiedergeben soll, muss deshalb in numerischer Repräsentation vorliegen.[37] Computerprogramme sind demnach Anwendungen von festgelegten Vorschriften (oder Algorithmen) auf numerisch repräsentierten Inhalten (oder Daten). Die Wissenschaft, die sich damit beschäftigt, die Informatik also, versteht sich daher wie »Mathematik und Logik [...] teilweise als eine ›Strukturwissenschaft‹, bei der man sich mit rein abstrakten Entitäten beschäftigt (z. B. Turingmaschinen), die mit unserer Lebenspraxis bestenfalls durch eine Inter-

---

34 | Zur Geschichte der Analogcomputer vgl. Coy, *Vorgeschichte*, S. 22 ff.

35 | Stefan Heidenreich, *FlipFlop. Digitale Datenströme und die Kultur des 21. Jahrhunderts*, München, Wien 2004, S. 78–82; Manovich, *The Language of New Media*, S. 27 f.

36 | Vgl. Heidenreich, *FlipFlop*, S. 86 ff.; Barrow, *Die Natur der Natur*, S. 403; Norbert Bolz, *Computer als Medium – Einleitung*, in: Norbert Bolz/Friedrich Kittler/Christoph Tholen (Hrsg.), *Computer als Medium*, München 1994, S. 9–16, hier S. 11 f. Für eine formale Definition der Turingmaschine vgl. bspw. Schöning, *Theoretische Informatik*, S. 80 f.

37 | Vgl. Jörg Pflüger, *Wo die Quantität in Qualität umschlägt. Notitzen zum Verhältnis von Analogem und Digitalem*, in: Martin Warnke/Wolfgang Coy/Georg Christoph Tholen (Hrsg.), *HyperKult II. Zur Ortsbestimmung analoger und digitaler Medien*, Bielefeld 2005, S. 27–94, hier S. 66; Wolfgang Coy, *Die Entfaltung programmierbarer Medien*, in: Florian Rötzer (Hrsg.), *Schöne neue Welten? Auf dem Weg zu einer neuen Spielkultur*, München 1995, S. 9–17, hier S. 9 ff.

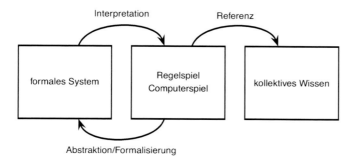

Abb. 3.6: Computerspiel und Formalisierung

pretation vermittelt in Beziehung stehen.«[38] Auf einer ganz grundlegenden Ebene gilt deshalb: Ein Computerprogramm – und damit auch jedes Computerspiel – *ist* ein formales System im ganz mathematischen Sinn. Hier ist der entscheidende Unterschied zwischen traditionellen Regelspielen (Schach, Fußball) und Computerspielen zu sehen: Während für erstere die Beziehung zwischen dem Spiel und seinem formalen System lediglich in Form einer Abstraktion zu denken ist, gilt für das Computerspiel, dass sein formales System tatsächlich existiert (vgl. Abb. 3.6).

Die oben vorgestellten Überlegungen zum Falschspielen im Computerspiel haben in diesen Realitäten ihre Ursachen. So stellt Dieter Mersch fest, dass im Computerspiel

»sämtliche Spielfunktionen ausschließlich nach axiomatischen Gesichtspunkten modelliert sind: Nichtimplementierte, durch die Programme nicht gestützte Variationen können entsprechend nicht vollzogen werden. Wenn deshalb nach Wittgenstein nicht ›alles‹ im Spiel durch Regeln festgelegt ist, dann gilt dies für digitale Spiele aufgrund der zugrunde liegenden algorithmischen Struktur nicht [...].«[39]

Aber auch bei Computerspielen ist manchmal von Betrug, dann meist mit der Vokabel *cheating*, die Rede. Dabei handelt es sich aber um einen ganz anderen Vorgang als beim Falschspiel im traditionellen Regelspiel: Bei der Computerspiel-Mogelei

---

38 | Jörg R. J. Schirra, *Computervisualistik*, in: Klaus Sachs-Hombach (Hrsg.), *Bildwissenschaft. Disziplinen, Themen, Methoden*, Frankfurt/M. 2005, S. 268–280, hier S. 268. Es geht in der Informatik daneben natürlich auch »um ingenieurwissenschaftliche Fragen, die ganz unmittelbar zu handgreiflichen technischen Ergebnissen führen sollen«, ebd., S. 268.

39 | Dieter Mersch, *Logik und Medialität des Computerspiels*, in: Jan Distelmeyer/Christine Hanke/Dieter Mersch (Hrsg.), *Game over!? Perspektiven des Computerspiels*, Bielefeld 2007, S. 19–41, hier S. 36.

suchen findige Spieler und Spielerinnen oder professionelle Anbieter nach Möglichkeiten, das Spielsystem durch Manipulation am Programmcode zu verändern.[40] So können beispielsweise Spielfiguren zu unsterblichen Helden und Guthaben zu unerschöpflichen Vorräten umprogrammiert werden. Da man es hier aber mit Manipulationen zu tun hat, die das Spielsystem verändern, führen Eingriffe dieser Art im Grunde zu neuen, in sich wieder ganz eindeutig definierten Spielen – und haben mit dem Falschspielen, bei dem der Spieler sich so verhält, »als spielte er das Spiel«,[41] nichts gemein.

Die regelgebende Instanz beim Computerspiel ist der Computer. Diesem kann nichts Falsches vorgespielt werden. Der Falschspieler, über den Caillois sagt: »Er ist unehrlich, aber er heuchelt wenigstens«,[42] läuft hier mit seiner Kunst ins Leere. Das ist ein entscheidender Unterschied gegenüber traditionellen Spielen. Diese Differenz hat ihre Ursache in der formalen Natur des Computers, der nur eindeutige Repräsentationen zulässt und folglich Bereiche der Auslegung oder Inkohärenz nicht kennt. In traditionellen Spielen sind aber genau die undefinierten Randstellen die Orte, an denen unbemerkte Regelverstöße möglich sind: Im Rücken des Schiedsrichters, unter dem Tisch oder bei der Bewertung des Abdrucks, den der Tennisball im Sand hinterlassen hat.

Dass die Frage nach dem Ort der Regelkontrolle *nicht* mit der Frage nach der Anzahl der teilnehmenden Spieler koinzidiert, soll der nächste Abschnitt zeigen. Dabei wird auch begründet, warum die gegenwärtig so erfolgreichen, von tausenden Spielern gleichzeitig gespielten Online-Spiele in dieser Arbeit nicht eingehend untersucht werden.

Virtuelle Welten

Viele Computerspiele beinhalten einen Modus, der mehreren Spielern die Teilnahme am Spiel ermöglicht. Entweder wird dann abwechselnd oder gleichzeitig an einem Computer gespielt, oder verschiedene Computer führen simultan das selbe Programm aus und synchronisieren die Spielstände über ein lokales Netzwerk oder über das Internet. Auch für diese Mehrspieler-Varianten kann man die Frage nach der Aufrechterhaltung der Regeln stellen. Beim Schachprogramm *Fritz 11* (Chessbase 2008)

---

40 | Mia Consalvo, *Cheating. Gaining Advantage in Videogames*, Cambridge/Mass. 2007, S. 85.

41 | Huizinga, *Homo Ludens*, S. 20.

42 | Caillois, *Die Spiele und die Menschen*, S. 54.

wird entweder gegen den Computer oder via Internet-Server gegen andere Spieler gespielt. Für die Spielerfahrung ist es sicherlich von Bedeutung, ob der Gegner nun eine Maschine ist, deren Spielstärke das Niveau der aktuellen Schachweltmeister sogar übersteigt, oder ob es sich um einen anderen Menschen mit beispielsweise durchschnittlichem Talent handelt. Aber strukturell bleibt es stets dasselbe Spiel: die Handlungsoptionen des Spielers sind identisch und die Regeln überwacht in beiden Fällen der Computer.

Ganz ähnlich verhält es sich mit Fußball-Simulationsspielen wie *FIFA 10* (Electronic Arts 2009): Man kann die gegnerische Mannschaft vom Computer steuern lassen, oder man kann – an einem Rechner/einer Konsole oder via Internet – gegeneinander spielen. Obwohl die Computerspielentwicklung stetig in die Verbesserung der automatisierten Steuerung von Spielfiguren investiert, gibt es große Unterschiede: Je nachdem ob der Opponent ein Mensch oder die Maschine ist, werden ganz unterschiedliche Spielsituationen entstehen. Aber wieder bleibt das Spiel, da einzig der Computer für seine Aufrechterhaltung verantwortlich zeichnet, dasselbe.

Nun existieren aber auch Programme, die ebenfalls mehreren Teilnehmern das Spielen am Computer ermöglichen und auch häufig zu den Computerspielen gezählt werden, sich eigentlich aber durch Spielräume von ganz anderem Zuschnitt auszeichnen. Wegen des außerordentlichen Erfolges sind hier die sogenannten *Massively Multiplayer Online Role Play Games* (MMORPGs) besonders hervorzuheben. Zu ihrem bekanntesten Vertreter ist *World of Warcraft* (Blizzard Entertainment 2004) avanciert, nicht zuletzt durch 11 Millionen Spieler und Spielerinnen.[43] In einer repräsentativen Studie, die Online-Spieler und -Spielerinnen in Deutschland befragte, gaben nicht weniger als 46 Prozent der Befragten an, dass *World of Warcraft* ihr Lieblingsspiel sei.[44]

World of Warcraft spielt in der offensichtlich stark von J. R. R. Tolkiens *Herr der Ringe*-Universum inspirierten, nach Esther MacCallum-Stewart gleichwohl als »locked into a medieval mindset« umschriebenen[45] Fantasie-Welt *Azeroth*. Um diese

---

43 | Blizzard Entertainment, *Pressemitteilung: World of Warcraft surpasses 11 million subscribers worldwide*, 28.10.2008, URL: http://us.blizzard.com/en-us/company/press/pressreleases. html?id=2847812 (besucht am 05.03.2011).

44 | Thorsten Quandt/Jeffrey Wimmer, *Online-Spieler in Deutschland 2007. Befunde einer repräsentativen Befragungsstudie*, in: Thorsten Quandt/Jeffrey Wimmer/Jens Wolling (Hrsg.), *Die Computerspieler: Studien zur Nutzung von Computergames*, Wiesbaden 2008, S. 169–192, hier S. 178.

45 | Esther MacCallum-Stewart, *From Catch the Flag to Shock and Awe: How* World of Warcraft *Negotiates Battle*, in: Akira Baba (Hrsg.), *Situated Play: DiGRA 2007 Conference Proceedings*, Tokyo 2007, S. 66–73, hier S. 71.

zu betreten, muss jeder Spieler und jede Spielerin neben dem Spielprogramm auch einen zeitlich beschränkten, in der Regel durch ein Abonnement gesicherten Zugang zu einem Server der Herstellerfirma erwerben. Hier ist eine Instanz der Spielwelt *Azeroth* fest installiert und ermöglicht bis zu 20 000 Spielern und Spielerinnen das Spiel gegen- und miteinander. Jeder Spieler und jede Spielerin steuert dabei eine Figur, die durch die Kombination verschiedener Attribute – »Rasse«, »Charakterklasse«, »Beruf« o. Ä. – ›individualisiert‹ ist.[46] Der Abschnitt *Numerische Individualisierung* in Kapitel 10 wird Spielkonzepte dieser Art eingehender untersuchen.

World of Warcraft und andere MMORPGs unterscheiden sich wesentlich von anderen Computerspielen: Die Spielwelt, die mit der Spielfigur traversiert wird, besteht fort, auch wenn eine Spielerin ihr Spiel unterbricht. Deshalb spricht man von einer *persistenten* Spielwelt. Ferner wird diese Welt auch von anderen Spielfiguren genutzt, die nicht der Computer, sondern andere Menschen steuern, daher ist es eine *geteilte* Spielwelt. Deshalb und durch Systeme für die Kommunikation zwischen den Spielerinnen, durch Aufgabenstellungen, die nur in der Kooperation zu lösen sind und durch Funktionen, die die dauerhafte Vernetzung fördern, müssen MMORPGs als *soziale* Umgebungen aufgefasst werden.[47]

Es ist vor allem die Sozialität der MMORPGs, die sie von anderen Computerspielen abhebt. So schreibt Espen Aarseth in Bezug auf einen Vorgänger von *World of Warcraft*, »a new country« sei zu den Ländern der Welt hinzugefügt worden. *Norrath*, so der Name der Spielwelt in *EverQuest* (Verant Interactive/Sony 1999), sei

»imaginary but not fictional. [...] There are 300.000 to 400.000 people who play (and work) in Norrath on a regular basis; some spend more than half their current lives there. [...] EverQuest may be a game (some would say a primitive form of entertainment), but the complexities and real-world ramifications of these massive games are far larger than those of any other entertainment genre, perhaps sports excepted.«[48]

---

46 | Vgl. Hilde G. Corneliussen/Jill Walker Rettberg, *Introduction:* »*Orc Professor LFG,*« or *Researching in Azeroth*, in: dies. (Hrsg.), *Digital Culture, Play, and Identity. A World of Warcraft Reader*, Cambridge/Mass. 2008, S. 1–15, hier S. 4 ff.; zu den Vorläufern, den *Multi User Dungeons*, vgl. Torill Elvira Mortensen, *WoW is the New MUD: Social Gaming from Text to Video*, in: Games and Culture 1 (2006) 4, S. 397–413.

47 | Vgl. T. L. Taylor, *Play Between Worlds. Exploring Online Game Culture*, Cambridge/-Mass. 2006, S. 21–66 und Richard Bartle, *Designing Virtual Worlds*, Indianapolis 2004, S. 1 f.

48 | Espen Aarseth, *Quest Games as Post-Narrative Discourse*, in: Marie-Laure Ryan (Hrsg.), *Narrative Across Media. The Languages of Storytelling*, Lincoln 2004, S. 361–376, hier S. 361; ähnlich bei Taylor, *Play Between Worlds*, S. 30.

Ist der vorgeschlagene Computerspielbegriff – einzig der Computer regelt das Spiel – auf Unterhaltungsformen dieser Art sinnvoll anzuwenden? Eine kurze Betrachtung einiger Stationen sozialer Interaktion im MMORPG wird die Frage beantworten.

Viele Aufgaben in *World of Warcraft* sind nur zu bewerkstelligen, indem sich Spieler zu Gruppen zusammenschließen, die bis zu 40 Mitglieder zählen können. Vergemeinschaftung wird so nicht nur ermöglicht, sondern ist Bedingung für die vollständige Erkundung der Spielwelt. Untersuchungen zeigen, dass Spieler desto häufiger in einer solchen Gruppe spielen, je länger sie bei *World of Warcraft* angemeldet sind.[49] Doch kein gemeinsames Handeln – man könnte auch sagen: keine Kultur – ohne Regeln. Damit sind aber nun gerade nicht Regeln und Strukturen gemeint, die im Programmcode fixiert sind und vom Computer überwacht werden. Vielmehr ist für das Spielen von *World of Warcraft* und anderer MMORPGs die Partizipation an einem *sozialen* Regelwerk unabdingbar. Anregungen für dessen Ausgestaltung finden sich auf der Internetseite des Spieleherstellers; für das Verhalten während eines Beutezugs wird beispielsweise folgender Ratschlag formuliert: »Zuerst kämpfen, dann nach Beute suchen. Das gilt insbesondere für Schatztruhen. Ihr solltet nicht versuchen, eine Truhe zu plündern, solange der Rest eurer Gruppe noch kämpft. Das ist unhöflich.«[50] Es ist offensichtlich, dass hier für die Rahmung des Spiels nicht der Computer, sondern die Gemeinschaft der Spielenden in die Verantwortung genommen wird.

Die soziale Dimension von *World of Warcraft* erschöpft sich nicht in temporären Zusammenschlüssen. Spieler organisieren sich zudem in dauerhaften Vereinigungen, den sogenannten »Gilden«. Diese verfügen über ein Mitgliedschaftsrecht, über Leitungspositionen und andere Gruppenämter und über eine detaillierte, in der Regel an den diversen Attributen der Spielfiguren orientierte Rangordnung. Häufig kann innerhalb der Gilde Ausrüstung für die Figuren zu günstigeren Konditionen beschafft werden, oder das gemeinschaftliche Spielen wird längerfristig geplant und terminiert. Vor allem mit zunehmender Spieldauer ist solch ein Zusammenschluss für den kontinu-

49 | Nicolas Ducheneaut u. a., »*Alone Together?*« *Exploring the Social Dynamics of Massively Multiplayer Online Games*, in: *Proceedings of the SIGCHI Conference on Human Factors in Computing Systems CHI '06*, Montreal 2006, S. 407–416, hier S. 410. Zur ›individuellen‹ Kommunikation zwischen den Spielern/Spielerinnen bzw. zwischen deren Spielfiguren Vgl. Jan-Noël Thon, *Unendliche Weiten? Schauplätze, fiktionale Welten und soziale Räume heutiger Computerspiele*, in: Klaus Bartels/Jan-Noël Thon (Hrsg.), *Computer/Spiel/Räume. Materialien zur Einführung in die Computer Game Studies* (Hamburger Hefte zur Medienkultur 5), Hamburg 2007, S. 29–60, hier S. 49 f.

50 | Blizzard Entertainment, *Zusammen Spielen*, URL: http://www.wow-europe.com/de/info/basics/partyrules.html (besucht am 05.03.2010).

ierlichen Aufstieg im Spielsystem wichtig, 66 Prozent aller Spieler von *World of War-craft* sind in dieser Art korporiert.[51] Die Spielehersteller begleiten dies wohlwollend, wie die Ratschläge des Computerspieldesigners Richard Bartle nahelegen: »Communities will form whether or not you want them to, of course, but [...] you should do everything you can to promote them.«[52] Thomas Inderst, der Zusammenschlüsse in Online-Rollenspielen ausführlich untersucht hat, betrachtet die Gilden als »Manifestationen selbstorganisierender Vergemeinschaftungsprozesse« die mit eigenen Regeln und Normen, manchmal sogar mit Gewohnheiten und Traditionen, mit gemeinschaftlichen Zielen und mit Abgrenzungsstrategien wesentliche Merkmale sozialer Gruppen aufweisen.[53]

Das soziale Handeln in *World of Warcraft* kann sich darüber hinaus zu komplexen Manifestationen kulturellen Ausdrucks verdichten. So haben sich beispielsweise manche Orte im Spiel als geschützte Plätze friedlicher Begegnung etabliert. Spielfiguren, die das Narrativ des Spiels eigentlich verfeindeten Gruppierungen zuordnet, kommunizieren hier ohne Aggression. Esther MacCallum-Stewart vergleicht diese kulturelle Praxis mit der temporären, nicht angeordneten Waffenruhe, die Weihnachten 1914 die Kampfhandlungen des Ersten Weltkriegs an einzelnen Abschnitten der Frontlinie unterbrach.[54]

Positionen, die MMORPGs als »virtuelle Zivilgesellschaften« ansehen,[55] werden von einem weiteren Beispiel gestützt: Als 2006 eine Spielerin starb, riefen Mitglieder ihrer Gilde dazu auf, *in* der Spielwelt von *World of Warcraft* mit den Spielfiguren eine Trauerzeremonie durchzuführen.[56] Eine andere Gruppierung von Spielern und Spielerinnen war über dieses Vorhaben informiert, organisierte sich zu gegebenem Zeitpunkt und überfiel die Trauerfeier – dies ebenfalls mit den Spielfiguren im Spiel.[57] Die Aggressoren zeichneten ihre Attacke auf und dieser Mitschnitt wurde

---

51 | Ducheneaut u. a., *Alone Together?*, S. 411.

52 | Bartle, *Designing Virtual Worlds*, S. 231.

53 | Rudolf Thomas Inderst, *Vergemeinschaftung in MMORPGs*, Boizenburg 2009, S. 312.

54 | Esther MacCallum-Stewart, *»Never Such Innocence Again«: War and Histories in World of Warcraft*, in: Hilde G. Corneliussen/Jill Walker Rettberg (Hrsg.), *Digital Culture, Play, and Identity. A World of Warcraft Reader*, Cambridge/Mass. 2008, S. 39–62, hier S. 58.

55 | Julian Kücklich, *Online-Rollenspiele als soziale Experimentierräume*, in: Tobias Bevc (Hrsg.), *Computerspiele und Politik. Zur Konstruktion von Politik und Gesellschaft in Computerspielen*, Münster 2007, S. 55–75, hier S. 71.

56 | Diskussion *Memorial to Fayejin*, in: Illidrama (Internetforum), 03.06.2006, URL: http://forums.illidrama.com/showthread.php?t=1826 (besucht am 10.03.2010).

57 | Vgl. die Blogeinträge von Joe Rybicki, *The Real and the Semi-Real*, in: 1up.com (Blog), 12. 04. 2006, URL: http://www.1up.com/do/blogEntry?bId=6883235 (besucht am 10. 03. 2010) und

Anlass kontroverser Diskussionen unter Spielern und Spielerinnen. In einem Forum zum Spiel finden sich Äußerungen, die den grundsätzlichen Konflikt deutlich abbilden:

»Breakerboy«: In diesem Video sieht man wie dumm leute sein können sowas sollte man niemals machen. Dummheit ist sehr verbreitet.

»Saucius«: was ich dumm finde ist sowas in einem SPIEL zu machen [...] Wer bitte trauert in einem SPIEL? ich kann das echt nicht nachvollziehen.

»Karash«: Wie und wo man seiner Trauer Ausdruck verleihen möchte ist jedem selbst überlassen. Vor der Trauer eines Mitmenschen keinen Respekt zu zeigen ist enorm asozial.

»Shank«: wer meint, das recht zu haben, in wow [*World of Warcraft*] zu trauern [...], muss halt damit rechnen dass andere die party stürmen. meinetwegen solln sie es halt machen aber bitte nicht rumheulen danach.[58]

Der Streitpunkt ist schnell identifiziert: Gelten für Spiele wie *World of Warcraft* nur die Regeln und Grenzen, die das Programm vorgibt? Oder sind darüber hinaus die Teilnehmer auch moralischen Grundsätzen verpflichtet? Ohne diese Diskussion hier führen zu wollen,[59] offenbart das Beispiel, dass die Anmeldung auf einem *World of Warcraft*-Server auch die Teilhabe an einer sozialen Situation mit sich bringt. Dies wird auch durch empirische Befunde bestätigt: In einer Studie wurden über 3000 Spieler und Spielerinnen von MMORPGs gebeten, die Qualität der Beziehungen zu den Mitspielern und Mitspielerinnen zu bewerten. Verglichen mit Freundschaften mit Personen außerhalb des Spiels, gaben gut 40 Prozent der Befragten an, die Beziehung zu den Mitspielern und Mitspielerinnen sei gleichwertig oder besser.[60] Aufgrund solcher und ähnlicher Ergebnisse resümiert Nick Yee: »MMORPG users derive mea-

Nate Combs, *The Price of Serenity?*, in: Terra Nova (Blog), 15. 04. 2006, URL: http://terranova. blogs.com/terra_nova/2006/04/serene.html (besucht am 10. 03. 2010).

58 | Beiträge verschiedener Forumsnutzer, in: World of Warcraft Foren, 01.03.2009, URL: http://forums.wow-europe.com/thread.html?topicId=8246765385 (besucht am 10.03.2010), Orthographie unverändert.

59 | Vgl. dazu Stacey Goguen, *Dual Wielding Morality: World of Warcraft and the Ethics of Ganking*, in: *Philosophy of Computer Games Conference*, Oslo 2009, URL: http://www.hf.uio.no/ifikk/forskning/forskningsprosjekter/3.place/SGoguen%20-%20Oslo09%20-%20Manuscript.pdf (besucht am 02. 07. 2011).

60 | Nick Yee, *The Demographics, Motivations and Derived Experiences of Users of Massively Multi-User Online Graphical Environments*, in: Presence: Teleoperators and Virtual Environments 15 (2006) 3, S. 309–329, hier S. 321.

ningful relationships and salient emotional experiences, and they acquire real-life social skills from these environments.«[61]

Die Computerspielforschung folgt diesen Bewertungen und spricht Spiele/Programme wie *EverQuest* oder *World of Warcraft* inzwischen meist mit dem Begriff ›Virtuelle Welt‹ an. Damit kommt zum Ausdruck, dass man *Massively Multiplayer Online Role Play Games* als »digital culture«,[62] als »games and communities«[63] oder als »social worlds«[64] verstehen sollte und dass sie deshalb in die Nähe anderer sozialer Plattformen wie *Second Life* (Linden Lab 2003) oder auch *Facebook* (Facebook Inc. 2004) zu rücken sind.[65]

Natürlich werden auch *EverQuest* oder *World of Warcraft* durch programmierte Aufgaben und Herausforderungen bestimmt, durch »designer-provided objectives that serve as games within the larger game«.[66] Die ausführlichere Diskussion sollte jedoch verdeutlicht haben, dass diese Spiele/diese Plattformen nicht mit einem Computerspielbegriff erfasst und analysiert werden können, der sich über die *ausschließlich* computergestützte Kontrolle der Regeln definiert und damit letztlich lediglich Spiele einbegreift, bei denen »nur das Programm Adressat der Interaktion ist«.[67] Denn demgegenüber erlauben MMORPGs durch die Möglichkeiten zum Austausch und zum gemeinsamen (oder gegeneinander gerichteten) Handeln kontinuierlich die Erfindung und Durchführung neuer Spiele und Aufführungen und verändern dadurch auch die Erfahrungen aller Involvierten permanent.[68] Für befriedigende Ergebnisse müsste eine Analyse dieser »Schattengesellschaften«[69] deshalb auf soziologische

---

61 | Yee, *Multi-User Online Graphical Environments*, S. 323.

62 | Corneliussen/Rettberg, *Introduction*, S. 3.

63 | Ducheneaut u. a., *Alone Together?*, S. 413.

64 | Christian Hoffstadt/Michael Nagenborg, *The Concept of War in the World of Warcraft*, in: Stephan Günzel/Michael Liebe/Dieter Mersch (Hrsg.), *Conference Proceedings of the Philosophy of Computer Games 2008*, Potsdam 2008, S. 126–141, hier S. 132.

65 | Vgl. Paul R. Messinger/Eleni Stroulia/Kelly Lyons, *A Typology of Virtual Worlds: Historical Overview and Future Directions*, in: Journal of Virtual Worlds Research 1 (2008) 1, URL: http://journals.tdl.org/jvwr/article/view/291/245 (besucht am 09.08.2011), S. 2.

66 | Ebd., S. 5.

67 | Holger Zapf, *Computerspiele als Massenmedien. Simulation, Interaktivität und Unterhaltung aus medientheoretischer Perspektive*, in: Tobias Bevc/Holger Zapf (Hrsg.), *Wie wir spielen, was wir werden. Computerspiele in unserer Gesellschaft*. Konstanz 2009, S. 11–25, hier S. 21.

68 | Vgl. Richard Bartle, *When Openness Closes. The Line between Play and Design*, in: Stephan Günzel/Michael Liebe/Dieter Mersch (Hrsg.), *Conference Proceedings of the Philosophy of Computer Games 2008*, Potsdam 2008, S. 44–55, hier S. 47.

69 | Kücklich, *Online-Rollenspiele*, S. 56.

oder ethnologische Methoden zurückgreifen.[70] Wie auch die Vorbemerkungen zu einem *World of Warcraft*-Sammelband andeuten, lassen sich die Regeln und Strukturen solcher Spielkulturen nur im Geiste der teilnehmenden Beobachtung untersuchen: »The articles [...] are written by researchers who have immersed themselves in the culture and customs of *World of Warcraft*. [...] We have spent months and years within the *World of Warcraft* universe, playing different factions, races, and classes to learn about this particular culture.«[71] Die Betrachtung von Programmen wie *World of Warcraft* oder *EverQuest* würde daher nicht einfach den Gegenstandsbereich dieser Untersuchung erweitern, sondern einer Arbeit über Computerspiele eine Arbeit über Virtuelle Welten hintenan stellen.

Bildschirmspiele

Das Computerspiel wurde nun in zwei Richtungen eingegrenzt: Nach ›unten‹ unterscheidet es sich von Spielen mit Computereinsatz, bei denen nicht das gesamte Spiel vom Computer bereitgestellt wird, sondern die Spieler Teile der Regelkontrolle übernehmen müssen (*Los Alamos Chess, Chess Champion MK 1, Magnavox Odyssey*). Nach ›oben‹ ist es abzugrenzen gegenüber Virtuellen Welten, die zwar gleichfalls von Computern aufgebotenen werden und in denen man auch an Computerspielen teilnimmt, die aber zudem die Partizipation an sozialen Spielen und an anderen gemeinschaftlichen Handlungen erfordern (*EverQuest, World of Warcraft*). Pointiert könnte man also von Spielen sprechen, die im ersten Fall *noch nicht*, im zweiten Fall *nicht nur* Computerspiel sind. Dazwischen ist das Computerspiel, bei dem *nur der Computer* für die Aufrechterhaltung des Spielsystems verantwortlich ist, positioniert.

Das Computerspiel bietet – wie jedes andere geregelte Spiel/*game* – einer Person oder mehreren Personen Handlungsoptionen an. Durch Handeln kann dann Spiel/*play* erzeugt werden. Das Computerspiel muss aber auch ein Computerprogramm sein, d. h. von einer Maschine verstanden werden, für die »alles Zahl« ist,[72] die also le-

---

70 | Vgl. die Fragestellungen in Urte Undine Frömming, *A Personal Rainstorm in My Inventory. Eine sozialanthropologische Untersuchung*, in: Journal Ethnologie 5 (2007), Themenschwerpunkt Digitale Welten, URL: http : / / journal - ethnologie . de / Deutsch / Schwerpunktthemen / Schwerpunktthemen_2007/_Digitale_Welten/A_personal_rainstorm_in_my_Inventory/index. phtml (besucht am 13. 03. 2010).

71 | Corneliussen/Rettberg, *Introduction*, S. 2; vgl. auch die methodischen Überlegungen in Inderst, *Vergemeinschaftung*, S. 173–183.

72 | Kittler, *Grammophon – Film – Typewriter*, S. 8.

diglich mit den Zuständen *ein* und *aus* operieren kann.[73] Deshalb hat die Konzeptualisierung von Regelspielen als formales System und Interpretation dieses Systems hier eine besondere Qualität: Während bei traditionellen Spielen aufgrund der kontinuierlichen Bewegungen der Körper im physikalischen Raum die Formalisierung der Handlungsmöglichkeiten und der erreichbaren Spielzustände nur eine Abstraktion sein kann – »the world, as we experience it, is a very analog place«[74] –, unterliegt das Spielsystem des Computerspiels der diskreten Umgebung des Digitalcomputers. Ein Computerspiel *ist* deshalb ein formales System.

Die Interpretation dieses formalen Systems erfolgt durch elektrische Signale. In aller Regel erzeugen die Signale farbige Punkte auf einem Bildschirm, die dann vom Menschen zu Buchstaben, Zeichen und Bildern zusammengesetzt werden. Eine *prinzipielle* Bedingung für das Computerspiel ist die Darstellung auf einem (Computer- oder Fernseh-)Monitor aber nicht: Im Computerspiel *Der Tag wird zur Nacht* (Hochschule der Medien Stuttgart 2003), ein von Studierenden der Hochschule der Medien Stuttgart entwickeltes Spiel »für hörende Kinder von 12 bis 14 Jahren«,[75] werden die Spielumgebung, die Spielelemente und auch die Rückmeldungen auf die Eingaben der Spielerin ausnahmslos akustisch repräsentiert. Ein Erzähler beschreibt den Spielraum und die Position der Spielfigur, die dann durch Tastenkommandos bewegt wird. Die Grenzen des Raums sowie die für das Spiel relevanten Hindernisse und Gegenstände sind dabei durch einzelne Sounddateien repräsentiert, die abgespielt werden, sobald die Figur sie erreicht.

Für die Übersetzung der elektrischen Signale in Formate, die der Mensch erkennen und unterscheiden kann, sind grundsätzlich also viele Möglichkeiten denkbar. So verfügen etwa die Controller aktueller Videospielkonsolen über Vorrichtungen, die das Gerät in den Händen des Spielers nach bestimmten Spielereignissen vibrieren lassen. Auch so können Spielelemente interpretiert werden. Ansichten wie die folgende: »it is a precondition of computer games that the player must perceive the game as an image before it can be played«,[76] gelten also vielleicht für eine große Mehrheit

---

73 | Für eine fundierte Diskussion des Digitalen im Computer vgl. Pflüger, *Quantität*, S. 66–70.

74 | Nicholas Negroponte, *Being Digital*, New York 1995, S. 15.

75 | Projektbeschreibung *Der Tag wird zur Nacht*, 28.10.2008, URL: http://www.dertagwirdzurnacht.de/projekt/button.html (besucht am 05.03.2010).

76 | Stephan Günzel, *The Space-Image. Interactivity and Spatiality of Computer Games*, in: Stephan Günzel/Michael Liebe/Dieter Mersch (Hrsg.), *Conference Proceedings of the Philosophy of Computer Games 2008*, Potsdam 2008, S. 170–189, hier S. 170 f.

von Spielen, jedoch nicht für alle Computerprogramme, die man sinnvollerweise als Computerspiel ansprechen sollte.

Desgleichen ist die Interaktion mit den Spielelementen – das Erwirken eines Zustandswechsels durch die Anwendung einer Ableitungsregel – nicht an bestimmte Eingabegeräte gebunden. Theoretisch ist jedes Computerprogramm mit *einem* elektrischen Impuls, also z. B. einer Taste, auszuführen.[77] Natürlich ist das weder effektiv noch intuitiv, weshalb Computern inzwischen »alles mögliche an raffiniertem Zubehör«[78] beigegeben wird. Neben den ›Standard-Geräten‹ Tastatur und Maus und den Joysticks und Gamepads der Spielekonsolen existieren inzwischen weitere Möglichkeiten, um mit dem Computerspielsystem interagieren zu können: Das Karaoke-Spiel *SingStar* (London Studio/Sony 2004) wird beispielsweise durch Gesang gesteuert – d. h. durch Schwingungen, die z. B. vom menschlichen Stimmorgan erzeugt, von Mikrophonen aufgefangen und vom Computer in Tonlage und Takt zerlegt werden und so als Eingaben für das Spielsystem dienen. Die *Wii*-Konsole wiederum wird mit einem Controller ausgeliefert, der (seine eigene) Bewegung im Raum messen kann. Im Spiel *Wii Sports* (Nintendo 2006) interpretiert die Spielkonsole dann Bewegungsabläufe des Spielers (bzw. des Controllers) als Schwung mit dem Tennisschläger oder als Rollen einer Bowlingkugel.[79] Gegenüber Spielen mit ›klassischen‹ Eingabegeräten entsteht so eine veränderte Spielerfahrung, aber auch hier werden auf einer basalen Ebene die Messdaten in formale Muster eingepasst.[80]

Wie Computer und Spieler ihre Signale austauschen (oder: kommunizieren) ist also variabel und »[d]ie Symbole, die dabei verwendet werden, umfassen [...] potenziell das gesamte Repertoire verfügbarer Symbole«.[81] Faktisch gilt jedoch noch immer, was Chris Crawford 1984 feststellte:»The computer has two means of output to the human: graphics on the screen and sound«. Crawford war sich bewusst,

---

77 | Vgl. Coy, *Entfaltung*, S. 10.

78 | Barrow, *Die Natur der Natur*, S. 403.

79 | Nicht zuletzt dank Innovationen solcher Art interessiert sich inzwischen sogar die Sportwissenschaft für Computerspiele, Vgl. Josef Wiemeyer, *Digitale Spiele. (K)ein Thema für die Sportwissenschaft*, in: Sportwissenschaft 39 (2009), S. 120–128, hier S. 121 f.

80 | Graeme Kirkpatrick, *Controller, Hand, Screen. Aesthetic Form in the Computer Game*, in: Games and Culture 4 (2009) 2, S. 127–143, hier S. 134.

81 | Jens Wolling/Thorsten Quandt/Jeffrey Wimmer, *Warum Computerspieler mit dem Computer spielen. Vorschlag eines Analyserahmens für die Nutzerforschung*, in: dies. (Hrsg.), *Die Computerspieler. Studien zur Nutzung von Computergames*, Wiesbaden 2008, S. 13–22, hier S. 16; vgl. dazu auch Sybille Krämer, *Spielerische Interaktion. Überlegungen zu unserem Umgang mit Instrumenten*, in: Florian Rötzer (Hrsg.), *Schöne neue Welten? Auf dem Weg zu einer neuen Spielkultur*, München 1995, S. 225–237.

damit kein allgemeines Gesetz, sondern einen grundsätzlich veränderlichen Zustand beschrieben zu haben: »In the future, we may see more exotic devices for output for games, but for the moment these are the two most common.«[82] Doch dieser Moment dauert noch an, denn auch heute operieren Computerspiele beinahe durchgängig auf den Ausgabegeräten Bildschirm und Lautsprecher, übersetzen ihre Signale also in aller Regel in Bilder und Töne.

Da Computerspiele zwar häufig auch bei abgedrehtem Ton, doch so gut wie nie mit ausgeschaltetem Monitor gespielt werden können, kommt dem Bildschirm und der visuellen Darstellung nochmals besondere Bedeutung zu. Ausgenommen sind hier natürlich (nur minimal verbreitete) Audiogames wie *Der Tag wird zur Nacht*. Mit dieser Einschränkung ist Dieter Mersch zuzustimmen: »Computerspiele zählen spätestens seit Ende der 1980er Jahre zu den digitalen Bildmedien«.[83] Eine Erklärung für die privilegierte Stellung der visuellen Präsentation ist wohl, dass »we humans are more oriented towards vision than hearing.«[84] Differenzierter verweist Sheila Murphy zudem auf die technologischen Konstellationen der 1970er Jahre, in denen der Fernsehapparat aus pragmatischen und finanziellen Gründen zum Ausgabegerät für die Videospielkonsolen, aber auch für viele der ersten Heimcomputer wurde. So diente der Fernsehbildschirm als »familiar referent for consumers and users who were first learning to read the semiotics of the new personal computers and video game systems«.[85]

Ohne die Ursachenforschung hier weiter zu verfolgen, sei festgehalten, dass die visuelle Darstellung für das Computerspiel von zentraler Bedeutung ist. Wenn nun das folgende Kapitel die Verschneidungen von Geschichte und Computerspiel untersucht, dann werden deshalb die bildlichen Symbole, mit denen Computerspiele auf dem Bildschirm ihre formalen Systeme interpretieren, unter besonderer Beobachtung zu stehen haben.

---

82 | Crawford, *The Art of Computer Game Design*, S. 65.

83 | Mersch, *Logik und Medialität*, S. 22.

84 | Crawford, *The Art of Computer Game Design*, S. 65.

85 | Sheila C. Murphy, »*This is Intelligent Television*«. *Early Video Games and Television in the Emergence of the Personal Computer*, in: Bernard Perron/Mark J. P. Wolf (Hrsg.), *The Video Game Theory Reader 2*, New York 2009, S. 197–212, hier S. 208.

4 Computerspiele und Geschichte

>Gary Cooper! Das war ein Amerikaner! Ein starker, stiller Typ.«
»T., nichts für ungut, aber Du bringst da was durcheinander. Das war ein Film!«
»Was macht das für 'nen Unterschied? Kolumbus ist schon so lange her, das könnte genauso gut ein Film sein.«[1]

TONY SOPRANO UND SILVIO DANTE

›Historische Computerspiele‹?

Das vorangegangene Kapitel hat ein grundsätzliches Verständnis und eine belastbare Eingrenzung der Medienform Computerspiel entwickelt. Computerspiele wurden durch ihre innere Struktur definiert als geregelte Spiele, bei denen der Computer die Regeln hält. Hiervon ausgehend erfolgte eine Abgrenzung gegenüber anderen medialen Formen, nämlich gegenüber Spielen mit computerisierten Anteilen und gegenüber Computerprogrammen, die neben dem Spielen auch soziale Interaktion und dadurch komplexe kulturelle Organisation ermöglichen. Damit ist der Gegenstand zunächst durch seine *medialen* Charakteristika bestimmt. Bevor nun Methoden zu seiner Analyse diskutiert werden, ist ein Blick auf die vorgeschlagenen *inhaltlichen* Begrenzungen angebracht, schließlich entsteht durch sie der (bereits titelgebende) Zusammenhalt dieser Arbeit:

Die Arbeit will fragen, wie Computerspiele ›Mittelalter‹ erzählen, simulieren und darstellen und was damit überhaupt jeweils konkret gemeint ist. Forschungsarbeiten, die sich dem Zusammenhang von Geschichtsdarstellung und Computerspiel widmen,

---

1 | Dialog zwischen den Figuren Tony Soprano und Silvio Dante (gekürzt), in: *Die Sopranos*, Staffel 4, Folge 3, Idee und Drehbuch: David Chase, USA 2002.

sprechen häufig vom »historischen Computerspiel«[2] bzw. vom »historical computer game«.[3] Gemeint sind damit dann *nicht* jene Spiele, die vor zehn, zwanzig oder drei-ßig Jahren programmiert wurden und damit also aus vergangener, historischer Zeit stammen.[4] Aber wie werden ›historische Computerspiele‹ stattdessen bestimmt?

Fast schon tautologisch sind Erklärungen, die von »historischen oder doch vor-geblich historischen Inhalten«,[5] von »(im engeren oder weiteren Sinn) historischem Inhalt«[6] oder von »›historischen‹ Gegenständen«[7] als Kennzeichen sprechen, aber weder präzisieren, was denn das ›Historische‹ genau sei, noch erläutern, warum es, scheinbar notwendigerweise, postwendend relativiert werden muss. Auch Waldemar Groschs von methodisch-didaktischen Fragen geleitete Untersuchung verfährt nach-lässig, indem sie Computerspiele »mit historischen Inhalten und Hintergründen« ein-begreifen will, eine nähere Bestimmung dieser Auswahlkriterien aber unterlässt.[8] In

---

2 | Hans Thieme, *Historische Computerspiele. Geschichtliches Lernpotential oder politisch-ethische Desorientierung?*, in: Geschichte, Politik und ihre Didaktik 23 (1995) 1/2, S. 97–108; Pe-ter Wolf, *Der Traum von der Zeitreise. Spielerische Simulation von Vergangenheit mit Hilfe des Computers*, in: Geschichte in Wissenschaft und Unterricht 47 (1996), S. 535–547, hier S. 537; Hartmann Wunderer, *Computer im Geschichtsunterricht. Neue Chancen für historisches Ler-nen in der Informationsgesellschaft?*, in: Geschichte in Wissenschaft und Unterricht 47 (1996) 9, S. 526–535, hier S. 532; Andreas Körber, *Neue Medien und Informationsgesellschaft als Pro-blembereich geschichtsdidaktischer Forschung*, in: Zeitschrift für Geschichtsdidaktik 1 (2002), S. 165–181, hier S. 170.

3 | Uricchio, *Simulation, History, and Computer Games*, S. 328; Schut, *Strategic Simulati-ons*, S. 214; Esther MacCallum-Stewart/Justin Parsler, *Controversies: Historicising the Computer Game*, in: Akira Baba (Hrsg.), *Situated Play: DiGRA 2007 Conference Proceedings*, Tokyo 2007, S. 203–210, hier S. 203. Ferner: »multiplayer historical role-playing games« in Kurt Squire/Henry Jenkins, *Harnessing the Power of Games in Education*, in: InSight 3 (2003), S. 5–33, hier S. 19; »historical simulation game« in Kurt Squire, *Changing the game: What happens when video ga-mes enter the classroom*, in: Innovate 1 (2005) 6, URL: http://www.innovateonline.info/index.php? view=article&id=82 (besucht am 07.08.2010).

4 | Vgl. zu dieser ›computer/video game history‹ Bernard Perron/Mark J. P. Wolf, *Introducti-on*, in: dies. (Hrsg.), *The Video Game Theory Reader 2*, New York 2009, S. 1–21, hier S. 8–10.

5 | Thieme, *Historische Computerspiele*, S. 98.

6 | Wolf, *Der Traum von der Zeitreise*, S. 537.

7 | Wunderer, *Computer im Geschichtsunterricht*, S. 532.

8 | Grosch, *Computerspiele im Geschichtsunterricht*, S. 8.

anderen Arbeiten ist die Rede von Spielen »mit historischen Inhalten oder Kulissen«[9] bzw. »mit historischer Thematik«[10] – dies ebenfalls ohne Erläuterungen.

Oliver Traxel betrachtet »medieval and pseudo-medieval elements« in drei Computer-Rollenspiele und hat dadurch für diese Arbeit einige interessante Perspektiven anzubieten. Zunächst ist aber festzuhalten, dass auch Traxel mit einem ›richtigen‹ und einem nur ›apostrophierten‹ Mittelalterbegriff – dem »Pseudo-Mittelalter« – arbeitet, eine überzeugende Bestimmung dieser Unterscheidung jedoch unterlässt. Traxel geht davon aus, dass prinzipiell »precise historical recreation« möglich sei;[11] als Kriterium gelten ihm wohl die »known circumstances of the Middle Ages«.[12] Schon diese undiskutierte Annahme eines ›eigentlichen‹ Mittelalters ist problematisch, verwirrend wird es dann aber, wenn über das Spiel *Dark Age of Camelot* (Mythic 2001), ein MMORPG »inspired by medieval literature and folklore«, gesagt wird, es sei im Vergleich zu den anderen Spielen »more authentic to the spirit of the Middle Ages«, wurzele gleichzeitig aber am wenigsten in »the known circumstances of the places and events those games purport to represent«.[13] Was nun aber der ›Geist des Mittelalters‹ ist und warum er gerade nichts mit den ›bekannten Umständen‹ zu tun zu haben scheint, bleibt unklar.

Es mangelt also an Versuchen, den Begriff ›historisches Computerspiel‹ jenseits vermeintlich selbsterklärender Etikettierung für konkrete, eben irgendwie ›historisch‹ anmutende Spiele als belastbare Gruppenbezeichnung für Computerspiele mit spezifischen Gemeinsamkeiten nutzbar zu machen.

Eine Ausnahme ist der Definitionsvorschlag, den Esther MacCallum-Stewart und Justin Parsler anbieten: »The game has to begin at a clear point in real world history and that history has to have a manifest effect on the nature of the game experience.«[14] Den Vorwurf mangelnder Schärfe kann man dieser Bestimmung nicht machen, umfasst sie doch lediglich Spiele, die sich explizit in eine absolute, wohl nach Jahres-

---

9 | Stefan Baur, *Historie in Computerspielen: »Anno 1602 – Erschaffung einer neuen Welt«*, in: Werkstatt Geschichte 23 (1999), S. 83–91, hier S. 85; analog bei Angela Schwarz, *»Wollen Sie wirklich nicht weiter versuchen, diese Welt zu dominieren?« Geschichte in Computerspielen*, in: Barbara Korte/Sylvia Paletschek (Hrsg.), *History goes Pop: Zur Repräsentation von Geschichte in populären Medien und Genres*, Bielefeld 2009, S. 313–340, hier S. 315.

10 | Dieter Köhler, *Historischer Realismus in Computerspielen*, in: Sabine Horn/Michael Sauer (Hrsg.), *Geschichte und Öffentlichkeit*, Göttingen 2009, S. 226–233, hier S. 226.

11 | Traxel, *Medieval and Pseudo-Medieval Elements*, S. 130.

12 | Ebd., S. 132.

13 | Ebd., S. 129 f.

14 | MacCallum-Stewart/Parsler, *Historicising the Computer Game*, S. 204.

rechnung strukturierte Chronologie einschreiben. MacCallum-Stewart/Parsler selbst thematisieren die Problematik einer solchen Restriktion: »History is often integral to a game's worldscape, even if a game has not specifically identified itself with a moment of actual chronology.«[15] Aber dies sei dann eben kein wirklich ›historischer‹, sondern nur ein ›motivischer‹ Umgang mit der Vergangenheit: »history exists in many places within digital games as a motif, but is not really very historical as a result.«[16] Aber ist die Fixierung auf konkrete Zeitpunkte oder Zeitabschnitte nicht eine (etwas bequeme) Abkürzung? Sollte man Erzählungen oder Darstellungen oder Simulationen nur dann ›historisch‹ nennen, wenn sie sich in eine fortlaufende Jahreszählung einschreiben, sich also selbst explizit datieren?

Im Computerspiel *The Abbey* (Alcachofa Soft/Crimson Cow 2008) spielt die Spielerin eine grundsätzlich festgelegte Geschichte nach. Das Spiel gehört damit zu den sogenannten Adventurespielen. Die Einteilung von Computerspielen in Genre wird an anderer Stelle noch diskutiert,[17] für den Moment erfolgt die Beschränkung auf die Frage, ob und, wenn ja, wie *The Abbey* Geschichte darstellt/erzählt. *The Abbey* ist undatiert: Im gesamten Spiel, d. h. in der Gesamtheit aller Bilder, Texte, Töne die die Spielerin zu sehen und hören bekommen kann, findet sich weder eine konkrete Jahreszahl, noch die Erwähnung eines ungefähren Zeitabschnitt oder eine der gängigen Epochenbezeichnungen. Dies gilt auch für Handbuch und Verpackung. Aber dennoch ist schon den ersten Spielminuten von *The Abbey* eine Diktion zu eigen, die die Geschehnisse des Spiels unzweideutig in einen historischen Kontext stellt.

Durch die wörtliche Rede der Spielfiguren und durch die grafische Darstellung ist zu erfahren, dass der Mönch Leonardo de Toledo und sein Gehilfe, der 13-jährige Bruno, Sohn des Grafen von Capranegra, in strömendem Regen einen steinigen Gebirgspfad hinauf reiten (Abb. 4.1). Der Pfad endet auf dem Gipfel des Berges vor einem Tor, dahinter die, so wird man informiert, »bedeutendste und rätselhafteste Abtei des Reiches«. Leonardo und Bruno erhalten eine Audienz beim Abt des Klosters; dieser ist durch einen tödlichen Unfall eines Mitbruders, aber auch durch den allgemeinen Zustand der Welt beunruhigt (Abb. 4.2):

»Eine Abtei zu leiten, ist keine einfache Aufgabe. Und den rechten Glauben der Gemeinschaft zu erhalten, ist in Zeiten wie diesen noch schwieriger. Die Menschen werden von Tag zu Tag weniger gottesfürchtig und der Teufel sät seinen Samen auf die fruchtbaren Böden des Zweifels und der Angst.«

---

15 | MacCallum-Stewart/Parsler, *Historicising the Computer Game*, S. 203.

16 | Ebd., S. 204.

17 | Vgl. dazu unten, S. 113 ff.

Abb. 4.1: *The Abbey*: Reitende Mönche

Abb. 4.2: *The Abbey*: Der Abt

Abb. 4.3: *The Abbey*: Frühmittelalterliche Kunst

Abb. 4.4: *The Abbey*: Romanische Kirche

Weder soll hier auf die offenkundige Parallelität zu Umberto Ecos *Der Name der Rose* – die übrigens das ganze Spiel in frappantem Ausmaß begleitet – noch auf den Fortgang der angedeuteten, das Spiel motivierenden Detektivgeschichte eingegangen werden (vgl. dazu den Abschnitt *Das gute Buch und das böse Buch* in Kapitel 6). Wir stehen noch beim Vorschlag, ein Spiel nur dann ›historisches Computerspiel‹ zu nennen, wenn es *sich selbst* zeitlich eindeutig verortet. Aber was ist mit den Zuordnungen, die die Rezipienten vornehmen?

Zwar informiert *The Abbey* nicht explizit über die Zeit seiner Handlung. Aber das Spiel macht dennoch bereits von Beginn an Aussagen, die zeitliche Einordnungen erlauben: das Transportmittel sind Pferd und Esel, die Namen werden um Herkunftsbezeichnungen und Adelstitel ergänzt, der Herrschaftsraum ist ein Reich, die Religion wird durch klösterliche Strukturen institutionalisiert und diabolischer Unglaube und (christliche) Gottesfurcht bestimmen das Schicksal der Menschen. Untechnisiert, feudal, imperial, christlich, unaufgeklärt, gottesfürchtig – will man *The Abbey* historisch einordnen, so kommt wohl nur das europäische Mittelalter, vielleicht noch die Frühe

Neuzeit in Betracht. Wendet man sich dann noch stärker der visuellen Erscheinung zu, so kann man im Zimmer des Abtes einen Wandteppich in deutlich frühmittelalterlicher Gestaltung erkennen (Abb. 4.3), die Klosterkirche als romanisches Bauwerk klassifizieren (Abb. 4.4) und im weiteren Spielverlauf noch dutzende Hinweise finden, die alle nahelegen: *The Abbey* spielt im Mittelalter. Woher kommt die Sicherheit, mit der der Spieler zu dieser Einschätzung gelangt?

Für die Beantwortung dieser Frage wird, da für die Behandlung des Historischen in Computerspielen noch keine überzeugenden Angebote vorliegen, auf Überlegungen zum historischen Roman zurückgegriffen. Hans Vilmar Geppert hat eine Bedingung für die Zugehörigkeit eines Erzähltextes zur Gattung des historischen Romans formuliert: »ein funktional relevanter ›Kern‹ des Erzählten muss in dieser Gattung historisch fundiert, in einem eigenen historischen Diskurs konstruiert sein«.[18] Diese Fundierung erfolgt durch »bestimmte semantische Einheiten, Erzählzeichen, Narreme«, die die grundsätzlich fiktionale Erzählung »mit weitergehend und spezifisch [...] behaupteter Historie« vernetzen. Im Beispiel: »Die Namen ›Schlacht am Weißen Berg‹, ›Napoleon Bonaparte‹, die Daten der ›preußischen Kriegserklärung‹ am 8. Oktober 1806 und so weiter [...] stehen in bruchloser Kontiguität, Zuordnung, Verweiskette [...] mit dem historischen Konstrukt, [...] das sie bezeichnen.« Es sind diese »›Markierungen‹ des historischen Diskurses«, die eine »historische Deixis« konstruieren.[19]

»›Historisches Erzählen‹ bedeutet«, so liest es sich bei Hugo Aust, »Geschichten zu erzählen, die wiedererkennbare Geschichte voraussetzen«.[20] Wenn also von einem historischen Roman – und auch von einem historischen Computerspiel, so hier die Erweiterung – die Rede sein soll, dann muss »ein für das Ganze unverzichtbares Element [...] historisch wiedererkennbar« sein.[21] Dies ist die »Vergangenheitsreferenz«, die nach Hans-Jürgen Pandel kulturelle Objektivationen erst zu Objekten der Geschichtskultur macht.[22] Um zu verstehen, wie Computerspiele diese Bedingung verwirklichen, soll im Folgenden an die Ausführungen des Spiele-Kapitels angeknüpft werden.

Mit Nelson Goodman wurde symbolische Referenz als Bezugnahme vorgestellt, die relativ zu einem spezifischen Bezugsrahmen erfolgt. Für die Verweise, die durch

---

18 | Hans Vilmar Geppert, *Der historische Roman*, Tübingen 2009, S. 159.

19 | Ebd., S. 160.

20 | Hugo Aust, *Der historische Roman*, Stuttgart, Weimar 1994, S. 17.

21 | Geppert, *Der historische Roman*, S. 159.

22 | Pandel, *Geschichtskultur*, S. 27.

Regelspiele evoziert werden, sollte man von sich verschiebenden Bezugsrahmen ausgehen. Anhand des Kriegsspiels von Johann Hellwig und des Schachspiels wurde gezeigt, das erstens ein spiellogischer, zweitens ein lebensweltlicher Bezugsrahmen relevant sind: Unter einem spiellogischen Rahmen erhalten die Spielelemente ihre Bedeutung durch ihre Position im formalen System des Spiels, unter einem lebensweltlichen Rahmen durch etablierte Referenzen zu Objekten eines kollektiven Wissensbestandes. Das Kapitel zu Computerspielen hat dann gezeigt, dass der Unterschied zwischen Regelspielen und Computerspielen in der Ausgestaltung der Regelkontrolle liegt. Was aber in Bezug auf Regelspiele zur symbolischen Referenzierung gesagt wurde, ist von der unterschiedlich verfassten Autorität über die Spielregel jedoch nicht betroffen und gilt ausnahmslos auch für Computerspiele: Auch das Computerspiel referiert durch seine Symbole zweifach: Einerseits auf ein formales System, andererseits auf kollektive Wissensbestände.

Es können nur Verweisungen der zweiten Art sein, die die von Geppert »Zuordnung, Verweiskette« und von Pandel »Vergangenheitsreferenz« genannten Verknüpfungen mit dem historischen Diskurs meinen. Denn historisches Wissen, das von einem historischen Diskurs konstruiert wird (und auf das dann Spielelemente verweisen können), ist Teil des kollektiven Wissens. Für eine Einordnung in das entwickelte Modell, welches das Spielen von Computerspielen zwischen formalen Systemen und kollektiven Wissensbeständen positioniert hat und von beiden beeinflusst sieht, wäre die Alternative zudem einigermaßen unvernünftig: Es bliebe nur die Möglichkeit, das historische Wissen der formalen Seite zuzuschlagen. Das hieße, davon auszugehen, dass formale Systeme historisches Wissen konstruieren könnten. Die formale Version eines Spiels ist jedoch stets nur aus Axiomen, abstrakten Symbolen und Ableitungsregeln aufgebaut. Wie Geppert, wieder für den historischen Roman, formuliert, gehört aber das historische Wissen »einer historischen Kultur, also immer schon einem der Fiktion und dem Roman vorgegebenen Kontext an«.[23] Diese Überlegungen illustriert auch Abb. 4.5, indem sie das bereits diskutierte Schema erweitert und das historische Wissen als Teilbereich des kollektiven Wissens darstellt.

Diese Einordnung ist auch intuitiv verständlich. Die Auslegung, die Handlung von *The Abbey* spiele im Mittelalter, basiert ja gerade darauf, dass gewisse Spielelemente auf Bestandteile des historischen Wissens verweisen: Die Reittiere als Transportmittel, die Mönche mit Tonsur und Adelstitel, die Rede von Teufel und Gottesfurcht, die romanischen Formen der Bauwerke – das alles sind (nach Geppert) Markierungen des historischen Diskurses bzw. (nach Goodman) Referenzierungen von

---

23 | Geppert, *Der historische Roman*, S. 160.

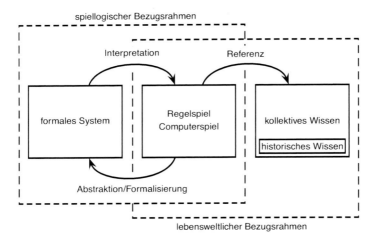

Abb. 4.5: Das historische Wissen als Teilbereich des kollektiven Wissens

Bedeutungen, die ein historischer Diskurs etabliert hat und die unter einem lebensweltlichen Bezugsrahmen auch so begriffen werden.

In diesem Sinne ist eine kalendarische Zeitangabe tatsächlich ein Symbol, dessen Verweisen auf einen historischen Diskurs mit größerer Sicherheit korrekt verstanden wird. Gelingt dieses Verständnis nicht, dann wird dem Imperativ eines Datums oder der Bezeichnung eines historischen Ereignisses nicht gefolgt, das Symbol also »nicht ›historisch‹« verstanden.[24] Aber die grundsätzliche temporale Strukturierung von Geschichte ist nicht auf kalendarische Datierungen angewiesen. So beruht nach Hans Michael Baumgartner historische Zeit prinzipiell lediglich auf einer einfachen Vergleichsoperation: »Die Zeit der Geschichte ist das Früher und Später im Vergangenen.«[25] Mit den Operatoren ›früher‹ und ›später‹ kann man Ereignisse oder Zustände in eine zeitliche Ordnung bringen, selbst wenn keinerlei Daten mit kalendarischer Referenz vorliegen – natürlich nur, sofern durch Referenz auf einen historischen Diskurs Anhaltspunkte für die Vergleichung gegeben sind.

Aufgrund dieser Überlegungen lässt sich auch *The Abbey* historisch positionieren: Konzepte wie monastische Gesellschaft, Gottesfurcht, monarchische Herrschaft, romanische Baukunst, usw. können – das erforderliche Wissen vorausgesetzt – zeitlich

---

24 | Geppert, *Der historische Roman*, S. 161.

25 | Hans Michael Baumgartner, *Thesen zur Grundlegung einer transzendentalen Historik*, in: Hans Michael Baumgartner/Jörn Rüsen (Hrsg.), *Seminar Geschichte und Theorie. Umrisse einer Historik*, Frankfurt/M. ²1981 (1976), S. 274–302, hier S. 281.

gedeutet werden. Vermöge dieser Referenz zu historischen Wissensbeständen glückt dann die Einordnung in eine historische Abfolge recht mühelos. Zwar ist das Raster dabei nicht das eines kleinteiligen Kalenders, sondern folgt den groben Schnitte einer epochalen Zeitrechnung.[26] *Historisch* ist eine Einordnung, die *The Abbey* nicht in der Antike und nicht in der Neuzeit, sondern im Mittelalter fixiert, dennoch.

Dies ist auch die eigentliche Logik hinter der Art der Geschichtsvermittlung, die Daniela Fulda etwas unspezifisch »modellhaft« genannt hat: »Informationen über Geschichtliches können [...] *modellhaft* vermittelt werden, d. h. als nicht nach Ort und Datum verifizierbare, aber ›prinzipiell‹ zutreffende Schilderung historischer Lebensweisen (›so könnte es tatsächlich gewesen sein‹).«[27] Vorbedingung dafür ist, was Hans-Jürgen Pandel als *Historizitätsbewusstsein* bezeichnet: Das Wissen, »dass Personen, Dinge und Ereignisse sich in der Zeit verändern, aber auch, dass bestimmte Dinge und Ereignisse sich nicht verändern«.[28]

Zusammenfassend können die knappen Einblicke in die Theorie des historischen Romans mit den Überlegungen zur symbolischen Referenz im Regelspiel zu folgender Definition kombiniert werden:

Ein Computerspiel ist ein historisches Computerspiel, wenn eine funktional relevante Menge seiner Spielelementen auf Bedeutungen verweist, die durch einen historischen Diskurs konstruiert wurden und die dem kollektiven historischen Wissen zugehörig sind.

Diese Definition verlangt in zwei Punkten nach anschließenden Klärungen: Wann ist eine ›Menge von Spielelementen‹ ›funktional relevant‹? Und was ist mit ›historischem Diskurs‹ bzw. mit dem von ihm konstruierten ›historischen Wissen‹ gemeint? Zunächst soll letztere Frage beantwortet werden; die Abschnitte *Modellierung* und *Spielen* werden dann die Definition des historischen Computerspiels abschließen.

---

26 | Vgl. Jörn Rüsen, *Aus Zeit Sinn machen – Versuch einer Typologie temporaler Sinnbildung*, in: ders. (Hrsg.), *Kultur macht Sinn. Orientierung zwischen Gestern und Morgen*, Köln u.a. 2006, S. 192–225, hier S. 205.

27 | Daniel Fulda, *Literarische Thematisierungen von Geschichte*, in: Sabine Horn/Michael Sauer (Hrsg.), *Geschichte und Öffentlichkeit. Orte – Medien – Institutionen*, Göttingen 2009, S. 209–218, hier S. 214.

28 | Hans-Jürgen Pandel, *Dimensionen des Geschichtsbewusstseins*, in: Geschichtsdidaktik 12 (1987) 2, S. 130–142, hier S. 134. Vgl. zum »Bewußtsein der ›Geschichtlichkeit‹« Rüdiger Schott, *Das Geschichtsbewußtsein schriftloser Völker*, in: Archiv für Begriffsgeschichte 12 (1968), S. 166–205, hier S. 194 f.

Historisches Wissen

Am Anfang der Geschichte steht der Dinosaurier. Zumindest kann man so ein Ergebnis der Studie von Carlos Kölbl *Zum Aufbau der historischen Welt bei Kindern* zuspitzen. Die Auswertung empirischen Materials hat ergeben:»Bereits die Kindergartenkinder äußern historische Interessen, und zwar überwiegend zum Leben und Sterben der Dinosaurier.«[29] Schon im Kindergartenalter kann nach ›heute‹ und ›früher‹ differenziert werden, allerdings mit einer nur rudimentären Binnengliederung:»Das, was früher war, ist entweder noch in beinahe unmittelbarer Reichweite der Kinder (gestern, vor einer Woche etc.) oder in einer einheitlich grauen Vorzeit, in der der Großvater und die Steinzeit eng beieinander zu liegen kommen.«[30] Es geht nun aber nicht um die Entwicklungsschritte des kindlichen Geschichtsbewusstseins; interessant an Kölbls Untersuchung ist hier, dass in den analysierten Befragungen neben den historischen Interessen stets auch die Medien dieser Interessen abgefragt wurden. So erhalten wir einen Hinweis für die Frage nach dem ›historischen Wissen‹, die letztlich eine Frage nach seiner Genese sein muss: Die kindlichen historischen Interessen (z. B. am Dinosaurier)»sind vielfach medial vermittelt. Eine wichtige Rolle spielen Filme, Videos, Bücher, Erzählungen sowie Museen. So beziehen sich die Forschungspartner des Öfteren auf ihr ›Urzeitbuch‹ oder dergleichen.«[31]

Dadurch wird veranschaulicht, was bereits das Kapitel zu Geschichtskultur ausgeführt hat: Geschichte ist mitnichten Sache der historischen Wissenschaften allein. Die von Kölbl eruierte Vielfalt an Medien, die das kindergartengerechte Wissen zum Leben und Sterben der Dinosaurier vermitteln, ist eine Bestätigung Dieter Langewiesches:»Heute existiert ein großer, weit verzweigter Geschichtsmarkt, der unüberschaubar viele Anbieter kennt.«[32] Das Beispiel von den Kindergartenkindern hat den Vorteil, dass es die Virulenz historischen Wissens in einer gesellschaftlichen Gruppe bei gleichzeitiger Absenz wissenschaftlicher Vermittlungsformen eindrücklich belegt. Denn ohne an dieser Stelle die Medien der Heranwachsenden im einzelnen zu untersuchen, kann man wohl davon ausgehen, dass hier wissenschaftliche Erkenntnisse nur in mittelbarer Form Eingang finden.

Grundsätzlich werden durch diese Ergebnisse Anschauungen plausibel gemacht, die die Internalisierung kollektiven Wissens als Grundbedingung für das Verständnis

---

29 | Carlos Kölbl, *Zum Aufbau der historischen Welt bei Kindern*, in: Journal für Psychologie 12 (2004) 1, S. 25–49, hier S. 40.

30 | Ebd., S. 40.

31 | Ebd., S. 40.

32 | Langewiesche, *Zeitwende*, S. 9.

gesellschaftlich konstruierter Wirklichkeit betrachten: Das »Welterfassen ist nicht das Ergebnis selbstherrlicher Sinnsetzungen seitens isolierter Individuen, sondern es beginnt damit, daß der Einzelne eine Welt ›übernimmt‹, in der Andere schon leben.«[33] Damit ist nun aber noch nicht erklärt, was denn historisches Wissen eigentlich ist, d. h. welche Wissensbestände zum *kollektiven historischen Wissen* objektiviert und dann wieder als *individuelles historisches Wissen* internalisiert werden. Oder, um in der Terminologie der Geschichtsdidaktik zu bleiben, wie durch Geschichtskultur Geschichtsbewusstsein erzeugt und stabilisiert wird.

Letztgültige Antworten darauf gibt es nicht. So kommt Thomas Scharff in seiner Untersuchung des Mittelalters im Film zu dem Schluss, ›Mittelalterlichkeit‹ entstünde, »indem Bezüge hergestellt werden, an denen das Mittelalter erkannt wird, weil es durch sie so ist, wie es die Zuschauer erwarten.«[34] Die Bezüge müssten lediglich »im allgemeinen Bewusstsein als mittelalterlich gelten«; das Bewusstsein wiederum speise sich »aus romantischen Vorstellungen des 19. Jahrhunderts [...], oder mittlerweile auch bereits wiederum aus älteren Filmen oder anderen populären Medien.«[35] Damit wird Hans-Jürgen Pandel bestätigt, der feststellte, »Leben in der Geschichtskultur ist Auseinandersetzung mit den Produkten anderer, in denen sich deren Geschichtsbewusstsein niedergeschlagen hat.«[36] Wenn man über historisches Wissen sprechen und seine Beschaffenheit oder seine Grenzen ermessen will, dann muss es also letztlich immer um das Aufweisen und Verstehen eines »Konsens in der Interpretationsgemeinschaft« gehen.[37] Unter den vielen Mitdiskutanten, die mit unterschiedlichster Motivation an diesem Diskurs teilnehmen und dafür sorgen, dass »Geschichte keineswegs nur ein Schul- und Wissenschaftsfach ist, sondern einen erheblichen Faktor im kulturellen Haushalt der Gesamtgesellschaft darstellt«,[38] kommt einer Gruppierung aber eine besondere Stellung zu. In der Regel in Akademien und Universitäten institutionalisiert und als Historiker und Historikerinnen professionalisiert, tragen die Vertreter der Geschichtswissenschaft zum historischen Diskurs in besonderer Art und Weise bei.

---

33 | Berger/Luckmann, *Konstruktion der Wirklichkeit*, S. 140.

34 | Thomas Scharff, *Wann wird es richtig mittealterlich?*, in: Simona Slanička/Mischa Meier (Hrsg.), *Antike und Mittelalter im Film*, Köln 2007, S. 63–83, hier S. 72.

35 | Ebd., S. 72.

36 | Pandel, *Geschichtskultur*, S. 28.

37 | Ebd., S. 30.

38 | Bernd Mütter, *»Geschichtskultur« – Zukunftsperspektive für den Geschichtsunterricht am Gymansium?*, in: Geschichte, Politik und ihre Didaktik 26 (1998) 3/4, S. 165–177, hier S. 168.

Dass das Besondere am Beitrag der Historiker und Historikerinnen *nicht* durch die Eindeutigkeit, Objektivität oder Letztgültigkeit ihrer Darstellungen begründet werden kann, ist zumindest innerhalb der Geschichtswissenschaft inzwischen Gemeinwissen. Zwar hält sich die Vorstellung, »daß es ›die Geschichte‹ als Entwicklungsgang hin zu unserer eigenen Gegenwart gibt und daß man sie sich forschend, lesend und denkend irgendwie zugänglich machen kann« hartnäckig als Denkgewohnheit des alltäglichen Orientierungswissens.[39] Die Spezifik der geschichtswissenschaftlichen Beiträge zum historischen Wissen wird aber von informierten Positionen nicht mehr in solch einem Verständnis der Erkenntnismöglichkeiten gesehen. Denn als geschichtswissenschaftliches Paradigma ist der Objektivismus schon lange obsolet, bereits bei Max Weber findet sich die Gewissheit, dass »keine Erkenntnis von *Kultur*vorgängen anders denkbar ist, als auf der Grundlage der *Bedeutung*, welche die stets individuell geartete Wirklichkeit des Lebens in bestimmten *einzelnen* Beziehungen für uns hat.«[40] Damit spricht Weber die Standortgebundenheit der historischen Forschung an, die zur »Sinnlosigkeit des selbst die Historiker unseres Faches gelegentlich beherrschenden Gedankens [führt], daß es das, wenn auch noch so ferne, Ziel der Kulturwissenschaften sein könne, ein geschlossenes System von Begriffen zu bilden, in dem die Wirklichkeit in einer in irgendeinem Sinne *endgültigen* Gliederung zusammengefaßt [...] werden könnte.«[41]

Aber dennoch ist wissenschaftliche Geschichtsschreibung nicht rein subjektive Konstruktion und deshalb von anderen Angeboten historischer Darstellung zu unterscheiden: Nach Paul Ricœur wird der Objektivitätsanspruch der Geschichtswissenschaft zwar »immer enttäuscht«, aber mit dieser Eigenschaft ist er immer »schon im Projekt einer historischen Forschung enthalten«.[42] Dadurch gilt: »gerade weil die Geschichtswissenschaft ein Projekt der Objektivität hat, kann sie das Problem der *Grenzen* der Objektivität als spezifisches *Problem* stellen.«[43] Dieses Problembewusstsein kann man mit Ricœur die »*kritische Reflexivität* der historischen Forschung« nen-

---

39 | Ute Daniel, *Clio unter Kulturschock. Zu den aktuellen Debatten der Geschichtswissenschaft. Teil I*, in: Geschichte in Wissenschaft und Unterricht 48 (1997), S. 195–219, hier S. 198.

40 | Max Weber, *Die »Objektivität« sozialwissenschaftlicher und sozialpolitischer Erkenntnis* (1904), in: ders.: *Gesammelte Aufsätze zur Wissenschaftslehre*, hrsg. v. Johannes Winckelmann, Tübingen [7]1988, S. 146–214, hier S. 180.

41 | Ebd., S. 184; vgl. Jörn Rüsen, *Geschichte als Kulturprozeß*, Köln, Weimar, Wien 2002, S. 111 f.

42 | Paul Ricœur, *Zeit und Erzählung. Bd. 1: Zeit und historische Erzählung*, München 1988 (frz. 1983), S. 264.

43 | Ebd., S. 265.

nen[44] und darin ein wesentliches Unterscheidungsmerkmal zwischen den Werken der Historiker und den mannigfaltigen Erzeugnissen anderer auf dem ›Geschichtsmarkt‹ wirkender Anbieter identifizieren. Der Mediävist Hans-Werner Goetz fasst dieses Alleinstellungsmerkmal wie folgt zusammen: »Wir rekonstruieren nicht die Vergangenheit, wie man so gern sagt, sondern wir konstruieren zeitgemäße Mittelalterbilder, allerdings – und darin liegt die Wissenschaftlichkeit – quellengestützt und auf methodischer Grundlage und Schulung.«[45] Ähnlich sieht Jörn Rüsen die Geschichtswissenschaft charakterisiert durch »sinnrelevante Gesichtspunkte und Denkweisen [...], für die sie als Wissenschaft selber steht«; dazu zählen »Begrifflichkeit, Erfahrungskontrolle, methodische Regelung, argumentative Diskursformen etc.«[46] Wieder mit Ricœur kann man den Unterschied zwischen der historischen Forschung und anderen geschichtskulturellen Setzungen dann so benennen: »Der Historiker wendet sich an einen mißtrauischen Leser, der von ihm nicht nur erwartet, daß er erzählt, sondern daß er seine Erzählung auch beglaubigt.«[47]

Die Erkenntnismöglichkeiten der historischen Wissenschaften ließen sich natürlich noch wesentlich umfassender diskutieren. Hier ging es aber nur darum, die besondere Stellung, die der Geschichtswissenschaft bei der Produktion und Stabilisierung historischen Wissens zukommt, kurz anzureißen. Diese behauptet sie aufgrund ihrer »theoretischen Selbstreflexion«[48] – trotz aller Einsicht, dass »Geschichte immer ebensoviel mit der Gegenwart, in der dargestellt wird, wie mit der Vergangenheit, die dargestellt werden soll, zu tun« hat.[49]

Wenn man aber das historische Wissen als kollektives Konstrukt versteht, dann muss man mit Dieter Langewiesche anerkennen, dass dieses Wissen gleich unmittelbar zu allen geschichtskulturell ›aktiven‹ Institutionen und Professionen ist: »Es ist die Gesellschaft, die entscheidet, ob sie die Deutungsangebote der Experten, auch sie

---

44 | Ebd., S. 265.

45 | Goetz, *Geschichtswissenschaft und Geschichtsbewusstsein*, S. 265.

46 | Jörn Rüsen, *Faktizität und Fiktionalität der Geschichte – Was ist Wirklichkeit im historischen Denken?*, in: Jens Schröter/Antje Eddelbüttel (Hrsg.), *Konstruktion von Wirklichkeit. Beiträge aus geschichtstheoretischer, philosophischer und theologischer Perspektive*, Berlin 2004, S. 19–32, hier S. 31.

47 | Ricœur, *Zeit und Erzählung 1*, S. 265.

48 | Lucien Hölscher, *Die Einheit der historischen Wirklichkeit und die Vielfalt der geschichtlichen Erfahrung*, in: Ulrich H. J. Körtner (Hrsg.), *Geschichte und Vergangenheit. Rekonstruktion – Deutung – Fiktion*, Neukirchen-Vluyn 2007, S. 23–33, hier S. 25.

49 | Klaus Füßmann, *Historische Formungen. Dimensionen der Geschichtsdarstellung*, in: Klaus Füßmann/Theodor Heinrich Grütter/Jörn Rüsen (Hrsg.), *Historische Faszination. Geschichtskultur heute*, Köln u. a. 1994, S. 27–44, hier S. 28.

nicht einhellig, annimmt oder anderen, vielleicht konträren Geschichtsvorstellungen folgt.«[50] Die Genese des historischen Wissens im Kindergartenalter mag dafür ein Beispiel sein.

Geschichtskultur und Geschichtswissenschaft

Wenn nun im Folgenden einige historische Computerspiele untersucht werden sollen, dann muss zuvorderst deren Auswahl plausibel gemacht werden. Dazu gehört auch der Nachweis, dass es sich jeweils tatsächlich um ein historisches Computerspiel handelt. Für diesen Nachweis bleibt nichts anderes, als das im vorangegangenen Abschnitt diskutierte historische Wissen als gesellschaftlich ausgehandelte Größe anzunehmen und die Spiele auf Verweise zu Teilbereichen dieses Wissens möglichst gewissenhaft zu prüfen.

Das historische Wissen, das aus den vielfältigsten Formen und Setzungen der Geschichtskultur emergiert, ist selbst hochgradig referentiell, und zwar selbstreferentiell. Valentin Groebner spricht von »Sekundärmittelalter« um die Mittelalterdarstellungen der Populärkultur zu charakterisieren: Das Mittelalter der Filme und historischen Romane sei »zusammengesetzt aus den traditionellen literarischen Versatzstücken romantischer Mittelaltermotive«.[51] Ganz ähnlich nehmen sich filmwissenschaftliche Befunde aus: »Filme zu Antike und Mittelalter orientieren sich auffallend oft an literarischen Vorlagen (*Cantar del mio*, William Shakespeare, Alexandre Dumas, Walter Scott, Felix Dahn, Henryk Sieńkiewicz etc.), die bereits ihrerseits spezifische Sichtweisen der bearbeiteten Epoche vorlegten und dadurch zu weiteren Filtern der Filmarbeit werden.«[52] Nach Bettina Funcke ist das »Zitieren früherer Produkte, Filme, Videospiele, Pop Songs, Werbung oder Mode« gerade ein Kennzeichen der populären Kultur.[53] Und mit Jay David Bolter und Richard Grusin kann man die Weiterverarbeitung und Umgestaltung von Bildern, Geschichten, Figuren oder Motiven als eine Spielart von »Remediation« bezeichnen. Mit diesem Begriff beschreiben sie ganz allgemein die Prozesse, die neue mediale Formen als Umgestaltungen oder Wei-

---

50 | Langewiesche, *Zeitwende*, S. 27.

51 | Valentin Groebner, *Das Mittelalter hört nicht auf. Über historisches Erzählen*, München 2008, S. 21.

52 | Simona Slanička/Mischa Meier, *Einleitung*, in: dies. (Hrsg.), *Antike und Mittelalter im Film*, Köln 2007, S. 7–16, hier S. 14.

53 | Bettina Funcke, *Pop oder Populus. Kunst zwischen High und Low*, Köln 2007, S. 76.

terentwicklungen älterer Medien verstehen.[54] Diese Transformation muss sich nicht zwingend auf der inhaltlichen Ebene abspielen, aber Anleihen thematischer oder motivischer Form sind nach Bolter/Grusin die häufigste und gewöhnlichste Form der Remediation.[55]

Im Spezialfall der geschichtskulturellen Medien muss man nun aber die inhaltliche Remediation als Tradierung von Referenzen verstehen, die jeweils *innerhalb* des historischen Diskurses bleiben. Den Produkten der Geschichtswissenschaft kommt bei diesen gegenseitigen Verweisungen dann besondere Bedeutung zu: Wenn man die oben diskutierte Selbstreflexion und methodische Akkuratesse der historischen Wissenschaften ernst nimmt, dann muss sie die Gründe und Bedingungen ihrer Darstellungen angeben und reflektieren. Entweder sind das Interpretationen, die durch die Verweise auf Quellen plausibel gemacht werden. Oder man hat es mit Argumenten anderer Wissenschaftler zu tun. Deren Herkunft weist man dann aber nach – und baut so letztlich die Quellen- und Interpretationsarbeit eines anderen in die eigene Arbeit ein. Die Wissenschaftlichkeit liegt in jedem Fall im Nachweisen. Gerade hier verläuft die Scheide zwischen wissenschaftlichen und sonstigen Darstellungen. Natürlich sind die Übergänge fließend: Walter Scott ergänzte seine Romane um einen Anmerkungsapparat und Felix Dahn gilt als »typischer Repräsentant des Professorenromans«, nämlich als »Gelehrter und Schriftsteller zugleich«.[56]

In der Regel schlüsseln nicht-wissenschaftliche Werke ihre Vorlagen und Einflüssen aber nicht auf. So gilt für die filmische Bearbeitung literarischer Werke: »Some of the adaptations are quite free [...]. Yet they do not contain any overt reference to the novels on which they are based; they certainly do not acknowledge that they are adaptations. [...] The content has been borrowed, but the medium has not been appropriated or quoted.«[57] Genau nach diesem Schema verlaufen die Verweisprozesse, wenn *un*-wissenschaftliche Werke ihren historischen Charakter durch die Referenz auf historisches Wissen, das durch *andere* Werke in den historischen Diskurs eingeführt und dort etabliert wurde, erhalten. Ein Werk kann dann zu einem Werk der Geschichtskultur werden. Beim zitierten, nach Bolter/Grusin remediierten, Inhalt *kann* es sich um Passagen oder Motive wissenschaftlicher Literatur handeln – aber das ist nicht die Bedingung. Diese besteht einzig darin, dass das Wissen gesellschaftlich als

---

54 | Vgl. Jay David Bolter/Richard Grusin, *Remediation. Understanding New Media*, Cambridge/Mass. 2000, S. 14 f.

55 | Vgl. ebd., S. 49.

56 | Rainer Kipper, *Der Germanenmythos im Deutschen Kaiserreich. Formen und Funktionen historischer Selbstthematisierung*, Göttingen 2002, S. 127.

57 | Bolter/Grusin, *Remediation*, S. 44.

historisches Wissen akzeptiert ist. So wird es auch möglich, dass erfundene Personen, Ereignisse und Entwicklungen als historisches Wissen ausgegeben werden und dann Eingang in den kollektiven Wissensbestand finden.

Wie inhaltliche Remediation konkret abläuft, illustriert eindrücklich eine kurze Passage aus *The Art of Computer Game Design*, einem Buch des Spieledesigners Chris Crawford, das bereits 1984 einige der Problemfelder umrissen hat, die auch heute noch die Game Studies beschäftigen – und die sein Buch vielleicht zum ersten Klassiker der Computerspielliteratur machen. Unter anderem beschreibt Crawford die Entstehung seines Spiels *Excalibur* (Chris Crawford/Atari 1983), das er ab 1981 entwickelt hatte. Anschließend an das Design der grundsätzlichen Spielmechanik – durch strategische Maßnahmen ökonomischer und militärischer Natur kann ein Königreich vereinigt werden – musste der »fantasy context« des Spiels geklärt werden:

»[...] was this a game about Britain in the sixth Century A. D. or was this a game about King Arthur? I read every book I could find about both subjects. This research led me to conclude that Britain in the sixth Century was a chaotic and depressing place. The native Celts were defending their homeland against the invading Anglo-Saxons landing on the eastern coast of the island. [...] King Arthur was actually a Celtic general who led a brief counteroffensive against the Anglo-Saxons, [...] halting the Anglo-Saxon offensive for about 50 years. But Arthur's success brought only a brief respite; in the end, the Celts lost their struggle.«[58]

Es geht an dieser Stelle nicht darum, *wie* Crawford diese knappe Zusammenfassung arrangiert hat. Für die Frage nach dem durch Computerspiele referierten historischen Wissen ist wichtiger, *was* hier eigentlich zusammengefasst wurde. Crawford lässt seine Themenfindung beim Buch beginnen. Er ist auf der Suche nach Erkenntnissen, wie das Britannien des 6. Jahrhunderts ›tatsächlich war‹. Dazu bedient er sich dem (vermeintlich) gesicherten Wissen von Fach- oder zumindest Sachbüchern: »I found little in the history books that was harmonious with my goal«.[59] Diese Lektüre liefert jedoch kein zufriedenstellendes Material für die Zwecke des Spieledesigners, weshalb er seine Suche ausweitet und auch literarische Bearbeitungen in die Themenfindung einbezieht:

»[...] the story of Britain in the Dark Ages was that of one people being driven out relentlessly by another. Yet from the dreams of the vanquished arose the legends of the conquering King Arthur, legends that endured through the ages, transforming themselves to suit the needs of the storyteller. As I read the many incarnations of these legends, I was impressed by their great flexibility. Each artist who recited them impressed a different character upon them. They worked equally well as religious

---

58 | Crawford, *The Art of Computer Game Design*, S. 96.

59 | Ebd., S. 63, vgl. S. 96.

inspiration, ribald tales, or expositions of the chivalric ideal. Even Mark Twain employed them to make his characteristic blistering social commentary.«[60]

Crawford liefert also anschauliche Belege für die pluralistische Natur des historischen Diskurses: Neben die wissenschaftliche Darstellung stellt sich die (ältere) mythologische Überlieferung, gefolgt von literarischen Bearbeitungen. Aber nicht genug:

»A major turning point in the design process came when I saw the movie EXCALIBUR. This magnificent film beautifully captures the best elements of the Arthurian legends, yet makes its own Statement. I watched it again and again, reveling in the richness of the tale.«[61]

Damit hat Crawford geschichtskulturelle Objektivationen von den ersten Legenden um König Artus (die frühesten Textfassung stammt wohl aus dem 12. Jahrhundert) bis zur filmischen Verarbeitung seiner unmittelbaren Vergangenheit (gemeint ist der Spielfilm von John Boorman aus dem Jahr 1981) im Programm. Bedeutsam dabei scheint mir, neben der bemerkenswerten Vollständigkeit der verarbeiteten Gattungen (Fach- bzw. Sachliteratur, Heldenepos, Belletristik, Spielfilm), die Stellung, die der Geschichtswissenschaft in diesem Inspirationspaket zukommt: Crawford lässt seine Schilderungen mit den wissenschaftlichen bzw. sachlichen Erkenntnissen beginnen. Dabei ist seine Rhetorik geprägt von einem festen Glauben an die wissenschaftliche Objektivität und an die Eindeutigkeit ihres Wissens (»King Arthur was actually a Celtic general«). In der Beschreibung von Mythos und Film räumt er dagegen dem Konstruktionscharakter dieser Formen Raum ein (»the dreams [...] arose the legends«; »captures the best elements of the Arthurian legends«).

Die Konsequenz aus diesen Überlegungen zur besonderen Stellung geschichtswissenschaftlichen Wissens innerhalb der Geschichtskultur ist simpel: Ein unwissenschaftliches Werk kann durch Referenz auf geschichtswissenschaftliches Wissen zu einem historischen Werk, also zu einem Bestandteil der Geschichtskultur werden. Für eine wissenschaftliche Arbeit ist es jedoch unmöglich, auf Wissensbeständen aufzubauen, die aus unwissenschaftlichen Werken stammen – denn diese wurden nicht mit wissenschaftlicher Methode erarbeitet. In den Stabilisierungsprozessen der Geschichtskultur kommt geschichtswissenschaftlichem Wissen deshalb eine besondere Stellung zu. Dies ist für die Analyse von Computerspielen von einiger Bedeutung, denn *Authentizität* ist ein oft gebrauchtes Schlagwort, von dem sich die Spieleproduzenten steigenden Absatz erhoffen. Was damit gemeint ist, wenn ein Spiel auffor-

---

60 | Ebd., S. 96 f.

61 | Ebd., S. 97.

dert: »Lass dich von der lebendigen, authentischen Welt verzaubern, die vor deinen Augen entsteht«,[62] und welche Rolle dabei geschichtswissenschaftliche Wissensbestände spielen, wird der Abschnitt *Authentizitätsfiktionen* in Kapitel 7 ausführlich an verschiedenen Beispielen demonstrieren.

Die vorgeschlagene Definition des historischen Computerspiels geht von Verweisen zu Wissensbeständen aus, die durch einen historischen Diskurs konstruiert wurden und die dem kollektiven historischen Wissen zugehörig sind. Dieses Referenzierung erfolgt durch die Spielelemente des Spiels. Da grundsätzlich jedes Spiel so auf historisches Wissen verweisen kann, wurde eine Einschränkung hinzugefügt: Von einem historischen Computerspiel zu sprechen ist nur sinnvoll, wenn eine *funktional relevante Menge von Spielelementen* ihre Bedeutung durch den historischen Diskurs erhält. Diese Bedingung sei im Folgenden näher betrachtet. Das bisher entwickelte Schema, welches das Computerspiel zwischen formalem System und kollektivem Wissen positioniert hat, wird dabei abgerundet werden. Damit werden die Überlegungen zu freiem Spiel und zu Regelspielen, zu den Verschiebungen, die durch das Computerspiel entstehen und zum Verhältnis von Computerspiel und Geschichte zusammengeführt. Diese Synthese soll dann als grundsätzliche Perspektive die anschließenden Einzelanalysen strukturieren.

Modellierung

In einem der einflussreichsten Aufsätze der noch jungen Game Studies argumentiert Gonzalo Frasca vehement gegen das »narrative paradigm«.[63] Damit meint Frasca jene Versuche wissenschaftlicher Domestizierung, die Spiele im Allgemeinen, Computerspiele im Besonderen mit den Begriffen und Werkzeugen von Drama- und Literaturtheorie verstehen und analysieren wollen. Frasca sieht hier unergiebige Expansionsbemühungen, denn traditionelle Medien wie Film, Literatur oder Fotografie seien vornehmlich als repräsentational und narrativ zu charakterisieren: »They excel at producing both descriptions of traits and sequences of events«.[64] Narrativ und Repräsentation fehle aber ein »Feature«, das die Modifikation der erzählten Geschichten

62 | Werbetext zu *Die Siedler 6 – Aufstieg eines Königreichs*, URL: http://siedler.de.ubi.com/siedler-aek/game-infos.php (besucht am 02.06.2011).

63 | Gonzalo Frasca, *Simulation versus Narrative: Introduction to Ludology*, in: Mark J. P. Wolf/Bernard Perron (Hrsg.), *The Video Game Theory Reader*, New York 2003, S. 221–235, hier S. 221.

64 | Ebd., S. 223.

erlaubt – und das für das Verständnis von (Computer-)Spielen zentral ist.[65] Deshalb führt Frasca ein anderes Konzept ein: Simulation. Nur wenn man Computerspiele als Simulationen verstehe, gelänge ihre befriedigende strukturelle Bestimmung.[66]

Das Konstruieren einer Frontstellung zwischen Repräsentation (bzw. Narrativ als »a particular form of structuring representation«[67]) und Simulation wurde und wird kritisiert. Vor allem scheint es kein guter Vorschlag zu sein, Repräsentation und Simulation als *alternative* Konzepte vorzustellen, die quasi auf derselben darstellenden Ebene mit je eigenen Modi operieren. Die genauere Betrachtung dieser vermeintlichen Opposition sei aber für den Moment zurückgestellt. Zunächst interessiert der Simulationsbegriff, wie ihn Frasca einführt.

Frasca will seine Definition lediglich als Arbeitsvorschlag verstanden wissen, gleichwohl ist ihm eine überzeugende Bestimmung gelungen: »to simulate is to model a (source) system through a different system which maintains to somebody some of the behaviors of the original system.« Entscheidend ist der Verweis auf das *Verhalten*: »Simulation does not simply retain the – generally audiovisual – characteristics of the object but it also includes a model of its behaviors. This model reacts to certain stimuli (input data, pushing buttons, joystick movements), according to a set of conditions.«[68]

Da Frascas Definition es erlaubt, Simulation auch ohne Computertechnik zu denken, kann die bisher angenommene Strukturähnlichkeit zwischen traditionellen geregelten Spiele und Computerspielen weiter durchgehalten werden. Insbesondere ist Frascas Definition mit den bisher vertretenen Auffassungen zu Spiel/*play* und geregelten Spielen/*games* kompatibel, die Regelspiele/*games* als Strukturen begriffen hat, die das Erzeugen von Spiel/*play* erlauben. Präzisiert wurde dann durch das Konzept des formalen Systems. Dabei muss man unterscheiden: Im Fall von traditionellen Spielen, die in natürlichen Umgebungen situiert sind, ist das formale System des Spiels lediglich eine Abstraktion, nämlich von den konkreten materiellen Umständen zu ihren formal eindeutigen Vereinfachungen. Im Fall von Computerspielen ist dann aber der Digitalcomputer die Spielumgebung und deshalb entspricht der Schritt, der vom Spiel zu seinem formalen System führt, einer Formalisierung, die keine Komplexität abbauen muss.

---

65 | Ebd., S. 227.

66 | Ebd., S. 223 f.

67 | Ebd., S. 223.

68 | Ebd., S. 223.

Aber die Einführung des Simulationsbegriffs ist mehr als eine Bestätigung der Überlegungen zu geregelten Spielen und formalen Systemen, denn für Frascas Definition ist ein weiterer Begriff zentral: das Modell bzw. die Modellierung.

Die Auffassung, Spiele würden etwas modellieren, ist verbreitet. So geht man davon aus, dass das indische Schach aus der Mitte des 6. Jahrhunderts n. Chr. »der Struktur der indischen Armee nachgebildet« ist.[69] Man spielte es mit König und Wesir, erst in Europa wurde, unter »dem zwiefachen Einfluß des Madonnenkults und der höfischen Liebe«,[70] der Wesir zur Dame oder Königin. Auch fand man in Europa keine Elefanten und nahm stattdessen Bischof, Narr oder Läufer zum Vorbild.[71] So kommt man zur Wendung von der »Welt als Schachspiel«,[72] dessen »Paradigma das Schlachtfeld« sei,[73] und sieht die »Darstellung der höfischen Ordnung«[74] und die »Imitation eines Kampfes zwischen zwei feindlichen Heeren«,[75] oder etwas allgemeiner das »verkleinerte Abbild einer antagonistischen Situation«.[76]

Hans Petschar hat nicht nur die Figuren, sondern auch deren formale Charakterisierung – die Spielregeln also –, im indischen und europäischen Schach miteinander verglichen. Die Regeln des indischen Schach unterscheiden sich von den europäischen dahingehend, dass Wesir/Dame nur ein Feld diagonal ziehen darf und dass Elefant/Läufer diagonal vom ersten ins dritte Feld springt. Dadurch kommt »der Position, der strategischen Entfaltung des Materials (und weniger der Zeit) die entscheidende Bedeutung zu.«[77] Ohne hier die schachstrategischen Zusammenhänge und ihre Interpretationen im einzelnen nachvollziehen zu wollen, sei Petschars abschließende Bewertung zitiert: »Das indische Schachspiel ist das früheste und bekannteste Brettspiel, das auf Berechnung beruht und in dem der Grundwert der Spielfiguren diffe-

---

69 | Petschar, *Schachspiel*, S. 123.

70 | Caillois, *Die Spiele und die Menschen*, S. 91.

71 | Ernst Strouhal, *Schachspiele – Weltspiele*, in: Ulrich Schädler (Hrsg.), *Spiele der Menschheit. 5000 Jahre Kulturgeschichte der Gesellschaftsspiele*, Darmstadt 2007, S. 65–71, hier S. 67.

72 | Ebd., S. 67.

73 | Dierk Spreen, *Schachmatt? Nach Kasparows Niederlage*, in: Ästhetik & Kommunikation 32 (2001/ 2002) 115, S. 35–37, hier S. 36.

74 | Strouhal, *Schachspiele – Weltspiele*, S. 68.

75 | Josef Hartwig, zit. nach Bobzin/Weber, *Bauhaus-Schachspiel*, S. 8.

76 | Rolf F. Nohr/Serjoscha Wiemer, *Strategie Spielen. Zur Kontur eines Forschungsprojekts*, in: dies. (Hrsg.), *Strategie Spielen. Medialität, Geschichte und Politik des Strategiespiels*, Berlin 2008, S. 8–28, hier S. 9.

77 | Petschar, *Schachspiel*, S. 124.

renziert festgelegt wird. Dies in Zusammenhalt mit einer Kultur zu bringen, die im politischen und im religiösen Bereich die konsequenteste Theorie der Ungleichheit produziert hat, scheint naheliegend.«[78] Demgegenüber sei im europäischen Schach, durch die maximale Reichweite von Dame und Läufer, die »Überwindung des Raumes und die Beschleunigung des Spiels« verwirklicht. Diese Regeländerungen, die eine Dynamisierung des Spiels zur Folge haben, seien nicht zufällig »in den urbanen Räumen der europäischen Mittelmeerwelt« aufgetreten: Nach Hans Petschar kann man das europäische Schachspiel durchaus »mit der kapitalistischen Spekulation« in Verbindung bringen.[79]

Es wurde schon davon gesprochen, dass das Spielen von geregelten Spielen sowohl unter einem lebensweltlichen als auch unter einem spiellogischen Bezugsrahmen erfolgt. Für das Schachspiel wurde angenommen, dass für geübte Spieler nahezu ausschließlich der spiellogische Bezugsrahmen, damit also die nur formal definierten Eigenschaften, relevant sei. Solch einer Anschauung verleiht auch Hans Scheuerl Nachdruck, wenn er betont, beim Schachspiel sei »die symbolische Darstellungsdimension einer nahezu völligen Abstraktion der mathematischen Relationen gewichen«.[80] Aber dies widerspricht nicht dem Ergebnis der Schach-Analysen Hans Petschars, nämlich dass »sich die Analyse eines Spiels hin zu einer Analyse von Kulturen« weiten kann.[81]

Was bereits beim hochgradig formalisierten Schach möglich ist, gelingt auch anderweitig: Spiele können als Modelle gesellschaftlich-kultureller Größen, Bereiche und Ordnungen verstanden werden. Das Design von Spielen kann man dann auch unter Aspekten der Modellbildungskritik betrachten. Als wesentliche Bestandteile eines Modellierungsprozesses können dabei folgende Schritte angesehen werden, die aus der mathematischen Modellierungstheorie entlehnt sind: Nach »identification and idealization of a system's individual elements (subsystems)« folgt dann »identification and idealization of their interaction«.[82] Grundsätzlich gilt diese Abfolge auch für solche Modellbildungen, an deren Ende spielbare Regelspiele stehen sollen. Dabei können aber ganz unterschiedliche Grade von Idealisierung zu sehr ›wirklichkeitsgetreuen‹ oder sehr ›abstrakten‹ Spielen führen.

---

78 | Ebd., S. 124.

79 | Ebd., S. 130.

80 | Scheuerl, *Das Spiel*, S. 159.

81 | Petschar, *Schachspiel*, S. 132.

82 | Kheir, *Motivation and Overview*, S. 8.

So war beispielsweise eine möglichst detaillierte Modellierung für Johann Hellwig das entscheidende Kriterium für die Güte seines Kriegsspiels: »Der Endzweck [...] ist, das Wesentliche der wichtigsten Auftritte des Kriegs sinnlich zu machen. Je genauer die Natur dieses Gegenstandes nachgeahmt wird, desto mehr wird sich das Spiel seiner Vollkommenheit nähern.«[83] Für seine Modellbildung identifizierte er jene Teilbereiche, die er für die Kriegsführung seiner Zeit als relevant erachtete – er unterteilte also sein ›Ausgangssystem‹ in verschiedene ›Subsysteme‹: Zunächst schloss Hellwig Seekriege aus, die »Nachahmung eines Krieges zu Lande ist allein der Gegenstand«. Den Landkrieg meinte er durch »die Natur der Truppen«, »die Gegend, worinn der Krieg geführt wird« und »die zum Kriege erforderlichen Geräthschaften« hinreichend gut nachbilden zu können. Die Truppen werden dann wiederum in »drey Hauptclassen« – Infanterie, Kavallerie, Artillerie – eingeteilt, ähnlich wird mit den anderen Teilbereichen verfahren. Schließlich werden die identifizierten Größen über spiellogische Funktionalität charakterisiert. Die Figuren der Kavallerie können im Kriegsspiel beispielsweise »nach Belieben so viele feindliche Figuren schlagen, als sie ohne Bedeckung in gerader Linie antreffen«. So versucht Hellwig die Durchschlagskraft der berittenen Truppe, die durch »vorzügliche Geschwindigkeit« gegenüber der Infanterie als »würksamer« gilt, zu modellieren.[84]

Hellwig selbst war unzufrieden mit seinem Kriegsspiel: Es habe »noch seine Unvollkommenheiten«, denn der »Vollkommenheit« stünden »Collisionen« im Wege. Als Beispiel dafür diskutiert Hellwig seine Modellierung der Artillerie: »Bey der jetzigen Einrichtung [...] verhält sich die Größe des Tagemarsches eines Corps, das Artillerie mit sich führt, zu der Schußweite der Artillerie wie 4 zu 3. Hier ist die Schußweite zu groß. Die Größe eines Tagemarsches hätte daher entweder größer, oder die Schußweite der Artillerie kleiner angenommen werden müssen.«[85] Damit hat Hellwig die grundsätzliche, unhintergehbare Bedingung der Modellbildung berührt: »Ein Modell ist immer eine Vereinfachung, eine Art Idealisierung dessen, was modelliert werden soll.«[86] Denn obwohl Hellwig seine Modellierung mit über tausend Einheiten gestaltete – man vergleiche die Vereinfachung des Schach durch nur 32 Figuren –, konnte (und wollte) sein Spiel durch die Bewegung und Prozessierung dieser Modelle natürlich immer nur die *Simulation* eines Krieges ermöglichen.

---

83 | Hellwig, *Versuch eines aufs Schachspiel gebaueten taktischen Spiels*, S. 1.

84 | Ebd., S. 1 f., 17.

85 | Ebd., XIIIf.

86 | Weizenbaum, *Macht der Computer*, S. 202.

Nichtsdestotrotz führte Hellwigs Kriegsnachimung das Medium des Regelspiels an seine Grenzen; nach Claus Pias resultierte Hellwigs »Modellierung weniger Parameter des Kriegstheaters« bereits in einem »verwaltungstechnischen Kollaps der Spieler«.[87] Man kann davon ausgehen, dass Johann Hellwig den Computer freudig begrüßt hätte, gilt dieser doch als Modellierungsumgebung und Simulationsmaschine schlechthin. Diese Disposition wird sowohl in der launischen Charakterisierung bei Natascha Adamowsky betont: »In das eine Loch gehen die Daten rein, durch das andere kommen sie als Simulation wieder heraus«,[88] als auch in der historischen Einordnung bei Gonzalo Frasca herausgestellt: »For the first time in history, humanity has found in the computer the natural medium for modeling reality and fiction«.[89]

Man kann den Computer als Simulationswerkzeug und das Regelspiel als Simulationsmedium begreifen. Die Verbindung ist das Computerspiel. Durch die Entwicklung der Computertechnologie können Spiele inzwischen, bezogen auf die Menge an Spielelementen, sowohl das Schach als auch Hellwigs Kriegsspiel sehr weit hinter sich lassen.[90] Dadurch können auch die Modellierungen der Computerspiele durch erheblich komplexere Strukturen erfolgen.

Man sollte davon ausgehen, dass es das ›nur abstrakte‹ Computerspiel nicht gibt. So wie die Figuration beim Schach immer auch auf Bedeutungen verweist, die in Diskursen der alltäglichen Lebenswelt stabilisiert werden, so referiert auch jedes Computerspiel – da es ja *irgendwelche* Symbole verwenden muss – *immer* Wissensbestände, die nicht durch das Spielsystem etabliert wurden.

Natürlich fordern manche Computerspiele diesen Grundsatz heraus. So wird beispielsweise *Tetris* (Alexey Pajitnov 1986) verschiedentlich als abstraktes Spiel bezeichnet, da es angeblich über »gar keine Diegese« verfügt.[91] Der Auffassung, *Tetris* sei nur »about pure forms«,[92] können jedoch konträre Standpunkte gegenübergestellt

87 | Claus Pias, *Welt im Raster. Historische Szenen strategischer Interaktivität*, in: Ästhetik & Kommunikation 32 (2001) 115, S. 39–50, hier S. 41.

88 | Adamowsky, *Was ist ein Computerspiel?*, S. 19.

89 | Frasca, *Simulation versus Narrative*, S. 233.

90 | Zu den gängigen ›Gesetzen‹, die die Weiterentwicklung von Speicherplatz und Rechengeschwindigkeit in der Einheit Vervielfachung/Zeit ausgeben, vgl. Coy, *Entfaltung*, S. 14 f.

91 | Britta Neitzel, *Point of View und Point of Action. Eine Perspektive auf die Perspektive in Computerspielen*, in: Klaus Bartels/Jan-Noël Thon (Hrsg.), *Computer/Spiel/Räume. Materialien zur Einführung in die Computer Game Studies* (Hamburger Hefte zur Medienkultur 5), Hamburg 2007, S. 8–28, hier S. 24; vgl. Poole, *Trigger Happy*, S. 285; Juul, *Half-Real*, S. 131.

92 | Aki Järvinen, *Gran Stylissimo: The Audiovisual Elements and Styles in Computer and Video Games*, in: Frans Mäyrä (Hrsg.), *Proceedings of Computer Games and Digital Cultures Conference*, Tampere 2002, S. 113–128, hier S. 123.

werden: Janet Murray spricht von einem »perfect enactment of the overtasked lives of Americans in the 1990s – of the constant bombardment of tasks that demand our attention and that we must somehow fit into our overcrowded schedules and clear off our desks in order to make room for the next onslaught.«[93] Mathias Mertens und Tobias Meissner hingegen sehen eine »Verschwörung des leeren Raums gegen den Drang des Menschen, sich mit seinen eigenen Bauten gegen das Nichts zu stemmen«.[94] In der Fernsehwerbung, die Anfang der 1990er Jahre den *Game Boy* von Nintendo bewarb, war es wiederum der Computer, der die Spieler mit Bauwerken zu erdrücken suchte.

Auch wenn man diese Interpretationen als zu metaphorisch ablehnt, gilt mit Goodman grundsätzlich, dass die »Mythen vom unschuldigen Auge und vom absolut Gegebenen [...] üble Spießgesellen« sind[95] und Wahrnehmung immer schon informiert abläuft – und dass es deshalb auch keine nur-abstrakten Spiele geben kann. So wird man dann auch der Lesart, die Salen/Zimmermann für Tetris anbieten, kaum widersprechen wollen: »Tetris simulates the way objects can fall down, stack up, and even make noises when they slide into place next to each other. In this way, Tetris is a simple simulation of the forces of gravity.«[96] Und tatsächlich entstand Tetris, weil dessen Erfinder Alexey Pajitnov von einem simplen Puzzle aus Holzklötzen fasziniert war und »das Spiel also auf den PC bringen« wollte.[97]

Die verschiedenen Interpretationen von Tetris – man könnte auch sagen: die Geschichten, die Tetris erzählen kann – zeigen, dass der Antagonismus, den Frasca zwischen Simulation und Repräsentation etablieren will, an den Spielen und ihrer Perzeption vorbei zielt. Wenn man Spiele als Simulationen vorstellt und mit dem Modellbegriff operieren will, dann geht man notwendigerweise auch von Objekten aus, die modelliert werden. Dieser Auffassung folgt auch Rune Klevjer indem er davon ausgeht, dass Computerspiele grundsätzlich durch zwei Repräsentationsmodi bestimmt werden: »A computer game represents the world in two ways: the narrative and the

---

93 | Janet Murray, *Hamlet on the Holodeck. The Future of Narrative in Cyberspace*, Cambridge/Mass. 1997, S. 143 f.

94 | Mathias Mertens/Tobias O. Meissner, *Wir waren Space Invaders: Geschichten vom Computerspielen*, Frankfurt/M. 2006, S. 145.

95 | Goodman, *Sprachen der Kunst*, S. 19.

96 | Salen/Zimmerman, *Rules of Play*, S. 425.

97 | *Der Herr der Blöcke. Interview mit Alexey Pajitnov*, in: GamesMarkt (2009) 14, S. 10.

procedural.«[98] Mit letzterem sind die Aktionsfolgen des Computerspiels gemeint, also die formal definierten Möglichkeiten zum Wechsel zwischen den Spielzuständen. Diese bekommen erst durch den narrativen Modus der Repräsentation Bedeutung – und erst dann kann man auch davon sprechen, das etwas simuliert wird: »Through narrative representation, procedures and actions become simulated events.«[99] Dies gilt nicht nur für Spiele. Ian Bogost nennt die Bedingungen der Softwareherstellung und skizziert dadurch auch die Logik, der alle programmierten Medien grundsätzlich folgen: »Software is composed of algorithms that model the way things behave. To write procedurally, one authors code that enforces rules to generate some kind of representation, rather than authoring the representation itself.«[100] Während bei Frasca Simulation und Repräsentation also gewissermaßen als gleichrangige – und damit auch alternative – Konzepte verstanden werden, sind bei Klevjer und Bogost Modellierung (und dann Simulation) ohne Repräsentation schlechterdings nicht denkbar.

Es ist aber festzuhalten, dass große Teile der Diskussion um die Narrativität der Computerspiele aus unterschiedlichen (und leider selten präzisierten) Narrativitätsbegriffen resultieren. Frasca versteht Narrative letztlich generell als *stories*, also Erzählungen, und meint damit fixierte und determinierte Ereignisfolgen.[101] Klevjers Verständnis ist hingegen wesentlich offener: »The narrative representations of computer games [...] bring established meanings into the game«.[102]

Spielen

Das Schema, das Regelspiele bzw. Computerspiele in die Mitte stellt und sie als Strukturen begreift, die durch ihre Spielelemente einerseits ein formales System in-

---

98 | Rune Klevjer, *Computer Game Aesthetics and Media Studies*, Vortrag im Rahmen der 15th Nordic Conference on Media and Communication Research, Reykjavik 11.–13.08.2001, URL: http://www.uib.no/people/smkrk/docs/klevjerpaper_2001.htm (besucht am 09.09.2010).

99 | Ebd.

100 | Ian Bogost, *Persuasive Games. The Expressive Power of Videogames*, Cambridge/-Mass. 2007, S. 4.

101 | Frasca, *Simulation versus Narrative*, S. 223; zum ›literaturwissenschaftlichen‹ Begriffsverständnis und zu Möglichkeiten seiner Anwendung für die Computerspielanalyse vgl. Julian Kücklich, *Narratologische Ansätze – Computerspiele als Erzählungen*, in: Tobias Bevc/Holger Zapf (Hrsg.), *Wie wir spielen, was wir werden. Computerspiele in unserer Gesellschaft*, Konstanz 2009, S. 27–48.

102 | Klevjer, *Computer Game Aesthetics and Media Studies*; zu verschiedenen Definitionen von Narrativ vgl. Juul, *Half-Real*, S. 156–159.

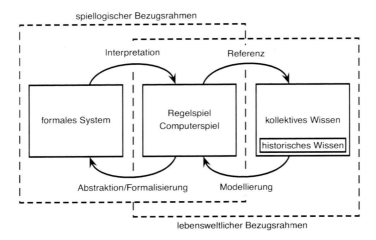

Abb. 4.6: Spiele als Interpretation formaler Systeme und als Modellierung kollektiver Wissensbestände

terpretieren, andererseits auf kollektive Wissensbestände verweisen, kann nun vervollständigt werden: Vom Regelspiel gelangt man durch Abstraktion (für Spiele in ›kontinuierlichen‹ Umgebungen) bzw. durch Formalisierung (für Spiele in ›diskreten‹ Umgebungen) zum formalen System. Den Schritt, der Objekte und Abläufe aus kollektiven Wissensbeständen zu interaktiven Elementen und Relationen des Spiels macht, kann man dagegen als Modellierung begreifen (vgl. Abb. 4.6).

Spielen heißt dann, unter wechselnden Bezugsrahmen mit den Spielelementen umgehen, so dass Spiel (als spielerisch wahrgenommene Bewegung) entsteht. Die Spielelemente werden dabei unter einem lebensweltlichen Bezugsrahmen gemäß etablierter Bedeutungen, unter einem spiellogischen Rahmen entsprechend ihrer formalen Definition wahrgenommen, interpretiert und manipuliert. Das Spielen von Regelspielen und Computerspielen ist deshalb als Tätigkeit zu verstehen, die zwischen einem traditionellen, alltäglichen und kollektiven und einem artifiziellen, abstrakten und formalen Bedeutungsgeflecht oszilliert.

Das soll durch ein Beispiel verdeutlicht werden. Im Computerspiel *Die Siedler – Aufstieg eines Königreichs* (Ubisoft 2007) muss eine Siedlung aufgebaut, unterhalten und verteidigt werden. Man beginnt das Spiel mit einigen Goldmünzen und einem kleinen Vorrat an Baumaterial. Zunächst werden einige Gebäude für den Rohstoffabbau (z. B. »Holzfällerhütte«, »Jägerhütte«, »Fischerhütte«) errichtet, dann folgen verarbeitende Betriebe (z. B. »Metzgerei«, »Räucherei«) und Betriebe für die militärische Rüstung (z. B. »Bogenmacherei«, »Schwertkämpferkaserne«). Für die Errichtung neuer Bauten müssen Gold und Baumaterialien investiert werden, zudem wächst durch die Bewohner, die die Betriebsstätten errichten und bewirtschaften, der Bedarf an Lebensmitteln. Im Lauf des Spiels muss deshalb beständig ein Gleichgewicht zwischen den Einkünften (Ressourcenabbau, Gold durch Steuererhebungen) und den Ausgaben (Baukosten, Lebensmittelabgaben) hergestellt werden. Spiele dieser Art nennt man für gewöhnlich »Aufbausimulationen«, sie werden in Kapitel 9 noch eingehender betrachtet werden.

Für den Moment interessiert, wie *Die Siedler – Aufstieg eines Königreichs* sowohl narrativ als auch simulativ repräsentiert. Für Frasca gilt: »simulations are not just made of sequences of events, they also incorporate behavioral rules.«[103] Man kann diese ›Verhaltensregeln‹ für die Spielelemente eines Spiels exakt herausarbeiten. Ein Fischer oder eine Jäger ist in *Die Siedler – Aufstieg eines Königreichs* als kleines, unabhängiges System programmiert, das zyklisch die immer gleichen Zustände durchläuft: Der Fischer sucht stets das nächstgelegene fischreiche Gewässer auf, angelt einen Fisch und lagert diesen in seiner Hütte. Diese Prozedur wiederholt sich genau 3 mal, dann liefert der Fischer seinen gesamten Fang im Lagerhaus im Zentrum der Siedlung ab. Danach versorgt er sich bei einem Betrieb mit einer Nahrungseinheit und kehrt zu seiner Hütte zurück. Dort beginnt der Zyklus von neuem. Der Jäger arbeitet grundsätzlich nach demselben Schema, liefert aber natürlich statt rohen Fischen Wildfleisch. Die tierischen Waren sind normiert, eine Einheit Fisch entspricht einer Einheit Wild (vgl. Abb. 4.7 und 4.8).

Die Siedler – Aufstieg eines Königreichs unterteilt seine Spielzeit in Monate und Jahre. Man könnte also die monatliche Produktion eines Fischer angeben als

$$P_M = \frac{T_M}{T_A + T_{LV} + T_S} * 3,$$

wobei T_M für die Dauer eines Monats steht und die Zeiten für das Angeln von 3 Fischen mit T_A, für das Liefern dieser 3 Fische und die Versorgung des Fischers mit T_{LV} sowie für das Zurücklegen der Strecken zwischen Fischerhütte und Zentrum der Siedlung mit T_S bezeichnet sind.

Ein Monat in *Die Siedler – Aufstieg eines Königreichs* dauert 150 Sekunden. Man kann für T_A einen Wert von 77 Sekunden und für T_{LV} einen Wert von 26 Sekunden ermitteln.[104] Die Umgebung des Spiels ist in Quadranten eingeteilt, ein Arbeiter

---

103 | Frasca, *Simulation versus Narrative*, S. 227.

104 | Zum Nachstoppen: Es wurde eine minimale Entfernung zwischen Fischerhütte und Fischvorkommen angenommen; für die Auslieferung muss der Marktplatz einmal umrundet werden; der Betrieb für die Verpflegung liegt direkt an dieser Strecke; es herrscht gemäßigtes Klima (vgl. Abb. 4.8).

Abb. 4.7: *Die Siedler – Aufstieg eines Königreichs*: Angeln oder jagen?

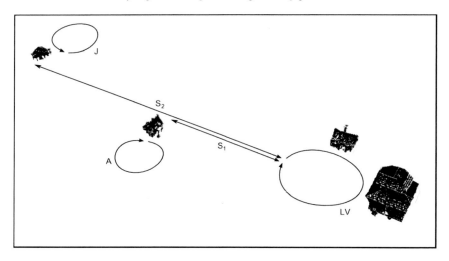

Abb. 4.8: *Die Siedler – Aufstieg eines Königreichs*: Tätigkeiten und Wegstrecken schematisiert

braucht für das Zurücklegen eines Straßenstückes von der Länge eines Quadranten ohne Last 8 Sekunden, mit Last 9 Sekunden. Nimmt man beispielsweise an, dass die Strecke zwischen Fischerhütte und Marktplatz gerade einem Quadranten entspricht, dann liefert der Fischer

$$\frac{150 \text{ sec}}{77 \text{ sec} + 26 \text{ sec} + (8 + 9) \text{ sec}} * 3 = 3,75 \text{ Fische/Monat}.$$

In Spielen wie *Die Siedler – Aufstieg eines Königreichs* besteht eine wesentliche Herausforderung darin, unter verschiedenen Optionen die effizienteste zu wählen. So kann man den Bedarf an Nahrung statt durch Fischfang auch durch die Jagd decken. Die Jagd folgt grundsätzlich dem gleichen Ablauf wie der Fischfang. Aber der Jäger ist etwas schneller: Für 3 Wildstücke braucht er $T_J = 75$ Sekunden (3 Fische werden wie erwähnt in $T_A = 77$ Sekunden geangelt). Zudem kann der Jäger das gesamte Jahr über arbeiten, während der Fischer nur 10 Monate produktiv ist, da die Gewässer im Dezember und im Januar zufrieren.

Bei gleichen Wegstrecken ist die Lage also einfach und die Jagd dem Fischfang vorzuziehen. Wenn aber Fischgründe und Jagdrevier in unterschiedlicher Entfernung zum Zentrum der Siedlung liegen, dann ist die Entscheidung, welche Methode die effektivere ist, nicht offensichtlich. In der richtigen Beantwortung solcher Fragen liegt ein Gutteil der spielerischen Herausforderung von *Die Siedler – Aufstieg eines Königreichs*.

Was in einer konkreten Spielumgebung die bessere Wahl zwischen Fisch und Wild ist, lässt sich berechnen.[105] Man berücksichtigt dafür einzig die formale Repräsentation von Jäger und Fischer und legt so die Ebene frei, die nach Frasca durch »manipulation rules« organisiert ist, also von der Frage »what the player is able to do within the model« bestimmt wird.[106] Es ist theoretisch möglich, für sämtliche

---

105 | In folgendem Ausdruck steht die linke Seite für den Jahresertrag durch Fischfang, die rechte für den Jahresertrag durch Jagd. Findet die Gleichung eine Lösung, dann ist die Ausbeute beider Methoden gleich groß:

$$\left(\frac{T_M * 10}{T_A + T_{LV} + T_{S1}} * 3 \right) = \left(\frac{T_M * 12}{T_J + T_{LV} + T_{S2}} * 3 \right)$$

T_M bezeichnet dabei wieder die Dauer eines Monats, T_A das Angeln von 3 Fischen, T_J das Einbringen von 3 Stück Wildfleisch und T_{LV} die Zeit für Liefern und Verpflegen. Diese Werte sind konstant. T_{S1} steht für die Dauer von Hin- und Rückweg zwischen Fischerhütte und Zentrum, T_{S2} gleichermaßen für die Strecke zwischen Jagdhütte und Zentrum. Von den Entfernungen hängt demnach ab, ob die Jagd oder der Fischfang den größeren Ertrag/Monat verspricht. Man kann nun die bekannten Werte einsetzen und die Gleichung auflösen. Die Jagd ist folglich immer dann ertragreicher, wenn $T_{S2} < 22,6 + 1,2 T_{S1}$ gilt.

106 | Frasca, *Simulation versus Narrative*, S. 232.

Spielelemente in *Die Siedler – Aufstieg eines Königreichs* ihre formalen Codierungen herauszuarbeiten. Man könnte dann die spielerischen Entscheidungen einzig aufgrund des Wissens um den Aufbau und die wechselseitigen Bedingung der formalen Definitionen treffen. Aber der Spielerin stehen in *Die Siedler – Aufstieg eines Königreichs* 5 tierische und 5 natürliche Rohstoffe zur Auswahl, die Sammlung erfolgt in einem von 10 verschiedenen Gebäudetypen, für die Weiterverarbeitung sind dann nochmals 21 verschiedene Betriebe zuständig. Insgesamt können so durch Ressourcenabbau und Veredelung 19 verschiedene Produkte entstehen. Jedes Gebäude kennt drei Ausbaustufen mit spezifischen Einflüssen auf Produktivität und Verbrauch, zudem werden die Produktionssysteme durch Heiratspolitik, Steuerwesen, Fernhandel, Diplomatie, kriegerische Auseinandersetzungen und die Bedienungen der verschiedenen Klimazonen beeinflusst. All diese Elemente und Ereignisse sind durch teilweise recht kleinteilige und sich gegenseitig bedingende Systeme modelliert, so dass im Ganzen eine verzweigte, komplexe Spielumgebung entsteht. Ein Spielen, welches ausschließlich die formalen Bedeutungen der Spielelemente berücksichtigen will, ist deshalb aufgrund der Vielzahl an Elementen, die das Spielsystem aufspannen, in der Praxis nicht mehr möglich.

Deshalb sind die konventionellen, lebensweltlichen Bedeutungen, auf die Fischer und Jäger, Fischerhütte und Jägerhütte, Fisch und Wild durch ihre Benennung, ihre visuelle Gestaltung und ihre akustischen Eigenschaften[107] referieren, unabdingbar und entscheidend für das Spielen von *Die Siedler – Aufstieg eines Königreichs*. Erst durch diese Referenz kann man sinnvollerweise ein formales System als Simulation und die Elemente des Systems als Modelle bezeichnen. Und nur deshalb ist ein Computerspiel auch ein Spiel und kein Programm zur regelgeleiteten Symbolmanipulation. Denn für den Computer allein haben die Elemente und der Umgang mit ihnen keinen Sinn; wie Ulrich Wenzel ganz richtig betont, hat der Computer »kein Potential zur Sinnverarbeitung«.[108]

---

107 | Die Figuren in *Die Siedler – Aufstieg eines Königreichs* verfügen über einen sehr begrenzten Fundus an akustischen Phrasen, die nach bestimmten Ereignissen abgespielt werden: »Ich habe Hunger«, wenn es keine Nahrung gibt, »Es gibt keine Rohstoffe mehr hier draußen«, sobald die Fischgründe erschöpft sind oder »Wir haben einen wahrhaft edlen Herrscher«, wenn alle Bedürfnisse erfüllt sind.

108 | Ulrich Wenzel, *Archiv und Algorithmus. Symbolverarbeitende Maschinen als Medien der Populärkultur*, in: Andreas Ziemann (Hrsg.), *Medien der Gesellschaft – Gesellschaft der Medien*, Konstanz 2006, S. 271–286, hier S. 280.

Die Spielobjekte von Regelspielen sind also, so hat das Serjoscha Wiemer formuliert, »stets mehrfach codiert«.[109] Mit dem Computerspieleautor Raph Koster kann man in der doppelten Anbindung an formale Systeme und an kollektive Wissensbestände eines der zentralen Merkmale von Regelspielen ausmachen: »For better or worse, visual representation and metaphor are part of the vocabulary of games. When we describe a game, we almost never do so in terms of the formal abstract system alone [...]«.[110] Ähnlich bei Jesper Juul: »That the rules of a game are real and formally defined does not mean that the player's experience is also formally defined.« Das Spielen findet also zwischen der formalen und der narrativen Ebenen statt: »The player navigates these two levels, playing video games in the half-real zone between the fiction and the rules.«[111] Dabei sind aber Ausschläge in beide Richtungen möglich: Es sind Spielvorgänge denkbar, bei denen vornehmlich der lebensweltliche Kontext die Bedeutung der Spielelemente und -funktionen bestimmt (Hellwigs Kriegsspiel, *Die Siedler – Aufstieg eines Königreichs*), aber ebenso existieren Spiele, bei denen nahezu ausschließlich die Beachtung der formalen Festsetzungen relevant ist (Tic-Tac-Toe, Schach).

Von diesem Verständnis der Spielwahrnehmung und des Spielens ausgehend, kann auch die Frage nach dem historischen Computerspiel abschließend beantwortet werden. Es wurde vorgeschlagen, *von einem historischen Computerspiel dann zu sprechen, wenn eine funktional relevante Menge von Spielelementen ihre Bedeutung durch den historischen Diskurs erhält.* Durch die Ausführungen zum Computerspiel als Simulation, die es ermöglichen, die Spielelemente als Modellierungen lebensweltlicher Wissensbestände zu verstehen, kann man weiter präzisieren: Als *funktional relevant* sollen Spielelemente dann gelten, wenn ihnen durch ihre formale Definition eine zentrale Position im formalen System des Spiels zukommt. Damit sollen Elemente ausgeschlossen werden, die keine oder wenig Interaktion ermöglichen, die also nicht oder selten betroffen sind, wenn das formale System seinen Zustand wechselt. *Bedeutung durch den historischen Diskurs* erhalten Spielelemente, wenn

---

109 | Serjoscha Wiemer, *Strategie in Echtzeit. Ergodik zwischen Kriegsspiel und Wirtschaftssimulation*, in: Rolf F. Nohr/Serjoscha Wiemer (Hrsg.), *Strategie Spielen. Medialität, Geschichte und Politik des Strategiespiels*, Berlin 2008, S. 213–248, hier S. 225.

110 | Raph Koster, *A Theory of Fun for Game Design*, Scottsdale 2005, S. 162.

111 | Juul, *Half-Real*, S. 202. Juul spricht von ›Regeln‹, wo in dieser Arbeit von ›Spielsystem‹ gesprochen wird. Außerdem nennt er die nicht-formalen Referenzierungen eines Spiels ›fiktional‹, ohne jedoch sein Verständnis dieses Begriffs auszuarbeiten. Zur Kritik an Juul vgl. auch Julian Kücklich, *Review: Jesper Juul, Half-Real. Video Games between Real Rules and Fictional Worlds; Ian Bogost, Unit Operations. An Approach to Videogame Criticism*, in: European Journal of Cultural Studies 11 (2008) 2, S. 245–248.

sie Modellierungen von historischen Wissensbestände sind oder wenn sie deutlich auf Bestände des historischen Wissens verweisen.

Damit ist diese Definition des historischen Computerspiels abhängig von den je aktuellen kollektiven Vorstellungen, was denn nun ›historisch‹ sei. Das ist kein Nachteil, sondern betont im Gegenteil die diskursive Bedingung aller Vergangenheitsdeutung.

Im Folgenden werden Computerspiele betrachtet, die dieser Definition genügen. Es wird untersucht, wie verschiedene Computerspiele mit mittelalterlicher Geschichte umgehen – und um was für eine Geschichte es dabei überhaupt jeweils geht. Den Hintergrund dafür bildet die erarbeitete Anschauung, die Spiele als Strukturen mit Referenzen zu formalen Bedeutungen sowie zu kollektiven Wissensbeständen vorgestellt hat und die das Computerspiele-Spielen als Tätigkeit zwischen spiellogischer und lebensweltlicher Information versteht. Damit existiert ein grundsätzliches Verständnis für die Beziehung zwischen Computerspiel und Geschichte.

5 Computerspielanalyse

Computerspiele haben mehr für die Verbreitung von
Computern getan, als jede andere Anwendung.[1]
NOLAN BUSHNELL

Quantitative Annäherung

Bisher wurde nicht zwischen Spielen, die auf einem PC ausgeführt werden und Spielen, die man auf Videospielkonsolen spielt, unterschieden. Die Geschichte der Videospielkonsolen kann man mit der oben besprochenen *Magnavox Odyssey* beginnen lassen und über dutzende Geräte meist japanischer und amerikanischer Hersteller zu den derzeit aktuellen Konsolen führen.[2] Technologisch ist aber jede Konsole grundsätzlich genauso ein Computer wie die Geräte, die man als Personal Computer bezeichnet und die mittels Windows-, Macintosh- oder Linux-System betrieben werden. PC- und Video(konsolen)spiel »gründen im selben Schema der Digitalität«,[3] zu Grunde liegt hier wie dort »eine Apparatur, die Berechnungen macht«.[4] In einem technischen Sinn ist es also ganz zutreffend, sie gemeinsam als Computerspiele anzusprechen.

Empirisch hat man es mit ähnlichen Größenordnungen zu tun: In den vier Jahren 2006–2010 sind nach Auskunft der Fachzeitschrift GamesMarkt in Deutschland insgesamt 5737 Spieletitel für den PC und 6360 Spieletitel für Spielkonsolen und

---

1 | Nolan Bushnell, zit. nach Tilman Baumgärtel, *Interview mit Nolan Bushnell*, in: Telepolis, 10.11.1998, URL: http://www.heise.de/tp/artikel/2/2525/1.html (besucht am 19.09.2011).

2 | Die Marktführer: Microsoft Xbox 360, 2005; Sony Playstation 3, 2006; Nintendo Wii, 2006. Für eine knappe Entwicklungsgeschichte der Konsolen vgl. Poole, *Trigger Happy*, S. 15–18 und Mertens/Meissner, *Space Invaders*, S. 32–40; für eine umfangreich Auseinandersetzung vgl. Wolf (Hrsg.), *The Video Game Explosion*.

3 | Mersch, *Logik und Medialität*, S. 20.

4 | Mertens/Meissner, *Space Invaders*, S. 8.

mobile Spielgeräte erschienen.[5] Allein aufgrund dieser Quantitäten ist eine Konzen-tration auf eine Teilmenge sinnvoll. Im Folgenden werden nur Spiele betrachtet, die (auch) für den PC erschienen sind. Dass der Fokus auf die PC- und nicht die Kon-solenspiele gelegt wurde, kann begründet werden: Erstens wird nach wie vor häufi-ger auf Computersystemen als auf spezialisierten Spielkonsolen gespielt: 26 Prozent der Teilnehmer und Teilnehmerinnen einer repräsentativen Befragung unter der deut-schen Bevölkerung ab 14 Jahren gaben an, auf ihrem PC zu spielen, für die Spielkon-sole lag der Anteil bei 11 Prozent.[6] Zweitens gelten Konsolenspiele im Allgemeinen als leichter zugänglich und sind häufig durch kurzweilige und auf schneller Reaktion basierende Spielkonzepte geprägt. Sport- oder Autorennspiele und Reaktionsspiele wie Jump and Run oder Egoshooter finden sich hier vermehrt, die Spieler können dabei in aller Regel »sofort nach Einschalten der Konsole loslegen, schnellen Spiel-spaß haben und auch schon nach kurzer Zeit mit dem Spielen wieder aufhören«.[7] Spiele mit historischer Referenz finden sich aber häufiger auf dem PC. Das ist das Ergebnis einer Auswertung der Jahresbestsellerlisten für Konsolen- und PC-Spiele für die Jahre 2002–2010 (vgl. Tab. 5.1). Demnach sind knapp 20 Prozent der PC-Spiele durch spielrelevante Referenz zu historischen Wissensbeständen im weiteren Sinn geprägt, während dies nur bei gut 10 Prozent der Konsolenspiele der Fall ist. Natürlich kann die Betrachtung von Bestsellerlisten nur ein Hinweis auf Tendenzen sein. Aber die Bestseller sind zumindest wirtschaftlich von entscheidender Bedeu-tung: »Der Unterhaltungssoftwaremarkt ist ein Hit-Markt, was bedeutet, dass nicht alle Produkte, die auf den Markt kommen, kommerziell erfolgreich sind. Wir gehen davon aus, dass 10 % aller Titel ungefähr 70 % des Umsatzes machen.«[8] Schlüsselt man die Bestseller mit Referenz zu historischen Wissensbeständen nach gängiger Epocheneinteilung auf, dann zeigt sich, dass sich 5 Prozent aller Bestseller für den PC durch Bezüge zum Mittelalter auszeichnen. Damit steht das Mittelalter nach dem Zweiten Weltkrieg bereits an zweiter Stelle, wenn PC-Spiele sich um die Darstellung

---

5 | Statistik *Anzahl Releases der letzten zwölf Monate* in: GamesMarkt (2007) 1, S. 35; GamesMarkt (2008) 1, S. 29; GamesMarkt (2009) 1, S. 29; GamesMarkt (2010) 1, S. 25; Ga-mesMarkt (2011) 1, S. 19

6 | Die Befragung ließ Mehrfachantworten zu. Die weiteren Ergebnisse: Handy/Smart-phone 11 Prozent, Laptop/Netbook 11 Prozent, mobile Spielkonsole 8 Prozent, *Präsenta-tion BITKOM-Pressekonferenz. Gaming: Markt und Trends*, URL: http://www.bitkom.org/files/documents/Praesentation_PK_Gaming_11_08_2010.pdf (besucht am 20.05.2011), S. 9.

7 | Olaf Wolters, *Elektronische Spiele: Wachstumsmarkt mit großer Wertschöpfung*, in: Ar-nold Picot (Hrsg.), *Spielend die Zukunft gewinnen: Wachstumsmarkt elektronische Spiele*, Berlin, Heidelberg 2008, S. 26–36, hier S. 30.

8 | Ebd., S. 34.

Tab. 5.1: Spiele mit Referenzen zu historischem Wissen unter den Bestsellern der Jahre 2002–2010 in Prozent[9]

	PC	Konsole
Antike	0,56	–
Mittelalter	**5,00**	**3,18**
Frühe Neuzeit	4,44	1,82
Zweiter Weltkrieg	6,11	2,73
andere Zeit	2,22	2,73
epochenübergreifend	1,11	–
historisch Gesamt	19,44	10,45

und Simulation vergangene Zeitabschnitte oder historisch inspirierter Lebenswelten bemühen.

Sich über absolute Größen an die Spiele, die Mittelalter darstellen und spielbar machen, anzunähern, ist mit Schwierigkeiten verbunden: Erstens existiert kein zentrales Verzeichnis aller Computerspielveröffentlichungen, zweitens ist die Frage, ob ein Spiel Mittelalter thematisiert, nur durch das Spielen oder zumindest durch einige Recherchearbeiten (Berichte von Spielern, Rezensionen in Spielezeitschriften, Pressematerial von den Herstellern) zu beantworten. So bleibt hier der Hinweis auf die Daten, die das Internetportal MobyGames zur Verfügung stellt. Das von Freiwilligen getragene Projekt MobyGames hat es sich zur Aufgabe gemacht, alle jemals veröffentlichten Computerspiele möglichst lückenlos zu verzeichnen. Für die Jahre 2000–2010 listet MobyGames 14 211 Spiele, die für Windows-PCs erschienen sind.[10]

---

9 | Bestseller Deutschland 2002–2010 nach Media Control. Für PC-Spiele: Spiele über 28 Euro und Spiele unter 28 Euro, jeweils 10 Spiele pro Jahr, inklusive mehrfachen Auftretens insgesamt 180 Titel; für Konsolenspiele: Sony Playstation 2 ab 2002, Microsoft Xbox 360 ab 2006, Nintendo Wii ab 2007, Sony Playstation 3 ab 2007, jeweils 10 Spiele pro Jahr, inklusive mehrfachen Auftretens insgesamt 220 Titel. Datengrundlage: *Jahrescharts 2002–2010*, Abonnentenbereich von GamesMarkt, URL: http://www.mediabiz.de/games/charts (besucht am 20.03.2011). Zuordnung zu den historischen Epochen nach eigener Einschätzung.

10 | Für diesen Zeitraum sind zudem noch knapp 3000 Spiele verzeichnet, die für andere Heimcomputer-Systeme wie Linux, Macintosh, DOS oder Amiga programmiert wurden. In der Datenbank von MobyGames werden jedoch nicht unterschiedliche Spiele einmalig, sondern die plattformspezifischen Versionen eines jeden Spiels je gesondert nachgewiesen. Man sollte aber davon ausgehen, dass die Einträge für andere Plattformen sehr häufig auch als Windows-Version gelistet sind – und daher durch die Zählung der Windows-Spiele in aller Regel bereits einbe-

MobyGames kategorisieren die Spiele unter anderem nach verschiedenen »Themes«; eines davon ist »Medieval/Fantasy«. Im Zeitraum 2000–2010 sind mit diesem Label 1952 aller Windows-Spiele gekennzeichnet, der Anteil liegt also bei 7,7 Prozent.

Zwei Einschränkungen müssen zu diesen Werten angeführt werden: Zum Ersten liefert MobyGames keine Erklärungen, die die Kategorie »Medieval/Fantasy« definieren oder erläutern. Da es sich bei den Einträgen des Portals um Inhalte vieler verschiedener Beiträger und Beiträgerinnen handelt, ist somit nicht gesichert, ob die Kategorisierung nach einheitlichen Kriterien erfolgt und ob sie vollständig ist. Zum Zweiten werden in diese Zählung auch Spiele mit Fantasy-Bezug einbezogen. Auch in dieser Arbeit werden an verschiedenen Stellen Fantasy-Thematiken berührt, daher sei hier eine knappe Erläuterung zum Zusammenhang von Fantasy und Mittelalter eingeschoben.

In größtmöglicher Vereinfachung und ohne hier eine ausführliche Diskussion des Fantasy-Begriffs führen zu wollen (vgl. dazu Kapitel 8), werden die Welten und Erzählungen der Fantasy – im Gegensatz zu Mittelalter-Welten – von »Schwert und Magie« bestimmt,[11] enthalten also immer auch ein »Element der Verzauberung«.[12] Zudem arbeitet Fantasy in aller Regel »mit dem Regress auf Vorzeitigkeit«.[13] Diese Vorzeitigkeit ist »gleichbedeutend mit einer Reduktion komplexer Zusammenhänge auf einfache Problemlösungsmechanismen«.[14] Sehr häufig orientieren sich Werke des Fantasy-Genres bei ihren Komplexitätsreduktionen am Entwicklungsstand des Mittelalters und die dargestellten Architekturen, Herrschaftssysteme, Alltagskulturen oder Technisierungen unterscheiden sich oft nicht von den Darstellungen der jeweiligen Bereiche in Filmen, Büchern oder Computerspielen zum Mittelalter. Man kann daher sagen, dass für die Fantasy das Mittelalter der Referenzpunkt erster Wahl ist. Obgleich der Fokus dieser Arbeit auf Computerspielen liegt, die ein Mittelalter ohne fantastische Erweiterungen erzählen und darstellen, werden deshalb immer wieder auch Weltentwürfe und Wissensbestände der Fantasy-Kultur in den Blick genommen.

---

griffen werden. Datenbankabfragen über MobyGames, URL: http://www.mobygames.com/browse/ am 09.09.2011.

11 | Vgl. Helmut W. Pesch, *Fantasy. Theorie und Geschichte einer literarischen Gattung*, E-Book Ausg., Köln 2009 (1982), URL: http://www.helmutwpesch.de/download.htm (besucht am 04.05.2011), S. 33.

12 | Frank Weinreich, *Fantasy. Einführung*, Essen 2007, S. 24.

13 | Florian F. Marzin, *Quellen der Fantasy-Literatur*, in: Hans-Joachim Alpers u. a. (Hrsg.), *Lexikon der Fantasy-Literatur*, Erkrath 2005, S. 10–16, hier S. 10.

14 | Ebd., S. 10.

Wie in den vorangegangenen Kapiteln dargelegt, wird in dieser Arbeit das Computerspiel als Medium aufgefasst, das von formalen Definitionen und von Referenzen zu kollektiven Wissensbeständen bestimmt ist. Das Computerspiele-Spielen wird verstanden als Tätigkeit zwischen spiellogischer und lebensweltlicher Information. Das Spielerlebnis und die dadurch vermittelten Geschichtsbilder müssen daher sowohl über eine detaillierte Betrachtung von Spielprinzip, grafischer Gestaltung und Rahmenerzählung als auch über die Untersuchung von logischer Parametrisierung und programmierter Systematik analysiert und verstanden werden. Dieser Aufgabenstellung können nur ausführliche Medien- und Inhaltsanalysen ausgewählter Spiele gerecht werden. Die Analyse – und letztlich die gesamte Arbeit – muss daher stets exemplarisch bleiben. Es wird aber versucht, einzelne Befunde der Spielanalysen durch den Vergleich mit anderen Spielen auf ihre Reichweite hin zu prüfen. Die Arbeit operiert somit gewissermaßen auf zwei Feldern: Erstens erfahren 7 Spiele, die im nächsten Abschnitt kurz vorgestellt werden, eine detaillierte Untersuchung. Zweitens werden aus einer Gesamtheit von ungefähr 40 Spielen je nach Anwendungsfall sinnvolle Teilmengen für Vergleich und Überprüfung gebildet.[15]

Qualitative Analysen

Die Einzelanalysen sollen die Situation auf dem Spielemarkt so gut wie möglich abbilden. Deshalb ist die Berücksichtigung der relevantesten Formen computerspielerischer Herausforderung wichtig. Die dafür erforderliche Strukturierung des Angebots ist allerdings keine leichte Aufgabe, haben Computerspiele doch in den gut 40 Jahren ihrer Existenz eine beachtliche Entwicklung durchlaufen. Man steht inzwischen umfangreichen, komplexen und vielschichtigen Unterhaltungsmedien gegenüber; für Espen Aarseth ist sogar der Medienbegriff selbst noch zu begrenzt: »computer games are not one medium, but many different media.«[16]

In der Computerspielforschung hat sich bisher jedoch kein allgemein anerkanntes System zur kategorialen Einteilung von Computerspielen etablieren können. Die meisten Arbeiten benennen und beschreiben ihre Gegenstände mit den gängigen Genrebezeichnungen von Spieleindustrie und Computerspielzeitschriften. Diesen Einteilungen liegt keine verbindliche Ordnung zu Grunde zugrunde, dennoch handelt es

---

15 | Vgl. dazu die Auflistung *Spiele mit Mittelalterbezug* im Medien- und Literaturverzeichnis, S. 312 f.

16 | Espen Aarseth, *Computer Game Studies, Year One*, in: Game Studies 1 (2001) 1, URL: http://www.gamestudies.org/0101/editorial.html (besucht am 10. 09. 2008).

sich meist um dieselben Kategorien. Als nahezu kanonisches Genremodell kann man folgende Zuordnungen ausmachen: *Actionspiel, Adventurespiel, Rennspiel, Rollenspiel, Simulationsspiel, Sportspiel, Strategiespiel.* Mit diesen Kategorien arbeitet beispielsweise das Portal MobyGames[17] und die deutsche Spielezeitschrift PC Games.[18] Auch die Spieleproduzenten Andrew Rollings und Ernest Adams und der Entwickler Roger E. Pedersen haben ihre Handbücher für Computerspieldesigner um diese Genre herum aufgebaut.[19] Ebenso gliedern die Spielehersteller Electronic Arts und Ubisoft mittels dieser Oberbegriffe die Angebote der Firmenwebseiten.[20]

Mit dem Begriff Rennspiel fasst man Autorennen, Flugspiele, Abfahrtsläufe und dergleichen zusammen. Sportspiele setzen eine Vielzahl von Sportarten für den Computer und vor allem die Konsole um. Historische Thematiken finden sich sowohl im Renn- als auch im Sportspiel aber so gut wie nie, diese Genre sind hier daher nicht von weiterem Interesse. In allen anderen Genre wird hingegen häufig mit historischen Wissensbeständen operiert; sie seien deshalb kurz vorgestellt.

Im Actionspiel ist vor allem eine gute Hand-Auge-Koordination entscheidend. Die Herausforderung besteht im präzisen und schnellen Auslösen von Kommandos, mit denen der Spieler die Spielfigur bewegt, Gegner abschießt oder auf Gefahren reagiert. So müssen in *Spacewar!* (Steve Russel 1962) gegnerische Raumschiffe vernichtete werden und in *Super Mario Land* (Nintendo 1990) hat man sich möglichst schnell durch eine feindliche Umwelt zu bewegen. Seit *Doom* (id Software 1993) sind schließlich die Ego- oder First-Person-Shooter populär, die meist die rasche Vernichtung feindlicher Einheiten durch Schusswaffengebrauch verlangen.

Namensgebend für das Adventure-Genre ist *Adventure* (William Crowther, Don Woods 1976), ein Spiel, das dem Nutzer nur durch schriftliche Beschreibungen einen topografischen Raum vorstellte (»You are standing at the end of a road before a small brick building«) und über einfache Kommandos (»east«, »west«, etc.) die Navigation

---

17 | Zusätzlich kennt MobyGames noch das Genre *Educational*, vgl. http://www.mobygames. com/browse/games (besucht am 09.09.2011).

18 | PC Games kategorisiert zusätzlich noch in *Ego-Shooter, Online-Rollenspiele* und *Special Interest*, vgl. z. B. *Einkaufsführer*, in: PC Games (2010) 9, S. 108–111.

19 | Bei Rollings/Adams zusätzlich die Kategorie *Online Game*, vgl. Andrew Rollings/Ernest Adams, *Andrew Rollings and Ernest Adams on Game Design*, Berkeley 2003, S. XIV; bei Pedersen keine Rennspiele und zusätzlich *Casual Games* und *Educational Games*, vgl. Roger E. Pedersen, *Game Design Foundations*, Plano 2003, S. 19–29.

20 | Bei Electronic Arts außerdem die Kategorien *Spiele für Kinder, Musikspiele, Denkspiele* und *Shooter*, vgl. http://www.ea.com/de/ (besucht am 12.10.2010); bei Ubisoft nahezu identisch zusätzlich *Familie, Music, Puzzle* und *Kampfspiel*, vgl. http://www.ubi.com/de/games/ (besucht am 12.10.2010).

erlaubte. Inzwischen werden im Adventurespiel die Orte, Helden und Gegenstände zwar durch Bild und Animation repräsentiert, grundsätzlich geht es aber noch immer darum, den richtigen Pfad zu finden. Hinweise dafür erhält man durch die Interaktion mit programmierten Spielfiguren, Barrieren räumt man durch das Lösen kombinatorischer und logischer Rätsel aus dem Weg.

Dem Adventure ähnlich ist das Rollenspiel. Auch hier wird eine große Spielwelt erkundet. Während beim Adventure jedoch ein Gutteil der Spielfreude von der Originalität der Rätsel abhängt, steht beim Rollenspiel die Karriere der Spielfigur im Mittelpunkt. Wie beim Vorbild, dem Pen-and-Paper-Rollenspiel, erhält der Spieler auch hier nach bestandenen Aufgaben Guthaben in Form von Geld, Erfahrungspunkten oder anderen Währungen. Das Guthaben dient der sogenannten Charakterentwicklung, indem es gegen Ausrüstung, Ausbildung, magisches Wissen oder andere Verbesserungen eingetauscht wird. So erhält man mitunter recht ausgefallene und spezialisierte Spielfiguren, die dank größerer Konkurrenzfähigkeit im nächsten Abenteuer zumeist erfolgreicher abschneiden werden.

In Simulationsspielen werden in aller Regel Prozesse simuliert. Vordringliches Ziel des Spielers ist es dabei nicht, einen Gegner zu besiegen oder ein Abenteuer zu bestehen. Stattdessen hat man in einem laufenden, mitunter sehr komplexen und verzweigten Prozess eine erfolgreiche, d. h. effektive, Struktur zu errichten. In *Sim City* (Maxis Software 1989) muss man als Bürgermeister eine Stadt so erbauen und verwalten, dass den Bedürfnissen der Bewohner optimal entsprochen wird. Gelingt dies, so werden Steuereinnahmen generiert, die dann wiederum das weitere Wachstum der Stadt sichern. Diese Spiellogik kann auf viele realweltliche oder fiktionale Bereiche angewandt werden: Wirtschaftssysteme, Vergnügungsparks, Verbrechersyndikate, Weltraumbasen oder das Eisenbahngeschäft wurden schon in Simulationsspielen behandelt.

Strategiespiele haben viel mit Brettspielen gemeinsam. Das archetypische Beispiel ist das von Sid Meier entwickelte *Civilization* (MicroProse 1991). Durch strategischen Ausbau der Städte und Regionen und durch taktisches Manövrieren mit militärischen und politischen Kräften gilt es die Vormachtstellung der eigenen Zivilisation zu sichern. Der Sieg in einem (häufig kriegerischen) Konflikt in diesem Genre ist in aller Regel das Spielziel. Strategiespiele können sehr komplex werden und beziehen mitunter Religion, Industrie, Technologie, Forschung oder Hochkultur in ihr Spielmodell mit ein. Hat das Spiel wie ein herkömmliches Gesellschaftsspiel einzelnen Spielrunden, in denen die Spieler ohne Zeitdruck ihre Entscheidungen treffen, dann spricht man von rundenbasierter Strategie. Ist hingegen die Zeit eine kritische Größe, d. h. laufen die Aktionen der verschiedenen Opponenten synchron, dann spricht man von Echtzeitstrategie.

Diese sehr knappe Charakterisierung der gängigsten Genre, in denen sich Spiele mit Referenzen zu historischem Wissen finden, hat sich an den Darstellungen von Rollings/Adams, Pedersen und Crawford orientiert, sich also die Sichtweisen von Computerspielentwicklern zu eigen gemacht.[21] Computerspielforscher, die den Genrebegriff diskutieren, kritisieren Einteilungen dieser Art im Allgemeinen. So hat Mark J. P. Wolf bemerkt, dass gängige Genremodelle sowohl nach ikonografischen als auch nach interaktiven Merkmalen betrachten und einteilen.[22] Dies führt in der Tat zu problematischen Vermengungen der Perspektiven: Warum gruppiert man *FIFA 10* – deutlich erkennbar als Simulation des Fußballspiels – nicht zu den Simulationen und legt stattdessen die eigene Kategorie der Sportspiele an? Und: Sehr viele Spiele der verschiedensten Genre enthalten Passagen, in denen Hand-Auge-Koordination und zeitkritisches Reagieren gefragt sind. Aber ab wann soll dann ein Spiel tatsächlich als Actionspiel gelten? Weiter: Der Aufbau einer Stadt in *Sim City* wird nur durch strategisches Planen und Bauen gelingen, ebenso erfordert die Ausbildung und die Zusammenstellung der Heldengruppe in einem Rollenspiel strategisches Management. Warum diese Spiele nicht als Strategiespiele einordnen? Schließlich: Spieltheoretisch kann man argumentieren, dass es das ›nur abstrakte‹ Spiel nicht gibt und dass auf einer grundsätzlichen Ebene Spiele prinzipiell als Simulationen zu verstehen sind. Folgt man diesen Überlegungen, dann macht ein eigenes Genre für Simulationsspiele offenkundig wenig Sinn.

Wolf hat auf diese gleichzeitige Betrachtung von ikonografischen (bzw. repräsentationalen) und interaktiven (bzw. spiellogischen) Merkmalen mit einer eigenen Kategorisierung reagiert. Seine Systematik unterscheidet daher Computerspiele nur gemäß ihrer interaktiven Modi. Die 42 Computerspielgenre, die Wolf so differenzieren kann, verzichten auf Einteilungen gemäß der thematischen Ausgestaltung der Spiele und fügen sich zu einer sachlich korrekten Taxonomie, die die vielfältigen Möglichkeiten der Spieler-Partizipation heutiger Computerspiele gut abbildet.[23] Die einzelnen Kategorien machen aber für konkrete Spiele häufig nur in der Kombination Sinn: Für eine Beschreibung des Egoshooters *Doom* müsste man beispielsweise die Genre *Maze* mit *Shoot 'Em Up*, eventuell sogar noch mit *Adventure* und mit

21 | Vgl. zum vorhergehenden Rollings/Adams, *Game Design*, S. 289–445; Pedersen, *Game Design Foundations*, S. 19–29; Crawford, *The Art of Computer Game Design*, S. 19–39.

22 | Mark J. P. Wolf, *Genre and the Video Game*, in: ders. (Hrsg.), *The Medium of the Video Game*, Austin 2001, S. 113–134, hier S. 114. Für eine konzise Diskussion der gängigen Genre vgl. auch Thomas H. Apperley, *Genre and Games Studies. Toward a Critical Approach to Video Game Genres*, in: Simulation & Gaming 37 (2006), S. 6–23.

23 | Wolf, *Genre and the Video Game*, S. 119–134.

Obstacle Course kombinieren. Daher ist Wolfs Modell zwar für eine differenzierte Analyse, nicht aber für eine eingängige Einordnung geeignet. Möglicherweise ist das der Grund, warum diesem Vorschlag bisher breitere Akzeptanz und Anwendung nicht beschieden war.

Einen anderen, ungleich reduzierteren Vorschlag, Computerspiele zu betrachten und einzuteilen, hat Jesper Juul gemacht. Auch Juul lässt die repräsentationale Ebene unberücksichtigt und versucht, Spiele nur gemäß ihres strukturellen Aufbaus zu kategorisieren. Nach Juul kann die gesamte Entwicklungsgeschichte des Computerspiels als das Produkt zweier grundsätzlicher Spielstrukturen verstanden werden. Er unterscheidet zwischen Spielen mit progressivem Spielsystem und Spielen mit emergentem Spielsystem.[24] In einem progressiven Spiel folgen die Spieler im Wesentlichen einer vorher festgelegten Abfolge von ebenfalls festgelegten Ereignissen um eines oder einige wenige Spielziele zu erreichen. In emergenten Spielen entwickelt sich das Spielgeschehen dagegen aus einer verhältnismäßig geringen Anzahl an Regeln und kann in vielen verschiedenen Spielzuständen ein definiertes Spielende finden. Ein Beispiel für ein emergentes Spiel ist Schach. Die Computerspiele, die interaktiven Erzählungen ähneln und die man in der Regel als Adventure anspricht – der Spieler will ein Ziel erreichen, besucht dazu verschiedene Orte und meistert eine Serie von Herausforderungen –, wären dagegen als progressive Spiele zu betrachten.[25]

Wenn man sich ein Spiel grundsätzlich als Zustandsmaschine mit einer Menge von Zuständen und Regeln zum Wechsel zwischen den Zuständen vorstellt (vgl. den Abschnitt *Spielsystem und Interpretation* in Kapitel 2), dann stellt sich der Unterschied zwischen progressiven und emergenten Spielen wie folgt dar: In einem progressiven Spiel ist der Pfad durch die Zustandsmenge weitestgehend vorgegeben, in einem Spiel mit emergenter Struktur können hingegen immer neue Pfade durch die Zustandsmenge zu den (vielen verschiedenen) Zielzuständen gefunden werden (vgl. Abb. 5.1). Diese unterschiedliche Strukturierung der formalen Ebene hat Konsequenzen: In einem emergenten Spiel beeinflussen sich die Spielelemente wechselseitig in großem Maße. Beispielsweise verändert der Zug einer Schachfigur die Situation für sehr viele oder sogar alle anderen Figuren auf dem Feld. Schach erfüllt denn auch,

---

24 | Eine knappe allgemeine Definition des weniger bekannten Begriffs *Emergenz*: »Emergence is a phenomenon where the interaction of simple principles on one level creates complex results on another, higher, level«, Simon Egenfeldt-Nielsen/Jonas Heide Smith/Susana Pajares Tosca, *Understanding Video Games. The Essential Introduction*, New York, London 2008, S. 128.

25 | Juul, *Half-Real*, S. 67–82; ders., *The Open and the Closed: Games of Emergence and Games of Progression*, in: Frans Mäyrä (Hrsg.), *Proceedings of Computer Games and Digital Cultures Conference*, Tampere 2002, S. 323–329.

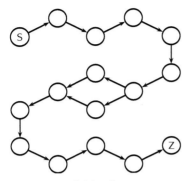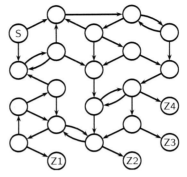

(a) progressive Spielstruktur   (b) emergente Spielstruktur

Abb. 5.1: Progression und Emergenz

was Katie Salen und Eric Zimmermann über emergente Strukturen im Allgemeinen aussagen: »Even simple rule sets can create tremendous amounts of emergent complexity.«[26] In einem progressiven Spiel hingegen beeinflussen die Regeln stets nur wenige benachbarte Zustände: Findet man im Adventure *The Abbey* die Kerze in der Kirche nicht, dann kann man keinen Abdruck vom Schlüssel der Krypta machen. Das Spiel kommt jedoch nach einiger Zeit in einen Zustand, in dem nur ein Besuch der Krypta den Fortgang – d. h. einen Zustandswechsel – erlaubt. Da der Abt den Schlüssel zur Krypta nur für einen Augenblick aus den Händen gibt, muss eine Kopie angefertigt werden – der erste Schritt dafür ist der Abdruck in der Kerze. Das Spielelement ›Kerze‹ beeinflusst somit nur den aktuellen Zustand (»Element ›Kerze‹ noch nicht gefunden«) und einige zukünftige Zustände (»Element ›Kerze‹ wurde gefunden«, »Element ›Kerze‹ wurde eingesetzt«). Damit ist nach Juul gerade ein Merkmal progressiver Spielstrukturen charakterisiert: »in a game of progression, most rules and objects are localized.«[27]

Computerspiele beinhalten immer sowohl emergente als auch progressive Abschnitte. Auch in einem stark emergenten Spiel wie *Sim City 2000* (Maxis Software 1993) sind einzelne Ereignisse fest einprogrammiert (ab 1955 ist der Bau von Atomkraftwerken möglich, ab 1980 steht Solartechnologie zur Energieerzeugung zu Verfügung). Und auch wenn in einem Spiel wie *The Abbey* der Ablauf der Spielereignisse vorgegeben ist, kann man zum Beispiel jenen Teil der Spiellogik, der die Navigation der Spielfigur regelt und die (weitestgehend) freie Bewegung innerhalb der Spielwelt

---

26 | Salen/Zimmerman, *Rules of Play*, S. 164.

27 | Juul, *Half-Real*, S. 81 f.

ermöglicht, durchaus als emergentes Teilsystem betrachten. Progression und Emergenz sind also nicht als disjunkte Kategorien, sondern als gegensätzliche Pole zu verstehen. Hinsichtlich Bedeutung und Dauer der emergenten und der progressiven Spielabschnitte kann man das Feld der Computerspiele dann differenzieren.

Wenn man von den oben vorgestellten ›klassischen‹ Computerspielgenre ausgeht – Adventure, Action, Rollenspiel, Simulation, Strategie[28] – kann man eine Gliederung nach emergenten und nach progressiven Anteilen wie folgt vornehmen: Das Adventurespiel, das nach Erreichen des Spielendes in aller Regel nicht nochmals gespielt wird, kann als reinste Form eines progressiven Spiels betrachtet werden. Wirtschafts-, Aufbau- und Handelssimulationen, die die Errichtung und Konfiguration immer neuer Strukturen erlauben und deshalb häufig die Spieler auch nach Jahren noch faszinieren, sind ebenso wie strategische Kriegs- und Politikspiele dagegen die Spielformen, die vom Spieler am häufigsten die Auseinandersetzung mit emergenten Prozessen verlangen. Dazwischen sind die anderen Formen einzuordnen: Die Tatsache, dass Actionspiele häufig entlang einer linearen Hintergrundgeschichte erzählt werden, rückt sie in die Nähe des progressiven Adventurespiels. Da aber in den einzelnen Spielabschnitten dem Spieler viel Freiheit eingeräumt wird und er die Mission, das Level oder das Kapitel auf viele verschiedenen Wegen abschließen kann, er also immer neue Ketten von Spielzuständen erzeugt, sind diese Spiele auf einer Mikroebene sehr emergent.[29] Ein echter Hybrid ist das Rollenspiel: Einerseits ist das System, das die Ausbildung und Fortentwicklung der Spielfiguren regelt, stark emergent. Auch die Kampfhandlungen und die Handelskontakte zwischen den Spielfiguren sind in aller Regel nur durch grundlegende Strukturen definiert und erlauben so immer neue Kombinationen und Ergebnisse. Gleiches gilt für die Strukturierung der Bewegungsmöglichkeit, die viele verschiedene Traversierungen der Spielwelt erlaubt. Aber sowohl die Spielwelt selbst als auch die Charaktere, die sie bevölkern, und die Ereignisse, die den Fortgang der Handlung – und damit den eigentlichen Sinn des Spiels – gewährleisten, sind absichtsvoll gestaltet. Diese Elemente spannen das Narrativ des Spiels auf und rücken das Rollenspiel daher auch in die Nähe anderer progressiver Spielformen.

Im Folgenden wird es nun um die Kriterien gehen, nach denen die sieben Spiele für die detaillierten Medien- und Inhaltsanalysen ausgewählt wurden. In der Genre-

---

28 | Die Genre Sportspiel und Rennspiel sind für die Darstellung des Historischen nicht relevant.

29 | Da im Actionspiel in aller Regel die schnelle und exakte Reaktion gefordert ist, unterscheiden sich die Herausforderungen zwischen Adventure und Actionspiel zusätzlich in der temporalen Dimension.

Situation hat diese Auswahl ihre erste Begründung: Die für die Darstellung und Implementierung des Historischen relevanten ›klassischen‹ Genre Adventure, Action, Rollenspiel, Strategie und Simulation sollten abgedeckt werden.

Zum zweiten ging es um die Varianz der Mittelalterdeutungen. Die Konstruktion und die Stabilisierung des Wissens vom Mittelalter haben eine lange Geschichte mit ganz unterschiedlichen Traditionslinien. Auch in der Gegenwart wird das Feld der Mittelalterdeutungen aus den verschiedensten Richtungen bespielt. Viele Vorstellungen und Setzungen der unterschiedlichsten Diskursstränge finden sich in den Computerspielen. Aber natürlich implementieren einzelne Spiele stets nur Teilbereiche des kollektiven Wissensbestandes. Deshalb sollten die ausgewählten Spiele im Verbund möglichst viele verschiedenen Spielarten der Mittelalterdeutung abdecken.

Ein weiteres wichtiges Kriterium war der wirtschaftliche Erfolg der Spiele. Die Arbeit interessiert sich für das Mittelalter im Computerspiel, weil die Überzeugung besteht, dass die Inhalte und Strukturen, die durch Computerspiele vermittelt werden, die Geschichtsvorstellungen seiner Spieler beeinflussen und so zum kollektiven Geschichtswissen beitragen. Spiele mit großen Verkaufszahlen haben auch eine große Reichweite, daher war auch der wirtschaftliche Erfolg eines Computerspiels ein Kriterium für seine Auswahl.

Schließlich wurde ein leichtes Gewicht auf die deutsche Computerspielsituation gelegt. Der Markt für Computerspiele ist weitestgehend internationalisiert und Angebot und Käuferverhalten sind in den Industrieländern zu großen Teilen identisch. Ein Ausnahme ist der asiatische, insbesondere der japanische Markt mit den überaus einflussreichen Firmen Nintendo, Sega und Sony und der Rezeption von Stoffen aus Manga und Animé. Da dieser Zweig der Computerspielkultur aber ganz eigenen Traditionen und Rezeptionslogiken folgt, muss auf seine Darstellung hier verzichtet werden.[30] Aber es existieren auch einige Spiele, die besonders in Deutschland populär sind, das wurde in der Auswahl der Spiele berücksichtigt. Auch beachtet die (kursorische) Rezeptionsanalyse vornehmlich deutsche Computerspielzeitschriften und Beiträge in deutschsprachigen Internetforen.

So kommt die Arbeit zu ihrem Untersuchungsfeld, das zwar in seinen Teilen sicher auch anders aufzubauen wäre, in seiner Gesamtheit aber die relevantesten Spielformen abbildet:

---

30 | Vgl. dazu Benjamin Wai-ming Ng, *Video Games in Asia*, in: Mark J. P. Wolf (Hrsg.), *The Video Game Explosion. A History from PONG to PlayStation® and Beyond*, Westport, London 2008, S. 211–222; Martin Picard, *Video Games and their Relationship with other Media*, in: Mark J. P. Wolf (Hrsg.), *The Video Game Explosion. A History from PONG to PlayStation® and Beyond*, Westport, London 2008, S. 293–300.

The Abbey (Alcachofa Soft/Crimson Cow 2008), Adventure;

Assassin's Creed (Ubisoft Montreal/Ubisoft 2008), Action-Adventure;

Drakensang: Am Fluss der Zeit (Radon Labs/dtp entertainment 2010), Rollenspiel;

Die Siedler – Aufstieg eines Königreichs (Blue Byte/Ubisoft 2007), Aufbausimulation;

Anno 1404 (Related Designs, Blue Byte/Ubisoft 2009), Wirtschafts- und Handelssimulation;

Die Gilde 2 (4HEAD Studios/JoWooD 2006), Wirtschafts- und Lebenssimulation;

Medieval II: Total War (The Creative Assembly/Sega 2006), Strategiespiel.

Das Adventurespiel *The Abbey* wurde bereits im Abschnitt ›*Historische Computerspiele‹?* in Kapitel 4 thematisiert. Es wurde vor allem aus Mangel an Alternativen ausgewählt: Es existieren nur sehr wenige Adventurespiele, die im Mittelalter spielen.[31] Außerdem handelt es sich aus geschichtskultureller Perspektive um ein interessantes Spiel, da hier geradezu idealtypisch die intertextuellen Potenziale des Computerspiels exemplifiziert werden, entleiht *The Abbey* doch große Teile seiner Erzählung von Umberto Ecos *Der Name der Rose* und damit von *dem* modernen Mittelalterroman schlechthin.

Assassin's Creed ist ein Actionspiel, in welchem die Spielerin in die Rolle eines Assassinen schlüpft und in akrobatischen Verfolgungsjagden und rasanten Schwertkämpfen einem Komplott um Tempelritter und magische Artefakte auf die Spur kommt. Zum einen ist das Spiel deshalb zu behandeln, weil es der erfolgreichste Mittelalter-Titel der letzten Jahre ist, zum anderen zeigt es das Palästina der Kreuzzugszeit mit wirklich beeindruckender visueller Opulenz.

Das Fantasy-Rollenspiel *Drakensang: Am Fluss der Zeit* ist eine deutsche Produktion und erhielt in Deutschland von der Spielepresse durchweg gute Noten. International ist es wenig bekannt und es gibt mit der *The Elder Scrolls*- und der *Gothic*-Reihe erfolgreichere Computerrollenspiele.[32] Da *Drakensang: Am Fluss der Zeit* aber auf dem Pen-and-Paper-Rollenspiel *Das Schwarze Auge* basiert, also *das* deut-

---

31 | Zu nennen wären neben *The Abbey* die vier Teile der *Kreuzzug-Reihe* des französischen Entwicklers Wanadoo: *Pilgrim* (1997), *Crusader – Kreuzzüge* (1998), *Die Legende des Propheten und des Mörders* (2000) und *Das Geheimnis von Alamut* (2001). Diese Spiele, die an konkreten Orten im 13. Jahrhundert spielen, sind jedoch allesamt älteren Datums.

32 | Z. B. *The Elder Scrolls III: Morrowind* (Bethesda Softworks/Ubisoft 2002) und *Gothic 3* (Piranha Bytes/Deep Silver 2006).

sche Rollenspielsystem schlechthin in der Computerspielwelt aktualisiert hat, ist es für die Ergründung der computerspielerischen Synthese von Rollenspiel, Fantasy und Mittelalter ideal.

Auch die Aufbauspiele *Die Siedler – Aufstieg eines Königreichs* und *Anno 1404* wurden in deutschen Entwicklerstudios hergestellt. Beide Titel sind Teile von erfolgreichen Spielereihen, die zumindest in Deutschland zu den wohl bekanntesten Computerspielmarken gehören. In beiden Spiele gilt es eine mittelalterliche Siedlung zu verwalten und zur Stadt auszubauen. Dabei wird die mittelalterliche Gesellschaft über eine Vielzahl von Spielmechaniken abgebildet, so dass über Rohstoffabbau, Warenfertigung und Handel bis hin zu diplomatischen und fiskalischen Fragen eine Fülle von Komplexen abgedeckt werden. Auch diese Spiele werden zum Ersten wegen ihrer Relevanz auf dem Computerspielmarkt behandelt, zum Zweiten interessiert ihr die Verknüpfung der Aufbauspielmechanik mit den porträtierten Teilbereichen der mittelalterlichen Stadtgesellschaft.

Das Spiel *Die Gilde 2* aus niedersächsischer Entwicklung vereint Elemente des Rollenspiels mit einer Wirtschafts- und Handelssimulation und liefert damit einen originellen Beitrag zur Behandlung des Mittelalters durch Computerspiele. Nicht zuletzt, weil solche innovativen Ansätze in einem Computerspielmarkt, der häufig nur altbekannte Spielprinzipien in immer neuen Gewändern umsetzt, eher selten sind, wurde *Die Gilde 2* in den Untersuchungskorpus aufgenommen.

Schließlich *Medieval II: Total War*: Diese strategische Politik- und Militärsimulation aus australisch-britischer Co-Produktion ist neben *Assassin's Creed* das zweite Spiel im Untersuchungsfeld, das zu den weltweit überaus erfolgreichen Computerspieltiteln gehört. Hier wird die mittelalterliche Staatengeschichte mit großer Akkuratesse und einigen zentralen Gegenständen wie Papstkirche und Kreuzzug dargestellt, gleichzeitig verfügt das Spiel über einen aufwendigen Schlachtenmodus.

Die Kapitel des Analyseteils werden diese Spiele untersuchen. Dabei stehen die Fragen, die bereits in der Einleitung formuliert wurden, im Vordergrund: Welches Mittelalterbild wird durch diese Spiele vermittelt? Wie verbindet sich die Spielmechanik mit der Mittelalterdarstellung? An welche Traditionen und Diskurse der Mittelalterdarstellung schließen die Spiele an? Die Analysen gehen dabei in der Regel nach folgendem Schema vor: Zunächst wird knapp auf die Produktionsbedingungen des Spiels sowie auf seine Rezeption eingegangen. Da davon ausgegangen wird, dass die meisten Leser und Leserinnen zu den meisten Spielen nicht auf Spielerfahrungen aus erster Hand zurückgreifen können, muss zudem die Vorstellung und Untersuchung der Spielmechaniken und der Spielziele relativ breiten Raum einnehmen. Die eigentliche Analyse fokussiert dann auf die medienspezifische Verbindung von Spiellogik und Referenz auf kollektive Wissensbestände, im Besonderen natürlich auf historische Wissensbestände. Flankierend werden immer auch die Mittelalter-thematisierungen anderer Medien und anderer kultureller Praktiken behandelt. Die Analysen werden je nach Spiel und Geschichtsdarstellung unterschiedliche Zugänge wählen und verschiedene Schwerpunkte setzen. Denn wie Frans Mäyrä in seiner *Introduction to Game Studies* einführend betont hat, muss die Computerspielforschung die Einsicht begleiten, dass »many concepts that are very usefull for describing one game can be rather useless when describing another«.[33]

Erwähnt werden müssen auch die Erweiterungen, die von engagierten Spielern zu den Spielen in Eigenregie erstellt werden. Bei dieser Praxis, die im Allgemeinen als *Modding* bezeichnet wird, wenden sich die Spieler dem Programmcode der Spiele zu und versuchen, diesen durch eigene Codefragmente, Grafiken oder Texte zu modifizieren. So können mitunter umfangreiche, komplexe Spielerweiterungen entstehen. Für das hier behandelte *Medieval II: Total War* existieren neben vielen anderen beispielsweise die Mods *Stainless Steel* und *Third Age: Total War*. *Stainless Steel* erweitert das ursprüngliche Spiel an vielen Stellen – unter anderem wird das computergesteuerte Verhalten der Armeen verbessert – und ermöglicht so ein umfangreicheres und herausforderndes Spielerlebnis, das vor allem für erfahrene Vielspieler interessant ist. In *Third Age: Total War* wird das gesamte Setting des Spiels ausgetauscht, anstatt im mittelalterlichen Europa mit den Königreichen Frankreich, England oder Portugal wird in J. R. R. Tolkiens *Mittelerde*-Welt mit Gondor, Rohan oder Mordor gespielt.[34] Eine fundierte Untersuchung der geschichtskulturellen Effekte dieser Praxen, die inzwischen unter dem Sammelbegriff Prosumenten-Kulturen diskutiert werden,[35] böte Stoff für eine eigene Arbeit, konnte hier aber aus arbeitsökonomischen Gründen leider nicht berücksichtigt werden.

Für die Abfolge der Analysekapitel wurde eine Ordnung gewählt, die sich an den Spielsystemen der Spiele orientiert: Am Anfang steht mit *The Abbey* ein progressives Spiel, beschlossen werden die Analysen von *Medieval II: Total War*, einem Spiel mit stark emergentem Charakter. Bevor nun der Einstieg in die Einzeluntersuchungen

---

33 | Mäyrä, *Introduction to Game Studies*, S. 3.

34 | Die Internetseite Total War Center Forums ist die zentrale Plattform der *Medieval II: Total War*-Modder. Dort auch eine Auflistung aller Mods: URL: http://www.twcenter.net/forums/forumdisplay.php?f=211 (besucht am 11.10.2011).

35 | Vgl. Benjamin Beil, *Vom Castle Smurfenstein zum LittleBigPlanet. Modding, Leveleditoren und Prosumenten-Kulturen*, in: Sebastian Abresch/Benjamin Beil/Anja Griesbach (Hrsg.), *Prosumenten-Kulturen* (Navigationen. Zeitschrift für Medien- und Kulturwissenschaften 9, 1), 2009, S. 191–214. Vgl. auch David B. Nieborg/Shenja van der Graaf, *The mod industries? The industrial logic of non-market game production*, in: European Journal of Cultural Studies 11 (2008), S. 177–195.

erfolgt, sind mit *Rezeption* und *Produktion* noch zwei Aspekte zu behandeln, ohne deren zumindest knappe Thematisierung eine Medienanalyse nicht vollständig sein kann, die aber in dieser Arbeit nicht im Zentrum stehen.

Rezipienten

Geschichtskulturelle Objektivationen – Museen, Bücher, Filme, Aufführungen, Denkmäler, Computerspiele, Reden usw. – richten sich an ein Publikum. Bernd Schönemann hat hier einen grundlegenden Wandel von der Moderne zur Postmoderne ausgemacht: Die europäische Gesellschaft des 19. und 20. Jahrhunderts zeichnet sich demnach durch große soziale Mobilität aus, daher sei für die Menschen neben dem ökonomischen auch das soziale Kapital bedeutend geworden und dem »Geschichtswissen als Bildungswissen [...] eine distinktive Funktion« zugekommen.[36] Daneben traten natürlich die nationalen Potentiale der geschichtskulturellen Objektivationen, mit denen die Gesamtheit der Staatsbürger sich als nationales Kollektiv identifizieren ließ.[37] Für die postmoderne Geschichtskultur sei hingegen nicht mehr der Bildungsbürger oder der Staatsbürger der idealtypische Adressat, sondern »der Freizeitbürger im Jogginganzug«. Dieser suche bei seiner Beschäftigung mit der Geschichte »keinen Nutzen, wie der nach wie vor mit Geschichte argumentierende Politiker, er will keine Bildung, wie das immer noch existierende Publikum der Kulturbeflissenen, er will nur das Erlebnis«.[38]

Die Imperative, mit denen die Computerspielhersteller die Spieler zum Kauf überreden wollen, sind häufig fast identisch und unterscheiden sich nur hinsichtlich des Spielthemas: »Erlebe unglaubliche Action«; »Erlebe die ultimative Burgensimulation«; »Erlebe & beherrsche das Mittelalter«; »Entdecke den Zauber des Morgenlandes«.[39] Folgt man diesen Texten, dann liegt es nahe, die Mittelalter-Computerspiele in die von Schönemann diagnostizierte Erlebnis-Dimension der Geschichtskultur einzuordnen. Wulf Kansteiner hat es aber zu Recht einen »erkenntnistheoretischen Taschenspielertrick« genannt, wenn von der Repräsentation auf das kollektive Geschichtsbewusstsein geschlossen wird.[40] Auch Ute Frevert und Anne Schmidt kriti-

---

36 | Schönemann, *Geschichtsdidaktik und Geschichtskultur*, S. 54.

37 | Ebd., S. 54 f.

38 | Ebd., S. 55.

39 | Zitate von den Verpackungen der Spiele *Assassin's Creed*, *Stronghold 2*, *Die Gilde 2* und *Anno 1404* (in dieser Reihenfolge).

40 | Kansteiner, *Postmoderner Historismus*, S. 130.

Tab. 5.2: Spielen in Deutschland 2010: Spielhäufigkeit mit Spielekonsole oder am PC nach Alter und in Prozent, keine Mehrfachnennung[42]

	Täglich	Wöchentlich	Mehrmals im Monat	**Summe**
14–19 Jahre	13,1	30,6	20,3	**64,0**
20–29 Jahre	6,3	15,8	14,1	**36,2**
30–39 Jahre	2,2	9,4	11,4	**23,0**
40–49 Jahre	1,1	5,6	7,2	**13,9**
50–59 Jahre	1,0	4,0	2,5	**7,5**
60–69 Jahre	0,3	1,3	1,1	**2,7**
70 Jahre und älter	0,2	0,2	0,5	**0,9**

sieren die vielfach zu sorglos vollzogene Gleichsetzung von Produkt und Rezeption:»Ohne Zweifel steuern Medienprodukte ihre Aneignung auf vielfältige Weise; sie legen bestimmte Interpretationen, Wahrnehmungen und Empfindungen nahe und strukturieren diese vor, aber sie determinieren sie nicht.«[41] Diese Arbeit bietet in erster Linie eine (medienkritische) Inhaltsanalyse und keine Rezeptionsanalyse. Daher kann sie nur begrenzt Aussagen über die Motive der Spieler und Spielerinnen und über die Effekte, die die untersuchten Spiele tatsächlich erzielen, machen. Für belastbare Ergebnisse hierzu wären quantitative Nutzerforschungen notwendig. Die Rezipienten sollen dennoch nicht ganz aus dem Blick geraten: Kursorisch wurden Internetforen, in denen Spieler und Spielerinnen ihre Spielerfahrungen extensiv diskutieren, besucht; Zitate aus den dort vorgefundenen Spielberichten und Diskussionen bereichern die Inhaltsanalysen zumindest vereinzelt um die Stimme der Spielenden.

Grundsätzlich ist festzuhalten, dass Computerspiele inzwischen eine wichtige Freizeitbeschäftigung sind. Das gilt nicht nur für Kinder und Jugendliche, sondern für die Bevölkerung im Allgemeinen (vgl. Tab. 5.2). So geben von den in einer repräsentativen Studie befragten 20- bis 29-Jährigen 36,2 Prozent an, mehrmals im Monat (oder häufiger) am Computer oder an der Spielkonsole zu spielen. Für die 30- bis 39-Jährigen liegt der Wert noch bei knapp einem Viertel. Unter den Jugendlichen hat das Computerspielen dennoch die größte Bedeutung. Das zeigt vor allem der Blick

---

41 | Ute Frevert/Anne Schmidt, *Geschichte, Emotionen und die Macht der Bilder*, in: Geschichte und Gesellschaft 37 (2011), S. 5–25, hier S. 17.

42 | Datengrundlage: Repräsentative Umfrage unter der deutschsprachigen Bevölkerung ab 14 Jahren in Deutschland, Institut für Medien- und Konsumentenforschung, *Typologie der Wünsche 2011 III »Menschen & Märkte«*, 2010, Online-Abfrage über URL: http://www.imuk.de/tdw/datenanalyseonlinetdw.html am 09.09.2011.

auf die Spieler und Spielerinnen, die intensiv spielen: 13,1 Prozent der Jugendlichen spielen täglich, 30,6 Prozent wöchentlich.

Zur Rezeption gehören neben Meinungen und Berichten von Spielern und Spielerinnen auch die Bewertungen, die in Computerspielzeitschriften und auf Internetseiten zu Computerspielen veröffentlicht werden. Nahezu jedes Spiel, das auf den Markt kommt, wird in diesen spezialisierten Medienformaten besprochen und bewertet.[43] Besonders wichtig für die Spielehersteller bzw. die Verkaufszahlen sind die Gesamtwertungen in Punkten oder Noten, die die Spielezeitschriften und Spieleportale für die Spiele vergeben und die – ein gutes Ergebnis vorausgesetzt – an prominenter Stelle auf den Spielverpackungen platziert werden. Mit den Internetseiten Spieletipps.de und Metacritic.com existieren zwei Anbieter, die solche Wertungen sammeln, in eine einheitliche Punkteskala umrechnen und diese Meta-Kritiken dann veröffentlichen. Tab. 5.3 zeigt die Werte, die die Analysekandidaten dieser Arbeit erringen konnten. Da der eine Anbieter nur deutschsprachige Medien und der andere Medien aus verschiedenen Ländern (Fokus auf englischsprachigen Publikationen) einbezieht, eignet sich die Übersicht, um Anhaltspunkte zu deutschen Vorlieben zu erhalten. So werden die Aufbau- und Wirtschaftsspiele *Die Siedler – Aufstieg eines Königreichs* und *Die Gilde 2* in Deutschland deutlich besser bewertet als in anderen Ländern. Außerdem lässt die Anzahl der einbezogenen Kritiken Rückschlüsse auf die Resonanz der Spiele zu: *Drakensang: Am Fluss der Zeit* war in Deutschland sehr erfolgreich, wurde international aber kaum rezipiert. Die Analysekapitel werden versuchen, solche Phänomene und andere Themen, die die Rezeption der Spiele betreffen, zumindest exemplarisch zu erörtern.

Produzenten

Zum Verständnis des Computerspiels gehören auch die Produktionsbedingungen, die es hervorbringen. In historischer Perspektive kann man »the story of a hobbyist,

---

43 | Die Zeitschriften für PC-Spiele mit den größten Auflagen in Deutschland sind die jeweils monatlich erscheinenden PC Games (Druckauflage 226 334 Stück) und Game Star (Druckauflage 204 791). Auflagenwerte jeweils für 2. Quartal 2011 nach Informationsgemeinschaft zur Feststellung der Verbreitung von Werbeträgern e. V., URL: http://www.ivw.eu/index.php, Online-Abfrage am 12.09.2011. Populäre Internetportale sind Gameswelt (URL: http://www.gameswelt.de), Eurogamer (URL: http://www.eurogamer.de/) und GameSpot (URL: http://www.gamespot.com).

44 | Abfragen über URL: http://www.spieletipps.de und URL: http://www.gamerankings.com am 09.09.2011.

Tab. 5.3: Meta-Bewertungen auf deutscher (Spieletipps.de) und internationaler (GameRankings.com) Internetseite nach Punkten (maximal: 100 Punkte). In Klammern die absolute Anzahl der Kritiken, die für die Berechnung des jeweiligen Punktwertes berücksichtigt wurden.[44]

	Spieletipps	GameRankings
The Abbey	61 (5)	68 (16)
Assassin's Creed	88 (6)	79 (29)
Drakensang: Am Fluss der Zeit	85 (6)	75 (2)
Die Siedler – Aufstieg eines Königreichs	80 (8)	65 (17)
Anno 1404	89 (7)	82 (19)
Die Gilde 2	74 (7)	62 (17)
Medieval II: Total War	90 (7)	87 (37)

enthusiast-led fan culture of game production and consumption becoming a central component of globalized technoculture industries« erkennnen.[45] In der Tat sind Computerspiele für die Unterhaltungsindustrie inzwischen ein wirtschaftlich überaus bedeutsames Produkt und der Computer- und Videospielemarkt gilt als das am dynamischsten wachsende Segment der Medienwirtschaft.[46] Die Zukunft verspricht weitere Gewinnsteigerungen: Das Marktforschungsunternehmen Gartner schätzt den weltweiten Umsatz für Computerspiele im Gesamten – also mit Konsolen-, Mobil- und Smartphonespielen – für das Jahr 2011 auf 44,7 Mrd. US-Dollar (32,7 Mrd. Euro) und prognostiziert für 2015 einen Anstieg auf 56,5 Mrd. US-Dollar (41,3 Mrd. Euro).[47] Auch in Deutschland steigen die Umsätze: Während im Jahr 2006 der Umsatz für Computer- und Konsolenspiele noch bei 1,21 Mrd. Euro lag, wurden 2010 bereits 1,59 Mrd. Euro umgesetzt. Die Umsätze der Computerspielbranche in Deutschland bewegen sich also in ähnlichen Größenordnungen wie die Umsätze, die an der Kinokasse und mit Filmen auf DVD oder Blu-ray Disc erzielt werden (vgl. Tab. 5.4). Im internationalen Vergleich steht der deutsche Markt für Computerspiele damit an fünfter bis sechster Stelle.[48]

---

45 | Jon Dovey/Helen W. Kennedy, *Game Cultures. Computer Games as New Media*, Maidenhead, New York 2006, S. 44.

46 | Wolters, *Elektronische Spiele*, S. 31.

47 | Gartner, *Pressemitteilung: Gartner Says Spending on Gaming to Exceed $74 Billion in 2011*, 05.07.2011, URL: http://www.gartner.com/it/page.jsp?id=1737414 (besucht am 14.09.2011).

48 | Jörg Müller-Lietzkow, *Überblick über die Computer- und Videospielindustrie*, in: Tobias Bevc/Holger Zapf (Hrsg.), *Wie wir spielen, was wir werden. Computerspiele in unserer Gesellschaft*, Konstanz 2009, S. 241–261, hier S. 242.

Tab. 5.4: Umsätze Computerspielbranche und Filmbranche in Deutschland in Mrd. Euro[49]

	Computer- und Konsolenspiele	Kino	Homevideo
2010	1,59	0,91	1,62
2008	1,64	0,79	1,56
2006	1,21	0,81	1,59

An der Wertschöpfungskette der Computerspielsoftware sind verschiedene Akteure beteiligt. Maßgeblich für die Produktion eines Computerspiels ist zunächst das Entwicklerstudio, in dem Game Designer, Autoren, Programmierer, Grafiker und Produzenten das Spiel herstellen. Heather Chaplin und Aaron Ruby sprechen in ihrer Beschreibung der Entwicklerszene von einer »fascinating collection of geeks, mavericks, and geniuses, and they are passionate about what they do«. Sie betonen aber auch, dass sich die Branche professionalisiert und dass »the videogame industry has gone corporate faster than any medium that's ever come before«.[50] Entwicklerteams können in der Größe erheblich variieren: Kleine Studios bestehen häufig nur aus wenigen Mitarbeitern, große Firmen arbeiten mit mehreren hundert Angestellten. Die Kapazitäten der Entwicklerstudios werden zudem durch externe Lösungen ergänzt. Zum einen kommt eine Fülle an proprietären und freien Entwicklungswerkzeugen zum Einsatz. Zu nennen wären etwa die Programmierschnittstellen, die einen Vorrat an gängigen Befehlen und Funktionen bereitstellen und so den Entwicklern grundlegende Arbeitsschritte abnehmen. Außerdem ist spezialisierte Software für die Erstellung, Visualisierung und Animation der dreidimensionalen Modelle wichtig. Häufig wird zudem auch die Game Engine, also jener Teil eines Computerspiels, der zur Ausführungszeit den Spielverlauf steuert und die Spielwelt anzeigt, von externen Anbietern zugekauft. Neben diesen Komponenten, die ein Spiel schon auf der Ebene der Entwicklungsumgebung zu einem Produkt vieler machen, treten noch externe

---

49 | Umsätze für Computer- und Videospiele umfassen Datenträger und Downloads. Daten für Computerspielbranche: Bundesverband Interaktive Unterhaltungsindustrie, *Marktentwicklung: Umsätze*, URL: http://www.biu-online.de/de/fakten/marktzahlen/datentraeger-und-downloads/marktentwicklung-umsaetze.html (besucht am 15.09.2011). Daten für Filmbranche: Filmförderungsanstalt, *Der Kinobesucher 2010. Strukturen und Entwicklungen*, URL: http://www.ffa.de/downloads/publikationen/kinobesucher_2010.pdf (besucht am 13.09.2011).

50 | Heather Chaplin/Aaron Ruby, *Smartbomb. The Quest for Art, Entertainment, and Big Bucks in the Videogame Revolution*, Chapel Hill 2005, S. 4.

Dienstleister und freie Mitarbeiter, die Bestandteile wie Grafiken, Animationen, 3D-Modelle, Musik oder Vertonungen zuliefern. Die Produktionsketten heutiger Computerspiele sind also einigermaßen unübersichtlich und werden durch die Beiträge vieler verschiedener Spezialisten und den Einsatz unterschiedlichster Technologien geprägt.[51]

Das Gegenstück zum Entwicklerstudio, das die eigentliche Produktion ausführt, ist der Verleger oder Publisher, der das Produkt, ähnlich wie im Buchmarkt, vermarktet und vertreibt. Dominiert wird der Markt von einigen großen Firmen: Für das erste Halbjahr 2011 verteilten sich knapp 80 Prozent des Umsatzes, der auf dem europäischen Markt mit Computer- und Konsolenspiele erzielt wurde, auf gerade einmal 10 Publisher.[52] Ohne die Finanzkraft und die Marketing- und Vertriebsmaschinerie eines großen Publishers können Spiele auf dem Markt heute kaum noch bestehen. Denn im Durchschnitt kostet die Entwicklung eines Spiels ungefähr 7 Mio. Euro. Soll das Spiel für mehrere Spielplattformen erscheinen, werden die Kosten auf 14–20 Mio. Euro geschätzt. Handelt es sich schließlich um ein Spiel der höchsten Qualität, dann können die Kosten auch 30 Mio. Euro übersteigen.[53] Es sei jedoch angemerkt, dass diese Zahlen nicht zwischen PC- und Konsolen-Spielen unterscheiden. Im Allgemeinen sind PC-Spiele etwas günstiger als Entwicklungen für die Spielkonsolen, da hier keine Lizenzgebühren an die Hersteller der Spielgeräte gezahlt werden müssen.[54]

Mittelbar beteiligt am Computerspielmarkt sind schließlich die Hersteller der Computerhardware. Seit den Anfängen der kommerziellen Entwicklung und Vermarktung von Computerspielen in den 1980er Jahren haben die ambitioniertesten Computerspiele immer wieder die Grenzen des aktuell technisch Machbaren ausge-

---

51 | Vgl. Ralf Dörner/Dirk Ringe, *Kein Kinderspiel. Wie Spiele entstehen – ein Blick hinter die Kulissen*, in: iX (2006) 9, S. 42–49; Andrew Rollings/Dave Morris, *Game Architecture and Design: A New Edition*, Boston u. a. 2004, S. 436–448.

52 | Die Marktanteile im Einzelnen in Prozent: Electronic Arts: 18,81; Nintendo: 15,00; Activision Blizzard: 10,32; Sony: 8,05; Ubisoft: 6,92; Take Two: 6,68; THQ: 4,01; Microsoft: 3,73; Namco Bandai Partners: 3,03; Sega: 2,76. Zahlen nach: media control GfK, veröffentlicht in: GamesMarkt (2011) 17, S. 14.

53 | Rob Crossley, *Study: Average dev costs as high as $28m*, in: develop-online, 11.01.2010, URL: http://www.develop-online.net/news/33625/Study-Average-dev-cost-as-high-as-28m (besucht am 15.09.2011). Ähnliche Zahlen in Christina Teipen, *Hochtechnologische Unternehmen im Spiegel des »Varieties-of-Capitalism«-Ansatzes. Arbeit und Beschäftigung in der Computerspieleindustrie*, in: Kölner Zeitschrift für Soziologie und Sozialpsychologie (2008) 4, S. 764–787, hier S. 773.

54 | Vgl. Jill Duffy, *Ask the Experts: Console vs. PC Development*, in: Gamasutra (Webseite), 24.03.2008, URL: http://www.gamasutra.com/view/news/17951/Ask_the_Experts_Console_vs_PC_Development.php (besucht am 16.09.2011).

reizt. Computerspiele wurden dadurch zu jenen Computeranwendungen, von denen die stärkste Innovationskraft für die Hersteller von Prozessoren, Speichermedien oder Grafikchips ausging und noch immer ausgeht.[55] Tatsächlich gilt der Massenmarkt der Computerspiele als »der einzige stichhaltige Grund für die Nachfrage der Öffentlichkeit nach schnelleren Rechnern«.[56]

Aufgrund der hohen Kosten ist die Entwicklung neuer Spiele ökonomisch sehr riskant.[57] Infolge der beständigen Weiterentwicklung der relevanten Technologien – schnellere Prozessoren, mehr Speicherplatz, bessere Grafikkarten –, können Computerspiele zudem nur für kurze Zeit zum vollen Preis (in der Regel 40–60 Euro) verkauft werden und müssen dann versuchen, mit Preissenkungen gegen die kontinuierlich nachrückenden Konkurrenzprodukte zu bestehen. Hohe Investitionen werden sich nur amortisieren, wenn sich ein Spiel sehr schnell sehr gut verkauft.[58] Diese Rahmenbedingungen machen unabhängige Entwicklerstudios zum schwächsten Glied der Produktionskette. Entweder sie finanzieren sich über Risikokapital – was bei ausbleibendem Erfolg existenzgefährdend sein kann. Oder sie binden sich früh an einen Publisher – was aber häufig nur mit ungünstigen Vertragskonditionen gelingt und in der Regel dem Publisher »den Löwenanteil der Einnahmen« garantiert.[59] Anders ist das natürlich bei Entwicklerstudios, die Tochterunternehmen der Publisher sind.

Die ökonomischen Voraussetzungen wirken sich auch auf die Themen und Inhalte der Spiele aus. Der kommerzielle Druck führt dazu, dass die Produzenten kaum bereit sind, neue, noch nicht erprobte Spielkonzepte umzusetzen und es herrscht, »trotz wachsender Umsätze, eine starke Reproduktion schon bekannter Ideen« vor.[60] Beliebt sind insbesondere Serienproduktionen, die versuchen, erfolgreich etablierte Themen und Spielideen durch Nachfolgetitel weiter zu monetarisieren. Außerdem ist eine Konvergenz der Medienformate bzw. die Anwendung von Cross-Media-Strategien

---

55 | Vgl. Olaf Wolters, *Kulturgut und Spitzentechnologie*, in: Olaf Zimmermann/Theo Geißler (Hrsg.), *Streitfall Computerspiele: Computerspiele zwischen kultureller Bildung, Kunstfreiheit und Jugendschutz*, 2. erw. Aufl., Berlin 2008, S. 122–123.

56 | Espen Aarseth, *Allegorien des Raums: Räumlichkeit in Computerspielen*, in: Zeitschrift für Semiotik 23 (2001) 1, S. 301–318, hier S. 302.

57 | Vgl. Christina Teipen, *Weltmarkt mit Hürden. Wachstumsbarrieren behindern die Computerspielindustrie*, in: WZB-Mitteilungen (2009) 125, S. 21–23, hier S. 22.

58 | Dies., *Hochtechnologische Unternehmen*, S. 775.

59 | Ebd., S. 774.

60 | Müller-Lietzkow, *Computer- und Videospielindustrie*, S. 258. Vgl. Andreas Lange, *Storykiller. Von der Zerstörung der Geschichten in Computerspielen*, in: Ästhetik & Kommunikation 32 (2001/2002) 115, S. 79–84, hier S. 84.

zu beobachten: Einerseits erscheinen heute zu großen Filmproduktionen häufig auch die passenden Spiele. Andererseits finden auch die Spielfiguren immer öfter ihren Weg aus den Computerspielen in andere Medien wie Film, Comic, Buch, Spielzeug usw.[61] Einige große Computerspiel-Publisher erweitern daher ihre Betätigungsfelder und versuchen, sich zum generellen »Inhaltsanbieter« zu entwickeln, damit sich »der Konsument am Ende des Tages entscheiden kann, ob er unseren Content lieber als Buch, Film, Musik und/oder als Spiel nutzt«.[62]

Mit diesen Bemerkungen sei die knappe Zusammenfassung der produktionstechnischen und ökonomischen Bedingungen, in denen Computerspiele heute (ent)stehen, abgeschlossen. Die einzelnen Spielanalysen werden immer wieder versuchen, die je spezifischen Produktionssituationen zu berücksichtigen. Insbesondere interessieren die Hoffnungen, die Entwickler und Produzenten hegen, wenn sie ›Historisches‹ in ihren Spielen einsetzen. Ebenso wichtig sind aber auch die Rhetoriken, mit denen ein Spiel dem Publikum als ›mittelalterliches‹ Spiel verkauft wird. Vornehmlich werden publizierte Interviews mit Produzenten und Entwicklern, Pressemitteilungen und Werbetexte der Unternehmen, Beiträge aus Fachorganen der Gamesbranche[63] sowie Begleitpublikationen zu den Spielen die Quellen sein, mit denen auch die Produzentenseite in die Analyse einbezogen wird.

---

61 | Vgl. Barry Ip, *Technological, Content, and Market Convergence in the Games Industry*, in: Games and Culture 3 (2008) 2, S. 199–244; Müller-Lietzkow, *Computer- und Videospielindustrie*, S. 258.

62 | Yves Guillemot, Chief Executive Operator Ubisoft, zit. nach Harald Hesse, *Content ist und bleibt King*, in: GamesMarkt 11 (2011) 21, S. 14–16, hier S. 16.

63 | Wichtig sind die Zeitschriften GamesMarkt und Game Developer und die Internetportale Gamasutra (URL: http://www.gamasutra.com) und GamesIndustry (URL: http://www.gamesindustry.biz).

Das Mittelalter im Computerspiel

6 Freischwebendes Mittelalter

[Hay is] something medieval.[1]
DAVID CHATEAUNEUF

The Abbey

Das Adventurespiel *The Abbey* wurde von dem relativ kleinen und eigenständigen Softwarestudio Alcachofa Soft aus Spanien produziert. Die Auflistung der Beteiligten umfasst ungefähr 50 Personen, hinzu kommen noch die Mitarbeiter einiger kleinerer Unternehmen, die z. B. Animationen zulieferten oder die Sprachaufnahmen verantwortet haben.[2] Vertrieb und Marketing übernahm die deutsche Firma Crimson Cow. Obwohl der Publisher keine Verkaufszahlen veröffentlicht hat, kann man davon ausgehen, dass mit *The Abbey* keine großen Gewinne gemacht wurden; auf Anfrage teilte der Verleger mit, dass »wegen nicht ausreichenden wirtschaftlichen Erfolges« keine Fortsetzung des Spiels geplant sei.[3] Auch von den Kritikern wurde das Spiel nur mit durchschnittlichen Noten bedacht und bekam in Deutschland im Schnitt nur 61 von 100 möglichen Punkten (vgl. Tab. 5.3, S. 127).

Anhand von *The Abbey* wurde in Kapitel 4 gezeigt, wie Darstellung und Erzählung eines Computerspiel zeitlich verortet und verstanden wird, auch wenn weder Jahreszahlen noch historische Ereignisse und historische Akteure eine eindeutige Bestimmung im Sinne einer kalendarischen Zeitordnung erlauben. Die Positionierung der Spielhandlung im Mittelalter erfolgt bei *The Abbey* über technische und bauliche

---

1 | David Chateauneuf, Level Design Director *Assassin's Creed*, zit. nach David Hodgson/David Knight, *Assassin's Creed Limited Edition Art Book*, Roseville 2007, S. 136.

2 | Handbuch zu *The Abbey*, S. 21–23.

3 | Korrespondenz des Verfassers mit Karsten Otto, Geschäftsführer von Crimson Cow, 18.11.2010.

Elemente (Pferde, Fackeln, romanische Kirchen), über gesellschaftliche Verfassungen (Ordensgemeinschaft, Kaisertum) und über mentale Konzepte (Strenggläubigkeit, Furcht vor dem Teufel).

Schauplatz der Geschichte von *The Abbey* bleibt während des gesamten Spiels die fiktive Abtei Nuestra Señora de la Natividad. Diese steht auf einer einsamen, geradezu aberwitzig spitzen Felszinne und wird als »eine der bedeutendsten und rätselhaftesten Abteien des Reiches« vorgestellt.[4] Nähere Angaben zur Lage der Abtei oder zur Identität des Reiches werden nicht gemacht. In den Klostermauern befindet sich eine große Bibliothek, diese beherbergt »uralte und äußerst seltene Exemplare der wichtigsten Texte der Christenheit«. Das Spiel beginnt mit der Ankunft des Mönches Leonardo de Toledo und seines Begleiters, dem Novizen Bruno von Capranegra. Die Spielerin steuert während des gesamten Spiels Leonardo, Bruno folgt in aller Regel auf Schritt und Tritt, bleibt aber meist passiv. Aufgabe der Spielerin ist es, vier Mordfälle, die das Klosterleben erschüttern, aufzuklären. Die Detektivarbeit wird im Wesentlichen durch zwei Spielmechaniken abgebildet: Zum einen erfährt man durch Befragung von anderen, vom Computer gesteuerten Charakteren mehr über die Geschehnisse in der Abtei. Zum anderen löst man verschiedene Rätsel und gelangt so an Schlüssel, Geheimtüren oder Schriftstücke, die für die Aufklärung der Kriminalfälle wichtig sind.

Schon nach kurzer Spieldauer wird offensichtlich, dass *The Abbey* in großem Maße nicht auf den genuinen Ideen des spanischen Entwicklerteams beruht, sondern in Gestalt von Ecos Erfolgsroman *Der Name der Rose*[5] von einer Vorlage profitiert, mit der es Thema und Milieu annähernd vollständig und den Plot der Geschichte zu erheblichen Teilen gemein hat. Gemeinsamkeiten und Unterschiede zwischen Spiel und Roman werden noch eingehend untersucht, zunächst wird aber das Spielprinzip von *The Abbey* analysiert. Dabei interessiert, wie in *The Abbey* – und im Adventurespiel überhaupt – durch die Spiellogik Geschichte präsentiert wird und werden kann.

---

4 | Bei allen Zitaten aus *The Abbey* handelt es sich um Äußerungen der Spielfiguren. Sie erscheinen als Text auf dem Bildschirm und werden in den meisten Fällen zusätzlich von Sprechern verlesen. Der Name der sprechenden Spielfigur wird im Folgenden nur angegeben, wenn es für die Argumentation von Bedeutung ist.

5 | Umberto Eco, *Der Name der Rose*, München, Wien 1982 (it. 1980).

Referenzlose Rätsel

Adventurespiele folgen im Grunde stets derselben Logik. Diese erschließt sich gut über den ersten Vertreter des Genres, das bereits erwähnte *Adventure* von William Crowther und Don Woods von 1976. Als reines Text-Spiel präsentiert *Adventure* seine Handlung und seine Spielwelt lediglich in geschriebener Sprache. Auch der Spieler spielt nur via Textkommando, kann also Zustandswechsel nur durch die Eingabe von bestimmten, dem Computerspiel bekannten Befehlen in Wortform durchführen (vgl. Abb. 6.1a–6.1d). *Adventure* wurde ursprünglich 1975 von dem Hobby-Höhlenforscher Crowther programmiert und zirkulierte aufgrund einer Dateinamensbeschränkung zunächst als *ADVENT* auf Universitätsrechnern. Dort wurde Don Woods auf den Code aufmerksam und programmierte in Abstimmung mit Crowther 1976 einige Erweiterungen, von denen vor allem die Einführung eines Punktesystems entscheidend war. In der Folge wurde das Spiel für alle gängigen Computersysteme der Zeit portiert.[6]

Das Spiel ist grundsätzlich an der Topografie einer von Crowther häufig besuchten Höhle in Kentucky orientiert. Verschiedene Räume, Kammern und Gängen sind so verbunden, dass ein räumliches System von teilweise netzartiger, teilweise labyrinthischer Struktur entsteht. Zuvorderst ermöglicht *Adventure* also das virtuelle Erwandern einer Höhlenlandschaft.[7] In den einzelnen Räumen findet man zudem Gegenstände (Truhen, Schlüssel, Schätze etc.) oder begegnet anderen Spielfiguren. Sowohl die Gegenstände wie die Figuren sind als Objekte mit verschiedenen Eigenschaften und Möglichkeiten programmiert, dadurch kann der Spieler mit ihnen interagieren. Durch die Interaktion mit den Objekten kann dann das Spielsystem in neue Spielzustände überführt werden.

Im Beispiel: Kurz nachdem der Spieler die Höhle betritt, findet er einen kleinen Käfig (Abb. 6.1a). Wird der Käfig aufgenommen, dann kann in einem anderen Raum ein Vogel eingefangen werden (Abb. 6.1b). Wurde jedoch auf das Einsammeln des

---

6 | Vgl. Dennis G. Jerz, *Somewhere Nearby is Colossal Cave: Examining Will Crowther's Original »Adventure« in Code and in Kentucky*, in: Digital Humanities Quaterly 1 (2007) 2, URL: http://www.digitalhumanities.org/dhq/vol/1/2 (besucht am 21. 10. 2010). Zum folgenden vgl. auch Espen Aarseth, *Cybertext. Perspectives on Ergodic Literature*, Baltimore, London 1997, S. 99 f.; Nick Montfort, *Twisty Little Passages. An Approach to Interactive Fiction*, Cambridge/Mass. 2005, S. 85–93.

7 | Der Aufbau des Höhlensystems im Spiel kommt der Topologie seines Vorbilds – der Mammoth Cave in Kentucky – sehr nahe. Angeblich gelingt Nutzern des Computerspiels die Orientierung in der realen Höhle relativ problemlos. Vgl. dazu Pias, *Computer Spiel Welten*, S. 121.

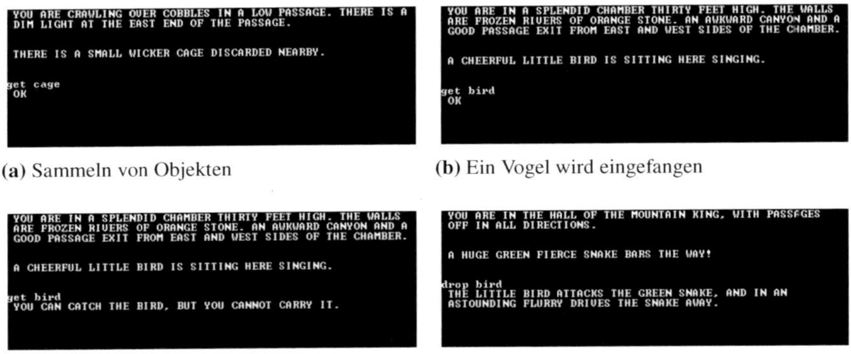

(a) Sammeln von Objekten

(b) Ein Vogel wird eingefangen

(c) Ohne Käfig kein Vogel

(d) Kombination von Objekten

Abb. 6.1: *Adventure*

Käfigs verzichtet, dann misslingt auch die Festsetzung des Vogels (Abb. 6.1c). Der Vogel ist aber für den Fortgang des Spiels wichtig: Blockiert etwa eine Schlange den Weg, dann gelingt mit dem Vogel die Überwindung dieses Hindernisses (Abb. 6.1d). So oder ähnlich sind alle Rätsel und Aufgaben in *Adventure* strukturiert. Daneben gilt es, im Netz der Räume und Gänge die Orientierung zu behalten. *Adventure* stellt also Herausforderungen an das logische und kombinatorische Vermögen und verlangt zudem einen guten Orientierungssinn und kartographische Grundkenntnisse.

Diese Modi – Objektkombination/-manipulation und Navigation – bilden die spiellogischen Prinzipien eines jeden Adventurespiels. Natürlich hat sich das Genre seit dem Auftakt durch *Adventure* verändert: Ab 1984 wurde mit *King's Quest I* (Sierra On-Line/IBM) die Spielumgebung nicht mehr mit Text beschrieben, sondern mit Grafiken abgebildet. Und ab 1987 schränkten dann Spiele wie *Maniac Mansion* (Lucasfilm Games) die potentiell unendliche Menge an mögliche Eingabebefehlen drastisch ein, indem sie den Spieler auf ein permanentes Angebot von Verben festlegten (»Gehe zu«, »Benutze«, »Öffne« etc.) und erlaubten das direkte Anklicken der bildlichen Repräsentationen der Objekte. Spiele wie *The Abbey* zeichnen sich demgegenüber im Wesentlichen nur durch verbesserte Grafik sowie durch ein weiter reduziertes Vokabular aus: In *The Abbey* kann man Objekte nur *ansehen* (linke Maustaste) oder *benutzen* (rechte Maustaste). Strukturell jedoch sind sich all diese Spiele recht ähnlich: »In fact, all adventure games, graphic or text, first- or thirdperson, could be translated into the original, *ADVENT*-style text format with little fundamental change in their game play.«[8]

Auch die Bestimmung des Spieledesigners Roger Pedersen dürfte auf die meisten Adventurespiele zutreffen: »Adventure games are quests where puzzles are presented along the journey.«[9] Die Rätsel bzw. deren Lösungen sind nun aber nichts anderes als die oben angesprochenen Möglichkeiten zur Manipulation und Kombination von Objekten. Hinsichtlich der Komplexität dieser Puzzle oder Rätsel können natürlich erhebliche Unterschiede zwischen den Spielen bestehen. Zudem können Rätsel mehr oder weniger originell und die möglichen Lösungen verschieden plausibel sein. Da die Rätsel neben der Navigation der entscheidende Teil der Spiellogik des Adventurespiels sind – und damit bestimmen, was der Spieler tun kann und tun muss – ist deren Design mit das wichtigste Kriterium für den Erfolg eines Adventurespiels beim Publikum. Dementsprechend detailliert geht die Spielepresse in ihren Berichten auf die Rätsel eines Spiels ein. Das Rätseldesign von *The Abbey* wird recht negativ bewertet: »[Es] fallen mehrere Rätsel auf, deren Lösungen viel zu kompliziert wirken. Euch kommen vielleicht viel leichtere oder direktere Methoden in den Sinn, um das gewünschte Ziel zu erreichen. Doch das Programm bietet nicht immer die naheliegendste Option an.«[10] Zudem wird moniert, dass die Rätsel »nur selten nachvollziehbar« und »nie originell« seien[11] und dass dadurch vom Spieler »unlogische Denkweisen« verlangt würden.[12]

Die Frage nach dem Rätseldesign betrifft die Verknüpfung von spiellogischer und lebensweltlicher Spielebene.[13] Im formalen Sinn entspricht die Lösung eines Rätsels letztlich lediglich einer Menge von Objekten mit einer bestimmten Ordnung. Diese Objekte referieren durch ihre Gestaltung und ihre Benennung jedoch auch auf kollek-

---

8 | Myers, *Nature of Computer Games*, S. 15 f.; zur strukturellen Ähnlichkeit der Adventurespiele vgl. auch Aarseth, *Quest Games*, S. 365–369.

9 | Pedersen, *Game Design Foundations*, S. 19; vgl. Montfort, *Twisty Little Passages*, S. 3–6.

10 | Andreas Altenheimer, *The Abbey – Review*, in: Gameswelt (Webseite), 02.06.2008, URL: http://www.gameswelt.de/articles/reviews/4983-The_Abbey (besucht am 22.11.2010).

11 | Christian Schmidt, *The Abbey*, in: GameStar (2008) 8, S. 101.

12 | Felix Schütz, *Test: The Abbey auf dem Beichtstuhl*, in: PC Games (Webseite), 30.06.2008, URL: http://www.pcgames.de/The-Abbey-PC-200843/Tests (besucht am 01.11.2010).

13 | Ähnlich bei Niklas Schrape, *Playing with Information. How Political Games Encourage the Player to Cross the Magic Circle*, in: Stephan Günzel/Michael Liebe/Dieter Mersch (Hrsg.), *Conference Proceedings of the Philosophy of Computer Games 2008*, Potsdam 2008, S. 108–125, hier S. 115 f.

tiv etablierte Bedeutungen: Bei den Objekten kann es sich um verschiedene Zutaten einer Rezeptur handeln, um Antworten, die in einem Dialog gegeben werden oder um Schalter, die, in der richtigen Reihenfolge aktiviert, eine Geheimtür öffnen. Wird nun ein Rätsel als »unlogisch« und »nicht nachvollziehbar« bezeichnet, dann hat diese Kritik maßgeblich mit den lebensweltlichen Bezügen zu tun. Eigentlich kritisiert man, dass die Auswahl und die Ordnung der Objekte, die vereint den Schlüssel zur Lösung eines Rätsels bilden, weder durch allgemein bekanntes Wissen noch durch die Erzählung des Spiels plausibel gemacht wurden.

Wird nun gefragt, ob *The Abbey* auch durch seine Spiellogik Geschichte präsentiert, dann geht es um eben dieses Verhältnis zwischen rätsellösenden Objektkombinationen einerseits und breiterem Spielkontext und kollektivem Wissen andererseits. Insbesondere würde man von Geschichtsdarstellung auf spiellogischer Ebene sprechen, wenn für die Rätsel und ihre Lösungen *historische* Aspekte der Spielgeschichte oder allgemeines *historisches* Wissen relevant sind. Das ist bei *The Abbey* kaum der Fall. Historisches wird in den Rätseln und Aufgaben des Spiels lediglich auf rudimentäre Art und Weise abgebildet: Mittels einer Kerze kann von einem Schlüssel ein Abdruck genommen werden, der Schmied sorgt dann für die Herstellung des Zweitschlüssels. An anderer Stelle wendet der Mönch Leonardo einen Magneten auf sein Kruzifix an und kann so einen metallischen Gegenstand aus einer schmalen Öffnung befördern. Die Logik und die Komponenten dieser Aufgabenstellungen bewegen sich zwar durchaus innerhalb jenes zeitlichen Horizonts, den das Spiel auch durch seine Erzählung evoziert. Dennoch wird man kaum davon sprechen können, dass *The Abbey* mit diesen Rätseln historische Sachverhalte spielbar macht oder dass hier mittelalterliche materielle Kultur eine eingehende Modellierung erfährt.

Der weitere Rahmen der Kriminalgeschichte von *The Abbey* ist bestimmt von einem Konflikt zwischen ›böser‹ dämonologischer Lehre und ›guter‹ kirchentreuer Fasson. Die Anlage dieses Widerstreits wird der nächste Abschnitt noch eingehender untersuchen, hier sei nur festgestellt, dass die Thematik der Rahmenerzählung keinerlei Einfluss auf das Rätseldesign hat. Erzählung und historische Zeit werden somit nicht modelliert, sondern nur dargestellt und erzählt. Diesen Mangel an Verbindung zwischen spielerischer Herausforderung und erzählter Geschichte illustriert auch das folgende Beispiel: In einem Raum der Bibliothek der Abtei befindet sich ein Relief, dessen Motiv offensichtlich über eine starke historische Anmutung verfügt. Gezeigt werden zwei Reiter, einer mit Schwert, einer wohl mit Heiligenschein. Umgeben sind die Reiter von Flammen, im Hintergrund erkennt man ein brennendes Gebäude (Abb. 6.2). Welche Aufgabe kommt nun diesem Bild innerhalb des Spielsystems zu? Das Relief setzt sich aus mehreren Teilen zusammen, die der Spieler verschieben kann, um die zunächst ungeordnete Ansicht in die korrekte Abbildung

Abb. 6.2: *The Abbey*: Schieberätsel, ungeordnet und geordnet

Abb. 6.3: *Beatus von Valladolid*: Die vier apokalyptischen Reiter

zu überführen. Es handelt sich also um ein simples Schieberätsel. Auch die Einbindung in die Spielhandlung ist unkompliziert: Hat das Bild die richtige Ordnung, öffnet sich eine Geheimtür. Für den Aufbau eines Schieberätsels ist aber nur *irgendein* Bild erforderlich. Der Bildinhalt ist daher für die Spiellogik von *The Abbey* nur insofern wichtig, als so eben *etwas* dargestellt ist. Man kann zwar recherchieren, dass für das Relief zwei der apokalyptischen Reiter aus einem illustrierten Apokalypsenkommentar – dem sogenannten Beatus von Valladolid von 970 – entnommen und leicht überarbeitet wurden (vgl. Abb. 6.3).[14] Da die Offenbarung des Johannes für das Schieberätsel und auch für alle anderen Rätsel von *The Abbey* aber irrelevant ist,

---

14 | Für den entscheidenden Hinweis danke ich dem Nutzer »El Quijote« von Geschichtsforum.de, URL: http:\\www.geschichtsforum.de. Zum Beatus von Valladolid vgl. z. B. Wilhelm Neuss, *Die Apokalypse des Hl. Johannes in der altspanischen und altchristlichen Bibel-Illustration*, 2 Bde., Münster 1931, Bd. 1, S. 16 f. Die Abbildung der apokalyptischen Reiter ebd., Bd. 2., S. LXIX.

werden durch dieses Wissen keine spielrelevanten Informationen gewonnen. David Myers hat das einflussreiche Grafik-Adventure *Myst* (Broderbund 1993) untersucht und die Einbettung der Darstellungen in das Spielsystem thematisiert: »The *Myst* visuals were more illustrative than explicative, and those symbols that were used to construct, signify, and solve the visual puzzles and mazes of *Myst* had little relevance to the game's broader contexts of play.«[15] Im Anschluss an Myers' Begrifflichkeiten kann man dann auch für *The Abbey* von lediglich illustrativen – und nicht explikativen – Darstellungen sprechen.

Für diese Rätsel ohne Referenz gibt es aber keine prinzipiellen Ursachen: Es wäre leicht möglich, historisches Wissen in den Rätseln eines Adventurespiels darzustellen und spielbar zu machen. Insbesondere könnte man durch innovatives und historisch informiertes Rätseldesign entscheidende Anliegen einer modernen Geschichtsdidaktik berücksichtigen: Geht man wie der Didaktiker Michael Sauer davon aus, dass »Geschichte [...] es stets mit [...] Alteritätserfahrung, also der Erfahrung von Andersartigkeit zu tun« hat[16] und ist an einer Geschichtspräsentation durch Computerspiele interessiert, die auch die Spiellogik einbegreift, dann muss vor allem das Adventurespiel interessieren: Mit Aufgaben, die nur deshalb als Rätsel erscheinen, weil sie einer *historischen*, d. h. zunächst fremden und unbekannten, Logik folgen, könnten viele Teilbereiche mittelalterlicher Vergangenheit zum tatsächlichen Inhalt der spielerischen Herausforderungen werden. Das Adventurespiel aber, das die für das Genre konstitutiven ›Verrätselungen‹ aus der Alterität mittelalterlicher Mentalitäten, Sozialordnungen oder politischer Kulturen ableitet, muss noch geschrieben/programmiert werden.

Das gute Buch und das böse Buch

Das Historische hat im Fall von *The Abbey* seinen Ursprung also nicht im Spielsystem oder in den durch dieses ermöglichten spielerischen Handlungsmöglichkeiten. Neben der visuellen Gestaltung der Spielumgebung ist es vor allem die erzählte Detektivgeschichte, die mittelalterliche Geschichte präsentiert. Diese Erzählung soll im Folgenden untersucht werden. Dabei muss auch das literarische Vorbild betrachtet werden, denn wie bereits berichtet, bestehen zwischen dem Computerspiel *The*

---

15 | Myers, *Nature of Computer Games*, S. 15.

16 | Michael Sauer, *Geschichte unterrichten. Eine Einführung in die Didaktik und Methodik*, 6. akt. u. erw. Aufl., Seelze 2007 (2001), S. 76. Vgl. auch Goetz, *Geschichtswissenschaft und Geschichtsbewusstsein*, S. 274 f.

Abbey und dem Roman *Der Name der Rose* von Umberto Eco zahlreiche Gemeinsamkeiten. Neben dem Sujet – Detektivgeschichte in einem abgelegenen Kloster – gleichen sich auch das Personal – hier wie dort scharfsinniger Ermittler mit unbedarftem Assistenten, dazu Abt, Bibliothekar, verwirrter Greis, junger Gelehrter und braver Handwerker.[17] Zudem sind die Topografien der Klosteranlagen ähnlich und die erzählte Geschichte in einigen Passagen nahezu identisch.

Die Nähe zwischen Spiel und Roman wird vom spanischen Entwicklerstudio Alcachova Soft nicht verheimlicht, in den Danksagungen im Handbuch und im Abspann des Spiels wird Umberto Eco erwähnt. Wie der Verleger des Spiels mitteilt, wird Eco dadurch lediglich für die allgemeine Inspiration gedankt, weder habe Eco in irgendeiner Form am Spiel mitgearbeitet noch seien rechtliche Vereinbarungen mit Eco bzw. dessen Verlag geschlossen worden.[18] Auch in den Artikeln, mit denen Spielezeitschriften oder Spielewebseiten *The Abbey* bewerten, erwähnt man in aller Regel die Vorlage.[19] Einige der Beiträge, mit denen Spieler in Diskussionsforen die ersten Meldungen zum Spiel kommentieren, belegen, dass *Der Name der Rose* auch unter den Rezipienten zumindest teilweise bekannt ist: »Ich freu mich auf jeden Fall drauf, [...] Der Name der Rose hat mir gut gefallen«.[20] Weder in der Spielepresse noch in den Spielerforen geht die Auseinandersetzung jedoch über die Nennung des Vorbilds hinaus (und zudem wird in aller Regel nicht zwischen Ecos Roman und der Verfilmung durch Jean-Jacques Annaud von 1986 unterschieden). Hier soll nun eine detaillierte Gegenüberstellung von Spiel und Roman versucht werden.

Die Unterschiede zwischen *The Abbey* und *Der Name der Rose* betreffen unter anderem die Anlage und die Verwicklungen des Kriminalfalls. Die Differenzen sind zwar auf den ersten Blick nicht gewaltig, bei näherem Besehen jedoch sehr interessant. Auch in *The Abbey* steht das Ableben eines Mönchs am Anfang: Man beklagt

---

17 | In *The Abbey*: Leonardo de Toledo mit seinem Novizen Bruno von Capranegra, namenloser Abt, Bibliothekar Marcellus, Greis Arkadius, Kopist Thomas und Schmied Nicolas; in *Der Name der Rose*: William von Baskerville und Adson von Melk, Abt Abbo von Fossanova, Bibliothekar Malachias, Greis Alinardus, Rhetoriker Benno und Glasermeister Nicolas. Es existieren noch weiter Parallelen bezüglich der Personage.

18 | Korrespondenz des Verfassers mit Karsten Otto, Geschäftsführer von Crimson Cow, 18.11.2010.

19 | Yassin Chakhchoukh, *The Abbey – Preview*, in: Gamestar (2008) 5, S. 64; *Gameswelt* (Webseite), URL: http://www.gameswelt.de; Jan Schneider, *The Abbey*, in: Adventure-Treff (Webseite), 30.06.2008, URL: http://www.adventure-treff.de/artikel/tests.php?id=166 (besucht am 02.11.2010).

20 | Nutzer »Minniestrone«, in: Adventure Corner Forum, 26.05.2008, URL: http://www.adventurecorner.de/forum/viewtopic.php?f=10&t=5460&p=87971 (besucht am 22.11.2010).

den Tod des Bruders Anselm, der von einem schweren Weihrauchfass erschlagen wurde. Der Abt des Klosters betraut Leonardo aufgrund seines Rufes als kluger Ermittler mit der Aufklärung des Todesfalls. Die Nachforschungen führen Leonardo und seinen Gehilfen Bruno zu verschiedenen klösterlichen Schauplätzen, einzig der Zugang zur Bibliothek bleibt ihnen zunächst verwehrt. Im Laufe des Spiels werden drei weitere Mönche ermordet: Zunächst findet man den Bibliotheksgehilfen Gottfried erschlagen auf, dann den Übersetzer Umberto, der offensichtlich erdrosselt wurde, schließlich den Schmied Nicholas, Opfer einer Vergiftung. Nach dem Lösen verschiedener Rätsel, der Befragung der Klostergemeinschaft und zuletzt einem nächtlichen Einbruch in die Bibliothek kann Leonardo die Todesfälle aufklären: Es stellt sich heraus, dass sich in *The Abbey* anders als im Roman zwei Mönche die Verantwortung für die Verbrechen teilen, namentlich der junge Kopist Thomas und der Prior des Klosters, Segundo. Damit weicht *The Abbey* schon in einem grundsätzlichen Aspekt von jenem Kriminal ab, das Eco erzählt. Aber die Unterschiede betreffen nicht nur den Handlungsablauf, auch in den Motiven, mit denen die Taten plausibel gemacht werden, gibt es nicht unerhebliche Differenzen. Dies hat Konsequenzen für die verhandelten Problemkreise und für das vermittelte Geschichtsbild.

Zunächst die grobe Kontur des Kriminalfalls in *Der Name der Rose*: Hier ist es der blinde Jorge von Burgos, der letztlich für die Verbrechen verantwortlich ist. Jorge sieht Wissensmonopol und Wahrheitsanspruch der Kirche gefährdet und scheut für die Verteidigung der hergebrachten Ordnung auch die Vergiftung seiner Mitbrüder nicht. Die Herrschaft der Kirche sieht er bedroht und herausgefordert durch entfesselte Lebensfreude, durch den permanenten Karneval. Die ersten Worte, die er im Roman spricht, zeigen seine drakonische Position bereits an. Das intellektuelle Duell zwischen William und Jorge im Showdown der Erzählung kreist dann zu großen Teilen um Jorges gestrenge Auffassung und um die Gefahren, die er mit dem Lachen verbindet: »Das Lachen ist die Schwäche, die Hinfälligkeit und Verderbtheit unseres Fleisches. Es ist die Kurzweil des Bauern, die Ausschweifung des Betrunkenen [...] ein Schutz für das einfache Volk, ein entweihtes Mysterium für die Plebs.«[21] Besondere Gefahr für die Kirche geht von einer einzigartigen Schrift aus: Im Herzen der labyrinthischen Bibliothek befindet sich das einzige noch existierende Exemplar des 2. Buches der aristotelischen Poetik über Komik, Komödie und Lachen. Die Furcht vor diesem Buch bzw. vor seiner allgemeinen Lektüre ist die Grundlage für Jorges

---

21 | Eco, *Der Name der Rose*, S. 602 f.

kriminelles Kalkül: In Aristoteles Werk werde »die Funktion des Lachens umgestülpt und zur Kunst erhoben, hier werden ihr die Tore zur Welt der Gebildeten aufgetan«.[22]

Im Computerspiel *The Abbey* hängt nur die eine Hälfte der Geschichte mit einem geheimnisvollen Buch zusammen. Die Verbrechen, die der Prior Segundo begangen hat, haben einen anderen Hintergrund: Segundo wollte den Tod des Abtes provozieren und hatte daher die Aufhängung des Weihrauchfasses manipuliert. Dass statt dem Abt der Mönch Anselm erschlagen wurde, geschah versehentlich. Die Ermordung des Schmiedes Nicolas ergab sich dann als Folgetat, wie Leonardo in der finalen Szene aufdeckt: »Nicolas vermutete, dass Segundo etwas mit Anselms Tod zu tun hatte. Und Segundo merkte das. Also beschloss er, etwas zu unternehmen.« Auch die Beweggründe für die Morde arbeitet Leonardo in seiner Anklage heraus: Segundo wäre »logischerweise der nächste Abt im Kloster« und dadurch mit glänzenden Aussichten bedacht: »In besagter Position, mit den Sprachen, die er beherrscht, [...] dem Wissen, das diese Bibliothek beherbergt ... Ich kenne die Grenzen seines Ehrgeizes nicht, aber es wäre für ihn ein Leichtes gewesen, die Kardinalsmitra zu erlangen. Und von dort aus auf den Heiligen Stuhl ist es nur noch ein Schritt ...« Es sind also die Aussichten auf das Amt des Abtes und auf die Karrieremöglichkeiten, die damit verbunden sind, die die Taten des Priors erklären. Diese Vorgänge des Spiels sind weitestgehend unabhängig von der konkreten Romanhandlung, obwohl das Motiv der unlauteren Vorgänge, die die Vergabe der klerikalen Leitungspositionen begleiten, auch im Roman angelegt ist.[23] *The Abbey* hat nun dieses thematische Feld in den Morden des aufstiegswilligen Segundo konkretisiert.

Die anderen Mordfälle des Spiels sind dann näher an der Handlung des Romans. Hier kommt nun auch einem außergewöhnlichen Buch eine Schlüsselrolle zu. Diese Schrift – ein Titel wird nicht genannt – ist aber von gänzlich anderer Natur als die aristotelische Poetik: In *The Abbey* birgt das geheimnisvolle und umkämpfte Buch keinen verschollenen Schlüsseltext der Philosophie sondern enthält Zauberformeln für Beschwörung und Teufelsanrufung. Vermittels dieser okkulten Praktiken soll die Verwandlung von einfachem Metall in reines Gold möglich sein. Der junge Kopist Thomas weiß von diesen Potenzialen und hat auch in Erfahrung gebracht, dass sich das Buch im unzugänglichen Bereich der Bibliothek befindet. Um Zugang zu den verbotenen Räumen zu erhalten, tötet er den Bibliotheksgehilfen Gottfried. Wie geplant wird er zu dessen Nachfolger ernannt. Leider jedoch ist das Buch und die entschei-

---

22 | Ebd., S. 603.

23 | Der Glasermeister Nicolas berichtet: »wenn es um die Abtwürde geht, werden manchmal schlimme, sehr schlimme Intrigen gesponnen« und auch »in den Klöstern, am päpstlichen Hofe, in den Kirchen« gäbe es »grausame Kämpfe um die Macht« ebd., S. 536 f.

dende Anrufungsformel in fremder Sprache, daher wird der Übersetzer Umberto zu Rate gezogen. Als dieser die gewünschte Übersetzung nur gegen Zahlung einer hohen Summe aushändigen will, tötet Thomas auch ihn. Bevor Thomas jedoch das satanische Ritual vollenden kann, wird er von den Ermittlern überführt (Abb. 6.6). Es kommt zum finalen Kampf, das Klosterhospital gerät in Brand, Leonardo und Bruno können sich retten, der Verbrecher und das Buch enden in den Flammen (Abb. 6.7).

Dieser Handlungsgang folgt in vielen Momenten der Erzählung des Vorbilds. Jedoch geht es in Spiel und Buch eigentlich um ganz Verschiedenes: In Ecos Roman ist der Held William von Baskerville nicht nur Aufklärer der Mordfälle, er erscheint auch, so die Zusammenfassung von Max Kerner, »als nüchterner Pragmatiker, als Feind dogmatischer Heilslehren und als Gegner absoluter Wahrheiten«, verkörpert also »die fortschrittlichen Ideen der spätmittelalterlichen Geisteswelt«.[24] William ist folglich auch voll der Begeisterung, als er mit Adson die Bibliothek erkundet und deren reiche Bestände zu überblicken beginnt: William bricht bei jedem Titel, den er entdeckt »in heftige Freudenschreie aus, sei's weil er das betreffende Werk bereits kannte oder weil er es seit langem suchte oder auch weil er noch niemals davon gehört hatte und daher um so erregter und wißbegieriger war.«[25] Ecos Held ist Advokat von Bildung und Vernunft: »Das Wohl eines Buches besteht darin, gelesen zu werden«[26] und kämpft gegen das drakonische Regiment eines unbeweglichen Wissensbegriffs, wie ihn Jorge von Burgos – »Es gibt keinen Fortschritt, es gibt keine epochale Revolution in der Geschichte des Wissens, es gibt nur fortdauernde und erhabene Rekapitulation«[27] – vertritt.

Im Computerspiel dagegen ist der tolerante und skeptische, der Logik wie der Empirie verpflichtete Wissenschaftsbegriff des William von Baskerville kaum zu finden. Als Leonardo und Bruno erstmalig in den geschützten Bereich der Bibliothek vordringen (vgl. Abb. 6.4 und 6.5) und die Bücher untersuchen, reagiert Leonardo nicht mit bibliophiler Verzückung, sondern mit blankem Entsetzen: »Großer Gott! Sie dürften nicht mal existieren!« Die Bibliothek beherberge »keine normalen Bücher« sondern »Bücher über Alchimie, Dämonologie, satanische Rituale ... Bücher, die den Menschen zu grässlichen Taten reizen«. Er fragt »welche Gründe eine christliche Bibliothek dazu bewegen konnten, hunderte solcher Bücher aufzubewahren«.

---

24 | Max Kerner, *Zeitbezug und Mittelalterverständnis in Umberto Ecos ›Der Name der Rose‹*, in: ders. (Hrsg.), *»... eine finstere und fast unglaubliche Geschichte«? Mediävistische Notizen zu Umberto Ecos Mönchsroman »Der Name der Rose«*, Darmstadt 1988, S. 53–80, hier S. 72.

25 | Eco, *Der Name der Rose*, S. 397 f.

26 | Ebd., S. 506.

27 | Ebd., S. 509.

Sogar als konkrete Gefahr für sich und seinen Gehilfen sieht Leonardo diese Werke: »Ich fürchte, wir bewegen uns auf viel gefährlicherem Terrain, als ich zuerst dachte. Nicht nur unsere Körper sind in Gefahr, sondern auch unsere Seelen.« Damit erzählt *The Abbey* eine ganz eigene Konfliktgeschichte um Deutungsmacht und Wissensmonopol. Das verdeutlicht auch die weitere Rahmung des Kriminalfalls: Der Kaiser selbst (ein Name wird nicht genannt) hat die Sammlung der gefährlichen Bücher befohlen und sie unter Mithilfe des Inquisitors Nazario (Abb. 6.8) in die entlegene Abtei schaffen lassen. Leonardo fasst zusammen: »Der Kaiser glaubte, dass er sein gesamtes ketzerisches Wissen zu seinen Gunsten benutzen konnte. [...] Jedes Buch, das sich im christlichen Abendland fand, wurde offensichtlich auf dem Scheiterhaufen verbrannt. Doch mit Nazario als Verbündetem wurden sie in Wirklichkeit hierher geschickt, übersetzt und archiviert. Wie ich vermute in der verrückten Hoffnung, dass sie seinen Interessen dienen würden.« Thomas benennt dann die Motive dieser Operation: »Könnt Ihr Euch ein Heer unsterblicher Dämonen vorstellen? Zauberei, die gute, fromme Menschen in kaum mehr als dumpfe, gewalttätige Tiere verwandelt?« Diese Gefahr hat Leonardo zum Ende des Spiels erkannt, deshalb macht er sich auf an den Hof des Kaisers: »Jemand muss die Machtgelüste des Kaisers im Auge behalten. Was hier geschehen ist, war nur eine Warnung unseres Herrn«.

Das Böse und der Teufel werden hier ganz wörtlich genommen. Damit ist das Computerspiel aber entlang einer ganz anderen Konfliktlinie aufgestellt als der Roman. Zwar existiert auch in *Der Name der Rose* das Böse: William erkennt in Jorges »Antlitz [...] zum ersten Mal die Züge des Antichrist«, sichtbar im »Haß auf die Philosophie« und heraufbeschworen von der »fanatischen Liebe zu Gott oder zur Wahrheit«.[28] Das hat jedoch eine gänzlich andere Qualität als die Zaubersprüche und dämonologischen Werke, die in *The Abbey* dem Teufel zur Gestalt verhelfen können und die vom Helden der Geschichte nicht analysiert und dekonstruiert, sondern gefürchtet werden.

Während in *Der Name der Rose* also ein fortschrittlicher Ermittler die unbewegliche Position mittelalterlicher Kirchenmänner angreift, wird in *The Abbey* der Detektiv und mit ihm die christliche Kirche von fremden und dunklen Wissensbeständen bedroht. Das Spiel verzichtet somit auf die Implementierung jener Romanteile, die dessen aufgeklärte, gewissermaßen moderne Seite ausmachen. Es sind ja vor allem Williams Vernunft und Wissenschaftsglaube, die als Künder der Neuzeit interpretiert wurden und die aus *Der Name der Rose* einen Stück über das ausgehende Mittelalter

---

28 | Ebd., S. 624.

Abb. 6.4: *The Abbey*: Leonardo entdeckt die Werke der Dämonologie

Abb. 6.5: *The Abbey*: Die verbotene Bibliothek

Abb. 6.6: *The Abbey*: Teufelsanrufungen

Abb. 6.7: *The Abbey*: Bücherverbrennung

Abb. 6.8: *The Abbey*: Der Inquisitor

machen.[29] Die Erzählung von *The Abbey* ist dagegen wesentlich ›finsterer‹: Die Kirche wird nicht durch fortschrittliches, sondern durch okkultes Gedankengut gefährdet und der Held kennt keine Optionen jenseits der kirchlichen Ordnung. Ganz offenkundig wird der Unterschied in der jeweiligen Ausgestaltung der Bücherverbrennung, in der sowohl im Buch als auch im Spiel die Dramaturgie ihren Höhepunkt erreicht: Während in *Der Name der Rose* Jorge von Burgos für den Brand und die Vernichtung der aristotelischen Komik verantwortlich ist, wirft in *The Abbey* Leonardo de Toledo (bzw. der Spieler, der diese Spielfigur steuert) das Buch in die Flammen (vgl. Abb. 6.7).

Man könnte diese Unterschiede vor dem Hintergrund der populären Diskussion über die (angebliche oder tatsächliche) Konkurrenz zwischen den Medien Buch und Computer deuten: Im Computerspiel muss das Buch für die Rettung der Welt verbrannt werden, im Roman weint der Held bittere Tränen des Verlustes, als die vollständige Vernichtung der Bibliothek zur Gewissheit wird. Die unternommene vertiefte Lektüre des Computerspiels, die zur Kontrastierung auch die ursprüngliche Darstellung des Stoffes im Roman herangezogen hat, will jedoch andere, die Mittelalterdarstellung betreffende Ergebnisse fokussieren: Erstens nimmt *The Abbey* im Vergleich zu *Der Name der Rose* eine *Konkretisierung* vor, zweitens wird im Computerspiel in gewisser Weise eine *Entzeitlichung* vollzogen.

Erstens: Die Hintergründe, die in *Der Name der Rose* den Anlass zum Verbrechen geben und damit die Handlung in Gang bringen, behandeln wissenschaftstheoretische und theologische Probleme: Letztlich geht es um die Frage, wie der Mensch (des Mittelalters) sich durch das Lachen von einer »krankhaften Leidenschaft für die Wahrheit« – so die Formulierung Williams[30] – befreien kann – und ob er dies darf.[31] In *The Abbey* sind die Beweggründe profaner: Segundo, der anstelle des Abtes herrschen möchte, tötet aus Ehrgeiz, Thomas, der mittels Teufelsanrufung Gold herstellen will, aus Habgier. Damit verlässt das Computerspiel die »Verlängerungen des räumlichen

---

29 | Zu Ecos eigenen Ausführungen zur »Historizität« des William von Baskerville vgl. Eco, *Nachschrift*, S. 86–88; vgl. dazu auch Georg Wieland, *Gottes Schweigen und das Lachen der Menschen*, in: Alfred Haverkamp/Alfred Heit (Hrsg.), *Ecos Rosenroman. Ein Kolloquium*, München 1987, S. 97–122, hier S. 99.

30 | Eco, *Der Name der Rose*, S. 624.

31 | Dies ist natürlich stark verknappt. Zum Wahrheitsbegriff in *Der Name der Rose* und zum Lachen als Drittem zwischen der Wahrheit des Jorge von Burgos und der Wahrheit des William von Baskerville vgl. Peter von Moos, *Umberto Ecos offenes Mittelalter. Meditationen über die Historik des Romans*, in: Max Kerner (Hrsg.), »*... eine finstere und fast unglaubliche Geschichte«? Mediävistische Notizen zu Umberto Ecos Mönchsroman »Der Name der Rose«*, Darmstadt 1988, S. 128–168, hier S. 152–157.

Labyrinths«, die theologischen Diskussionen also, die für den Roman von zentraler Bedeutung sind.[32] Abstrakta wie »die definitive, dinghafte Wahrheit des Seins« oder »das Lachen im Dienste des Wahren«[33] werden durch konkrete (und sattsam bekannte) Konzepte ersetzt. Mit *Konkretisierung* ist also nicht gemeint, dass es dem Spiel gelänge, Ideen oder Motive mit verbesserter Schärfe oder Deutlichkeit auszudrücken. Es geht vielmehr um die Ersetzung von eher abstrakten Elementen durch anschaulichere und gewissermaßen gegenständlichere Elemente.

Zweitens: Dass *The Abbey* ohne konkrete Datierungen auskommt, wurde schon berichtet. Damit unterscheidet sich das Spiel wesentlich vom Roman, der auf den ersten Seiten die Zeit der Handlung angibt – »Es geschah, als das Jahr des Herrn 1327 sich neigte«[34] – und der zudem in der Auseinandersetzung zwischen dem Papst Johannes XXII. und dem gewählten, aber nicht gekrönten Kaiser Ludwig dem Bayer einen konkreten politikgeschichtlichen Hintergrund hat. Im Spiel geht es wie erwähnt um einen nicht näher benannten Kaiser, der durch die Anwendung von Schwarzer Kunst ein Heer von Dämonen zu erschaffen versucht.

Entscheidender aber noch als die Erwähnung oder Vermeidung von Daten und Ereignissen scheinen mir die Konsequenzen, die aus der Anlage des zentralen Spannungspunktes für die »Historizität« des Computerspiels erwachsen: Indem der grundsätzliche Konflikt des Romans, nämlich der Streit zwischen dogmatischer Kirchenlehre und Wissenschaft, umgeleitet wird zum Konflikt zwischen Kirche und Teufelskunst, kappt das Computerspiel all jene Bindungen, die im Roman das Mittelalter an die Neuzeit heranrücken. Dort erscheint William von Baskerville als Held, »der den Schritt von der Finsternis zum Licht gewagt hat« und der schließlich »zum Kritiker und Richter einer ganzen dem Untergang geweihten Epoche« wird.[35] Peter von Moos sieht denn auch »eine der wichtigsten Botschaften des Romans« darin, dass dieser »den inneren Zusammenhang zwischen diesen anscheinend so gegensätzlichen Zeiten« (gemeint sind Mittelalter und Neuzeit) herstellt.[36]

Mit Topoi wie Dämonologie, Hexerei, Alchemie, Inquisition, Despotismus, klerikalem Karrierismus, Dogmatismus, Gottesfurcht und gefährdeter Christenseele ordnet sich das Mittelalter von *The Abbey* zunächst in jene Traditionslinie ein, die mit dem »finsteren mittleren Zeitabschnitt« der Humanisten des 15. Jahrhunderts ihren

---

32 | Eco, *Nachschrift*, S. 65.

33 | Die Begriffe aus Moos, *Offenes Mittelalter*, S. 152, 154.

34 | Eco, *Der Name der Rose*, S. 17 f.

35 | Wieland, *Gottes Schweigen und das Lachen der Menschen*, S. 99.

36 | Moos, *Offenes Mittelalter*, S. 144.

Anfang nahm. Da im Spiel, anders als im Buch, gegenläufige oder relativierende Konzepte fehlen, wird jedoch keinerlei historische Kontinuität hergestellt: *The Abbey* zeigt ein fast vollständig entzeitlichtes, ein *freischwebendes Mittelalter*.

Mittelalterchiffren

Es war Ernst Voltmer, der bei verschiedenen kommerziellen Vergangenheitsthematisierungen (Ritterturniere, Erlebnisgastronomie, Tourismus, Gesellschaftsspiele, Comic) ein aus gängigen Epochenschemata herausgelöstes Mittelalter entdeckt hat und dieses als »eine Art freischwebendes [...] Mittelalter« bezeichnet hat.[37] Wenn *The Abbey* und – das wird noch zu zeigen sein – auch andere Computerspiele auf die Angabe von Jahreszahlen oder anderen Markern, die eine Datierungen erlauben würden (Personen, Ereignisse), verzichten, dennoch aber etwas darstellen, das als ›Mittelalter‹ erkannt werden soll und auch erkannt wird, dann kann man auch hier vom *freischwebenden Mittelalter* sprechen. Dieses kennt nicht die »Verlegenheit«, die die Geschichtswissenschaft nach Hartmut Boockmann mit ›ihrem‹ Mittelalter hat: »Wann begann es, wann fand es ein Ende?«; »was heißt schon Mittelalter?«[38] Vielmehr ist hier Mittelalter eine Zeit, die sich zwar irgendwann vor der Gegenwart ereignete, außer der Temporalität des *früher* aber über keine spezifischere zeitliche Dimension verfügt. Es ist vor diesem Hintergrund dann nur konsequent, wenn in einer Spielezeitschrift zu *The Abbey* wie folgt eingeführt wird: »Irgendwann vor vielen hundert Jahren kommt im entlegenen Kloster Nuestra Señora de la Natividad ein Mönch unter seltsamen Umständen ums Leben.«[39]

Thomas Scharff hat für Mittelalter-Spielfilme festgehalten, dass es wichtig sei, was »im Film als ›mittelalterlich‹ erkannt wird [...], denn einem Spielfilm nützt es wenig, wenn gelehrte Historiker sagen, dass vieles sehr gut getroffen sei, wenn nicht ein breites Publikum Handlung, Personen und Ausstattung als ›mittelalterlich‹ wahr-

---

37 | Ernst Voltmer, *Das Mittelalter ist noch nicht vorbei ... Über die merkwürdige Wiederentdeckung einer längst vergangenen Zeit und die verschiedenen Wege, sich ein Bild davon zu machen*, in: Alfred Haverkamp/Alfred Heit (Hrsg.), *Ecos Rosenroman. Ein Kolloquium*, München 1987, S. 185–228, hier S. 210.

38 | Hartmut Boockmann, *Tausend Jahre Verlegenheit zwischen Antike und Neuzeit: Vorstellungen vom Mittelalter – Umrisse des Mittelalters*, in: Hartmut Boockmann/Kurt Jürgensen (Hrsg.), *Nachdenken über Geschichte. Beiträge aus der Ökumene der Historiker*, Neumünster 1991, S. 367–381, hier S. 367.

39 | Christian Schmidt, *The Abbey*, in: GameStar (2008) 8, S. 100.

Abb. 6.9: Fachwerkhäuser in *Die Gilde*, *Stronghold 2* und *Die Gilde 2* sowie in *Die Siedler – Aufstieg eins Königreichs*, *Anno 1404* und *Drakensang: Am Fluss der Zeit* (jeweils v.l.n.r.)

nimmt.«[40] Das gilt ganz analog auch für Computerspiele, denn auch hier fungiert *Geschichte als Marke* (vgl. dazu das nächste Kapitel). Wenn das Mittelalter ein freischwebendes ist – wie z. B. in *The Abbey* – und also nicht über Zeitpunkte und Jahreszahlen identifiziert werden kann, dann muss die Zuordnung über bekannte und erkennbare Bezüge, Geschichten und Zeichen erfolgen. Scharff spricht von »Chiffren [...] die einen Mittelalterfilm mittelalterlich aussehen lassen und an denen die Zuschauer ein ›authentisches‹ Mittelalter festmachen« könnten.[41] Für *The Abbey* wurden mit Dämonologie, Hexerei, Alchemie, Inquisition, Despotismus, klerikalem Karrierismus, Dogmatismus, Gottesfurcht und gefährdeter Christenseele bereits die in diesem Spiel dominierenden Chiffren aufgezählt. Diese Topoi sind aber für die Gesamtheit der untersuchten Mittelalter-Spiele weniger zentral, als man vermuten würde. Religion ist im Computerspiel häufig nur ein nachgeordneter Spielaspekt, das wird der Abschnitt *Die Säkularisierung des Mittelalters* in Kapitel 9 noch zeigen. Grundlegender für die meisten Computerspiele sind andere Bezüge. Nach Thomas

---

40 | Scharff, *Wann wird es richtig mittealterlich?*, S. 72.

41 | Ebd., S. 73.

Martin Buck verschwimmt »Mittelalter, Renaissance und jüngere Geschichte [...] in der öffentlichen Wahrnehmung nicht selten zu einem undifferenzierten (vormodernen) ›Früher‹«, so wird ins »Mittelalter [...] quasi alles verlegt, was nicht modern« ist.[42] Bei Horst Fuhrmann findet sich das noch präzisiert, er stellt fest, dass wissenschaftsferne Mittelalterbilder vor allem auch aus der »Sehnsucht nach der noch nicht vergewaltigten Natur, ohne Kernkraft und Kunstdünger« erwachsen. Dieses Mittelalter sei »die Nichtmoderne: keine Elektrizität, kein Auto, keine Eisenbahn, keine Zentralheizung«.[43] Damit ist man schon sehr nah an den Mittelalterchiffren, mit denen die Computerspiele ihre freischwebenden Mittelalterbilder erkennbar machen. Bereits der Abschnitt ›Historische Computerspiele‹? in Kapitel 4 hat ausgeführt wie in *The Abbey* das Mittelalter ja auch über die Mönche, die auf Eseln reiten und über die steinernen Kirchenbauten erkennbar ist. Computerspiele markieren das Mittelalter vor allem über solche Gestaltungen der *materiellen* Kultur als jene Konstruktion, die das Publikum kennt und erwartet – als das Mittelalter »im Singular und mit dem großen ›M‹«, wie es Valentin Groebner bezeichnet hat.[44] Das zeigt sich beispielsweise an den Ansichten städtischer Wohnhäuser, ohne die kaum ein Spiel auszukommen scheint und die das Fachwerkhaus zu einer der populärsten Mittelalterchiffren des Computerspiels machen (Abb. 6.9). Und auch beim Actionspiel *Assassin's Creed* setzt man auf den Wiedererkennungswert eindeutig ›mittelalterlichen‹ Materials: »[Hay is] something medieval and you can put that element everywhere and it always fits«.[45]

---

42 | Thomas Martin Buck, *Das Mittelalter zwischen Vorstellung und Wirklichkeit*, in: Thomas Martin Buck/Nicola Brauch (Hrsg.), *Das Mittelalter zwischen Vorstellung und Wirklichkeit. Probleme, Perspektiven und Anstöße für die Unterrichtspraxis*, Münster u. a. 2011, S. 21–54, hier S. 49.

43 | Horst Fuhrmann, *Einladung ins Mittelalter*, München 1987, S. 263.

44 | Valentin Groebner, *Willkommen in der Zeitmaschine*, in: Literaturen (2008) 11, S. 16–20, hier S. 20.

45 | David Chateauneuf, Level Design Director *Assassin's Creed*, zit. nach Hodgson/Knight, *Assassin's Creed Art Book*, S. 136.

7 Geschichte als Marke

> Als Marke werden Leistungen bezeichnet, die neben einer unterscheidungsfähigen Markierung durch ein systematisches Absatzkonzept im Markt ein Qualitätsversprechen geben, das eine dauerhaft werthaltige, nutzenstiftende Wirkung erzielt und bei der relevanten Zielgruppe in der Erfüllung der Kundenerwartungen einen nachhaltigen Erfolg im Markt realisiert bzw. realisieren kann.[1]
>
> GESELLSCHAFT ZUR ERFORSCHUNG DES MARKENWESENS E. V.

Assassin's Creed

In ganz anderen Produktionsbedingungen als das wirtschaftlich wenig erfolgreiche *The Abbey* ist das Actionspiel *Assassin's Creed* (Ubisoft Montreal/Ubisoft 2008) entstanden: Das Entwicklerstudio Ubisoft Montreal arbeitete mit ungefähr 200 Entwicklern und vier Jahre lang an diesem Titel und beanspruchte damit einen überdurchschnittlich langen Zeitraum für die Produktion.[2] Das Studio wird im Ranking des Fachmagazins Game Developer zu Beginn des Jahres 2008 auf dem 12. Platz, 2009 bereits auf dem 3. Platz geführt, gehört also weltweit zu den renommiertesten Betrie-

---

1 | Manfred Bruhn/Gesellschaft zur Erforschung des Markenwesens e. V., *Was ist eine Marke?*, 2002, URL: http://www.gem-online.de/pdf/gem_publikation/Was_ist_eine_Marke_2002.pdf (besucht am 30.10.2011).

2 | Vgl. Brad Shoemaker, *Assassin's Creed Updated Hands-On*, in: GameSpot (Webseite), 18.09.2007, URL: http://www.gamespot.com/xbox360/action/assassinscreed/news.html?sid=6178991&mode=previews (besucht am 30.11.2010); Christopher Reynolds, *Assassin's Creed II dev team triples in size*, in: Nowgamer (Webseite), 18.05.2009, URL: http://www.nowgamer.com/news/513/assassins-creed-ii-triples-size-of-dev-team (besucht am 01.12.2010).

ben dieser Art.[3] Als Richtgröße für die Produktionskosten kann man von 15–20 Mio. Dollar ausgehen, damit zählt *Assassin's Creed* zu den teuersten Spielen der Jahre 2007 und 2008.[4] Im Vorfeld der Veröffentlichung bezeichnete der Vizepräsident der Marketingabteilung das Spiel als »›must-have‹ title this holiday season«[5] – und in der Tat verkaufte sich *Assassin's Creed* außerordentlich gut: Im ersten Monat setzte Ubisoft den Titel weltweit zweieinhalb Millionen Mal ab, im April 2009 verkündete man über acht Millionen verkaufte Einheiten.[6] Als bis dato teuerste Produktion der Firmengeschichte war *Assassin's Creed* für den Konzern Ubisoft, inzwischen der zweitgrößte Verleger von Computer- und Videospielen in Europa,[7] von herausragender Bedeutung und wurde intern als »the happening of 2007–08« bezeichnet.[8]

Assassin's Creed wird als Actionspiel rubriziert. Da der Spieler durch sein Spiel schrittweise den Plot einer fest vorgegebenen, recht umfangreichen Erzählung entfaltet, wird das Spiel jedoch auch in die Nähe des Adventurespiels gerückt. Im Gegensatz zum Adventurespiel besteht bei *Assassin's Creed* der Großteil der spielerischen Verrichtungen aber in der adäquaten Steuerung der Spielfigur, denn auf die Herausforderungen der Spielumgebung und der programmierten Widersacher muss durch

---

3 | In das Ranking fließen ein: Daten über Verkaufserlöse und über die absolute Anzahl an verkauften Spielen, die Bewertungen, mit denen Spielezeitschriften die Spiele eines Studios beurteilt haben sowie die Ergebnisse einer Umfrage unter Spielern und Spieleentwicklern, vgl. Trevor Wilson, *Top 50 Developers*, in: Game Developer 15 (2008) 3, S. 6–17; ders. *Top 50 Developers*, in: Game Developer 16 (2009) 6, S. 7–13.

4 | Die Versionen für die Videospielkonsolen Playstation 3 und XBox 360 erschienen im Spätherbst 2007, das PC-Spiel im Frühjahr 2008. Zur Schätzung der Produktionskosten vgl. Leigh Alexander, *Assassin's Creed 2 To Cost 20 Percent More Than Original*, in: Gamasutra (Webseite), 07.05.2009, URL: http://www.gamasutra.com/php-bin/news_index.php?story=23778 (besucht am 01.12.2010); Christoph Holowaty, *Millionenspiele*, in: GamesIndustry (Webseite), 19.09.2010, URL: http://www.gamesindustry.biz/articles/2010-09-19-millionenspiele-article (besucht am 01.12.2010).

5 | Tony Key, zit. nach: Simon Carless, *Assassin's Creed: To Debut November 2007*, in: Gamasutra (Webseite), 07.06.2007, URL: http://www.gamasutra.com/view/news/14242/Assassins_Creed_To_Debut_November_2007.php (besucht am 01.12.2010).

6 | Vgl. Stephan Freundorfer, *Assassin's Creed 2: Mörderische Renaissance*, in: GamesMarkt 9 (2009) 18, S. 32.

7 | Matt Martin, *Interview mit Alain Corre*, in: GamesIndustry (Webseite), 31.08.2010, URL: http://www.gamesindustry.biz/articles/2010-08-31-corre-gamer-interview (besucht am 01.12.2010).

8 | Yves Guillemot, *Another Record Year*, in: Ubisoft Entertainment, *Annual Report 2008*, Rennes 2008, o. S.; vgl. auch Heiko Gogolin, *Assassin's Creed* in: GEE (2007) 33, S. 20–25.

präzise und zeitkritisch ausgeführte Hand-Auge-Koordination reagiert werden. Damit sind gerade die wesentlichen Merkmale des Actiongenres berührt. Die Geschichte, die *Assassin's Creed* erzählt, spielt zum überwiegenden Teil im Jahr 1191 n. Chr. Ort der Handlung sind einige bekannte Stätten in Palästina. Die gesteuerte Spielfigur ist Mitglied der Assassinen (im Spiel eine areligiöse Vereinigung von unbeugsamen Auftragsmördern), die Aufgabe besteht in der erfolgreichen Durchführung von Attentaten. Dazu muss man stets den Aufenthaltsort des Opfers erkunden, einige Informationen sammeln, schließlich den Mord mit anschließender Flucht bewerkstelligen. Dieses grundsätzliche Schema wird durch unterschiedliche Schauplätze (Akkon, Damaskus und Jerusalem) und verschiedene Zielpersonen variiert und durch eine Hintergrundgeschichte gerahmt. In dieser Geschichte werden historische Personen und Ereignisse der Kreuzzugsgeschichte mit der Jagd nach dem »Edensplitter«, einem magischen Artefakt, das Massenhypnose ermöglicht, verwoben.

Assassinenroman und Kreuzzugsdiskurs

Ähnlich wie bei *The Abbey* ließen sich auch die Entwickler von *Assassin's Creed* von einer Buchvorlage inspirieren.[9] Der Roman *Alamut* von Wladimir Bartol – 1938 auf slowenisch veröffentlicht und erst 1988 in einer französischen, 1992 in einer deutschen[10] und 2004 in einer englischen Ausgabe erschienen – erzählt die Geschichte des Gründers der ismailitischen Sekte der Assassinen, Hassan Ibn Saba. Dieser hatte, soweit gleichen sich Bartols Roman und die Befunde der historischen Forschung,[11] Ende des 11. Jahrhunderts die Festung Alamut in Persien eingenommen und dort mit der Ausbildung religiös fanatisierter Kämpfer, der Fedayin (Geweihte), begonnen. Das Buch kann als Darstellung und kritische Dekonstruktion religiöser Fanatisierung,

---

9 | Andreas Philipp, *Assassin's Creed – Interview mit Jade Raymond*, in: Gameswelt (Webseite), 31.07.2007, URL: http://www.gameswelt.de/articles/specials/2391-Assassins_Creed_ -_Interview_mit_Jade_Raymond/index.html (besucht am 11.01.2011).

10 | Hier wird aus der Taschenbuchausgabe zitiert: Wladimir Bartol, *Alamut*, Bergisch Gladbach 1993 (slov. 1938).

11 | Vgl. Heinz Halm, *Die Assassinen 1092 bis 1273*, in: Alexander Demandt (Hrsg.), *Das Attentat in der Geschichte*, Köln 1996, S. 61–74; Robert Irwin, *Der Islam und die Kreuzzüge 1096 bis 1699*, in: Jonathan Riley-Smith (Hrsg.), *Illustrierte Geschichte der Kreuzzüge*, Frankfurt/M., New York 1999, S. 251–298, hier S. 255.

charismatischer Herrschaft und strategischer Propaganda gelesen werden.[12] Zentral-
punkt der Handlung ist ein raffiniertes Experiment des Führers Hassan Ibn Saba: Mit
einem aufwendigen Nachbau der himmlischen Gärten samt falscher Huris und durch
die berauschende Wirkung des Haschisch gelingt es Hassan ausgewählten Schüler
vorzutäuschen, er selbst könne über den Zugang zum Paradies gebieten. Die Schüler
sind dann, da sie die Macht des Führers bewiesen sehen und die Süße des Paradieses
gekostet haben, zu bedingungslosem Gehorsam bereit, auch und gerade unter Einsatz
des eigenen Lebens. Ursprünglich stammt dieser Stoff aus einem Reisebericht des
Marco Polo, historisch verbürgt sind diese Ereignisse aber nicht.[13]

Assassin's Creed nimmt nun einige zentrale Motive von Bartols Roman auf, ver-
schiebt sie aber um 100 Jahre in der Zeit und über 1000 Kilometer im Raum: *Assassin's Creed* spielt im Jahr 1192, Basis der Assassinen ist hier die Burg Masyaf. Diese
Festung im syrischen Küstengebirge war ab Mitte des 12. Jahrhunderts tatsächlich
Sitz des syrischen Zweigs der Sekte. Geführt wurde diese zunehmend unabhängig
agierende Gruppierung von Râschid ad-Dîn Sinân, den man auch ›den Alten vom
Berge‹ nannte.[14] Warum nun *Assassin's Creed* nicht der raum-zeitlichen Anlage des
Romans folgt, sondern die Transponierung ans Mittelmeer unternimmt, wird schon
in den ersten Passagen des Spiels offenkundig: Der Assassine Altaïr versucht in Salo-
mons Tempel in Jerusalem dem Tempelritter Robert de Sable den mächtigen »Edensplitter« zu entreißen. Durch die Verlagerung an prominente Schauplätze und durch
die zeitliche Verschiebung landet man genau in jenem Heiligen Land, das von Ritterorden und selbstbewussten Fürsten regiert wird, durch den Dritten Kreuzzug eine
ebenso blutige wie bilderreiche Hintergrundgeschichte erhält und mit Richard Löwenherz und Saladin über zwei markante Hauptfiguren verfügt. Während Bartol mit
seiner Erzählung den persisch-arabischen Kulturkreis nicht verlässt, gelingt den Produzenten von *Assassin's Creed* mit der Konzentration auf einen anderen Abschnitt der
Geschichte der Assassinensekte die Verknüpfung des attraktiven, aber durch populäre Diskurse eher weniger bekannten Assassinen-Topos mit einem der gewichtigsten
Fixsterne der populären Mittelalterverarbeitungen, nämlich der Kreuzzugsgeschichte. Es sei hier angemerkt, dass nach Auffassung der historischen Forschung die Auseinandersetzung zwischen dem sunnitischen Kalifat in Bagdad und dem schiitisch-

---

12 | Vgl. Jean-Pierre Sicre, *Nachwort*, in: Wladimir Bartol, *Alamut*, Bergisch Gladbach 1993,
S. 666–671.

13 | Vgl. Halm, *Assassinen*, S. 63; Heinz Gaube, *Masyaf – Hauptburg der Assassinen*, in: Al-
fried Wieczorek/Mamoun Fansa/Harald Meller (Hrsg.), *Saladin und die Kreuzfahrer. Begleitband
zur Sonderausstellung*, Darmstadt 2005, S. 275–279, hier S. 275.

14 | Vgl. Halm, *Assassinen*, S. 68; Gaube, *Masyaf*, S. 267.

ismailitischen Kalifat in Kairo den maßgeblichen Kontext für die Entstehung der Assassinen bildet und dass dabei »die Kreuzfahrer [...] nur eine Randerscheinung« sind.[15]

Um die Bedeutung des Dritten Kreuzzugs für die Geschichtsdarstellung im Computerspiel einordnen zu können, wurde im Rahmen dieser Arbeit eine knappe quantitative Analyse durchgeführt. Die Frage war, welche historischen Personen am häufigsten in Computerspielen auftauchen. Für die Beantwortung wurde nicht nach der funktionalen, d. h. spiellogischen Bedeutung der repräsentierten Personen gefragt.[16] In die folgende Aufstellung gehen somit gänzlich unterschiedliche Repräsentationen mit derselben Bedeutung ein. Diese Gleichbehandlung aller Auftritte und Erwähnungen von historischen Persönlichkeiten mag zwar etwas sinnwidrig erscheinen, ist in praktischer Hinsicht letztlich aber alternativlos: Würde man die Modelle, mit denen verschiedene historische Figuren in verschiedenen Spielen in die Spielsysteme integriert sind nach der Komplexität dieser Modellierungen ordnen, so bekäme man ein fein gestaffeltes, aber kein kategorial differenziertes Feld. Man kann schwerlich angeben, ab wann eine Darstellung ›relevant‹ für das Spiel wird und ab wann sie nur ›funktionslose‹ Dekoration ist.

Für die 22 Spiele, die auf diese Frage hin analysiert wurden, ergibt sich ein Feld von gut 350 historischen Personen. Der Großteil davon (81 Prozent) taucht jeweils genau in einem der Spiele auf. Diese Fälle sind für allgemeinere Aussagen wenig tauglich; gleiches gilt auch für jene Namen, die in zwei oder drei Spielen genannt werden (15 Prozent). Interessant sind nun aber die wenigen Personen, die in 4 oder mehr Spielen eine Rolle auftreten; diese ›Bestenliste der historischen Person im Computerspiel‹ zeigt Tab. 7.1.

---

15 | Halm, *Assassinen*, S. 64 f.

16 | Es wurde also *jegliches* Vorkommen gleich und pro Spiel nur einmal gewertet. Eine Unterscheidung zwischen der Darstellung des Tempelritters Robert de Sable in *Assassin's Creed* und der Erwähnung des Bischofs Anselm von Canterbury in *Medieval II: Total War* fand somit nicht statt. Während der Templer in *Assassin's Creed* der zentrale Gegenspieler ist, der als animierte, vom Computer gesteuerte Figur mit vielen vordefinierten Dialogbeiträgen und schließlich als Kontrahent in einem Schwertkampf für die Geschichte des Spiels von zentraler Bedeutung ist, taucht Anselm von Canterbury in *Medieval II: Total War* lediglich als Urheber eines Zitats auf, das während eines Ladevorgangs – und somit in gewisser Weise außerhalb des eigentlichen Spiels – eingeblendet wird.

17 | Gezählt wurden Erwähnungen gleich welcher Art in folgenden Spielen: *13th Century – Death or Glory, Age of Empires II: The Age of Kings, Assassin's Creed, Assassin's Creed 2, Civilization III, Civilization IV, Conquests of the Longbow: The Legend of Robin Hood, Crusader Kings, Crusaders: Thy Kingdom Come, Die Gilde, Die Gilde 2, Empire Earth, Great Invasions, King Arthur: The Role Playing Wargame, Knights of Honor, Lionheart: King's Crusade, Medie-*

Tab. 7.1: Historische Personen im Computerspiel: Auftreten in 4 oder mehr Spielen, 22 untersuchte Spiele[17]

	Auftreten		Auftreten
Richard Löwenherz	8	Dschingis Khan	4
Friedrich Barbarossa	6	Edward Longshanks	4
Saladin	6	Heinrich V. von England	4
Wilhelm der Eroberer	6	Isabella von Kastilien	4
Arthur / Artus	5	Karl der Große	4
Johanna von Orleans	5	Owen Glendower	4
Alexios I. Komnenos	4		

Die Entscheidung, sich für die Hintergrundgeschichte von *Assassin's Creed* nicht an Zeitrahmen, Personal und Setting von Bartols Roman zu orientieren und statt dessen den Dritten Kreuzzug mit seinen bekannten Schauplätzen und Protagonisten zu nutzen, wird angesichts dieser Häufigkeitsverteilung natürlich nachvollziehbar. Während im Roman *Alamut* Hasan Ibn Sabah, der seldschukische Sultan Malik Schâh, dessen umtriebiger Wesir Nizâm al-Mulk[18] und noch ein gutes Dutzend weiterer, zwar historisch verbürgter, jedoch (zumindest im westlichen Europa) außerhalb von Fachkreisen unbekannter historischer Figuren die politischen Vorgänge beeinflussen, wird der weitere Rahmen der Handlung in *Assassin's Creed* mit Richard Löwenherz und Saladin von zwei der wohl bekanntesten Helden des Mittelalters dominiert.

Verschwörungstheorie und Vermarktungspraxis

Aus Bartols Roman werden dennoch einige Aspekte übernommen. Zunächst der Name des Helden: Ibn Tahir in *Alamut*, Altaïr in *Assassin's Creed*.

Dann der »Todessprung«: In *Alamut* stürzt sich der fanatisierte Fedayin Yusuf auf Befehl seines Führers Hassan Ibn Saba vom höchsten Turm der Festung in den Tod: »Ich bin ein Adler! dachte er. [...] Er breitete die Arme aus wie ein Vogel und

---

val II: Total War, Robin Hood – Die Legende von Sherwood, Stronghold 2, Stronghold Crusaders, The Abbey, Two Thrones.

18 | Zum Sultanat der Seldschuken im 11. Jahrhundert vgl. Tilman Nagel, *Das Kalifat der Abbasiden*, in: Ulrich Haarman (Hrsg.), *Geschichte der arabischen Welt*, München 1987, S. 101–165, hier S. 149–163.

Abb. 7.1: *Assassin's Creed*: Sprung

sprang mit einem Satz in die Tiefe.«[19] Mit dieser Tat sollen die anwesenden Gesand-
ten des verfeindeten Sultans von der nahezu grenzenlosen Macht des Sektenführers
überzeugt werden. In *Assassin's Creed* wird diese Episode zitiert, wenn auf Geheiß
des Führers der Held Altaïr vor den Augen der Feinde von den Mauern der Feste von
Masyaf springt. Im Spiel landet die Spielfigur aber automatisch in einem Heuhaufen
und übersteht die Übung unverletzt. Im weiteren Verlauf wird dieser Sprung dann zu
einem zentralen Stilelement des Spiels. Die Spielfigur nutzt ihn immer, wenn ein ex-
ponierter Ausguck erklettert und so ein neues Gebiet erschlossen wird (vgl. Abb. 7.1).
Diese Animation ist den Entwicklern vor allem in grafisch-atmosphärischer Hinsicht
wichtig: »So first it [die Spielfigur Altaïr] was more like a knight, then after, we used
a very specific style for him, made the parallel between the bird of prey, jumping
on his prey. The reference to the eagle and the main character is one of the coolest
aspects.«[20]

Schließlich teilen sich Spiel und Buch noch einen weiteren Topos: Die Täuschung
der Anhänger. In Bartols Roman gründet sich die Herrschaft des Hassan Ibn Saba auf
»die Macht und das Recht, ins Paradies zu schicken, wen er will.«[21] Durch den Nach-

---

19 | Bartol, *Alamut*, S. 543.

20 | Raphael Lacoste, Art Director *Assassin's Creed*, zit. nach Hodgson/Knight, *Assassin's Creed Art Book*, S. 23.

21 | Bartol, *Alamut*, S. 97.

bau der Gärten des Paradieses in einem abgelegenen Teil der Felsenfestung gelingt es Hassan, einige seiner jungen Krieger zu täuschen und so zu willfährigen Befehls-empfängern zu machen. Der Held des Buches, Ibn Tahir, ermordet dann auf Hassans Befehl den Großwesir Nizâm al-Mulk,[22] wird dabei jedoch über die wahre Beschaffenheit des Paradieses von Alamut informiert und sinnt fortan auf Rache.

Auch im Computerspiel *Assassin's Creed* betrügt der Anführer, der hier Al Mualim heißt, seine Gefolgsleute. Al Mualim verlangt vom Helden Altaïr die Eliminierung von neun Personen, denen in der Politik der drei Städte Akkon, Jerusalem und Damaskus Schlüsselpositionen zukommen: »Es sind Unheilstifter, Kriegstreiber. Ihre Macht und ihr Einfluss zerstören das Land und lassen den Kreuzzug andauern. Ihr werdet sie finden, sie töten. Wenn Ihr dies tut, sät Ihr die Saat des Friedens für das Land und für Euch selbst.«[23] Der Held zieht also aus im Glauben, für den Frieden des vom Kreuzzug geplagten Landes zu töten. Die letzten Worte, die seine Opfer nach den tödlichen Dolchstößen an ihn richten, enthüllen jedoch sukzessive eine andere Wahrheit: Alle Opfer des Assassinen sind Mitglied einer geheimen Vereinigung. Sie handeln nur vordergründig Macht erhaltend und egoistisch, tatsächlich sind sie aber einem tieferen gemeinsamen Ziel verpflichtet. Obwohl das Misstrauen Altaïrs stetig wächst, kann der Meister Al Mualim das Unbehagen seines Schülers immer wieder zerstreuen. Erst das letzte Opfer, der Ordensmeister der Tempelritter, kann, im Sterben liegend, Altaïr endgültig überzeugen: »Ihr wisst nichts von den Plänen. Ihr seid eine Marionette, er betrog Euch, mein Junge, so wie er mich betrog. ... Neun Männer solltet Ihr töten, ja? Die neun, die das Geheimnis des Schatzes kannten [...] Es waren nicht neun, die den Schatz fanden, Assassine ... zehn!« Was der Spieler schon lange ahnte, wird nun auch seiner Spielfigur klar: Al Mualim ist Mitglied des Templerordens und wusste von dem wertvollen Gegenstand, dem »Edensplitter«. Diesen wollte er exklusiv besitzen, daher ordnete er die Assassinate der Konkurrenten (und Ordensbrüder) an.

Mit dieser Geschichte gelingt *Assassin's Creed* der Anschluss an einen populären (Geschichts-)Diskurs, der in Bartols Roman nicht auftaucht: Die Verquickung von Templerorden mit Verschwörungstheorie und Geheimbündelei. Die Tempelritter, als Ordensgemeinschaft bereits im 14. Jahrhundert verboten und aufgelöst, wurden immer wieder mit Geheimbünden, vor allem mit den Freimaurerlogen der Aufklärung

---

22 | Dessen Ermordung durch einen Attentäter der ismailitischen Partei gilt als gesichert, vgl. Halm, *Assassinen*, S. 67; Nagel, *Kalifat der Abbasiden*, S. 161.

23 | Bei allen Zitaten aus *Assassin's Creed* handelt es sich um Sprachausgaben, die als Äußerungen einzelner Spielfiguren in die eigentliche Spielumgebung oder in die Zwischensequenzen integriert sind.

zusammengebracht. Diese Verbindung hat einen Ursprung in der Begeisterung, mit der sich im 18. Jahrhundert Adel und Bürger dem mittelalterlichen Rittertum zuwandten, dabei hätten »die Tempelritter der Konkurrenz den Rang« abgelaufen.[24] Von den Freimaurern selbst wurde dann die Legende kolportiert, verfolgte Tempelritter hätten in Schottland im Geheimen den Fortbestand des Ordens gesichert.[25] Mit den Geheimbünden eng verbunden ist eine Geschichte der Weltverschwörungstheoreme, die in ihrer Anlage antiaufklärerisch und antimodernistisch ist (und sich in Teilen unheilvoll mit dem christlichen Antisemitismus verbunden hat – und verbindet[26]) und von deren Virulenz und Popularität auch in jüngster Zeit noch profitiert werden kann. So kommt in Dan Browns Erfolgsroman *The Da Vinci Code*[27] den Templern als Gralshütern eine entscheidende Rolle zu. Sie sind dabei, so David Marshall, als »the proto-secret society« das wichtigste der ikonischen Embleme, mit denen Brown sein Mittelalter fixiert.[28] Mit Wolfgang Hohlbein hat auch einer der meist gelesenen deutschen Autoren, der umgerechnet alle drei Monate ein Buch schreibt,[29] die Tempelritter in mehrere Romanzyklen integriert. In den bisher vier Teilen von *Die Templerin* (1999–2008) geht es um eine junge Heldin, die zunächst in Europa, dann im Heiligen Land als Mann verkleidet zum Tempelritter aufsteigt,[30] in *Das Blut der Templer* (2004–2005) haben die Ritter, die im Mittelalter den Orden gegründet haben, Unsterblichkeit erlangt und kämpfen nun in der Gegenwart an der Seite der jugend-

---

24 | Christoph Dette, *Zur Rezeptionsgeschichte der Templer seit dem 18. Jahrhundert*, in: Zenon Hubert Nowak (Hrsg.), *Vergangenheit und Gegenwart der Ritterorden. Die Rezeption der Idee und die Wirklichkeit*, Toruń 2001, S. 211–228, hier S. 213.

25 | Dieter A. Binder, *Die Freimaurer. Ursprung, Rituale und Ziele einer diskreten Gesellschaft*, Freiburg, Basel, Wien 1998, S. 27. Heute geht man davon aus, dass die Freimaurer ihre Ursprünge in den Steinmetzen der gotischen Kathedralenbaustellen haben, vgl. ebd.

26 | Vgl. Johannes Rogalla von Bieberstein, *Die These von der freimaurerischen Verschwörung*, in: Helmut Reinalter (Hrsg.), *Freimaurer und Geheimbünde im 18. Jahrhundert in Mitteleuropa*, Frankfurt/M. [3]1989 (1983), S. 85–111.

27 | Dan Brown, *The Da Vinci Code*, New York 2003.

28 | David W. Marshall, *Introduction: The Medievalism of Popular Culture*, in: ders. (Hrsg.), *Mass Market Medieval: Essays on the Middle Ages in Popular Culture*, Jefferson, North Carolina 2007, S. 1–12, hier S. 2.

29 | Sabine Magerl, *Der Chronist des Grauens*, in: Frankfurter Allgemeine Sonntagszeitung, 26. 10. 2003, S. 26.

30 | *Die Templerin*, München 1999; *Der Ring des Sarazenen*, München 2002; *Die Rückkehr der Templerin*, München 2004; *Das Wasser des Lebens*, München 2008.

lichen Hauptfigur gegen einen anderen Geheimbund mit dunkeln Absichten.[31] Dem Spiel *Assassin's Creed* gelingt durch den oben skizzierten Plot also die Einreihung in eine bestens etablierte Tradition von Templer-, Grals- und Verschwörungsgeschichten.

Die Suche nach dem magischen »Edensplitter« und die darüber geführte Auseinandersetzung zwischen Templern und Assassinen sind auch der Movens der Rahmengeschichte, mit der die Entwickler die Erlebnisse des Assassinen Altaïr mit der Gegenwart des 21. Jahrhunderts verbinden. *Assassin's Creed* führt die Spielerin nämlich zunächst nicht ins Heilige Land der Kreuzzugszeit, sondern ins Jahr 2012. Der Templerorden existiert in dieser Gegenwart noch immer und ist in Gestalt einer Technologiefirma nach wie vor auf der Jagd nach magischen Artefakten. Da sich die Spur des »Edensplitters« jedoch in vergangenen Zeiten verliert, will das Unternehmen nun direkt auf die Vergangenheit zugreifen und dort dem Verbleib des mächtigen Objekts nachforschen. Dies ist möglich, da in der Welt, wie sie die Erzählung von *Assassin's Creed* entwirft, die DNA des Menschen nicht nur die körperlichen Anlagen, sondern auch die Erinnerung der Vorfahren enthält. Dieser einigermaßen originelle Gedanke ist nun die Grundlage für das eigentliche Spiel. Denn sofern man den entsprechenden Nachfahren findet, kann mittels einer technischen Apparatur, die im Spiel »Animus« heißt, auf individuelle vergangene Erfahrung – und so letztlich auf historische Lebensläufe – zugegriffen werden. Die Spielerin übernimmt zunächst die Steuerung des Barkeepers Desmond Miles, der von Templer-Forschern entführt und ins Firmenlabor gebracht wurde. Da Miles ein Nachfahre des Assassinen Altaïr aus dem Mittelalter ist, enthält sein Gencode die Erinnerungen dieses Ahnen. Indem nun Miles – bzw. die Spielerin – an die Animus-Apparatur der Templer-Firma angeschlossen wird und so die Erlebnisse des Jahres 1192 nacherleben – bzw. spielen – kann, hoffen die modernen Templer mehr über den Verbleib des »Edensplitters« in Erfahrung bringen zu können.

Mit dieser etwas komplizierten Rahmenhandlung erreichen die Entwickler zweierlei: Zum einen gelingt es, die Anzeigen für Lebensenergie, Lokalisation oder gewählte Bewaffnung, die in *Assassin's Creed* wie eine zweite Ebene die Sicht des Spielers mit Informationen anreichern, plausibel zu machen (vgl. Abb. 7.2). Diese Head-Up-Displays (HUD) sind für die Mechanik des Actionspiels notwendig, in *Assassin's Creed* gelingt durch die Fixierung der Handlung in einer technisierten Gegenwart ihre narrative Motivation: Es handelt sich nur um Einspielungen der Erin-

---

31 | *Das Blut der Templer*, Berlin 2004; *Die Nacht des Sterns*, Köln 2005 (gemeinsam mit Rebecca Hohlbein). Hohlbein schrieb den ersten Teil als Roman zum zweiteiligen Fernsehfilm *Das Blut der Templer* (2004).

Abb. 7.2: *Assassin's Creed*: Menschenmenge und Head-Up-Display (in den Ecken des Sichtfeldes)

nerungsmaschine.[32] Dieser Aspekt war den Entwicklern wichtig: »You need a health bar, and an inventory and stuff like that, but I like to justify why. That's also why the Animus was included.«[33]

Der zweite Nutzen, der aus der Idee der genetischen Erinnerung erwächst, ist betriebswirtschaftlicher Natur. Im Jargon wie in der Geschäftslogik eines Unterhaltungskonzerns wie Ubisoft ist »Assassin's Creed« ein Markenname. Markengenerierung und Markenpflege sind – neben der Akquise etablierter Marken durch Kauf oder Lizenz – die zentralen Herausforderungen des Unternehmens.[34] Dies bedeutet nun, dass eine aufwendige Produktion wie *Assassin's Creed* nicht nur als einzelnes Spiel, sondern auch als Ausgangspunkt einer neuen Markenentwicklung betrachtet wird. Die Geschichten und Spielkonzepte der Computerspiele müssen immer auch vor dem Hintergrund solcher ökonomischer Erwägungen betrachtet werden. So erläuterte der Creative Director Patrice Desilets nach Erscheinen von *Assassin's Creed* die Vorteile, die aus dem Konzept der genetischen Erinnerung für die Weiterentwicklung des Markennamens »Assassin's Creed« erwachsen:

---

32 | Vgl. Henriette Heidbrink/Jürgen Sorg, *Dazwischen. Zur Mesodimension der Medien*, in: Ingo Köster/Kai Schubert (Hrsg.), *Medien in Raum und Zeit. Maßverhältnisse des Medialen*, Bielefeld 2009, S. 81–101, hier S. 92, Anm. 33.

33 | Patrice Desilets, Creative Director *Assassin's Creed*, zit. nach. Hodgson/Knight, *Assassin's Creed Art Book*, S. 26.

34 | Vgl. Ubisoft (Hrsg.), *Annual Report 2008*, Rennes 2008, S. 43.

»Medieval times, knights, and the Crusaders are pretty cool, but that's not our brand. Our brand is a method of explaining world history through conspiracy. This way, the Animus allows us do multiple games at different time periods. [...] I love history and there's a lot of stuff we could do with history [...] So I don't know what's going to be next... but we could go anywhere.«[35]

Die Veröffentlichung des Nachfolgers *Assassin's Creed 2* (Ubisoft Montreal/Ubisoft 2010) bestätigt die Zugkraft der Marke. Zwar handelt auch dieses Spiel vom Konflikt zwischen Templern und Assassinen, Schauplatz ist aber das Renaissance-Italien des ausgehenden 15. Jahrhunderts. Solch eine zeitliche und räumliche Verschiebung ist durch die Markenlogik schon vorbereitet: »Die Marke *Assassin's Creed* lässt den Spieler entscheidende Momente der Geschichte erleben. Unser Plot rund um Desmond Miles, der in die Haut seiner Vorfahren schlüpft, gibt uns die Möglichkeit, verschiedenste Epochen wiederaufleben zu lassen.«[36] In *Assassin's Creed 2* wird nun in noch viel größerem Maße als im ersten Teil der Serie auf den Anschluss an Wissensbestände des wissenschaftlichen Diskurses verzichtet: Weder ist der Geschichtswissenschaft eine italienische Assassinensekte bekannt, noch weiß man davon, dass Rodrigo Borgia – als Alexander IV. Papst und mit dem Ruf eines skrupellosen Machtpolitikers behaftet – ein Mitglied des Templerordens gewesen ist. Dem Erfolg waren diese Freiheiten aber nicht abträglich: Bis Mitte 2010 verkaufte sich das Spiel insgesamt 9 Millionen Mal.[37] Spielten für den ersten Teil etablierte Topoi der Mittelalterrezeption noch eine wichtige Rolle, kann der Nachfolger offensichtlich in weit größerem Maße auf die Anbindung an wissenschaftliche oder populäre geschichtskulturelle Diskurse verzichten. Dies wird möglich, da dank der erfolgreichen Vermarktung des ersten Teils für *Assassin's Creed 2* die hinreichend profilierte Marke *Assassin's Creed* selbst der wichtigste Referenzpunkt ist. Diesen Mechanismus bestätigt auch der Marketing Director von Ubisoft Deutschland, Benedikt Schüler: »Aus Marketingsicht ist ein geschichtliches Setting [...] gleichzusetzen mit einer Kinolizenz oder dem Vorgängertitel einer Reihe«.[38]

---

35 | Patrice Desilets, zit. nach Hodgson/Knight, *Assassin's Creed Art Book*, S. 156.

36 | Patrice Desilets, zit. nach Stephan Freundorfer, *Assassin's Creed 2: Mörderische Renaissance*, in: GamesMarkt 9 (2009) 18, S. 33.

37 | Ubisoft, *Pressemitteilung: Ubisoft reports full-year 2009–10 results*, 18.05.2010, URL: http://www.ubisoftgroup.com/gallery_files/site/270/1042/2230.pdf (besucht am 24.01.2011).

38 | Benedikt Schüler/Christopher Schmitz/Karsten Lehmann, *Geschichte als Marke. Historische Inhalte in Computerspielen aus der Sicht der Softwarebranche*, in: Angela Schwarz (Hrsg.), *»Wollten Sie auch immer schon einmal pestverseuchte Kühe auf Ihre Gegner werfen?« Eine fachwissenschaftliche Annäherung an Geschichte im Computerspiel*, Münster 2010, S. 199–215, hier S. 202.

Die Marke *Assassin's Creed* gehört inzwischen zu den lukrativsten Produkten des Unternehmens, laut eigenen Angaben handelt es sich gar um »the fastest-selling brand ever in the history of video games in the US and UK.«[39] Kaum überraschend, dass das Label *Assassins's Creed* daher intensiv genutzt wird: Ubisoft veröffentlichte einen dreiteiligen Realfilm, der die Vorgeschichte zu *Assassins's Creed 2* erzählt,[40] ein Roman und eine Comic-Serie wurden lizenziert,[41] für einige portable Spielgeräte wurden eigene Titel produziert,[42] schließlich erschien 2010 bzw. 2011 der dritte Teil der Serie.[43] Neben dem Markennamen und den Gemeinsamkeiten in der visuellen Gestaltung (Schriftzüge, Design der Charaktere, Farbgebung etc.) kann man die Marke *Assassin's Creed* als Verbund aus zwei Komponenten begreifen: Erstens bedient man sich in aller Regel derselben Rahmenhandlung, die von den hehren Absichten der Assassinen und ihrem Kampf gegen die modernen Templer erzählt und in der durch Erbinformationen und technisches Gerät die Vergangenheit aufgesucht werden kann. Zweitens spielt die (historische) Geschichte – trotz aller Freiheiten der einzelnen Stories – eine wichtige Rolle. Der Aufbau der Rahmengeschichte wurde bereits behandelt, ihre Bedeutung für das Markenkonzept *Assassin's Creed* wurde dabei aufgezeigt. Eine weitere Erklärung für die Motivation der Spielehersteller, Computerspiele mit dem und über das Mittelalter zu produzieren, wird in Kapitel 8 der Abschnitt *Spiele und Universen* erörtern. Zunächst gilt es aber noch den Zusammenhang von Spiellogik und Historie in *Assassin's Creed* zu untersuchen.

Die Logik des Assassinen und die Logik des Actionspiels

Für die allermeisten Computerspiele wird man dem Spieleautor Raph Koster wohl zustimmen: »By and large, people don't play games because of the stories.«[44] Daher versteht die eigentliche Botschaft, die *Assassin's Creed* transportiert, nur, wer die

---

39 | Ubisoft Entertainment (Hrsg.), *Annual Report 2008*, Rennes 2008, o. S.

40 | *Assassins's Creed: Lineage*, Regie: Yves Simoneau, Kanada, Frankreich 2009, Länge: 36 Minuten), URL: http://assassinscreedlineage.uk.ubi.com/ (besucht am 20.10.2011).

41 | Oliver Bowden, *Assassin's Creed: Renaissance*, London 2009; Cameron Stewart, Karl Kerschl, *Assassin's Creed: The Fall*, 3 Bde., La Jolla 2010–2011.

42 | *Assassin's Creed: Altaïr's Chronicles*, Gameloft/Ubisoft 2008 für Nintendo DS und andere und *Assassin's Creed: Bloodlines*, Ubisoft Montreal/Ubisoft 2009, nur für Playstation Portable.

43 | *Assassin's Creed: Brotherhood*, (Ubisoft Montreal/Ubisoft 2010 (Konsole)/2011 (PC)). Dieses Spiel hat wie der 2. Teil das Italien des 16. Jahrhunderts als Handlungsort.

44 | Koster, *Fun for Game Design*, S. 86.

Handlungsmöglichkeiten, die das Spiel dem Spieler eröffnet, in den Blick nimmt. Im Folgenden muss daher untersucht werden, wie das Spielkonzept von *Assassin's Creed* mit dem narrativen Rahmen und den spezifisch gestalteten Spielelementen verknüpft ist, wie also die spiellogische mit der historisch-referentiellen Seite zusammenhängt. Nur so wird man sich dem vom Spiel evozierten Mittelalterbild nähern können.

In *Assassin's Creed* steuert der Spieler die Spielfigur, den Assassinen Altaïr, in einer dreidimensionalen Umgebung. Die Umgebung wird durch eine Kamera erschlossen, die der Spielfigur folgt und diese in aller Regel von hinten zeigt. Dieses Konzept der Verknüpfung von Darstellung und Steuerung, populär geworden vor allem durch *Tomb Raider* (Core Design Europe/Eidos 1996), führt dazu, dass der Spieler auf das Spielgeschehen eine ›unstete‹, ›vagabundierende‹ (und keine omnipräsente) Sicht hat.[45] In *Assassin's Creed* durchstreift man so die drei Städte Akkon, Jerusalem und Damaskus. Deren visuelle Darstellung wird der Abschnitt *Authentizitätsfiktionen* untersuchen, zunächst geht es um die grundsätzlichen Möglichkeiten und Aufgaben, die diese Umgebung dem Spieler anbietet. Es ist hierbei festzuhalten, dass *Assassin's Creed* durch eine sogenannte Open-World-Struktur bestimmt wird. Das bedeutet, dass das Spielsystem den Spieler mit einer relativ großen Freiheit ausstattet: Wohin der Spieler Spielfigur und Kamera bewegt, bleibt ihm zu großen Teilen selbst überlassen, denn in den Städten und in der sie verbindenden Region kann man sich frei bewegen (gehen, rennen, springen, reiten, schleichen, klettern).[46] Die Steuerung der Spielfigur ist flüssig und direkt. Hier wird deutlich, wie sehr sich die Kombination aus Egoperspektive und frei begehbarer, dreidimensionaler Spielwelt seit Spielen wie *Doom*, die diese Bildraumkonstruktion einführten,[47] weiterentwickelt hat. Technologisch sind der Simulation von menschlicher Physis und von Umwelten und Objekten inzwischen kaum Grenzen gesetzt. Das sind gute Voraussetzungen für Spiele mit anspruchsvollen Geschichten in überzeugenden Szenarien. Und tatsächlich scheinen

---

45 | Im Englischen unterscheidet man zwischen »vagrant view« und »omni-present view«, vgl. Espen Aarseth/Solveig Marie Smedstad/Lise Sunnanå, *A Multi-Dimensional Typology of Games*, in: Marinka Copier/Joost Raessens (Hrsg.), *Level Up. Digital Game Research Conference*, Utrecht 2003, S. 48–53, hier S. 49.

46 | Prägend für diese Art des Spielweltaufbaus ist die *Grand Theft Auto*-Reihe, vgl. z. B. *Grand Theft Auto III* (Rockstar Games 2002). Vgl. auch Steve Breslin, *The History and Theory of Sandbox Gameplay*, in: Gamasutra (Webseite), 16. 07. 2009, URL: http://www.gamasutra.com/view/feature/4081/the_history_and_theory_of_sandbox (besucht am 11. 01. 2011).

47 | Vgl. zur Bildtheorie des Ego-Shooters Stephan Günzel, *Simulation und Perspektive. Der bildtheoretische Ansatz in der Computerspielforschung*, in: Matthias Bopp/Rolf F. Nohr/Serjoscha Wiemer (Hrsg.), *Shooter. Ein Computerspiel-Genre in multidisziplinärer Perspektive*, Münster 2009, S. 331–352, hier S. 335 ff.

sich Spiele jenseits des immer gleichen Shooter-Spiels »in which the player kills many bad guys to get to the next level«[48] zu etablieren: *Deus Ex: Human Revolution* (Eidos Montreal/Square Enix 2011), ein Action-Adventure, das in einer Cyberpunk-Zukunft spielt, wird im Feuilleton als eines »der ambitioniertesten Videospiele der vergangenen Jahre« gefeiert. Besonders fasziniert den Rezensenten, dass so gut wie alle »Objekte in der riesigen Spielwelt [...] manipulierbar« sind und dass sich dem Spieler aufgrund der vielen spielerischen Wahlmöglichkeiten das Geschehen nicht als streng lineare Erzählung sondern als »sich biegende Storyline« präsentiert.[49]

Zurück ins Mittelalter: Was fängt *Assassin's Creed* mit den Freiheiten an, die ausgefeilte Figurensteuerung und Open-World-Struktur bieten? Obgleich sowohl in der Kreuzfahrerstadt Akkon als auch in Jerusalem und Damaskus Soldaten patrouillieren und für den Assassinen eine latente Bedrohung darstellen, ist der Lebensraum in *Assassin's Creed* grundsätzlich friedlich und zivil: Eine Vielzahl von Stadtbewohnern belebt Gassen und Plätze, Marktschreier und Prediger verkünden ihre Wahrheiten, Mönche und Bettler kreuzen den Weg des Spielers (vgl. Abb. 7.2). Den Besprechungen der Spielepresse gilt die Atmosphäre und Lebendigkeit, die durch die Bevölkerung und deren automatisiertes Verhalten erzeugt wird, als besonders gelungener Aspekt des Spiels.[50] Fragt man hingegen nach den Bildern von mittelalterlicher Gesellschaft, die *Assassin's Creed* durch die Modellierung von Stadtbevölkerung produziert, dann müssen die Interaktionsmöglichkeiten, die das Spielsystem erlaubt, untersucht werden. Diese bestimmen zu großen Teilen, wie der Spieler die soziale Umwelt erlebt und wahrnimmt. Dabei kann man die Personen, die in der Rahmengeschichte eine Rolle spielen, von den vielen namenlosen und sich automatisch bewegenden Stadtbewohnern und Soldaten differenzieren. Während erstere Teil des grundsätzlich determinierten Drehbuchs sind und zu bestimmten Zeitpunkten nach fest vorgegebenen Ablaufplänen agieren, unterliegen letztere autonomen Programmroutinen, die, einmal initialisiert, sich stets in Abhängigkeit von den Aktionen des Spielers und der Umgebungssituation automatisch verhalten.[51]

---

48 | MacCallum-Stewart/Parsler, *Historicising the Computer Game*, S. 206.

49 | Michael Moorstedt, *Cyborgs träumen anders*, in: Süddeutsche Zeitung, 06.09.2011, S. 12.

50 | Vgl. z. B. Petra Schmitz, *Assassin's Creed*, in: GameStar (2008) 5, S. 72–78, hier S. 74 f.

51 | In der Computerspielindustrie nennt man Figuren, die der Spieler nicht direkt steuert, »Non-Player-Characters«. Agieren diese scheinbar autonom und mit einiger Komplexität, dann verfügen sie über ›künstliche Intelligenz‹. Es ist jedoch fraglich, ob in diesem Zusammenhang die Verwendung des Intelligenzbegriffs sinnvoll ist. Letztlich geht es auch hier nur um Programmkomponenten, die in ihrer Ausführung festgelegten Routinen folgen. Vgl. dazu Seth Giddings, *Playing with Non-Humans: Digital Games as Technocultural Form*, in: Suzanne de Castell/Jennifer Jen-

Bei den Figuren, die für die oben skizzierte Verschwörungsgeschichte und Gralssuche relevant sind, handelt es sich bis auf wenige Ausnahmen um Zielpersonen,
die Altaïr auf Geheiß seines Führers Al Mualim eliminieren muss. Will man das
Spielsystem in einen neuen Zustand überführen, also neue Abschnitte der Hintergrundgeschichte erfahren und neue Bewaffnungen und Fertigkeiten für die Spielfigur
freischalten, dann sind diese Attentate alternativlos. In der gegenwärtigen Situation,
die sowohl die aggressive Postulierung eines vermeintlichen Gegensatzes zwischen
Christentum und Islam als auch den realen Vollzug religiös motivierter Gewalt kennt,
muss an diesem Spielprinzip zuvorderst interessieren, wie mit der Religion umgegangen wird – schließlich sind mit Heiligem Land und Drittem Kreuzzug Hand-
lungsort und -zeit ganz wesentlich religiös konnotiert. Während in Wladimir Bartols Roman die Darstellung der religiösen Grundlagen der sektiererischen Assassinen
breiten Raum einnimmt, werden die Assassinen in *Assassin's Creed* als areligiöse
Vereinigung dargestellt. Die Opfer des Altaïr sind zwar zu gleichen Teilen Kreuzfahrer und Sarazenen, die damit verbundenen religiösen Implikationen werden jedoch
an keiner Stelle thematisiert. Die Religion hat, das wurde bereits von Valentin Groebner in einem knappen Aufsatz zu *Assassin's Creed* festgestellt, für die Handlung
keinerlei Bedeutung.[52] In kulturell-religiöser Hinsicht ignoriert das Spiel damit freilich nicht weniger als Zentrum und Zusammenhang der Kreuzzugsgeschichte. Diese
Skurrilität mit betriebswirtschaftlichem Kalkül in Verbindung zu bringen, ist sicherlich kein falscher Gedanke: »*Assassin's Creed* richtet sich nicht nur an europäische
und amerikanische Halbwüchsige, sondern soll sich offenbar auch in der Türkei, in
Pakistan oder Saudi-Arabien vermarkten lassen.«[53] Außerdem beugt man so natürlich vor, dass das Spiel in die hochsensible Debatte über das Verhältnis von Islam
und Christentum und über die Beziehungen von arabischer und westlicher Welt geraten könnte. Diese Besorgnis klingt auch in einer Erklärung an, die die Produzenten im Vorspann des Spiels platziert haben: »Inspiriert von historischen Ereignissen
und Charakteren. Dieses fiktive Werk wurde von einem multikulturellen Team An-
gehöriger verschiedener Religionen und Glaubensrichtungen erschaffen, entwickelt
und produziert.«[54] Bei der Aussparung des Religiösen – Valentin Groebner hat darauf hingewiesen, dass es im ganzen Spiel keinen Hinweis auf die jüdische Religion

---

son (Hrsg.), *Worlds in Play. International Perspectives on Digital Games Research*, New York
2007, S. 115–128.

52 | Groebner, *Willkommen in der Zeitmaschine*, S. 19.

53 | Ebd., S. 19.

54 | Tobias Bevc berichtet über eine ähnliche Mitteilung, die im Vorspann zu *Civilization IV*
erscheint, Tobias Bevc, *Konstruktion von Politik und Gesellschaft in Computerspielen?*, in: ders.

gibt[55] – handelt es sich nicht etwa um Leerstellen, die man je nach Bekenntnis füllen könnte. Vielmehr hat man es mit tatsächlichen Auslassungen zu tun, mit einer vollständigen Negation eines religiös geprägten und organisierten Mittelalters. Diese Art der (Nicht-)Thematisierung ist kein Alleinstellungsmerkmal von *Assassin's Creed*, in mehreren Spielen kann man die *Säkularisierung des Mittelalters* beobachten. In Kapitel 9 wird der so benannte Abschnitt weitere Beispiele präsentieren und sich an Erklärungen versuchen (vgl. S. 238 ff.).

Hier soll nun das Augenmerk noch stärker auf das Verhältnis von Spielmechanik und Stadtgesellschaft gelegt werden. Zwar kann der Spieler die Städte frei durchwandern, neben der bloßen Navigation ist aber nicht viel Handlungsfreiheit gegeben: Die Häuser sind stets verschlossen, Gegenstände können in aller Regel nur umgeworfen, nicht aber aufgenommen werden und vor allem sind die Möglichkeiten zur Interaktion mit anderen Spielfiguren sehr begrenzt. Zwar sind die Städte mit hunderten Bewohnern und Passanten bevölkert, aber außer an einigen Stellen kann der Held Altaïr mit niemandem sprechen. Das liegt nicht an fehlenden Sprachkenntnissen, sowohl im fränkisch besetzten Akkon wie auch im orientalischen Damaskus und im gemischt-kulturellen Jerusalem ist die vorherrschende Sprache Deutsch.[56] Zwar artikulieren einige Soldaten auch auf Französisch oder Arabisch, diese Aussprüche sind aber nie wichtig für das Spiel und verstärken lediglich den Raumklang der Städte. Der Grund für die Sprachlosigkeit des Helden ist ein anderer: *Assassin's Creed* ist ein Actionspiel und der Fokus liegt in diesem Genre auf geschickter, schneller und spannungsreicher, nicht auf kommunikativer Problemlösung. Die Möglichkeiten zur Kontaktaufnahme mit der Stadtbevölkerung sind daher übersichtlich: Altaïr kann der Aufmerksamkeit von Verfolgern entgehen, wenn er sich in einer Gruppe von Mönchen oder Derwischen versteckt oder sich zu einigen Bürgern auf eine Bank setzt. Werden Passanten von Soldaten bedroht, so kann man ihnen helfen, indem man die Soldaten ermordet. Unbedrohte Passanten kann Altaïr aus dem Weg stoßen oder in Marktstände werfen, außerdem kann er sie niederschlagen oder wahlweise mit dem Dolch, mit der versteckten Assassinenklinge, mit einem Wurfmesser oder mit dem Schwert töten. Ermordet man jedoch zu viele unbeteiligte Passanten, so verliert die ursprüngliche Spielfigur, die ja im Jahr 2012 in der ›Erinnerungsmaschine‹ liegt, die Verbindung zu ihrem Vorfahren und muss an einem früheren Speicherpunkt neu ins

---

(Hrsg.), *Computerspiele und Politik. Zur Konstruktion von Politik und Gesellschaft in Computerspielen*, Berlin 2007, S. 25–54, hier S. 41.

55 | Groebner, *Willkommen in der Zeitmaschine*, S. 19.

56 | Dies bezieht sich auf die deutsche Version. In der Originalversion ist die vorherrschende Spielsprache natürlich Englisch.

Spiel einsteigen. Durch diesen Mechanismus wird also das unmotivierte Töten zumindest begrenzt.

Die Simulation des mittelalterlichen Stadtlebens war den Produzenten viel Mühe wert: Die Bewegung der Haare und Kleidungsstücke der Stadtbewohner basiert auf in Echtzeit agierenden und reagierenden Skelettmodellen und wird durch Gravitation, Massenträgheit und Windgeschwindigkeit beeinflusst; die Figurenanimationen wurde durch aufwendiges Motion-Capture, d. h. durch die Aufzeichnung humaner Bewegungsmuster, realisiert.[57] Dabei interessierten Eigenschaften aber nur insofern, als sie für die Spielmechanik des Actionspiels notwendig sind. Die Zivilbevölkerung und die feindlichen Soldaten verbinden sich in der Mechanik von *Assassin's Creed* mit den verwinkelten Gassen und den Wänden, Dächern und Türmen der Gebäude zu einem dynamischen Spielraum. In diesem gilt es akrobatische Kletterei, rasante Fluchtversuche und viel Nahkampf zu meistern, Herausforderungen, die allesamt die schnelle und präzise Kontrolle der Spielfigur erfordern. Mit einiger Übung kann man die Muster im Verhalten von Stadt und Stadtbewohnern erkennen und navigiert sicher durch die bewegte Umgebung. Man fühlt sich dabei, so die Umschreibung des Kreativchefs von *Assassin's Creed*, »almost like you're a car in a race«.[58] Die Stadtbewohner sind hierbei je nach Situation lästiges Hindernis oder nützliche Deckung und werden somit ganz auf ihre Körperlichkeit reduziert. Beispielsweise kann dem fliehenden Helden eine Gruppe von Mönchen als Versteck dienen – diese Funktion erfüllt aber auf identische Art und Weise auch einer der vielen Strohhaufen, die sich an vielen Stellen im Spiel finden lassen. Die Beschränkung auf das Materielle zeigt sich ebenso in den einzigen Unterscheidungen, die zwischen den Stadtbewohnern getroffen werden: Sie sind je nach Stadtdistrikt – arm, bürgerlich, nobel – verschieden gekleidet. Da diese Unterschiede in der Texturierung aber erstens sehr gering sind und zweitens keinerlei Einfluss auf die Spielmechanik haben, dürften sie den meisten Spielern nicht einmal auffallen. Deren Aufmerksamkeit wird auf andere Weise gebunden. Vor allem die Interpretation der Verbindung Objektwahrnehmung und Handlungsauslösung – mit diesem Begriffspaar charakterisiert Claus Pias das Actionspiel[59] – überzeugt die Rezensenten: »The platforming [...] is arguably the game's biggest strength. Your journey through the Crusade-era holy land, assassinating the nine targets said to be the source of war in the era, winds you up in plenty of pursuits,

---

57 | Vgl. Martin McEachern, *A Crusade*, in: Computer Graphics World 31 (2008) 1, S. 12–18, hier S. 14.

58 | Patrice Desilets, zit. nach Hodgson/Knight, *Assassin's Creed Art Book*, S. 39.

59 | Pias, *Computer Spiel Welten*, S. 19.

and hopping from rooftop to rooftop not only looks fantastic thanks to some truly outstanding animation work, but it's a joy to play as well.«[60]

Der Spieler bewegt sich also durch zwar bewegliche und in taktiler Hinsicht auch interaktive Menschenansammlungen, in spiellogischer – und auch in perzeptueller – Hinsicht hat er es aber mit Spielelementen von gänzlich dinghaftem Charakter zu tun. Selbstredend, dass man hier nicht nach einer differenzierten Modellierung mittelalterlicher Stadt- und Gesellschaftsstruktur fragen muss. Solch eine Darstellung ist für die Logik eines Actionspiels auch nicht notwendig. Stattdessen wird der Spieler durch die vielen bewegten Sinneseindrücke und die schnelle Abfolge der spielerischen Herausforderungen in erster Linie auf die Erlangung von spiellogischen Zielen konditioniert. So gilt es stets das nächste Level, den neuen Kartenabschnitt, den höchsten Punktestand oder die schnellste Zeit zu erreichen. *Assassin's Creed* hat daher mindestens ebenso viel mit anderen Actionspielen gemein wie mit Spielen, die sich bei ihrer visuellen Gestaltung zwar auch vom Mittelalter inspirieren lassen, dabei aber nach ganz anderen Grundsätzen funktionieren. Beispielsweise ist *Assassin's Creed* hinsichtlich Aufgaben und Spielerlebnis einem Shooter, der im Zweiten Weltkrieg spielt, wesentlich ähnlicher als einem Simulationsspiel über die mittelalterliche Wirtschaft. Obwohl in *Assassin's Creed* weniger getötet wird als in *Call of Duty* (Infinity Ward/Activision 2003) und obgleich der Schauplatz einmal das mittelalterliche Palästina, das andere mal das Europa des Zweiten Weltkriegs ist, sind die beiden Spiele, was die Art und die Anlage der spielerischen Spannung angeht, nicht unähnlich. Die Formel, in der MacCallum-Stewart und Parsler die spielerische Herausforderung der *Call of Duty*-Reihe zusammenfassen, gilt deshalb im Grunde auch für *Assassin's Creed*: »The central tenet of the *Call of Duty*-Series is not to produce a historically accurate depiction of the Second World War. Instead, it is to present a visually exciting, fast-paced shooter game in which the player kills many bad guys to get to the next level.«[61]

Dass dem Spieler von *Assassin's Creed* seine kontakt- und dialoglose Existenz in den zivilen, lebhaften und reich bevölkerten Städten des Nahen Ostens nicht seltsam und unlogisch, sondern kurzweilig und spannungsreich erscheint, liegt also vor allem an der Mechanik des Spiels. Aber auch das vergleichsweise überzeugende Narrativ trägt dazu bei, dass die Konsumenten die Verbindung aus Spielwelt und Spiellogik annehmen. Besonders die treffliche Wahl des Hauptdarstellers muss in diesem Zu-

---

60 | Andy Robinson, *Assassin's Creed Review*, in: Computer and Videogames (Webseite), 13.11.2007 URL: http://www.computerandvideogames.com/article.php?id=175551 (besucht am 23.11.2010).

61 | MacCallum-Stewart/Parsler, *Historicising the Computer Game*, S. 206.

sammenhang erwähnt werden: Der Assassine Altaïr ist qua Berufsbild ein Außensei-
ter, seine Aufträge kann er nur allein und im Schutz stummer Verborgenheit ausführen, die dienstliche Loyalität verbietet Zweifel oder das Nachdenken über alternative
Lösungsmöglichkeiten. Die Logik des Actionspiels findet also eine geradezu ideale
Entsprechung im Ethos des Auftragsmörders. In einem Punkt passen Assassinen- und
Actionlogik jedoch nicht zusammen: Während die Bestimmung des (historischen)
Assassinen mit der Ausführung des Auftrags endete und sein weiteres Schicksal daher häufig aus Festnahme und Hinrichtung bestand,[62] würde solch eine Mechanik in
einem Computerspiel einen allzu großer Bruch mit den Konventionen des Actions-
piels, das immer auch die Geschichte eines überlegenen Superhelden erzählt, bedeu-
ten. So steht auch am Spielende von *Assassin's Creed* nicht der Tod, sondern die
Eliminierung aller Gegner bei eigener Unversehrtheit.

Authentizitätsfiktionen

Richard Löwenherz' Kampf mit Saladin und sein (letztlich vergeblicher) Versuch,
Jerusalem zurückzugewinnen, geben in *Assassin's Creed* den Hintergrund für die
Spielhandlung ab. Anhand der Chronologie des Dritten Kreuzzugs lässt sich der Zeitrahmen der Geschichte sogar exakt datieren: Da Akkon im Spiel unter fränkischer
Herrschaft steht, muss das Spiel nach dem 12. Juli 1191, dem Datum der Kapitula-
tion Akkons und der Einnahme der Stadt durch Richard und Philipp II., spielen. Der
Endpunkt kann mit dem 7. September 1191 angegeben werden, denn die Schlacht
zwischen Richard und Saladin vor der Festung von Arsuf ist der Auftakt zum Finale
des Spiels.

Nicht nur hinsichtlich der Chronologie, auch bei einigen zentralen Figuren des
Spiels haben sich die Entwickler bei Wissensbeständen der historischen Forschung
bedient. So basieren einige Spielcharaktere auf historischen Akteuren, die zur frag-
lichen Zeit in Palästina lebten. Dabei scheint jedoch die westliche Provenienz des
Entwicklerteams die Recherche beeinflusst zu haben: Während man für alle Atten-
tatsopfer in den Reihen der Kreuzfahrer die Vorbilder aufschlüsseln kann,[63] gelingt

---

62 | Vgl. Halm, *Assassinen*, S. 88.

63 | Wilhelm V. von Montferrat (*1115, †1191); Robert IV. de Sablé (†1193), Großmeister
des Templerordens; Garnier von Nablus (†1192), Großmeister des Johanniterordens; Meister
Sibrand, Leiter der Hospitalbruderschaft 1190–1192.

dies für die arabischen Zielpersonen nur in einem Fall.[64] Auch bei der Gestaltung des Spielterrains wurde Aufwand betrieben: Die Anlage der Städte im Spiel orientiert sich an historischem Kartenmaterial von Akkon, Damaskus und Jerusalem. Obwohl man das Heilige Land im Computer »as historically accurate as possible« rekonstruieren wollte, seien die Städte jedoch »not perfect«, da die Stadttopografien auch die Erfordernisse der Spielmechanik berücksichtigen mussten.[65]

Den bemerkenswertesten Grad an Detailtreue erreichen die Entwickler schließlich bei der Nachbildung der städtischen Wahrzeichen. Die dreidimensionalen Modellierungen der Grabeskirche in Jerusalem, der Umayyaden-Moschee in Damaskus und des Felsendoms seien stellvertretend aufgeführt. Wie die Gegenüberstellung mit Fotografien aus der Online-Enzyklopädie Wikipedia zeigt, ist die Qualität der Rekonstruktionen beachtlich (vgl. Abb. 7.3–7.8). Der Detailreichtum und die Genauigkeit der Darstellung bleibt übrigens auch dann beeindruckend, wenn man inhaltliche Ungenauigkeiten bemerkt: Die Kuppel des Felsendoms wurde bekanntlich erst im 20. Jahrhundert vergoldet.

Auch in anderen Computerspielen findet man Elemente, die mit erheblicher Akkuratesse gestaltet wurden. In *Medieval II: Total War* gilt dies vor allem für das Design der militärischen Einheiten. In diesem Strategiespiel regiert man einen von 21 europäischen Territorialstaaten und versucht im Zeitraum 1080–1530 die eigene Stellung durch Diplomatie oder kriegerische Auseinandersetzung auszubauen (zur ausführlichen Besprechung des Spiels vgl. Kapitel 11). Insgesamt weist *Medieval II: Total War* über 270 verschiedene Militäreinheiten auf, wenngleich sich diese manchmal nur durch Variationen in der grafischen Gestaltung und hinsichtlich einiger Eigenschaftswerte wie Angriffs- oder Rüstungsstärke unterscheiden. Differenzieren kann man das Militär in Standardeinheiten, die für viele Länder zur Verfügung stehen (Armbrustschützen, Langbogenschützen, Schwertkämpfer etc.), und in Spezialeinheiten, die jeweils nur in einem Land verfügbar sind. Vor allem bei diesen exklusiven Einheiten zeigt sich der Aufwand, den die Entwickler mitunter für die eingehende Darstellung und Benennung der Spielelemente betreiben: Als Regent von Frankreich kann man die Schottische Garde befehligen, Dänemark gebietet über schlagkräftige Huscarls, Byzanz verfügt mit den Kataphrakt über eine schwer gepanzerte Reiterei, das Königreich Sizilien sendet normannische Ritter aus und in venezianischen Diensten finden sich mit den Stratioten leicht gepanzerte Söldnerverbände. Für all diese Kampfgruppen kann man die Vorbilder recherchieren, in aller Regel stimmt die Posi-

---

64 | Ibn Jubayr (* 1145, † 1217), Geograph, Reisender, Poet. Für die Charaktere Abu'l Nuqoud, Majd Addin, Talal und Tamir konnten keine überzeugenden Vorbilder recherchiert werden.

65 | Patrice Desilets, zit. nach Hodgson/Knight, *Assassin's Creed Art Book*, S. 140.

Abb. 7.3: Grabeskirche in Jerusalem

Abb. 7.4: *Assassin's Creed*: Grabeskirche

Abb. 7.5: Umayyaden-Moschee in Damaskus

Abb. 7.6: *Assassin's Creed*: Umayyaden-Moschee

Abb. 7.7: Felsendom in Jerusalem

Abb. 7.8: *Assassin's Creed*: Felsendom

tionierung im Spiel zumindest in Grundzügen mit den wissenschaftlichen Annahmen überein.

Dieser enge Anschluss an – fotomechanische oder geschichtswissenschaftliche – Realitätskonstruktionen[66] kann in weiteren Spielen verfolgt werden: Ob nun im Wirtschafts- und Handelsspiel *Anno 1404* der sogenannte Kaiserdom deutsche und französische Kathedralen der Gotik zitiert (Grundriss sehr ähnlich wie Köln, Fassade mit Rosette wie z. B. Chartres, vgl. Abb. 7.9) und Teile der Speicherstadt deutlich an das Danziger Krantor erinnern (vgl. Abb. 9.4, S. 233), ob in der Burgensimulation *Stronghold 2* (Firefly Studios/2K Games 2006) Modelle der Heuneburg, der Wartburg, des Château du Haut-Kœnigsbourg und der Burgen Warwick, Harlech oder Pembroke als Spielfelder dienen oder ob ein halbes Dutzend an Spielen Kunst und Lehre des Fachwerkbaus mustergültig exemplifiziert (vgl. Abb. 6.9, S. 152) – häufig werden Spielelemente möglichst dicht an vermeintliche Originale herangerückt. Nach den Gründen und den Potenzialen dieser Praxis gilt es zu fragen.

Die Bemühungen, die Spiele durch Darstellung und Benennung möglichst eng mit ›der Realität‹ und ›der Geschichte‹ zu verketten, bleiben von den Spieleherstellern natürlich nicht unthematisiert. In Handbüchern und auf Webseiten werden Gestaltung und Spielerlebnis beworben: Der potentielle Käufer von *Die Siedler – Aufstieg eines Königreichs* solle sich »von der lebendigen, authentischen Welt verzaubern« lassen,[67] in *Anno 1404* machen unter anderem »200 authentische Gebäude, 24 Arten von Ressourcen, 64 unterschiedliche Waren und detailgetreue Animationen [...] das 15. Jahrhundert lebendig«.[68] *Medieval II: Total War* biete »das absolute Kriegserlebnis mit realistischer Kampfmechanik und historischer Genauigkeit«,[69] *13th Century – Death or Glory* (Unicorn Games Studio/1C Company 2008) bezeichnet man als »[a]uthentische und detailgetreue Echtzeitstrategie«.[70] Der Spieler von *Assassin's Creed* schließlich »erlebt die epischen Kreuzzüge neu« und wird »mit lebensechter

---

66 | »Jede Beschreibung von Realität, sei es die im Text des Historikers, sei es die in einem Film, auch im Dokumentarfilm, ist Konstrukt«, Rainer Wirtz, *Das Authentische und das Historische*, in: Thomas Fischer/Rainer Wirtz (Hrsg.), *Alles authentisch? Popularisierung der Geschichte im Fernsehen*, Konstanz 2008, S. 187–203, hier S. 192.

67 | Werbetext zu *Die Siedler – Aufstieg eines Königreichs*, URL: http://siedler.de.ubi.com/siedler-aek/game-infos.php (besucht am 24.01.2011).

68 | Werbetext zu *Anno 1404*, URL: http://anno.de.ubi.com/history1404.php (besucht am 24.01.2011).

69 | Handbuch zu *Medieval II: Total War*, S. 5.

70 | Handbuch zu *13th Century – Death or Glory*, S. 4.

Abb. 7.9: *Anno 1404*: Der »Kaiserdom« als Mix aus Köln und Chartres

Grafik, der Umgebung und den feinen Details einer lebendigen Welt in das original-getreue Heilige Land des 12. Jahrhunderts« versetzt.[71]

Zusammenfassen kann man den Subtext dieser Versprechungen in etwa wie folgt: Durch die besondere Gestaltung der Spielelemente und durch spezifische Spielme-chaniken soll das Erleben von Vergangenheit möglich werden. Unter den Vokabeln, mit denen diese Beteuerungen erfolgen, scheint »authentisch« der Schlüsselbegriff zu sein. Denn wie Christian Strub konstatiert, ist die Frage nach der Authentizität »post- und postpostmodern für die Selbstdeutung glückender Existenz zentral geworden«.[72] Dies wird nicht zuletzt belegt durch die Anwendungen des Ausdrucks in unüberseh-bar vielen Bereichen und Zusammenhängen. Das Magazin der Süddeutschen Zeitung

---

71 | Werbetext zu *Assassin's Creed*, URL: http://www.ubi.com/DE/Games/Info.aspx?pId=4597 (besucht am 24.01.2011).

72 | Christian Strub, *Trockene Rede über mögliche Ordnungen der Authentizität. Erster Ver-such*, in: Jan Berg/Hans-Otto Hügel/Hajo Kurzenberger (Hrsg.), *Authentizität als Darstellung*, Hildesheim 2007, S. 7–17, hier S. 7.

hat bereits ein »Plädoyer gegen ein Wort, das längst jeden Sinn verloren hat« formuliert und spricht ob seiner Omnipräsenz von einer »Art Echtheitsterror«.[73] Nach Susanne Knaller geht es bei der vermehrten Anwendung des Authentizitätsbegriffs um »eine weit verbreitete, sozial und kulturell erzeugte Sehnsucht nach Unmittelbarkeit, nach Echtheit und Wahrhaftigkeit«.[74] Diese Bedürfnisse werden von einer »Authentizitätsindustrie betreut, kanalisiert und ausgenutzt«.[75] Computerspiele mit »detailgetreuen«, »akkuraten« und »authentischen« Vergangenheitsdarstellungen sind Teil dieser Industrie.

›Authentizität‹ ist ein einigermaßen kompliziertes Konzept: Eine Darstellung gilt gerade dann als authentisch, wenn die Tatsache, dass es sich um eine Konstruktion handelt, möglichst aus dem Blickfeld gerückt ist. Dies ist gemeint, wenn Christian Strub ausführt: »Das Authentizitätsproblem ist ohne die *Idee* eines unmittelbaren, d. h. darstellungsfreien Bezugs zwischen ›Ich‹ und ›Welt‹ [...] nicht denkbar.«[76] Hinter der Rede von der Authentizität steht also eine Anforderung, die in ihrer Anlage paradox ist: Eine Darstellung gilt als authentisch, wenn »das Dargestellte durch die Darstellung als nicht Dargestelltes präsentiert« wird.[77] Man akzeptiert also in aller Regel Helmuth Lethens skeptischen Befund: »Was ›authentisch‹ ist, kann nicht geklärt werden«[78] und wendet sich daher der Analyse der Kommunikationsstrukturen zu, fragt also, »welche Verfahren den Effekt des ›Authentischen‹ auslösen können«.[79] Ähnlich ist das Interesse von Eva Ulrike Pirker und Mark Rüdiger gelagert, die sich explizit der Stellung des Authentischen in populären Geschichtskulturen zuwenden. Sie sprechen von »Authentizitätsfiktionen«, die absichtsvoll erzeugt werden um die »Sehnsucht nach auratischen Erfahrungen« zu befriedigen.[80]

---

73 | Tobias Haberl, *Authentisch*, in: Süddeutsche Zeitung Magazin (2010) 44, S. 30–31.

74 | Susanne Knaller, *Ein Wort aus der Fremde. Geschichte und Theorie des Begriffs Authentizität*, Heidelberg 2007, S. 7.

75 | Ebd., S. 7.

76 | Strub, *Ordnungen der Authentizität*, S. 9.

77 | Ebd., S. 9; vgl. auch Knaller, *Authentizität*, S. 23 f.

78 | Helmut Lethen, *Versionen des Authentischen: sechs Gemeinplätze*, in: Hartmut Böhme/Klaus R. Scherpe (Hrsg.), *Literatur und Kulturwissenschaften. Positionen, Theorien, Modelle*, Reinbek b. Hamburg 1996, S. 205–231, hier S. 209.

79 | Ebd., S. 209.

80 | Eva Ulrike Pirker/Mark Rüdiger, *Authentizitätsfiktionen in populären Geschichtskulturen: Annäherungen*, in: Eva Ulrike Pirker u. a. (Hrsg.), *Echte Geschichte. Authentizitätsfiktionen in populären Geschichtskulturen*, Bielefeld 2010, S. 11–30, hier S. 19. Der Begriff »Authentizitätsfiktionen« wird übernommen von Siegfried J. Schmidt, vgl. ebd., S. 21.

Eine Möglichkeit, Authentizität zu konstruieren, ist es, auf den besonderen Status des Autors zu verweisen. Zum Beispiel gilt eine Darstellung dann als besonders authentisch, wenn ihr Autor Augenzeuge der geschilderten Ereignisse ist. Aber die Authentizitätskonstruktion über Autorschaft funktioniert auch, wenn der Autor »besonders qualifiziert« für die in Rede stehende Vergangenheit ist oder zumindest scheint.[81] In der Computerspielproduktion findet sich diese Authentifizierungsoption nur selten, im Fall des Aufbauspiels *Anno 1404* jedoch in geradezu lehrbuchmäßiger Manier. Die Bewerbung des Spiels wurde von Seiten des Verlegers Ubisoft durch die Publikation verschiedener magazinähnlicher Broschüren begleitet. In *Anno 1404 – Das offizielle Magazin zum Spiel* wird im Abschnitt Making-Of über die Zusammenarbeit mit zwei Historikern berichtet:

»Um das 15. Jahrhundert im neuesten ANNO so authentisch wie möglich darstellen zu können, arbeitete Related Designs mit zwei Historikern der Universität Paderborn zusammen. Die beiden Professoren [...] prüften, ob die Darstellungen des Okzidents und des Orients im Spiel historisch korrekt sind, indem sie die echte Historie mit der im Spiel verglichen.«[82]

Interessant ist hier natürlich die Vorstellung von der »echten Historie«, die (nur) den Historikern bekannt ist und deren Kenntnis das Anfertigen unzweideutiger Expertisen erlaubt. Da man das Ergebnis dieser Prüfung aber nicht erfährt und da in einer anderen Broschüre die »Zusammenarbeit« mit den Historikern nur als »Besuch im Entwicklerstudio« erzählt wird,[83] da es zudem keine Hinweise oder Pressemitteilungen gibt, die von einer Beeinflussung der Spielhandlung und Spielgestaltung durch fachwissenschaftliche Beratung berichten und da schließlich auch in der Auflistung der Beteiligten im Abspann des Spiels keine Historiker auftauchen, kann man wohl davon ausgehen, dass es den Entwicklern bzw. der Marketingabteilung nicht um das Fachwissen, sondern nur um die akademischen Titulierungen der Fachleute ging. Der Historiker authentifiziert die Vergangenheitsdarstellung des Spiels bereits dadurch, dass er sich mit ihr auseinandersetzt (und darüber berichten lässt).

Es existieren aber auch Fälle, bei denen Wissenschaftler tatsächlich in den Produktionsprozess eingebunden werden. Für *Assassin's Creed* wurden gleich mehrere

---

81 | Matías Martínez, *Zur Einführung: Authentizität und Medialität in künstlerischen Darstellungen des Holocaust*, in: ders. (Hrsg.), *Der Holocaust und die Künste. Medialität und Authentizität von Holocaust-Darstellungen in Literatur, Film, Video, Malerei, Denkmälern und Musik*, Bielefeld 2004, S. 7–21, hier S. 12.

82 | Ubisoft (Hrsg.), *Anno 1404 – Das offizielle Magazin zum Spiel*, Düsseldorf 2009, URL: http://ubisoft-tv.de/playvideo.php?lid=154 (besucht am 20.01.2011), S. 50 f.

83 | Dies. (Hrsg.), *Anno 1404 – Alle Infos zum Spiel!*, Düsseldorf 2009, [S. 5].

Historiker verpflichtet: Ein Wissenschaftler führte das Entwicklungsteam in die Geschichte des Dritten Kreuzzugs ein:»He gave a presentation to us and it gave everyone this great, solid background«, ein anderer»reviewed our script for accuracy and also all of the 3D cities«, ein dritter wurde konsultiert»to get more of a European perspective«.[84] Da es sich hier jedoch um Fälle konkreter Mitarbeit handelt und da die Beratungsleistungen im Marketing des Spiels keine Rolle spielen, fungieren diese Historiker nicht im Sinne der Authentizitätskonstruktion durch Autorschaft. Ihr Beitrag kommt vielmehr einer Stoffsammlung gleich, sie sollten möglichst originelle und dichte Vorlagen für die Designabteilung erarbeiten. Das nächste Kapitel *Geschichte als Universum* wird sich dieser Art der Verwendung von Geschichte im Computerspiel zuwenden. Dass die Mühen des Entwicklerteams von *Assassin's Creed* sich gelohnt haben, verdeutlichen Äußerungen von Spielern:

»Wenn man Assassin's Creed startet, sticht einem sofort die tolle Grafik ins Auge. Verbunden mit der detaillierten Welt, die fast frei begehbar und voller authentischer Personen ist, entsteht eine atemberaubende Atmosphäre.«[85]

»Ich persönlich fand es wirklich gut, dass man Richard Löwenherz getroffen und sich sogar mit ihm unterhalten hat. Das hat dem Spiel viel mehr Authenzität und damit Atmösphäre eingehaucht.«[86]

Mit diesen Einschätzungen wird neben der Authentizität durch Autorschaft eine andere Authentizitätsebene im Computerspiel berührt. Gerhard Henke-Bockschatz spricht von»Kulissenarchitektur«, wenn»ein historisches Gebäude vollkommen neu inszeniert« wird oder wenn Bauvorhaben»bauliche Überreste oder Reproduktionen [benutzen], um sich mit Geschichte zu schmücken und um so einen Eindruck oder ein Gefühl zu erzeugen«.[87] In eine ähnliche Art der Vergangenheitsverwendung weisen zwei Richtlinien, die nach Arno Borst für die Verfilmung von Umberto Ecos *Der*

---

84 | Jade Raymond, Producer *Assassin's Creed*, zit. nach Hodgson/Knight, *Assassin's Creed Art Book*, S. 122.

85 | Spielermeinung, zit. nach Petra Schmitz, *Assassin's Creed*, in: GameStar (2008) 5, S. 72–78.

86 | Nutzer »Angríst«, in: World of Players Forum, 08.04.2009, URL: http://forum. worldofplayers.de/forum/showthread.php?t=578601 (besucht am 22.01.2011), Orthographie unverändert.

87 | Gerhard Henke-Bockschatz, *Denkmalschutz und Kulissenarchitektur*, in: Vadim Oswalt/ Hans-Jürgen Pandel (Hrsg.), *Geschichtskultur. Die Anwesenheit von Vergangenheit in der Gegenwart*, Schwalbach/Ts. 2009, S. 174–183, hier S. 182 f.

Name der Rose[88] maßgeblich waren: Zum einen musste die »Ausstattung [...] realistisch sein; Fachhistoriker bürgen dafür, daß authentisch gekleidete Mönche auftreten«, zum anderen musste die »Handlung [...] phantastisch sein; Fachhistoriker fänden im 14. Jahrhundert handfestere Konflikte als den zwischen Heimtücke und Spürsinn.«[89] Ähnlich schreibt Hans-Werner Goetz über dasselbe Filmprojekt, dass »großes Gewicht auf eine Authentizität der Requisiten gelegt« worden sei, dass dies aber die Handlung nicht betroffen habe.[90]

In Anlehnung an diese Berichte aus Denkmalschutz und Filmproduktion kann man also den Ausdruck *Kulissenauthentizität* einführen und damit all jene Thematisierungen von Geschichte im Computerspiel meinen, die hinsichtlich ihrer Erscheinung nach ›korrekten‹ Vorbildern gefertigt sind. Das ist offensichtlich bei *Assassin's Creed* der Fall. Die Vorbilder müssen aber nicht immer an jene Wissensbestände zum Mittelalter angelehnt sein, die die universitäre Fachwissenschaft mit methodischer Reflexion und dokumentarischer Absicht erarbeitet hat. Es sind auch die »Denk- und Darstellungstraditionen des 19. Jahrhunderts, deren Offenheit für jeweils aktualisierende Sinngebungen sich immer wieder bewährt hat«,[91] die von den Computerspielen rezipiert werden. So ist das Modell der Wartburg, das in der Schlachtensimulation *Stronghold 2* verteidigt oder angegriffen werden kann, nach jener Bauform gestaltet, die erst in der Mitte des 19. Jahrhunderts so entstand. Denn im Zuge der »romantischen Bau- und Restaurierungseuphorie in Deutschland«[92] erfuhr auch die Wartburg eine »teilweise auf eine Neuschöpfung hinauslaufende Restaurierung« und wurde nach Herfried Münkler erst jetzt endgültig zu jenem Ort, »der die historischen Ereignisse, die mythischen Erzählungen und die in ihnen enthaltenen Erfahrungen anschaulich, erlebbar, gleichsam ›wiederholbar‹ machte.«[93]

Einfluss auf das Spielen selbst haben die Gestaltungen, die im Modus der Kulissenauthentizität auftreten, aber nicht: Im Abschnitt zur Spiellogik von *Assassin's*

---

88 | *The Name of the Rose*, Regie: Jean-Jacques Annaud, Deutschland, Frankreich, Italien 1986 .

89 | Arno Borst, *Was uns das Mittelalter zu sagen hätte. Über Wissenschaft und Spiel*, in: Historische Zeitschrift 244 (1987) 3, S. 537–555, hier S. 542.

90 | Hans-Werner Goetz, *Umberto Eco und das Interesse am Mittelalter*, in: Tom Kindt/Hans-Harald Müller (Hrsg.), *Ecos Echos. Das Werk Umberto Ecos: Dimensionen, Rezeptionen, Kritiken*, München 2000, S. 37–52, hier S. 50. Zum Historiker in der Filmproduktion vgl. auch Wirtz, *Das Authentische und das Historische*, S. 193 f.

91 | Fuhrmann, *Einladung ins Mittelalter*, S. 263.

92 | Herfried Münkler, *Die Deutschen und ihre Mythen*, Berlin 2009, S. 323 f.

93 | Ebd., S. 323.

Creed wurde festgehalten, dass das eigentliche Handlungsmodell des Spiels maßgeblich von typischen Actionspiel-Zielen bestimmt wird. Zwar korrespondieren Teile der erzählten Geschichte (Logik des Assassinen) relativ gut mit Aspekten des Spielsystems (Logik des Actionspiels), letztlich wird man aber aufgrund der sprachlichen Limitierung und der Engführung in den Handlungsoptionen in der Spielfigur keine überzeugende Modellierung eines mittelalterlichen Individuums, das um das Jahr 1200 lebte, erkennen. Vergangenheitsreferenz wird also nicht durch Modellierung, sondern nur durch visuelle Gestaltung und sprachliche Benennung erzeugt. Statt des direkten Erlebens von Authentizität, zu dem »das Nachspielen und Reenactment, das Evozieren eines ›authentischen Gefühls‹« gehört,[94] geht es hier um die mimetischen Potenziale des Computerspiels. Die Nachbauten berühmter Kirchen und Moscheen durch *Assassin's Creed* mögen zwar zur Fiktion von Authentizität beitragen, auf Ebene der Spiellogik haben sie aber keinen Einfluss; sie belegen sogar in einem ganz wörtlichen Sinn die Bedeutung des Begriffs von der Kulissenauthentizität: Weder Felsendom noch Umayyaden-Moschee sind begehbar, alle Türen sind nur funktionslose Tür-Grafiken. Für die Spiellogik haben die aufwendig gestalteten Bauwerke daher in etwa die Bedeutung von großen Kisten mit etwas unebener Oberfläche.

---

94 | Pirker/Rüdiger, *Authentizitätsfiktionen*, S. 17.

8 Geschichte als Universum

> Ich liebe Europa. Es ist so reich an Geschichte, speziell
> dunkler Geschichte.[1]
> JANE JENSEN

Drakensang: Am Fluss der Zeit

Unter dem Namen *Drakensang* sind bei dtp entertainment inzwischen zwei Spiele des deutschen Entwicklerstudios Radon Labs erschienen: *Das Schwarze Auge: Drakensang* (Radon Labs/dtp entertainment 2008) und *Drakensang: Am Fluss der Zeit* (Radon Labs/dtp entertainment 2010). Der erste Teil *Das Schwarze Auge: Drakensang* gewann beim 2009 erstmalig verliehenen Deutschen Computerspielpreis, einem vom Beauftragten der Bundesregierung für Kultur und Medien und von der Computerspielindustrie gemeinsam getragenen Wettbewerb, der besonders die Entwicklung »innovativer, kulturell und pädagogisch wertvoller Spielekonzepte« fördern will,[2] in den Kategorien ›Bestes Deutsches Spiel‹ und ›Bestes Jugendspiel‹ und verdiente seinen Entwicklern so ein Preisgeld von insgesamt 225 000 Euro. Der erste Teil war »der erfolgreichste Titel in der Firmengeschichte von dtp«, beide Teile gehörten zu den in Deutschland bestverkauften Spielen der Jahre 2008 bzw. 2010.[3]

---

1 | Jane Jensen, Autorin der *Gabriel Knight*-Serie, in: Klaus Ungerer, *Ein Gespräch mit der Computerspielentwicklerin Jane Jensen*, in: Frankfurter Allgemeine Zeitung, 30.11.2007, S. 48.

2 | *Der Preis*, in: Deutscher Computerspielpreis (Webseite), URL: http://www.deutscher-computerspielpreis.de/5.0.html (besucht am 14.02.2011).

3 | Markus Windelen, Chief Operating Officer dtp entertainment, in: *Drakensang: Am Fluss der Zeit. Making Of Video, Teil 2*, URL: http://www.drakensang.de/start.html (besucht am 14.02.2011); *Das Schwarze Auge: Drakensang*: Platz 19 Bestseller 2008, *Drakensang: Am Fluss der Zeit*: Platz 27 Bestseller 2010, vgl. *Jahrescharts PC-Spiele nach Media Control*, in: mediabiz (Webseite), URL: http://www.mediabiz.de/games/charts (besucht am 20.01.2011).

Bei beiden Teilen von *Drakensang* handelt es sich um Rollenspiele. Zu Beginn des Spiels steht beim Rollenspiel die Erschaffung einer Spielfigur. Dazu hat die Spielerin zunächst in einem mehrdimensionalen kategorialen System verschiedene Entscheidungen zu treffen: Welche »Rasse« soll die Spielfigur haben, welches »Geschlecht«, welche »Profession«, welche »Kultur«? Zusätzlich können noch die Werte verschiedener »Eigenschaften« wie »Mut«, »Klugheit« oder »Charisma« verändert werden und »Basiswerte« wie »Lebensenergie« oder »Ausdauer« modifiziert werden. Im Detail wird Kapitel 10 diese Art der »numerischen Individualisierung« in den *Drakensang*-Spielen (und in anderen Spielen) untersuchen.

Nach Abschluss der »Heldengenerierung« folgt der Spieler bzw. seine Spielfigur zum einen den Geschehnissen einer weitestgehend linear strukturierten Geschichte, zum anderen kann er sich in der Spielwelt frei bewegen und viele kleinere Aufgaben und nebenläufige Abenteuer bewältigen. Neben Geld und Ausrüstungsgegenständen besteht der Lohn dieser »Nebenquests« im Erwerb von sog. »Abenteuerpunkten«, die wiederum in die Weiterentwicklung der Spielfigur investiert werden. Dieser Mechanismus ist zentral für das Computer-Rollenspiel, denn ein Teil der spielerischen Herausforderung besteht in der Lösung von Konflikten mit anderen, vom Computer gesteuerten Figuren; diese Konflikte gewinnen im Lauf des Spiels an Schwierigkeit und können dann nur von Spielfiguren mit verbesserten Werten gemeistert werden (vgl. Abb. 8.1).

Ein weiterer wichtiger Bestandteil der *Drakensang*-Spiele ist die Heldengruppe: Häufig steuert der Spieler nicht nur seine eigene, zu Beginn generierte Spielfigur. Im Lauf des Spiels begegnet er anderen Figuren, die zunächst der Computersteuerung unterliegen, dann aber vom Spieler übernommen und in die eigene kleine Gruppe von steuerbaren Figuren integriert werden. Je nach Anforderungen kann man dann mit mehreren Figuren gleichzeitig oder aber mit der am besten geeigneten Figur alleine agieren.

Vor allem das Konzept der Heldengruppe zeigt an, dass es sich beim Computer-Rollenspiel um eine Spielform handelt, die wie kaum ein anderes Computerspielgenre ein bestehendes Gesellschaftsspielkonzept aufnimmt und interpretiert: *Drakensang* folgt zu erheblichen Teilen der Spielidee der sog. Pen-and-Paper-Rollenspiele. Die Gestaltung der Spielwelt verweist deutlich auf das konkrete Original: Die »Rasse« einer Spielfigur in *Drakensang* kann »Mittelländer«, »Thorwaler«, »Tulamide«, »Zwerg« oder »Elf« sein, die Zeit der Handlung wird für den ersten Teil mit »1032 nach Bosparans Fall«, für den zweiten Teil, der die Vorgeschichte erzählt, mit »1009 nach Bosparans Fall« angegeben, Schauplatz ist die »Grafschaft Ferdok« im »Königreich Kosch« auf dem »Kontinent Aventurien«. Diese offensichtlich erfundenen Bevölkerungen, Jahreszählungen und Landschaften stammen ursprünglich

Abb. 8.1: *Drakensang: Am Fluss der Zeit*: Konflikte des Kampfmagiers

aus der Spielwelt des Pen-and-Paper-Rollenspiels *Das Schwarze Auge*, das 1984 in Deutschland erschaffen wurde. Da Spielprinzip und Universum von *Das Schwarze Auge* zentral für die *Drakensang*-Computerspiele sind, da außerdem das (nicht-computerisierte) Pen-and-Paper-Rollenspiel die Computerspielgeschichte generell stark beeinflusst hat und da schließlich diese Spielform, obgleich inzwischen seit über 35 Jahren existent, nach wie vor in der Regel nur ihren Adepten, nicht aber allgemein bekannt ist, sei dieser Form des gemeinschaftlichen regelgeleiteten Spielens ein kurzer Absatz gewidmet. Dabei soll vor allem die fantastische Spielwelt von *Das Schwarze Auge* interessieren, denn dieses erdachte Universum hat, dies sei hier schon angedeutet, für die Computerspiele der *Drakensang*-Serie eine ähnliche Funktion wie das ›echte‹ Mittelalter der Kreuzzüge für *Assassin's Creed*.

Aventurien

Pen-and-Paper-Rollenspiele funktionieren grundsätzlich nach folgendem Prinzip: Gespielt wird in einer Gruppe von mindestens drei Personen. Eine Person ist Spielleiter, die restlichen Mitspieler übernehmen die Rolle eines Helden oder einer Heldin. Held und Heldin verfügen über eine Fülle normierter Eigenschaften, die sich durch Zahlwerte unterscheiden und die man auf Papier, dem sogenannten Charakterbogen, notiert. Der Spielleiter fungiert als Erzähler. In seiner erzählten Geschichte kommt den Heldenfiguren die Hauptrolle zu. Andere auftretende Figuren werden vom Spielleiter erschaffen und gespielt, ebenso ist er für Schauplätze und Ereignisse verantwortlich. Zu Beginn seiner Erzählung finden sich in aller Regel die Figuren der Spieler zu einer Gruppe zusammen und begeben sich dann auf eine Abenteuerfahrt. Das besondere am Rollenspiel ist, dass die Mitspieler in die Erzählung eingreifen und diese mitgestalten. Zum einen können sie dem Spielleiter Fragen zum Erzählten stellen (»Kommt Rauch aus dem Kamin der Hütte?«), ihn mitunter auch korrigieren (»Du sagtest doch, es sei dunkelste Nacht. Wie können wir da aus dieser Entfernung den Rauch erkennen?«). Nächstens können sie initiativ auf die Erzählung einwirken (»Ich würde vorschlagen, dass mein Held auf diesem Hügel wartet und Euch den Rücken frei hält.«). Schließlich kommt es zu regelgeleiteten Interaktionen, bei denen Erfolg oder Misserfolg einer Aktion nicht einfach erzählt wird, sondern man auf einen Mechanismus zurückgreift, der die numerischen Werte der Spielfigur mit dem erzählten Geschehen in Verbindung bringt und zusätzlich ein Zufallsmoment in die Geschichte einbaut. Ein Beispiel: Will ein Held eine schwere Falltür öffnen, so kann der Spielleiter dafür eine sogenannte »Körperkraftprobe« anordnen. Dafür ist nun der Eigenschaftswert für das Merkmal Körperkraft entscheidend. Nehmen wir an, der Held hat hier einen Wert von 14. Der Spieler würfelt nun mit einem 20-seitigen Würfel die Probe. Zeigt der Würfel 14 oder weniger, so ist die Probe bestanden, der Held ist also stark genug und kann die Falltür anheben. Bei einem Wert von 15 oder mehr misslingt die Unternehmung, die Kraft des Helden genügt der Anforderung nicht. Verbindungen von Würfelergebnis, Eigenschaftswert und Erzählung lassen sich im Pen-and-Paper-Rollenspiel für viele Ereignisse und Situationen konstruieren. Durch diesen Mechanismus gelingt es, die Unterschiedlichkeit der Helden für das Spiel/die Erzählung tatsächlich relevant zu machen. Außerdem wird dadurch die quasi monopolistische Erzählposition des Spielleiters um eine neutrale Spielmechanik erweitert, die Deutungsmacht so also ein Stück weit objektiviert. Schließlich ergänzt der Würfel das Erzählsystem natürlich um ein spielerisches und spannungsreiches Element.[4]

---

4 | Für eine fundierte Einführung und die Möglichkeit, selbst einmal an einer Einsteigerrunde teilzunehmen, danke ich Björn Steinmeyer und den Spielern und Spielerinnen im Schwert & Spiele-Laden in Berlin Spandau. Zur Einführung vgl. z. B. Michael Hitchens/Anders Drachen, *The Many Faces of Role-Playing Games*, in: International Journal of Role-Playing 1 (2008), S. 3–21; Rüdiger Zymner, *Phantastische Sozialisation*, in: Christine Ivanović/Jürgen Lehmann/Markus

Spiele dieser Art, die an Material neben dem Würfel tatsächlich nur Stift und Papier benötigen, kann man als episodische und partizipative Systeme zum Erschaffen von Geschichten bezeichnen[5] und aufgrund ihrer performativen Anforderungsstruktur in die Nähe des Improvisationstheaters rücken.[6] Das erste Spiel, das nach diesem Schema funktionierte, war *Dungeons & Dragons*. Von Gary Gygax und Dave Arneson entwickelt, erschien es 1974 erstmalig in den Vereinigten Staaten. Dem Untertitel des Regelbuches folgend – *Rules for Fantastic Medieval Wargames*[7] – fand es mit deutlicher Reminiszenz zur »medieval society«[8] und mit »medieval European flavor«[9] in einer »medieval fantasy world« mit Kriegern, Elfen, Zauberern und »other stock fantasy characters« statt.[10] *Dungeons & Dragons* ist das kommerziell erfolgreichste Pen-and-Paper-Rollenspiel und wird in weiterentwickelten Versionen auch heute noch vertrieben und gespielt.[11] Sein Einfluss für die Computerspielgeschichte kann kaum überschätzt werden: So erzählt Will Crowther, er habe mit dem Text-Spiel *Adventure* (vgl. den Abschnitt *Referenzlose Rätsel* in Kapitel 6) eine »computer version of the Dragons & Dungeon game« verwirklichen wollen.[12] Auch das erste Computer-Rollenspiel, bei dem sich mehrere Spieler gleichzeitig auf einem Server einloggen konnten – die Spielumgebung *Multi User Dungeon* (Roy Trubshaw, Richard Bartle 1978), die auf der Architektur des Internet-Vorläufers ARPANET auf-

---

May (Hrsg.), *Phantastik – Kult oder Kultur?*, Stuttgart, Weimar 2003, S. 299–314. Eine umfassende Auseinandersetzung bieten Lawrence Schick, *Heroic Worlds. A History and Guide to Role-Playing Games*, Buffalo, New York 1991 und Gary Alan Fine, *Shared Fantasy. Role-Playing Games as Social Worlds*, Chicago, London 1983.

5 | Vgl. Daniel Mackay, *The Fantasy Role-Playing Game. A New Performing Art*, Jefferson 2001, S. 4 f. Dort wird noch weitaus gründlicher spezifiziert.

6 | Vgl. Dennis Waskul/Matt Lust, *Role-Playing and Playing Roles: The Person, Player, and Persona in Fantasy Role-Playing*, in: Symbolic Interaction 27 (2004) 3, S. 333–356, hier S. 336.

7 | Gary Gygax/Dave Arneson, *Dungeons & Dragons. Rules for Fantastic Medieval Wargames Campaigns Playable with Paper and Pencil and Miniature Figures*, Lake Geneva 1974.

8 | Fine, *Shared Fantasy*, S. 16.

9 | Schick, *Heroic Worlds*, S. 130.

10 | Patrick J. Williams/Sean Q. Hendricks/Keith W. Winkler, *Introduction: Fantasy Games, Gaming Cultures, and Social Life*, in: ders. (Hrsg.), *Gaming as Culture. Essays on Reality, Identity and Experience in Fantasy Games*, Jefferson 2006, S. 1–18, hier S. 3.

11 | Waskul/Lust, *Role-Playing and Playing Roles*, S. 334.

12 | *Interview mit Will Crowther*, [vermutlich 1994], URL: http://www.archive.org/details/willcrowtherinterview (besucht am 21.10.2010), S. 1.

baute und als Vorläufer der Online-Spiele *EverQuest* und *World of Warcraft* gilt – ist stark von *Dungeons & Dragons* beeinflusst.[13]

In Deutschland ist jedoch nicht *Dungeons & Dragons*, sondern das seit 1984 vertriebene *Das Schwarze Auge* das bekannteste und beliebteste Rollenspiel.[14] Eine wesentliche Ursache für den großen Erfolg von *Das Schwarze Auge* in Deutschland – in anderen Ländern ist der Primus in aller Regel *Dungeons & Dragons*[15] – ist in den Begleitumständen seiner Markteinführung zu suchen: Ursprünglich wollte der Gesellschaftsspiele-Produzenten Schmidt Spiel + Freizeit eine deutsche Version von *Dungeons & Dragons* anbieten, entschied sich dann aber wegen teurer Lizenzgebühren für eine Eigenentwicklung. Diese kam aus der Feder von Ulrich Kiesow, Werner Fuchs und Hans Joachim Alpers, die in privater Runde *Dungeons & Dragons* kennen gelernt hatten, sich aber bald selbst als Autoren eigener Spielregeln und als Schöpfer einer eigenen Spielwelt versuchten. Ab 1984 war ihr Spiel dann als *Das Schwarze Auge* »die deutsche Antwort auf *Dungeons & Dragons*«[16] und sollte, vor allem durch die Marktmacht von Schmidt Spiel + Freizeit, die das Produkt in jeder Spielwarenabteilung platzierte, zu *dem* deutschen Rollenspiel werden.[17]

Die generelle Bedeutung und Popularität des Pen-and-Paper-Rollenspiels ist schwer abzuschätzen, da die Spieler ihre Spielrunden im privaten Rahmen abhalten können und dafür keiner übergreifenden Organisation bedürfen. Auch Verkaufszahlen geben

---

13 | Bartle, *Designing Virtual Worlds*, S. 73; vgl. Lars Konzack, *Philosophical Game Design*, in: Mark J. P. Wolf/Bernard Perron (Hrsg.), *The Video Game Theory Reader*, New York 2003, S. 33–44, hier S. 36 f.

14 | Von über 2000 befragten aktiven deutschen Rollenspielern und -spielerinnen gaben 52,7 Prozent an, sie hätten in den letzten 12 Monaten *Das Schwarze Auge* gespielt, an zweiter Stelle folgte *Dungeons & Dragons* mit 12,8 Prozent. Zahlen nach: Max Herke, *Große Rollenspiel-Umfrage 2008*, in: Rollenspielstatistiker (Webseite), 05.10.2009, URL: http://www.smerg.de/GRU0 8/ErgebnisbogenGRU08.html (besucht am 18.02.2011). Ähnliche Verteilungen (bei einer wesentlich kleineren Grundgesamtheit) auch in Reinhard Zulehner, *Rollenspiele als Kulturgut. Eine empirische Studie über Pen&Paper-Rollenspiele*, Marburg 2010, S. 26–28.

15 | Genaue Zahlen liegen nicht vor, aber man geht von weltweit 20 Millionen *Dungeons & Dragons*-Spielern aus, vgl. Darren Waters, *What happend to Dungeons & Dragons?*, in: BBC News Online (Webseite), 26.04.2004, URL: http://news.bbc.co.uk/2/hi/uk_news/magazine/365562 7.stm (besucht am 10.02.2011).

16 | Werner Fuchs, zit. nach: *Drakensang: Am Fluss der Zeit. Making Of Video, Teil 1*, URL: http://www.drakensang.de/start.html (besucht am 14.02.2011).

17 | Vgl. Ulrich Kiesow, *10 Jahre DSA: Ein erstaunter Blick zurück*, in: Aventurischer Bote (1994) 2, S. 22–24; Konrad Lischka/Tom Hillenbrand, *Rollenspiel mit Meister-Maske. 25 Jahre »Das Schwarze Auge«*, in: Spiegel Online, 06. 11. 2009, URL: http://www.spiegel.de/netzwelt/spielzeug/0,1518,658725,00.html (besucht am 10. 11. 2010).

allenfalls Tendenzen an, denn das Hobby kann über Jahre ausgeübt werden, ohne dass der Erwerb neuen Spielmaterials notwendig wird. Die Zahl der aktiven Pen-and-Paper-Rollenspieler scheint jedoch abzunehmen, zum einen durch inzwischen fehlende verlegerische Potenz,[18] zum anderen durch die ab Ende der 1990er Jahre aufkommenden Online-Computerrollenspiele. Während man angesichts dieser Bedingungen heute davon spricht, dass die »Rollenspielszene vergreist«,[19] sind nach Meinung eines Rollenspielautors die 1980er und frühen 1990er jener Zeitraum, in dem »Pen & Paper noch ›groß‹ war«.[20] Die Szene ist zwar, davon wird noch zu sprechen sein, äußerst vital, tatsächlich scheint sie inzwischen aber zu großen Teilen von langjährigen Rollenspielern und -spielerinnen mittleren Alters getragen zu werden: 1988 waren 81 Prozent der Teilnehmer einer unter *Das Schwarze Auge*-Spielern und -Spielerinnen durchgeführten Umfrage jünger als 21 Jahre;[21] 2008 lag das Durchschnittsalter bei einer anderen Rollenspieler-Befragung bei 28 Jahren.[22]

Die Spielwelt, in der die Geschichten von *Das Schwarze Auge* spielen, heißt »Aventurien«. Sie ist laut der *Das Schwarze Auge*-Mitbegründer Hans Joachim Alpers und Werner Fuchs nach der Science-Fiction-Serie *Perry Rhodan*[23] »das größte erdachte Universum in deutscher Sprache, ja wahrscheinlich weltweit«.[24] Dieses Universum, in dem auch die Computerspiele der *Drakensang*-Serie beheimatet sind, soll im Folgenden näher untersucht und dann mit dem ›Universum Mittelalter‹, auf das zum Beispiel *Assassin's Creed* rekurriert, in Beziehung gesetzt werden.

---

18 | Der ursprüngliche *Das Schwarze Auge*-Verleger Schmidt Spiel + Freizeit meldete 1997 Insolvenz an. Inzwischen erscheint *Das Schwarze Auge* im relativ kleinen Ulisses-Verlag und erhält nur noch in Spiele-Fachgeschäften und spezialisierten Fantasy-Läden Verkaufsflächen. Hinzu kommt natürlich noch das Onlinegeschäft, das aber für die Neukundenakquise nur eine untergeordnete Rolle spielen dürfte.

19 | Lischka/Hillenbrand, *Rollenspiel mit Meister-Maske.*

20 | Frank Heller, *Pen&Paper-Rollenspiel am Ende? Eine Analyse der Zukunft unseres Hobbys*, in: Envoyer (2008) 12, URL: http://www.blutschwerter.de/f562-der-loewenclub/t41920-pen-paper-rollenspiel-am-ende-von-frank-heller.html (besucht am 12.12.2010).

21 | *Leserumfrage*, in: Aventurischer Bote (1988) 18, S. 8.

22 | Max Herke, *Große Rollenspiel-Umfrage 2008*, in: Rollenspielstatistiker (Webseite), 05.10.2009, URL: http://www.smerg.de/GRU08/ErgebnisbogenGRU08.html (besucht am 18.02.2011).

23 | Seit 1961 erschien wöchentlich ein Heftroman, inzwischen sind insgesamt über eine Milliarde *Perry Rhodan*-Romane verkauft worden, vgl. Klaus N. Frick, *Logbuch der Redaktion: Zahlenspielereien zu Band 2500*, 14.07.2009, URL: http://www.perry-rhodan.net/aktuell/logbuecher/2009071401.html (besucht am 20.02.2011).

24 | Hans Joachim Alpers/Werner Fuchs, *25 Jahre Das Schwarze Auge. Eine Retrospektive zum DSA-Jubiläum*, in: Aventurischer Bote (2009) 138, S. 3–4, hier S. 4.

Zunächst ist zu klären, warum ein Pen-and-Paper-Rollenspiel überhaupt ein eigenes, der Spielerzählung präexistentes Universum benötigt, wenn doch der Reiz dieser Spielform gerade im freien, schöpferischen Erzählen liegt. »Ein Rollenspiel braucht eine Welt, in der es stattfindet« – so formulieren es die *Das Schwarze Auge*-Redakteure zu Beginn des Regelbuches.[25] Damit ist gemeint, dass für die erzählte Geschichte und auch für die (von den Spielern und vom Spielleiter) erdachten Figuren, für die Landschaft und die Schauplätze, letztlich für die gesamte materielle wie metaphysische Ausgestaltung der Spielwelt Vereinbarungen zwischen den Spielern gelten müssen. Theoretisch wäre zwar ein gemeinschaftliches Erzählen einer Geschichte auch dann möglich, wenn man sich an keinerlei Konventionen orientiert, praktisch ist aber eine solide gemeinsame Vorstellung von der Spielwelt nahezu unerlässlich für das kooperative Erzählen. Man kann daher sagen, dass das »narrative backing« letztlich die grundsätzlichen Spielregeln des Rollenspiels ausdrückt, so also die Simulation der Spielumgebung konstituiert.[26] Das gemeinsame (Welt-)Wissen wird als »shared vision« bezeichnet; man meint damit »some sort of mental image«, das von allen Spielern geteilt wird.[27]

Aber die Spielwelt ist nicht nur auf spielpraktischer Ebene von großer Bedeutung: Die Begeisterung für das Rollenspiel erklärt sich auch durch die Möglichkeit, die bekannte Spielwelt immer wieder besuchen zu können. Für den *Das Schwarze Auge*-Erfinder Ulrich Kiesow ist sogar »eine glaubwürdige Hintergrundwelt bedeutungsvoller als das Regelwerk«.[28] Die eigene Spielwelt Aventurien begann er zu entwickeln, da die Teilnehmer seiner erste Rollenspielrunde »ein starkes Bedürfnis nach einer Welt [hatten], in der sich ihre Helden zwischen den Abenteuern heimisch ruhen konnten«. So begann »für uns die Zeit der Weltenschöpfung, eine schöne Zeit, in der die Grundzüge des heutigen Aventurien festgelegt wurden« und man »täglich neue Städte gründete und benannte, Flußläufe grub und Bergketten auftürmte«.[29] Diese

---

25 | Thomas Römer (Hrsg.), *Das Schwarze Auge Basisregelwerk. Hardcover-Ausgabe 2008*, Waldems ²2008, S. 10.

26 | Vgl. Hitchens/Drachen, *The Many Faces of Role-Playing Games*, S. 15; Joris Dormans, *On the Role of the Die: A brief ludologic Study of Pen-and-Paper Roleplaying Games and their Rules*, in: Game Studies 6 (2006) 1, URL: http://www.gamestudies.org/0601/articles/dormans (besucht am 01.02.2011).

27 | Sean Q. Hendricks, *Incorporative Discourse Strategies in Tabletop Fantasy Role-Playing Gaming*, in: Patrick J. Williams/Sean Q. Hendricks/Keith W. Winkler (Hrsg.), *Gaming as Culture. Essays on Reality, Identity and Experience in Fantasy Games*, Jefferson 2006, S. 39–56, hier S. 42. Ausführlich in Fine, *Shared Fantasy*, S. 72–122.

28 | Kiesow, *10 Jahre DSA*, S. 23.

29 | Ebd., S. 22.

ersten Beschreibungen wurden dann die Grundlage der Publikationen der Spielre-daktion,[30] die nach Angaben von Hans Joachim Alpers und Werner Fuchs inzwischen »über 40 000 veröffentlichte Seiten« umfassen.[31] Es handelt sich also um eine Welt-beschreibung von imposantem Ausmaß, die durch Regelbücher, Regionalbeschrei-bungen, Abenteuerbände, eine eigene Zeitschrift, begleitende Romane und andere Druckerzeugnisse in über 25 Jahren entstanden ist. Die Regelbücher erklären und be-schreiben in 7 Bänden von jeweils mehreren 100 Seiten die Grundregeln, das Kampf-system, die Charakterentwicklung, die Götterwelt, die alchemistischen Grundsätze, die Regeln für Zauberei und Magie und schließlich weit über 250 Zaubersprüche.[32] Ferner existieren 13 Regionalbeschreibungen, die einzelne Regionen und Landschaf-ten des Kontinents Aventurien detailliert vorstellen. Die Spielleiter können dann für ihre Erzählungen in dieser Welt auf über 200 Abenteuerbände zurückgreifen, die in der Regel auf 50–100 Seiten eine Spielgeschichte mit Interaktionsmöglichkeiten und Hinweisen zu Handlungszeit und -ort präsentieren. Die Zeitschrift des fantasti-schen Kontinents Aventurien ist der Aventurische Bote, der ab 1985 in inzwischen 145 Ausgaben erschienen ist. Zum einen wird hier aus der Perspektive der (fiktiven) Bewohner Aventuriens über Geschehnisse in der Chronologie der Spielwelt berichtet, zum anderen enthält die Zeitschrift Regelergänzungen, Spielhilfen und Ortsbeschrei-bungen sowie Neuigkeiten aus der *Das Schwarze Auge*-Community für die Spieler und Spielleiter des Rollenspiels. Dieser rollenspielspezifische Textkorpus aus Regel-, Beschreibungs- und Abenteuerbüchern und dem Aventurischen Boten wird flankiert von einer Serie mit momentan 121 Romanen, die alle in Aventurien spielen, aber auch von Nicht-Rollenspielern zu lesen sind.[33] Diese offiziellen *Das Schwarze Auge*-Materialien werden noch ergänzt durch diverse Zeitschriften, Beschreibungen und Geschichten aus der Gemeinschaft der Spieler und Spielerinnen, die gedruckt oder über das Internet verbreitet werden. Das vielleicht beeindruckendste Community-Produkt ist das *Wiki Aventurica*, ein kollaboratives Online-Lexikonprojekt, in dem

---

30 | Seit Beginn werden Spiel und Begleitmaterial beim jeweiligen Verlag von einer fest an-gestellten, jedoch nur wenige Mitarbeiter umfassenden Redaktion gepflegt und weiterentwickelt.

31 | Alpers/Fuchs, *25 Jahre Das Schwarze Auge*, S. 4.

32 | Diese Aufzählung umfasst nur die Regeln der letzten Version des Spiels. Seit 1984 wur-de das Regelsystem von *Das Schwarze Auge* mehrmals modifiziert, insgesamt summiert sich die aventurische Juridika inzwischen auf über 20 Regelbücher.

33 | Außerdem existieren noch diverse Spielhilfen, Anthologien und Ergänzungsbände. Stand aller Angaben: Februar 2011, vgl. *DSA-Publikationen*, in: Wiki Aventurica (Websei-te), 22.02.2011, URL: http://www.wiki-aventurica.de/index.php/DSA-Publikationen (besucht am 22.02.2011).

seit 2004 über 27 000 Artikel zu verschiedensten Bereichen des *Das Schwarze Auge*-Universums erschienen sind.[34]

Damit wären in groben Zügen die wichtigsten Publikationsformen vorgestellt, mit denen die Redaktion, freie Autoren und passionierte Spieler und Spielerinnen die Spielwelt Aventurien entwickelt haben. Angesichts der enormen Menge an Aventurien-Texten muss die folgende Vorstellung dieses Universums notwendigerweise fragmentarisch bleiben und kann lediglich die grundlegenden Zusammenhänge und Konzepte berücksichtigen.

Der Kontinent Aventurien liegt auf der in geologischer und klimatischer Hinsicht der Erde ähnlichen Welt Dere und erstreckt sich »vom ewigen Eis bis zum dampfenden Dschungel«.[35] Diese Welt hat einen eigenen Ursprungsmythos, der sich mit dem anfänglichen Chaos und dem ordnenden Allgott Los, mehreren Kämpfen zwischen Göttern, Giganten, Drachen und Riesen und schließlich einem Pantheon mit 12 Gottheiten recht deutlich an der Weltentstehung der griechischen Mythologie orientiert.[36] Der erste der Götter ist Praios; dessen Kirche hängt einer Weltanschauung an, die nun wieder der christlichen Erlösungslehre nicht unähnlich ist: »Der Mensch ist verloren in einer Welt, in der es nichts gibt außer Dunkelheit. Allein das Licht des Herrn Praios erleuchtet die Auserwählten [...]«.[37]

Neben griechischem Götterepos und christlichem Schriftgut hat man sich ausgiebig bei *dem* »Gründungsmythos des Fantasygenres«,[38] bei J. R. R. Tolkiens Mittelerde-Literatur,[39] bedient. So sind Elfen, Zwerge, Menschen und Orks in Aventurien ebenso wie in Tolkiens Mittelerde[40] die wichtigsten Bevölkerungsgruppen.[41] Natürlich gibt

---

34 | *Über Wiki Aventurica*, in: Wiki Aventurica (Webseite), 12.10.2010, URL: http://www.wiki-aventurica.de/index.php/Wiki_Aventurica:\%C3\%9Cber_Wiki_Aventurica (besucht am 22.02.2011).

35 | Ralf Hlawatsch u. a., *Geographia Aventurica. Die Welt des Schwarzen Auges*, Waldems [4]2003, S. 11.

36 | Vgl. ebd., S. 148–150; Thomas Römer (Hrsg.), *Wege der Götter. Regelwerk zu den Göttern Aventuriens in der Welt des Schwarzen Auges*, Weldems 2008, S. 6–10.

37 | Ebd., S. 35.

38 | Andreas Friedrich, *Einführung*, in: ders. (Hrsg.), *Filmgenres. Fantasy- und Märchenfilm*, Stuttgart 2003, S. 9–14, hier S. 12.

39 | J. R. R. Tolkien, *Der kleine Hobbit*, Recklinghausen [9]1992 (engl. 1937); ders., *Der Herr der Ringe*. 3. Bde. Stuttgart [8]1980 (engl. 1954/55).

40 | »Mittelerde« ist eigentlich nur der Name eines von Tolkien erfundenen Kontinents, aber häufig – und auch hier – bezeichnet man so die gesamte fantastische Weltenschöpfung Tolkiens.

41 | Bei Tolkien gibt es keine Elfen/»elfes« sondern Elben/»elves«. Die aventurischen Elfen sind jedoch nahezu identisch mit den Elben Tolkiens: Ein altes Volk aus schlanken, hoch gees auch Unterschiede: Aventurien kennt keine Hobbits, dafür existiert mit den Echsenmenschen eine Rasse,[42] die nicht von Tolkien entlehnt ist; ferner ist Aventurien bevölkert von vielen weiteren fantastischen Kreaturen, die als genuine Erfindungen der *Das Schwarze Auge*-Gemeinschaft gelten dürfen.[43] Aber die Geschichte und die Geschichten von Aventurien haben zum allergrößten Teil mit den Kulturen der Menschen, Zwerge, Elfen und Orks zu tun. Dies liegt natürlich auch daran, dass die Spieler – von Ausnahmen abgesehen – Angehörige dieser Rassen spielen. Durch diese ›Fantasy-Quadriga‹ zitiert Aventurien also deutlich die rassische Konstellation Mittelerdes – inklusive der nach Niels Werber geradezu obsessiven Ausstellung der Differenzen, die dort zwischen den Rassen herrschen.[44]

Eine weitere große Gemeinsamkeit zwischen Tolkien und *Das Schwarze Auge* ist die extensive Ausgestaltung einer imaginierten Historie: Die eigentliche Geschichte von *Der Herr der Ringe* und *Der kleine Hobbit*, verschiedene Ereignisse und Verwicklungen also, die im »Ringkrieg« kulminieren, findet statt in den letzten hundert Jahren eines Abschnittes, den Tolkien das »Dritte Zeitalter« nennt. Der Handlungsablauf wird aber angereichert mit Sagen, Liedern, Erzählungen und Erläuterungen über vorangegangene Zeitabschnitte und Geschehnisse, so dass durch diese Historiographien und auch durch die umfangreichen Anhänge mit Zeittafeln und Genealogien, die den *Herrn der Ringe* beschließen, und durch Tolkiens posthum veröffentlichte ›Pseudo-Chronologien‹ *Das Silmarillion*[45] und *Nachrichten aus Mittelerde*[46]

---

wachsenen, bartlosen, sinnlichen und naturverbundenen Wesen, die sich äußerlich vor allem durch ihre spitz zulaufenden Ohren vom Menschen unterscheiden. Vor allem die Charakteristik der Elben und der dunklen, grundbösen Orks geht auf originäre Schöpfungen Tolkiens zurück, gleichwohl es auch für diese Wesen – vor allem in der nordischen Sagenwelt – Vorbilder gibt, vgl. Dieter Petzold, *Tolkiens Kosmos*, in: Helmut W. Pesch (Hrsg.), *J. R. R. Tolkien – der Mythenschöpfer*, Meitingen 1984, S. 123–142, hier S. 128 f.; Tom Shippey, *Light-elves, Dark-elves, and Others: Tolkien's Elvish Problem*, in: Tolkien Studies 1 (2004), S. 1–15.

42 | ›Rasse‹ ist der Begriff, den die Publikationen selbst verwenden, vgl. z. B. Thomas Römer (Hrsg.), *Wege der Helden. Generierungsregeln für alle aventurischen Helden*, Weldems 2007, S. 24.

43 | Die Publikation *Zoo-Bootanica Aventurica* listet im Kapitel *Bestiarium Aventuricum* weit über 300 detaillierte Einträge, vgl. Chris Gosse (Hrsg.), *Zoo-Bootanica Aventurica. Tiere und Pflanzen des Schwarzen Auges*, Erkrath 2004, S. 62–192.

44 | Niels Werber, *Geo- and Biopolitics of Middle-earth: A German Reading of Tolkien's* The Lord of the Rings, in: New Literary History 36 (2005) 2, S. 227–246, hier S. 227.

45 | J. R. R. Tolkien, *Das Silmarillion*, hrsgg. v. Christopher Tolkien, 1978 (engl. 1977).

46 | Ders., *Nachrichten aus Mittelerde*, hrsgg. v. Christopher Tolkien, 1980.

die Ringkrieg-Saga eine Vorgeschichte erhält, die annähernd 10 000 Jahre umfasst.[47] In dieser groß angelegten Geschichtsfiktion wird die Abenteuergeschichte des *Herrn der Ringe*, die tatsächlich nur *ein knappes Jahr* dauert, dann zur »imaginative *presentation* of a fragment of the history«.[48]

Auch Aventurien verfügt über eine eigene Chronologie; diese teilt ihre Jahre vor und nach »Bosparans Fall« (BF) ein – »Bosparan« ist das erste Großreich des Kontinents, das in der »Zweiten Dämonenschlacht« untergeht und als Referenzpunkt der aventurischen Jahreszählung dient. (Mit dem Bosporanischen Reich, das die Geschichtswissenschaft im 5. Jahrhundert v. Chr. an den nördlichen Küsten des Schwarzen Meeres lokalisiert, hat das nichts zu tun.) 8000 v. BF entstehen die ersten (echsischen, elfischen und zwergischen) Kulturen auf Aventurien, die Menschen, die später Bosparan gründen werden, wandern ab 1625 v. BF in Aventurien ein. Der erste Abenteuerband, der 1984 (Gregorianischer Kalender!) erscheint, datiert auf das Jahr 997 n. BF.[49] Seitdem wird in den erscheinenden Publikationen die Jahreszählung fortgeschrieben, aktuelle Abenteuer sind im Jahr 1033 n. BF angesiedelt.[50] Dieses Jahr ist gewissermaßen die Gegenwart Aventuriens, es existieren derzeit noch keine jüngeren Geschichten. Die Abenteuerbände, die die Rollenspieler bei ihren Spielrunden unterstützen und so die Verbindung zwischen der ›großen‹ aventurischen Geschichte und einzelnen, gemeinschaftlich erzählten Rollenspielrunden herstellen, spielen allesamt im Zeitraum dieser 40 Jahre des aventurischen Kalenders. Ganz ähnlich wie Tolkiens Mittelerde kennt also auch Aventurien eine fast 10 000 jährige Kulturgeschichte.[51] Und ebenso wie im *Herrn der Ringe* nimmt die eigentliche Erzähl- bzw. Spielzeit, also die »Jüngste Geschichte« (vgl. Abb. 8.2), innerhalb dieser fiktiven Chronologie nur sehr wenig Raum ein.

Auch die Computerspiele *Das Schwarze Auge: Drakensang* und *Drakensang: Am Fluss der Zeit* sind mit ihren Erzählungen in diesem letzten Abschnitt der Geschichte Aventuriens angesiedelt: In *Das Schwarze Auge: Drakensang* geht es um die Auf-

---

47 | Die Zeitalter bei Tolkien sind keine kalendarischen Größen, Zgorzelski schätzt ihre Dauer aber auf ungefähr jeweils 3000 Jahre, Andrzej Zgorzelski, *A Fairy Tale Modified: Time and Space as Syncretic Factors in J. R. R. Tolkien's Trilogy*, in: Zeitschrift für Literaturwissenschaft und Linguistik 92 (1993), S. 126–140, hier S. 129.

48 | Ebd., S. 132.

49 | Werner Fuchs, *Im Wirtshaus zum schwarzen Keiler*, München 1984.

50 | Z. B. Michael Masberg, *Der Lilienthron*, Waldems 2011.

51 | Für eine ausführlichere Darstellung dieser Geschichte fehlt hier der Raum, vgl. dazu Hlawatsch u. a., *Geographia Aventurica*, S. 150–163; *Chronologica Aventurica*, in: Wiki Aventurica (Webseite), 08.02.2011, URL: http://www.wiki-aventurica.de/index.php/Chronologica_Aventurica (besucht am 19.03.2011).

DIE GESCHICHTE DES ALTEN REICHES

ca. 1500 v.BF: Landung von güldenländischen Auswanderer-familien im Gebiet des heutigen Lieblichen Feldes

1492 v.BF: 'Horas' Erscheinen'

ca. 950 v.BF: Horas der Welt entrückt

883 v.BF: Bosparaner Armee zieht den Yaquir hinauf.

881 v.BF: Armee besiegt Heer des Diamantenen Sultanats.

873 v.BF: Belen-Horas lässt sich zum Gottkaiser ausrufen.

873–857 v.BF.: Trollkriege

872 v.BF.: Schlacht am Darpatbogen; Eroberung von Nebachot, dem heutigen Perricum, Sieg über das Diamantene Sultanat

871 v.BF: der erste Zug der Oger

870 v.BF: Gründung der Fürstentümer Nostria und Andergast

854 v.BF: Unabhängigkeit Andergasts und Nostrias

856–619 v.BF: Ära der Friedenskaiser

618 v.BF: die 200 Tage von Gareth

569 v.BF: der zweite Aufstand von Gareth

568 v.BF: die erste Dämonenschlacht

ca. 550–150 v.BF: die Dunklen Zeiten

253 v.BF: Orks nehmen Baliho.

141 v.BF: Schlacht von Saljeth

17 v.BF: Schlacht am Gadang, Bosparan annektiert das Diaman-tene Sultanat.

0 BF: die zweite Dämonenschlacht, Untergang und Plünderung Bosparans

DIE GESCHICHTE DES NEUEN REICHES

0 BF–53 BF: Regierungszeit Rauls von Gareth

53–333: die klugen Kaiser

163: Besiedlung Maraskans beginnt

335–465: Zeit der Priesterkaiser

337: Theaterorden wird bei Baliho vernichtend geschlagen.

466–589: Regierungszeit Rohals des Weisen

590–595: Krieg der Magier

596: Garether Pamphlet

600: Schlachten auf den Blutfeldern und bei Ferdok beenden Orkinvasion

701: Lossagung Albernias

702: Erdbeben von Havena, eine gewaltige Flutwelle vernichtet fast die gesamte Stadt.

744: Baliiri-Schwur; Lossagung des Lieblichen Feldes

DER ZERFALL DES NEUEN REICHES

752: Friede von Kuslik, Unabhängigkeit des Lieblichen Feldes

755: Abfall des Bornlandes

759: Abfall Maraskans

760: Rastullahs Erscheinen in Keft

763: Khôm-Wüste wird 'freies Novadi-Land'.

ab 848: Al'Anfa und weitere Südstädte sagen sich los

902–933: Erbfolgekrieg; kaiserlose Zeiten

988: Schlacht von Jergan; Rückeroberung Maraskans

994–1010: Kaiser Hal

JAHRESZAHLEN DER JÜNGSTEN GESCHICHTE

995: Lossagung Araniens und Khunchoms; Niederschlagung des Aufstands von Tuzak

997: Erhebung Hals in den Götterstand

998: Verlobung Prinz Brins mit Prinzessin Emer

1003: 1000-Oger-Schlacht

1004: Vermählung Brins mit Emer, Brin wird König von Gare-tien

1008–1010: Krieg Al'Anfas gegen das Kalifat

1010: Verschwinden Kaiser Hals; Königin Amene III. zu Vinsalt erhebt sich zur Horas; Versuch Answins von Rabenmund, den Kaiserthron zu usurpieren.

1010–1012: Der Orkensturm

1014: Brin wird vom Reichstag als 'Reichbehüter' eingesetzt.

1015: Rückkehr Borbarads

1019/1020: borbaradianische Invasion in Tobrien und auf Mara-skan; Machtübernahme Gloranas im hohen Norden

1021: Schlacht auf den Vallusanischen Weiden; vergeblicher Ver-such Dimionas, die Herrschaft über ganz Aranien an sich zu reißen

22.–24. Ing. 1021: die Dritte Dämonenschlacht an der Trollpfor-te, Borbarad wird besiegt, Brin fällt

1022: Proklamation des Königreiches Aranien

ab 1022: Etablierung der Heptarchenreiche im Osten und Nor-den Aventuriens; nach einigen längeren Kämpfen auch Gelän-degewinne für das Mittelreich; ebenfalls seit diesem Zeitpunkt Shikanydad von Sinoda als 'Freies Maraskan'

1023–25: See- und Kaperkrieg zwischen Thorwal und dem Ho-rasreich

1026: erneute Orküberfälle in Richtung Weiden und Albernia

Abb. 8.2: *Das Schwarze Auge:* Zeittafeln zur aventurischen Kulturgeschichte

klärung einer Mordserie und um die Teilnahme an einem Abenteuer-Wettbewerb, der sogenannten »Drachenqueste«; Zeitraum der Handlung ist das Jahr 1032 n. BF. Das Nachfolgerspiel *Drakensang: Am Fluss der Zeit* erzählt die Vorgeschichte des ersten Teils: Der Spieler verhindert mit seiner Heldengruppe ein Komplott, das Answin von Rabenmund im Jahr 1009 n. BF. gegen Kaiser Hal, Regent des aventurischen Mittelreichs, anstrengt. Dabei begegnet man zum einen vielen Figuren, die schon im ersten Teil eine Rolle spielten und die – ähnlich wie die Figur des zeitreisenden Assassinen für die *Assassin's Creed*-Spiele – für Reihenkontinuität und Wiedererkennung sorgen. Zum anderen ist die Bedrohung von Kaiser Hal durch den intriganten Answin eine zentrale Affäre der aventurischen Geschichte und wurde bereits in vielen Abenteuerbänden und Berichten behandelt.[52] Durch Anschluss an diese Historiographien gelingt *Drakensang: Am Fluss der Zeit* die Einschreibung in die Chronologie des *Das Schwarze Auge*-Universums. Das ist so gewollt: Auf die »enge Verzahnung des Spieles mit der aventurischen Geschichte« wurde nach Angaben von Bernd Beyreuther, Creative Director der beiden *Drakensang*-Computerspiele, »großes Augenmerk« gelegt.[53] Aber warum ist das wichtig für die Spielreihe? Und was hat das alles mit dem Mittelalter zu tun? Zunächst wird letztere Frage beantwortet.

Sekundäre Welten

Tolkien nennt seine künstliche Welt Mittelerde eine *Secondary World* und charakterisiert wie folgt:

»[The storymaker] makes a Secondary World which your mind can enter. Inside it, what he relates is ›true‹: it accords with the laws of that world. You therefore believe it, while you are, as it were, inside.«[54]

Die Regelhaftigkeit, die Tolkien hier thematisiert, ermöglicht es theoretisch auch, die sekundäre Welt ohne einen ordnenden Erzähler zu besuchen. Denn wenn die Welt durch Regeln und Gesetze zusammengehalten wird, dann ist sie unabhängig von einzelnen Geschichten oder Figuren. Dies gilt natürlich auch für Mittelerde, die Welt der *Herr der Ringe*-Romane: »The space of the trilogy [...] is not slavishly depen-

---

52 | So z. B. in den Aventurischen Boten 35–40 (1991–1992).

53 | Bernd Beyreuther, *Am Fluss der Zeit*, in: Aventurischer Bote (2009) 135, S. 21.

54 | J. R. R. Tolkien, *On Fairy-Stories* (1947), in: ders.: *Tree and Leaf*, London ²1988 (1964), S. 9–73, hier S. 36 f.

Abb. 8.3: *Drakensang: Am Fluss der Zeit*: Im »Elfenwald« trifft der Spieler auf Zeugnisse längst vergangener Kulturen

dent upon the characters' actions, is not only a background for their conduct, but constitutes an autonomous and self-sufficient element of work.«[55] Wenn man wie Daniel Mackay davon ausgeht, dass Tolkien »[f]antastic ecologies, races, languages, histories, and civilizations« so beschrieben habe, dass beim Leser die Vorstellung einer »realistic fantasy world« entstehe,[56] dann stellt sich natürlich die Frage, wie das Fantastische mit dem Realistischen und dem Geregelten zusammengehen kann. Eine einfache, nichtsdestoweniger überzeugende Lösung bietet die Encyclopedia of Fantasy an, indem sie ableitet, dass die Regeln, die sekundäre Welten bestimmen, nicht widersprüchlich sind und dass man sie lernen und verstehen kann. Die Regeln konstruieren somit – trotz aller Fantasie – eine in sich kohärente Welt.[57]

Wie die Erinnerungen der Miterfinder Hans-Joachim Alpers und Werner Fuchs belegen, gilt auch für Aventurien dieses Kohärenzgebot:»Anfangs schwebte uns ein Aventurien vor, in dem jede Art von phantastischem Abenteuer möglich sein sollte,

---

55 | Zgorzelski, *A Fairy Tale Modified*, S. 136.

56 | Mackay, *The Fantasy Role-Playing Game*, S. 27.

57 | Vgl. John Clute, *Secondary World*, in: John Clute/John Grant (Hrsg.), *The Encyclopedia of Fantasy*, London 1997, S. 847.

aber diese Konzeption wurde bald zugunsten einer in sich logisch aufgebauten Welt
mit einer umfassenden Geografie und Geschichte aufgegeben.«[58]
Über die aventurische Geschichte wurde bereits gesprochen (vgl. auch Abb. 8.3),
zur Geographie sei nur angemerkt, dass Aventurien – wie das Vorbild Mittelerde –
natürlich ausführlich kartographiert ist.[59] Weitere Regeln und ›Natur‹-Gesetze, die
Aventurien bestimmen und ›logisch‹ aufbauen, können hier nur in Ansätzen wiedergegeben werden: Beispielsweise wird die Magie, die nach Helmut Pesch als »eigentlich konstitutives Element« der Fantasy gilt,[60] im *Das Schwarze Auge*-Universum von
einem komplexen Regelsystem organisiert, so dass »auch für das Phantastische und
Wunderbare Erklärungen und Gesetzmäßigkeiten« existieren:[61] Wer zaubern will,
muss magisch begabt sein (das ist nur jeder hundertfünfzigste Aventurier), über genügend »Astralenergie« verfügen und natürlich den passenden Spruch erlernt haben
(die aventurische Spruchsammlung *Liber Cantiones* listet ungefähr 300 Zaubersprüche inklusive zahlreicher Attribute wie Wirkung, Komplexität, Dauer, Reichweite).[62]
»Fantasy is a rational not an irrational activity«[63] – dieser zunächst wenig intuitive
Gedanke Tolkiens gewinnt an Deutlichkeit, je länger man sich mit den Regelsystemen
und Spezifikationen des *Das Schwarze Auge*-Universums beschäftigt.

Nun haben aber weder Tolkien noch die *Das Schwarze Auge*-Redaktion ihre Weltentwürfe *vollständig* auf eigenen Regeln und Gesetzen aufgebaut. Da dies natürlich
jenseits aller Möglichkeiten läge, setzen sie ihre eigenen Kreationen auf bestehende
Regelwerke auf. Diese Regelgerüste sind an den ›normalen‹ irdischen Regeln orientiert – »ein geworfener Speer folgt auch in Aventurien einer Parabelbahn«[64] –,
fokussieren dabei aber zudem eine bestimmte Zeit der Erdgeschichte. Für Mittelerde wie für Aventurien – und auch für die meisten anderen Fantasy-Welten – ist
diese Zeit das Mittelalter. Dadurch erhalten Weltenerbauer und Weltenbesucher einige grundsätzliche Koordinaten, die für die Konstruktion der sekundären Welt und

---

58 | Alpers/Fuchs, *25 Jahre Das Schwarze Auge*, S. 4.

59 | Vgl. ausführlich in Tobias Röhl/Regine Herbrik, *Mapping the Imaginary. Maps in Fantasy
Role-Playing Games*, in: Forum Qualitative Sozialforschung/Qualitative Social Research 9 (2008)
3, URL: http://www.qualitative-research.net/index.php/fqs/article/view/1162 (besucht am
19.03.2011).

60 | Pesch, *Fantasy*, S. 38.

61 | Römer (Hrsg.), *Das Schwarze Auge Basisregelwerk*, S. 11.

62 | Vgl. ebd., S. 167–172; Florian Don-Schauen/Thomas Römer/Anton Weste, *Liber Can-
tiones. Eine Sammlung aventurischer Zaubersprüche in überarbeiteter Fassung*, Waldems 2008.

63 | Tolkien, *On Fairy-Stories*, S. 46, Anm. 2.

64 | Römer (Hrsg.), *Das Schwarze Auge Basisregelwerk*, S. 11.

die anschließende Orientierung in ihr unerlässlich sind. Nach Rüdiger Zymner ist gerade die Spannung zwischen einem »erkennbar präsupponierten und mit Geltung versehenen Realitätskonzept« und die Abweichung von diesem Realitätskonzept das kennzeichnende Element der Phantastik.[65] Für Aventurien gilt, dass die »wichtigsten Reiche des Kontinents sich auf einer Entwicklungsstufe befinden, die dem europäischen Spätmittelalter oder der frühen Neuzeit ähnelt«, woraus man dann den »durchschnittlichen technischen Standard« dieser fantastischen Welt ableitet:»Es gibt den Buchdruck und einfache optische Gerätschaften, Expeditionen zu den Rändern der Welt (und Debatten über die Gestalt der Welt), einen momentanen Vorteil der Rüstung gegenüber den Waffen und eine gerade aufkeimende Bildung mit Interesse am Wissen der Vorfahren.«[66]

Auf das Mittelalter wird in der Aventurien-Literatur manchmal explizit,[67] häufiger jedoch implizit rekurriert: Besonders bei der Anlage der aventurischen Gesellschaftsorganisation folgt man mittelalterlich-europäischen Ordnungen und legt fest, dass die »Kulturen Aventuriens von der ritterlich-feudalen Gesellschaft dominiert« werden und dass »gut zwei Drittel aller Aventurier im Feudalismus [...] leben«.[68] Auch in der Abbildung mittelalterlicher Ehr- und Distinktionskonzepte versucht man sich: Der »gesellschaftliche Rang (oder der Anschein desselben) [spielt] eine wichtige Rolle« und jede Spielfigur verfügt über die Größe »Sozialstatus«, die verschiedene Werte annehmen kann und bei gewissen Spielaktionen relevant wird.[69]

Mit diesen Mittelalter-Thematisierungen ist das *Schwarze Auge* auf Linie mit vielen anderen Fantasy-Texten und -Produkten. Denn obgleich eine strenge Fantasy-Definition inhaltlich offen bleiben muss – nach Pesch ist der »Minimalkonsens«, dass »einer akzeptierten Realitätsauffassung eine andere Ordnung entgegengesetzt wird«[70] –, dient den fantastischen Weltentwürfen der Fantasy am häufigsten das Mittelalter als Fundament und Bezugspunkt: »A significant number of fantasy authors persistently locate their stories in environments where the characters wear medieval

---

65 | In Zymers Begrifflichkeiten ist die Fantasy Tolkiens und seiner Nachfolger ein Teilbereich des umfassenden Feldes Phantastik, vgl. Zymner, *Phantastische Sozialisation*, S. 301.

66 | Römer (Hrsg.), *Das Schwarze Auge Basisregelwerk*, S. 11.

67 | »Mittelländer entsprechen ungefähr den Menschen des mitteleuropäischen Spätmittelalters«; »Wenn Sie sich den vorderen Orient im (europäischen) Mittelalter vergegenwärtigen, haben Sie eine grobe Vorstellung der tulamidischen Lebensweise«; »Die Thorwaler [...] ähneln mehr als nur ein wenig den irdischen Wikingern«, ebd., S. 39.

68 | Hlawatsch u. a., *Geographia Aventurica*, S. 14.

69 | Römer (Hrsg.), *Das Schwarze Auge Basisregelwerk*, S. 16.

70 | Pesch, *Fantasy*, S. 48.

dress, fight with swords, and live in historical, vaguely feudal, semi-pastoral societies with low levels of technology.«[71] Die so umrissene »simplified version of the Western European Middle Ages«[72] ist auch charakteristisch für Aventurien und für die *Drakensang*-Computerspiele; diese zeigen nach Rezensenten-Meinung eine »wunderbar detailliert dargestellte Mittelalterwelt«.[73]

Nach der erfolgten Vorstellung des Universums Aventurien bleibt zu fragen, ob dessen Einsatz in den *Drakensang*-Produktionen neben dem offenkundigen Nutzen, der einem neuen Produkt durch die Etikettierung mit einer bekannten und etablierten Marke erwächst, weitere Gründe und Vorteile hat.

Spiele und Universen

Zu sagen, dass die Sonne grün sei, ist nach Tolkien ein Leichtes. Aber die Erzeugung einer Welt, in der eine grüne Sonne *glaubwürdig* ist, gilt ihm als schwere Aufgabe.[74] Sie gelingt, wenn die Elemente und Ereignisse der fantastischen Welt begründet und der Weltaufbau im Gesamten konsistent ist. Für Tolkiens eigene Schöpfung Mittelerde ist das geglückt, wie etwa Andrzeij Zgorzelski bemerkt hat: »Everything is given a proper name here, every town and mountain range, each forest and river; everything is connected with a given date or ›historical‹ event.«[75]

Nun bestehen Computerspiele aus einer Vielzahl von Spielelementen, die sich zudem in bestimmter, manchmal sehr komplexer Weise gegenseitig beeinflussen. Für *Drakensang: Am Fluss der Zeit* kann man das ungefähr wie folgt quantifizieren: rund 200 verschiedene, vom Computer gesteuerte Spielfiguren, weit über 400 Waffen, Rüstungen und Schilde, über 60 Zutaten für Heil- und Zaubertränke, mehr als 100 Gegenstände wie Münzen, Ringe oder Briefe, zudem die verschiedenen Handlungsschauplätze mit Marktplätzen, Tempelbauten, Festungen, Hafenanlagen, Gasthäusern

---

71 | Kim Selling, »*Fantastic Neomedievalism*«: *The Image of the Middle Ages in Popular Fantasy*, in: David Ketterer (Hrsg.), *Flashes of the Fantastic: Selected Essays from the War of the Worlds. Centennial, Nineteenth International Conference on the Fantastic in the Arts*, Weatport 2004, S. 211–218, hier S. 212; vgl. auch Pesch, *Fantasy*, S. 39; Rainer Nagel, *Reiche und Welten der Fantasy-Literatur*, in: Hans-Joachim Alpers u. a. (Hrsg.), *Lexikon der Fantasy-Literatur*, Erkrath 2005, S. 23–27, hier S. 23.

72 | Selling, *Fantastic Neomedievalism*, S. 212.

73 | Stefan Weiß, *Drakensang: Am Fluss der Zeit*, in: PC Games (2010) 2, S. 74–80, hier S. 74.

74 | Tolkien, *On Fairy-Stories*, S. 46.

75 | Zgorzelski, *A Fairy Tale Modified*, S. 135.

und anderen Gebäuden. All diese Spielelemente sind für die Spielhandlung von Bedeutung, ihre interaktiven, spiellogischen Funktionen sind im Spielsystem festgelegt. Sollen sich die Elemente aber zu einer glaubwürdigen Welt im Tolkienschen Sinne fügen, dann muss neben die spiellogische Definition eine überzeugende Benennung und Kontextualisierung treten. Erst wenn die verschiedenen Spielelemente durch ihre Namen, ihre Formen, ihre Verhaltensweisen und ihre Herkunft sorgfältig und stimmig motiviert werden, kann es gelingen, dass die Spielwelt nicht als artifizielle, autonome Schöpfung, sondern als quasi natürlicher, von einer eigenen Logik zusammengehaltener Organismus erscheint.

Um diesen Anforderungen gerecht zu werden, ist das *Schwarze Auge*-Universum mit seiner umfangreichen Sammlung an Rollenspiel-Publikationen ideal: Anstatt die Namen und Geschichten der Spielelemente alle selbst erfinden zu müssen, konnten die Entwickler der *Drakensang*-Computerspiele sich auf die Konventionen und Weltbeschreibungen des detailliert ausgearbeiteten Kontinents Aventurien verlassen. Im Beispiel: Die 32 Hiebwaffen, die ein Kämpfer im Computerspiel *Drakensang: Am Fluss der Zeit* führen kann, unterscheiden sich in spiellogischer Hinsicht lediglich in den verschiedenen Werten, mit denen Attribute wie Gewicht, Schaden, Reichweite oder Preis belegt werden. Aus den zunächst nur unterschiedlich parametrisierten Entitäten werden erst dann originelle Kriegswerkzeuge einer belebten Fantasywelt, wenn in narrativ-spielweltlicher Perspektive Namen, Aussehen, Erklärungen und Geschichten zugefügt werden. Eine ideale Vorlage dafür stellt die Publikation *Wege des Schwertes* bereit, die ausführlich die Kampfregeln des Pen-and-Paper-Rollenspiels erläutert und auf vielen Seiten verschiedenste Waffen in Wort und Bild vorstellt.[76] Hier haben sich die Entwickler des Computerspiels ausführlich bedient, grafisch orientiert man sich eng an den Zeichnungen des Pen-and-Paper-Regelbuchs und teilweise sind die kurzen Beschreibungstexte wörtlich ins Computerspiel übernommen worden. Es ist also den seit 30 Jahren gepflegten und inzwischen zu beachtlicher Größe angewachsenen Weltbeschreibungen der *Das Schwarze Auge*-Redaktion zu verdanken, wenn sich nun im Computerspiel einfallsreich benannte Hiebwaffen finden, die als Artefakte einer reichen kriegshandwerklichen Tradition erscheinen: Der »Lindwurmschläger« ist das »klassische Kampfbeil der Angroschim«, die »Barbarenstreitaxt« gilt als »schnörkelloses Instrument der Zerstörung«, der »Brabakbengel« ist ein schwerer Streitkolben und »verdankt seinen Namen der gleichnamigen Stadt in Südaventurien«, das »Weidener Kriegsbeil« wird »nach alten Weidener Anleitungen« gefertigt, der »Gruufhai« ist »der schwere Kriegshammer der Orks« und

---

76 | Thomas Römer (Hrsg.), *Wege des Schwertes. Talent- und Kampfregeln des Schwarzen Auges*, Weldems 2007, S. 115–131.

die »Byakka« die »orkische Einhandaxt«, der »Rabenschnabel« erhält seinen Namen durch den spitz zulaufenden Hammerkopf, die »Skraja« schließlich wurde »der Sage nach [...] von einem Thorwaler Waffenschmied entwickelt, der sie nach seiner Frau benannt haben soll«.[77]

Auch für die Benennung der vielen Spielfiguren, die im Computerspiel auftreten, bietet die *Das Schwarze Auge*-Literatur ein geradezu ideales Hilfsmittel an: Im Regelband *Wege der Helden* finden sich ausgedehnte Erklärungen zur Praxis der Namensgebung, die sich in Aventurien nach Rasse und Region erheblich unterscheidet. So sind bei Zwergen »die Buchstaben- oder Silben-Alliteration der Vornamen, die Verwendung einer gleichen Silbenanzahl oder die Reimform sehr beliebt«, in der Region Maskaran sind »Familiennamen [...] unüblich und werden meist mit den Nachsilben *-jibar* oder *-ja(a)r* gebildet« und für Vornamen für Frauen des Mittelreichs kann man sich von einer Liste inspirieren lassen, die hier nur mit ihren ersten Einträgen wiedergegeben wird: »Adaque, Aldare (Alda), Alena, Alinde, Alruna, Alvide, Arba, Belona, Bernika (Berna), Binya, Birsel, Boriane, Caya, Celissa, Cella, Charine, Coruna«.[78]

Die Rollenspielbücher liefern aber nicht nur die Vorlage für die Benennung der Spielfiguren, auch für die Anreicherung mit Abstammungslinien und Familiengeschichten bieten sie Material: Eine der letzten Aufgaben in *Drakensang: Am Fluss der Zeit* ist es, mit dem Zwergenprinzen Arom in die verschüttete Miene von Norgamaschzrom einzusteigen und einen dort lauernden Eisendämon zu bekämpfen. Arom ist nun nicht irgendein Prinz, sondern der Sohn von Arombolosch, seines Zeichens oberster Richter der Ambosszwerge und Bruder des zwergischen Hochkönigs Albrax. Arombolosch und Albrax gehören zu den berühmtesten Zwergen Aventuriens, treten in vielen Publikationen und Abenteuern auf und verleihen durch ihre detaillierte Ausarbeitung[79] auch ihrem Nachkommen Tiefe und Glaubwürdigkeit.

Man könnte nun weiter darlegen, wie im Computerspiel auch Gebirge und Flüsse, Städte und Dörfer, sogar Getränke und Kräuter und auch einzelne Bräuche oder kultische Handlungen nicht beliebig erfunden, sondern einem viel größeren Universum entlehnt sind (vgl. Abb. 8.4). Der Effekt, den diese profunde Einbettung hervorruft, wird im Lob der Presse deutlich: Das Spiel verfüge über »interessante Charaktere« und »schöne Schauplätze« und finde in einer »stimmigen Welt« statt.[80] Eine andere

77 | Alle Zitate aus *Drakensang: Am Fluss der Zeit*.

78 | Römer (Hrsg.), *Wege der Helden*, S. 307–314.

79 | Vgl. Hlawatsch u. a., *Geographia Aventurica*, S. 236; Florian Don Schauen (Hrsg.), *Vater der Fluten*, Weldems 2010, S. 125 f.

80 | Christian Schmidt, *Drakensang: Am Fluss der Zeit*, in: GameStar (2010) 3, S. 82–86, hier S. 86.

Abb. 8.4: *Drakensang: Am Fluss der Zeit*: Totenkult in der *Das Schwarze Auge*-Welt: Auf dem »Boronsacker« werden Gräber mit dem »Gebrochenen Rad«, dem Symbol des Totengottes Boron, markiert.

Rezension geht dezidiert auf das produktive Verhältnis von Vorlage und Spiel und den daraus resultierenden Wert für die Spieler ein: »Die Entwickler haben sich vorbildlich mit den Quellenbüchern der Rollenspielvorlage beschäftigt, und das spürt der Spieler an jeder Ecke. Sei es, dass die Nichtspielercharaktere aventurische Zitate nutzen, sei es das Lied eines Barden oder auch nur der Baustil der einzelnen Tempel«.[81] Das Computerspiel *Drakensang: Am Fluss der Zeit* erreicht also, was man schon bei J. R. R. Tolkien als ebenso charakteristisch wie lobenswert hervorgehoben hat: »In his work [...] the ›simple‹ event and the revelation that this present-day occurrence is

---

81 | Sven Siemen, *Test: Drakensang: Am Fluss der Zeit – Rückkehr nach Aventurien*, in: GamesWelt (Webseite), 11.02.2010, URL: http://www.gameswelt.de/articles/reviews/6261 -Drakensang_Am_Fluss_der_Zeit/ (besucht am 22.03.2011).

a quote of profounder happenings from an immense back-story [...] inhabit the same overarching reality.«[82]

Wenn aber die Figuren, Orte und Geschichten eines Computerspiels als besonders kohärent, stimmig, tief und glaubwürdig erscheinen, weil sich die Entwickler und Designer bei der umfangreichen Dokumentation eines fantastischen Universums bedienen konnten, dann sind diese Zusammenhänge nicht nur für das Verständnis von Fantasy-Spielen aufschlussreich. Nach der Beschreibung des fantastischen Universums Aventurien und nach der Analyse seiner Funktion für die *Drakensang*-Spiele erscheint auch die Thematisierung ›echter‹ Geschichte im Computerspiel in einem neuen Licht: Könnte es sein, dass eine historische Epoche wie das Mittelalter (auch) deshalb im Computerspiel verarbeitet wird, weil mit dem Rückgriff auf historische Wissensbestände die sowohl originelle als auch stimmige und kohärente Gestaltung und Benennung der vielen Spielelemente besonders gut gelingt?

Es gibt Anhaltspunkte, die diese Begründung für die Präsentation des Historischen im Computerspiel plausibel machen. Geschichte würde demnach im Computerspiel also nicht nur *als Marke* verwertet. In Anlehnung an die fantastischen Welten Mittelerde und Aventurien und an deren Bedeutungen für Roman und Rollenspiel könnte man davon sprechen, dass die Geschichte auch *als Universum* funktionalisiert wird. Dass dieser Verwendungszusammenhang für die Produktionsprozesse der Spiele durchaus von Relevanz ist, belegen einige Mitteilungen von Computerspielentwicklern.

So berichtet die Produzentin Jade Raymond, dass für die Entwicklung von *Assassin's Creed* auch ein Historiker angeheuert worden sei:

»The first thing I asked him to do was to get the biggest database of images possible for us. So he put together a presentation for the team, but also this bank of maps from the era, all of the city maps – masses of material that you couldn't just find on the internet. Because he was historian, he had access to certain libraries and he scanned them in. [...] Then he showed us all of the images, showed us modern-day pictures, showed us pictures of how the cities have changed since, and then we had this huge bank of images.«[83]

Dieser Historiker hat nun nicht den Auftrag, mit seinen wissenschaftlichen Fähigkeiten oder notfalls mit seinen akademischen Titeln gegenüber dem Publikum für die ›Echtheit‹ und ›Authentizität‹ der dargestellten Geschichte zu bürgen. Er agiert

---

82 | David S. Bratman, *J. R. R. Tolkien*, in: John Clute/John Grant (Hrsg.), *The Encyclopedia of Fantasy*, London 1997, S. 950–955, hier S. 953.

83 | Jade Raymond, Producer *Assassin's Creed*, zit. nach Hodgson/Knight, *Assassin's Creed Art Book*, S. 122.

stattdessen ganz im Verborgenen und darf sich dabei in Form von Quellen- und Literaturrecherche einer geschichtswissenschaftlichen Standardaufgabe widmen. An seinen weitergehenden Kompetenzen oder an seinem spezifischem Fachwissen sind die Computerspielentwickler dann aber nicht mehr interessiert, Kontextualisierung und Interpretation der Quellenfunde scheinen entbehrlich. Das Recherchetalent des Fachmanns benötigt man also lediglich für die Anlage einer großen Datenbank, auf die zurückgegriffen wird, wenn es gilt, verschiedene Spielelemente überzeugend zu gestalten. Die recherchierten Wissensbestände und die historischen Abbildungen fungieren dabei lediglich als Vorlagen und Inspirationsquellen, die man beliebig verwenden und jederzeit verändern kann:

»The way we designed the Saracens: All the weapons had been designed after those in historical books. But we didn't keep the real designs of the fabric because [...] they look very kitsch. So we made that a little less saturated and did something maybe more interesting for the shape, the silhouette, make them more a way of trying to make the design more dramatic, more interesting.«[84]

Diese Art des Umgangs mit Beständen des historischen Wissens erinnert an die Abbildung der materialen Kultur in anderen Medien. So hat Andreas Platthaus zur Neuauflage der *Prinz Eisenherz*-Comics von Harold Foster bemerkt, dass Foster zwar Waffen, Kleidungsstücke oder Architektur aus verschiedensten Zeitabschnitten und Kulturen rücksichtslos kombiniert und so ein Mittelalter erschaffen habe, das es so nie gab. Die einzelnen Elemente werden aber mit großer Akribie gemäß dem überlieferten und recherchierten Wissen gestaltet, dafür »vergrub sich Foster [...] in Bibliotheken, Seminaren und Museen«.[85] Auch Foster ging es bei seinen Recherchen also nicht um historische Zusammenhänge, Entwicklungen oder Handlungsoptionen, sondern lediglich um die Erzeugung dichter und (vermeintlich) stimmiger Szenarien.

Diese Nutzung des Mittelalters als fundierendes und inspirierendes Universum mit einer Vielzahl von Vorlagen für Gestaltung und Ausschmückung ist auch in der Filmindustrie ein probates Mittel für die Konstruktion überzeugender Welten. Joseph Gilland, der unter anderem für Walt Disney Filme animiert hat, beschreibt mögliche Arbeitsschritte wie folgt:

---

84 | Raphael Lacoste, Art Director *Assassin's Creed*, zit. nach ebd., S. 82.

85 | Andreas Platthaus, *Prinz Eisenherz, das bin ich*, in: Frankfurter Allgemeine Zeitung, 17. 09. 2005, S. 42. Fosters *Prince Valiant/Prinz Eisenherz* erschien erstmals 1937 in den Sonntagsbeilagen verschiedener amerikanischer Zeitungen, inzwischen wurden über 3250 Seiten veröffentlicht, vgl. Gerald Munier, *Geschichte im Comic*, Hannover 2000, S. 33.

»Immersing your crew in the look, be it a period or region, or an imaginary world, can be very helpful, as well as being a lot of fun! Decorate the studio as if it is a set for the film, and make every Friday ›Jungle Day‹ or ›Arctic Day‹ or ›Medieval Day.‹ Take field trips to see movies, which may be influential, have lunchtime screenings of relevant films or documentaries. Any and all ideas to immerse your crew in ›the look‹ of your project will pay dividends!«[86]

In dieser Logik kommt der Geschichte also derselbe Stellenwert wie anderen – ›realen‹ und ›erfundenen‹ – Universen zu. Die Inspiration und Aneignung gelingt dabei gleichermaßen durch das Studium von fachwissenschaftlichen wie von populären Ressourcen. Auch Ortsbegehungen können zu den Methoden gehören: Bei *Drakensang: Am Fluss der Zeit* bedeutete dies:»wir gehen raus, gucken uns Burgen an [...] und nehmen das als Vorlage für unser Spiel«.[87] Und im Fall von *Venetica*, einem Actionspiel, das in einer Renaissance-Welt spielt (Deck13/dtp entertainment 2009),»ist ein kleines Team nach Venedig gereist, um vor Ort Bilder zu machen und Eindrücke zu sammeln«.[88] Auch Jane Jensen, Autorin der vielfach ausgezeichneten Adventurespiel-Serie *Gabriel Knight*, in welcher der Titelheld am Ende des 20. Jahrhunderts Rätsel und Geheimnisse löst, die weit in die Vergangenheit reichen,[89] bekennt:»Die meisten meiner Story-Ideen habe ich aus Büchern. Kurz danach kommen Reisen.«[90]

Nicht nur für die Gestaltung von Sakralbauten, Stadtmauern und Palästen und für das Design von Städten nach historischen Plänen bietet die Geschichte reiches Material. Auch bei der Benennung der Spielelemente kann man sich historisch assistieren lassen: Im Spiel *Crusaders: Thy Kingdom Come* (Neocore Games/cdv Software 2008), das»die Kämpfe und Opfer der ersten Welle von Kreuzfahrern« darstellen will,[91] im Urteil der Presse aber»wenig mehr als eine lose Aneinanderreihung von

---

86 | Joseph Gilland, *The Integration of Animated Feature Design*, in: Animation World Magazine, 11.11.2005, URL: http://mag.awn.com/?article_no=2693 (besucht am 03.02.2011)

87 | Bernd Beyreuther, Creative Director Readon Labs, in: *Drakensang: Am Fluss der Zeit. Making Of Video, Teil 2*, URL: http://www.drakensang.de/start.html (besucht am 14.02.2011).

88 | Timm Schwank, gestalterischer Leiter Deck13, zit. nach Frank Magdans, *Wie finden Entwickler ihre eigene Handschrift?*, Ausstellungstext auf der Ausstellung »SCHÖPFUNG DIGITAL – Historie und Kunst im Computerspiel«, 27.10.2009–29.11.2009 Kunstforum Halle.

89 | *Gabriel Knight 1: Sins of the fathers* (Sierra Entertainment 1993); *Gabriel Knight 2: The Beast within* (Sierra Entertainment 1995); *Gabriel Knight 3: Blood of the Sacred, Blood of the Damned* (Sierra Entertainment 1999).

90 | Jane Jensen, in: Klaus Ungerer, *Ein Gespräch mit der Computerspielentwicklerin Jane Jensen*, in: Frankfurter Allgemeine Zeitung, 30.11.2007, S. 48.

91 | Handbuch zu *Crusaders: Thy Kingdom Come*, S. 20.

Schlachten« ist,[92] tragen einige Gegner historische Namen. So gilt es in einer Mission die Armeen der »beiden fatimidischen Heerführer [...] Sokman und Iftikar« zu besiegen. Zwar kennt beispielsweise Amin Maalouf Iftikhar ad-Dawlan als ägyptischen Oberbefehlshaber Jerusalems, der die erste fränkische Einnahme der Stadt 1099 nicht verhindern konnte,[93] Sokman aber ist ein seldschukischer Feldherr, der 1104 bei Harran die Muslime zum Sieg gegen einen Teil der Kreuzfahrer führte.[94] An solchen konkreten historischen Ereignissen ist das Spiel aber schon wieder nicht interessiert, zumindest werden weder Ort noch Zeit der Auseinandersetzung spezifiziert, noch geht man auf die politischen Konstellationen ein, die die Handlungen der benannten Figuren beeinflussen. Es scheint, als seien die Namen der Heerführer willkürlich aus einem Kreuzzugs-Buch abgeschrieben.

Ob es nun um Namen, Architekturen, Artefakte oder Topographien geht, die Geschichte kann als unerschöpfliches Universum für die Gestaltung origineller und überzeugender Spielwelten dienen. Die eigentliche Logik dieses zweiten Modus' der Funktionalisierung von Vergangenheit durch Computerspiele wird in einer Bemerkung des *Assassin's Creed*-Kreativchefs Patrice Desilets auf den Punkt gebracht: »Sich als Entwickler an historischen Begebenheiten zu orientieren macht die Sache viel einfacher. Man muss sich nicht alles selbst ausdenken.«[95] Die Konsequenz der so verstandenen und gebrauchten Vergangenheit ist dann, dass sich das Mittelalter in nichts mehr von anderen bunten und faszinierenden Universen wie Aventurien und Mittelerde[96] unterscheidet – außer, dass für seine Verwendung keine Lizenzgebühren zu zahlen sind.

92 | Bodo Naser, *Crusaders: Thy Kingdom Come: Test*, in: 4players.de, URL: http://www.4players.de/4players.php/dispbericht/PC-CDROM/Test/10253/60103/0/Crusaders_Thy_Kingdom_Come.html (besucht am 12.12.2010).

93 | Amin Maalouf, *Der Heilige Krieg der Barbaren. Die Kreuzzüge aus der Sicht der Araber*, München ³2001 (frz. 1983), S. 64–67.

94 | Ebd., S. 85 f.

95 | Patrice Desilets, zit. nach Oliver Klatt, *Assassin's Creed 2*, in: GEE (2009) 49, S. 22–26, hier S. 26. Dieses Motiv für die Verwendung von Geschichte hat auch Stefan Wesener thematisiert: »Historische Szenarien liefern [...] eine bereits vorgefertigte Hintergrundhandlung und die Programmierer brauchen sich selbst keine auszudenken«. Auf die besondere Bedeutung, die dem (historischen) Universum für das Medium Computerspiel zukommt, geht Wesener aber nicht ein. Wesener, *Geschichte in Bildschirmspielen*, S. 141.

96 | Lawrence Schick kennt eine Fülle weiterer Spiel-Universen: Comic-Superhelden, Spionage, Artus-Fantasy, orientalische Fantasy, Sword and Sorcery-Fantasy, Horror, Humor, Militär, Mystery and Crime, Piraten, Western und verschiedene Spielarten der Science Fiction (Dark Future, Roboter, Space Adventure, Zeitreise), vgl. das Inhaltsverzeichnis in Schick, *Heroic Worlds*, [S. 4].

Geschichte als Universum und *Geschichte als Marke* sind keine konkurrierenden Konzepte; es wäre falsch, anzunehmen, dass die Geschichtsdarstellung in einem
Spiel entweder der Logik des einen oder der Logik des anderen Modus folgt. Vielmehr muss man hier zwei Motive für den Einsatz von Geschichte im Computerspiel
sehen, die sich ergänzen können. Dieses additive Verhältnis von *Geschichte als Marke*
und *Geschichte als Universum* bestätigt auch die *Assassin's Creed*-Produzentin Jade
Raymond. Ihre Antwort auf die Frage, ob sie gefürchtet habe, dass Spieler die Geschichte der Kreuzzüge eventuell nicht verstehen würden und dadurch abgeschreckt
werden könnten:

»We really believe as a company that in order to reach the next level in entertainment, you need
to look for richer subject matter and for there to be more meaning and depth to games. The whole
historical part helps that because it's loosely based on real events and situations that are relevant to
people. But we're still aware that we're making a game and our ultimate goal is to provide fun and
fast-paced action. So for people whose knowledge of history is sketchy, the Crusades will just be a
setting to them. What they're really going to notice is a new gameplay experience.«[97]

---

97 | Jade Raymond, zit. nach *Interview: Assassin's Creed*, in: Computer and Videoga-
mes Magazine, 07.11.2006, URL: http://www.computerandvideogames.com/article.php?id=1488
05 (besucht am 22.11.2010).

9 Mittelaltersimulationen

> Vielleicht heißt die Modelleisenbahn Modelleisenbahn,
> weil sie das Modell der Bahn als solcher ist, das Ideal.
> Ohne Signalstörungen. Ohne sinnlose Stunden, die je-
> mand in Kassel-Wilhelmshöhe verbringen muss. In der
> Modellbahnwelt gibt es kein Kassel-Wilhelmshöhe.[1]
>
> HOLGER GERTZ

Die Siedler – Aufstieg eines Königreichs und *Anno 1404*

Im vorangegangenen Kapitel wurde diskutiert, warum die sorgfältige, selbst kohärente Ausgestaltung einer Spielwelt wichtig ist und welche Rolle dabei präexisten-
ten Universen – Mittelerde, Aventurien, Mittelalter – zukommen kann. Es wurde
herausgearbeitet, wie das Mittelalter als Reservoir für originelle und stimmige Gestaltungen und Benennungen dienen kann. Aber nicht nur für die Ästhetik können
historische Wissensbestände nützlich sein. Es existieren auch Spiele, bei denen historische Zusammenhänge und Entwicklungen auch die Ebene der Spiellogik wesentlich beeinflussen. Dies gilt nicht für *The Abbey* mit seinen Rätseln ohne historische
Referenz, also mit Aufgaben und Handlungsoptionen, die nicht nach historischen
Wissensbeständen gestaltet wurden. Auch *Assassin's Creed* wurde auf spiellogischer
Ebene nicht als Mittelalter- oder Kreuzzugsspiel, sondern als Actionspiel identifiziert.
Bei der Besprechung der *Drakensang*-Spiele ging es vor allem um die Bedeutung der
Hintergrunduniversen für eine dichte Spielweltgestaltung.

Das Historische geht mit dem Spielerischen aber erst dann eine engere Verbindung ein, wenn historische Wissensbestände nicht nur die Gestaltung der Spiele-
mente, sondern auch die Struktur des Spielsystems beeinflussen und dadurch für die

---

1 | Holger Gertz, *Schöne Welt*, in: Süddeutsche Zeitung, Wochenendbeilage, 21.02.2009,
S. V2/3.

spielerischen Handlungsoptionen und das Spielerleben an sich relevant werden. Für die Spiele *Die Siedler – Aufstieg eines Königreichs* (Blue Byte/Ubisoft 2007) und *Anno 1404* (Related Designs, Blue Byte/Ubisoft 2009) – beides Simulationen mittelalterlicher Stadtgesellschaft – ist dies der Fall.

Die Siedler – Aufstieg eines Königreichs ist Teil der erfolgreichsten in Deutschland produzierten Computerspielreihe.[2] Nach dem Erfolg des ersten Teils *Die Siedler* (Blue Byte 1993) – im Urteil der Kritiker »einfach genial«[3] – folgten acht weitere Veröffentlichungen mit demselben Markennamen.[4] Entwickler ist das Studio Blue Byte, das 2001 vom Publisher Ubisoft aufgekauft wurde, aber als weitgehend eigenständige Abteilung erhalten blieb. Bis Ende 2010 wurden weltweit 8 Millionen Exemplare der »legendären Spielserie«[5] verkauft.[6] Angesichts des Erfolgs von *Assassin's Creed*, das sich – als Einzeltitel in wesentlich kürzerer Zeit – ebenfalls 8 Millionen mal verkaufte (darunter fallen aber auch die Verkäufe für Videospielkonsolen), scheinen die Zahlen der *Siedler*-Serie wenig imposant. Aber es gilt den bereits in Kapitel 5 thematisierten Stellenwert Deutschlands als Produktionsstandort für Computerspiele zu berücksichtigen, wie Christina Teipen festgestellt hat, wird »nur ein minimaler Prozentsatz der in Deutschland verkauften Spiele auch hier hergestellt«.[7]

Neben den Spielen der *Siedler*-Serie gehört dazu mit den *Anno*-Spielen eine weitere Reihe populärer Aufbau- und Wirtschaftssimulationen. Der erste Teil war *Anno 1602*, das 1998 als Gemeinschaftsprojekt der österreichischen Firma Max Design und dem deutschen Unternehmen Sunflowers entstand. Es folgten die Teile *Anno 1503* (Max Design, Sunflowers/Sunflowers 2002) und *Anno 1701* (Related Design/Koch Media, Sunflowers 2006). 2007 erwarb Ubisoft den Entwickler und Publisher Sunflo-

---

2 | Wolters, *Elektronische Spiele*, S. 32.

3 | Christian von Duisburg, *Die Siedler*, Power Play (1994) 1, S. 38.

4 | Darunter auch *Die Siedler II – Die nächste Generation* (Blue Byte/Ubisoft 2006), ein Remake des zweiten Teils *Die Siedler II – Veni, Vidi, Vici* (Blue Byte 1996). Aufgrund zwischenzeitlich ausgesetzter Reihenzählung ist der Name des neuesten Teils *Die Siedler 7* (Ubisoft 2010).

5 | Andreas Link, *Historischer Rückblick der legendären Spielserie*, in: PC Games Hardware, 12.03.2010, URL: http://www.pcgameshardware.de/aid,696163/Die-Siedler-Historischer-Rueckblick-der-legendaeren-Spieleserie-Update/Strategiespiel/Wissen/ (besucht am 16.04.2011).

6 | Ubisoft, *Pressemitteilung: Deutscher Entwicklerpreis 2010: Bestes Spiel, bestes Studio, bester Publisher!*, 02.12.2010, URL: http://pressextranet.ubisoft.com/EMEA/DE/Public Pages/PressReleasesDetails.aspx?prid=875&title=Deutscher \%20Entwicklerpreis\%202010: \%20Bestes\%20Spiel,\%20bestes\%20Studio,\%20bester\%20Publisher! (besucht am 23.04.2011).

7 | Teipen, *Hochtechnologische Unternehmen*, S. 772.

wers und veröffentlichte mit *Anno 1404* (Related Designs, Blue Byte/Ubisoft 2009) den vierten Teil der Serie. Ende 2010 wurden 5 Millionen verkaufte *Anno*-Spiele weltweit vermeldet.[8] Obwohl sich die Serien ganz unabhängig entwickelt haben, ist Ubisoft mit *Die Siedler* und *Anno* also im Besitz der wohl erfolgreichsten deutschen Computerspielmarken.

Sowohl *Die Siedler – Aufstieg eines Königreichs* als auch *Anno 1404* bezeichnet man als Aufbau- und Wirtschaftssimulationen, wobei im *Siedler*-Spiel dem Aufbauen und in *Anno 1404* dem Wirtschaften größere Bedeutung zukommt. Ein Gutteil der Spielbeschäftigung und des Spielziels besteht in beiden Spielen im Errichten und Verwalten zunächst kleiner, später zu imposanter Größe anwachsender Siedlungen und Städte. Zwar existieren auch andere populäre Spiele, die die Simulation städtischer Infrastrukturen erlauben – beispielsweise *Sim City* – aber die Besonderheit der *Siedler*- und *Anno*-Spiele ist die Verbindung des Aufbauspiels mit einer Wirtschaftssimulation, die in ihrer Gestaltung und Anlage immer vormodernen, meist explizit mittelalterlichen Charakter hat.

Das grundsätzliche Spielprinzip der *Siedler*-Spiele hat sich in den fast 20 Jahren seit Bestehen der Reihe kaum verändert: Spielbestimmend ist der geschickte Aufbau und die effiziente Verwaltung einer eigenen Siedlung. In fortgeschrittenen Spielphasen kommt dann noch die militärische Auseinandersetzung mit gegnerischen (d. h. vom Computer errichteten) Siedlungen hinzu. Der Fokus liegt jedoch auf dem friedlichen Siedlungsbau, nur wenige Spielelemente simulieren Rüstungsbetriebe und Truppenverbände. Spieler, die an Militärsimulation und Kriegsspiel interessiert sind, greifen zu andern Produkten (z. B. *Medieval II: Total War*, vgl. Kapitel 11). Im Aufbauspiel geht es letztlich darum, »ein blühendes, gesundes Land zu schaffen, in dem die Grundversorgung stimmt, die Infrastruktur, die Zufriedenheit der Bevölkerung, die hinreichend gesichert in Frieden leben will« – so die Zusammenfassung des Spielziels von *Anno 1503*.[9] Anders als in den bisher besprochenen Spielen nimmt der Spieler dafür nicht die Position und Steuerung einer Spielfigur ein, sondern erbaut und verwaltet mit omnipräsenter Sicht auf das Spielfeld einzelne Gebäudeeinheiten und steuert deren Zusammenwirken. Bei den Gebäuden handelt es sich zum großen

---

8 | Ubisoft, *Pressemitteilung: Deutscher Entwicklerpreis 2010: Bestes Spiel, bestes Studio, bester Publisher!*, 02.12.2010, URL: http://pressextranet.ubisoft.com/EMEA/DE/PublicPages/PressReleasesDetails.aspx?prid=875&title=Deutscher\%20Entwicklerpreis\%202010:\%20Bestes\%20Spiel,\%20bestes\%20Studio,\%20bester\%20Publisher! (besucht am 23.04.2011).

9 | Frank Patalong, *Anno 1503: Wuselige Zeitreise*, in: Spiegel Online, 01.11.2011, URL: http://www.spiegel.de/netzwelt/web/0,1518,220745,00.html (besucht am 26.04.2011).

Teil um Produktionsstätten, die im Grunde kleinen autonomen Systemen entsprechen. Sie unterscheiden sich durch die Produkte, die sie hervorbringen und durch mehrere, die verschiedenen Guthaben des Spielers beeinflussende Eigenschaften: Für die Errichtung fallen Baukosten an, der Unterhalt der Arbeiter verbraucht Lebensmittel und die Produkterstellung die entsprechenden Rohstoffe.

Mit einem Startkapital ausgerüstet beginnt der Spieler in *Die Siedler – Aufstieg eines Königreichs* den Aufbau, indem er zunächst grundlegende Betriebe wie die Holzfällerhütte, die Fischerhütte oder einen Bauernhof errichtet. Einmal aufgestellt, produzieren diese Anlagen kontinuierlich ihre spezifischen Erträge – Bauholz, Fisch, Getreide –, sofern Rohstoffe und Wirtschaftsflächen – Wald, Fischgründe, Ackerland – vorhanden sind. Da die Siedler, die die Arbeiten verrichten, verpflegt werden müssen, schließt sich der Bau weiterverarbeitender Betriebe an: Die Bäckerei wandelt das Getreide in Brot um und die Räucherei rohen in geräucherten Fisch. Jährlich erscheint zudem ein Steuereintreiber, der bei den Betrieben umgeht und so die Geldeinnahmen generiert, die für Aufbau und Sold des Militärapparats notwendig sind. Da auch der (Computer-)Gegner auf einem anderen Teil der Spielkarte an solch einer Produktionsstruktur baut, kommt es früher oder später unweigerlich zum Kampf um die verbleibenden Steinbrüche, Waldstücke oder Jagdgründe. Diesen kann dann die Partei mit der größeren Wirtschaftskraft – denn diese erlaubt auch einen größeren Militärapparat – für sich entscheiden. Kern dieses Spielprinzips ist somit die Errichtung effektiver Produktionsketten, das Spielhandeln wird bestimmt von strategischen Aufbautätigkeiten. Eben diese haben im Anschluss an das erste *Siedler*-Spiel von 1993 dem Genre der Aufbausimulation den Namen gegeben.

Anno 1404 funktioniert grundsätzlich nach ähnlichen Prinzipien. Hier sind die Wirtschaftskreisläufe jedoch kleinteiliger und verzweigen sich stärker. Dies führt mit fortgeschrittener Spieldauer zu erheblich komplexeren Strukturen als bei *Die Siedler – Aufstieg eines Königreichs*. Zudem verfügt *Anno 1404* über ein umfangreiches Handelssystem und bezieht im Gegensatz zu *Die Siedler – Aufstieg eines Königreichs* auch die Seefahrt in das Spielgeschehen ein.

In beiden Spielen besteht die wesentliche Herausforderung somit im Errichten und Konfigurieren verschiedener, sich gegenseitig bedingender Systeme. So können viele verschiedene Spielsituationen und Spielabläufe entstehen, die sich zwar strukturell ähnlich sind, sich aber in ihren konkreten Gestalt immer unterscheiden werden. *Die Siedler – Aufstieg eines Königreichs* und *Anno 1404* zählen daher zu den emergenten Spielen (vgl. Kapitel 5, S. 117 ff.). Nicht zuletzt zeigt sich dies daran, dass die

Spieler diese Spiele aufgrund der freien Spielbarkeit in der Regel – teilweise jahre-
lang – immer wieder spielen.[10] Neben der zentralen emergenten Spielmechanik verfügen beide Spiele aber zudem über einen Modus, bei dem die Spielerin in mehreren Abschnitten einer vorgezeichneten Erzählung folgt. Diese Kampagnen erzählen sich im Wesentlichen über
Zwischensequenzen ohne Interaktionsmöglichkeit. Für deren Freigabe sind stets bestimmte Aufbauziele zu erreichen. Die Geschichten sind jedoch dem eigentlichen
Spiel nur aufgesetzt, indem sie relativ unverbunden zwischen den zentralen emergenten Spielbereichen stehen und sich auf diese nur rudimentär auswirken. Dies zeigt
nicht zuletzt die ambitionenlosen Anlage der Geschichten: In *Die Siedler – Aufstieg
eines Königreichs* geht es um eine lose Aneinanderreihung verschiedener Angriffe
und Intrigen des Roten Prinzen und seiner Gehilfin Crimson Sabatt. Mal ist ein be-
drohter Verbündeter zu unterstützen, mal eine gewisse Menge an Rohstoffen an einen
Händler abzuliefern. Stets sind die Aufgaben durch den Aufbau einer Siedlung zu lösen und der Rote Prinz wird letztendlich natürlich besiegt. Die Aufgaben führen die
Spielerin in fiktive Länder, die sich durch Benennung und klimatische Bedingungen
jedoch offenkundig an Mitteleuropa (»Vestholm«,»Gallos«), Skandinavien (»Nar-
fang«,»Rekyyr«) und vorderasiatischen Landstrichen (»Seydür«,»Husran«) orientieren. Auch *Anno 1404* verzichtet auf die Referenz zu tatsächlicher Geographie und
historischen Persönlichkeiten, hier ist es der böse Kardinal Lucius und dessen Scher-
ge Guy Forcas, die den Kaiser stürzen wollen.

Die Geschichten und ihre Figuren tragen dazu bei, die Spiele deutlich in einem
freischwebenden Mittelalter (vgl. Kapitel 6) zu verorten, für das eigentliche Spielen
sind sie aber nahezu bedeutungslos. Bereits bei der Vermarktung beider Spiele wird
hervorgehoben, um was es wirklich geht – und dass dabei dem Mittelalter große Bedeutung zukommt. *Die Siedler – Aufstieg eines Königreichs* wirbt mit:»Errichte eine
geschäftige Mittelalterstadt«;[11] nur wer diesem Imperativ folgt, kann das Spielziel –
»am Ende der größte Herrscher aller Zeiten sein« – erreichen. Dazu gilt es in einer
»mittelalterlichen Welt« eine kleine Siedlung »durch klugen Aufbau« in ein »prospe-
rierendes Wirtschaftssystem« zu überführen.[12] *Anno 1404* trägt den Mittelalterbezug
bereits im Namen, hier soll der Spieler durch »diplomatisches Geschick und wirt-

---

10 | Vgl. zur Frage der »replayability« Ernest Adams, *Replayability, Part 2: Game Mechanics,*
in: Gamasutra, 03. 07. 2001, URL: http://www.gamasutra.com/view/feature/3059/replayability_
part_2_game_.php (besucht am 04. 09. 2011).

11 | Werbetext zu *Die Siedler – Aufstieg eines Königreichs,* URL: http://siedler.de.ubi.com/
siedler-aek/game-features.php (besucht am 15.04.2011).

12 | Ebd.

Abb. 9.1: *Siedler – Aufstieg eines Königreichs*: Spielansicht

schaftliche Beziehungen« »die faszinierende Welt des Orients bevölkern« und »das Abendland zu neuer Blüte führen«.[13] Diese Versprechungen zeigen an, dass in den hier untersuchten Teilen der *Siedler*- und *Anno*-Serien für die Frage nach dem Geschichtsbezug vor allem die Anlage und Ausgestaltung der spielbestimmenden Stadt- und Wirtschaftssysteme interessant ist. Bereits für den ersten *Siedler*-Teil hat Peter Wolf in einem der ersten Aufsätze zur Geschichte im Computerspiel festgehalten, dass hier zwar »konkrete Geschichte von vornherein völlig ausgeblendet wird«, dafür aber »historische Funktionszusammenhänge in den Vordergrund treten«. Ohne sich dezidiert mit diesen Zusammenhängen zu beschäftigen, deutet er unter der Zwischenüberschrift »Geschichte als Modell« an, man könne »hier womöglich mehr über historische Gesetzmäßigkeiten, über Wirtschaftskreisläufe und gegenseitige Abhängigkeit in einem überschaubaren Wirtschaftssystem [lernen] als bei einem noch so perfekt in Szene gesetzten virtuellen Mittelalter«.[14] Obgleich intuitiv verständlich,

---

13 | Werbetext zu *Anno 1404*, URL: http://anno.de.ubi.com/history1404.php (besucht am 27.04.2011).

14 | Wolf, *Der Traum von der Zeitreise*, S. 545 f.

ist Wolfs Etikettierung natürlich fehlerhaft: Es kann bei Aufbauspielen nicht um die Frage gehen, ob und wie hier »Geschichte als Modell« dient – ein Modell *von was*? –, sondern ob die Vergangenheit der *Gegenstand* ist, nach dem die Spiele modelliert sind. Zu prüfen wäre also, inwieweit *Die Siedler – Aufstieg eines Königreichs* und *Anno 1404* Modelle von Teilbereichen und Zusammenhängen der Geschichte des Mittelalters sind, wie hier also Geschichte modelliert und in der Simulation zugänglich gemacht wird.

Ernährungswirtschaft

In *Die Siedler – Aufstieg eines Königreichs* tauchen verschiedene Elemente auf, die durch ihre Benennung und ihre Funktion auf wesentliche gesellschaftliche Teilbereiche referieren: Bevölkerung, Arbeit, Infrastruktur, Fiskalpolitik, Wirtschaft, Außenhandel, Religion, Militär. Als umfassende Gesellschaftssimulation wird man das Spiel dennoch kaum betrachten, denn die Mehrzahl der behandelten gesellschaftlichen Sektoren wird durch stark reduzierte, wenn nicht gar triviale Modellierungen repräsentiert: So besteht das Handelswesen lediglich aus dem Austausch von Produkten mit dem Computermitspieler zu festgelegten Preisen und das militärische Handeln erschöpft sich im Wesentlichen in der Auswahl einer Einheit (Bogenschützen, Schwertkämpfer, Katapult, Rammbock oder Belagerungsturm) und dem Anklicken der gegnerischen Stadtmauer. Zwar verfügt jede Siedlung über ein Kirchengebäude, welches das Abhalten von Gottesdiensten erlaubt. Bedeutung hat dies aber nur insofern, als damit durch die Kollekte etwas Geld eingenommen wird und kurzfristig die Produktivität der Arbeiter steigt. Schließlich die Modellierung von sozialem Leben: Hat man genug Geld verdient, kann man (durch Drücken einer Schaltfläche) ein Fest auf dem Marktplatz abhalten. Auf dem Fest kann ein Arbeiter eventuell eine der (nur zu diesem Anlass) erscheinenden Frauen für sich gewinnen und mit in seinen Betrieb, der gleichzeitig die Wohnstatt ist, nehmen. Ob dies gelingt, hängt nur von internen Berechnungen ab, der Spieler kann die Brautwerbung nicht beeinflussen. Der Effekt dieser Prozedur ist, dass Siedler mit Ehefrauen etwas schneller arbeiten.

Die Siedler – Aufstieg eines Königreichs simuliert Handel, Militär, Religion und Sozialleben also nur leidlich. Der einzige gesellschaftliche Bereich, den das Spiel umfassend und gründlich behandelt, ist die produzierende Wirtschaft. Hier liegt der Fokus des Spiels und nur hier lohnt es sich, zu untersuchen, ob und wie das Spiel historische Wissensbestände modelliert.

Das System, mit dem *Die Siedler – Aufstieg eines Königreichs* und viele andere Aufbauspiele die Wirtschaft modellieren, ist nichts anderes als eine leicht verzweigte, nicht sonderlich komplexe Kette von Produktionsschritten, also eine Ordnung, die festlegt, welche Betriebe welche Rohstoffe und Zwischenprodukte zu welchen Endprodukten verarbeiten. Die produzierenden Betriebe und die Produktionsketten sind für Aufbauspiele zentral, man hat sie schon als die »heimlichen Stars« des Genres bezeichnet.[15] Man kann diese Verbindungen aus Produzenten und Produkten schematisieren und erhält so einen recht guten Überblick über die im Spiel modellierte Warenwelt. Für *Die Siedler – Aufstieg eines Königreichs* ergeben sich mehrere Bäume (Abb. 9.2), die insgesamt 27 Produkte und ebensoviele Betriebe kennen und deren Pfadlängen in der Regel nur zwei Betriebe und zwei Produkte umfassen. In *Anno 1404* hingegen ist die Struktur komplexer (Abb. 9.3): Hier geht es um je 62 Produkte und Betriebe und für die Herstellung des aufwendigsten Erzeugnisses (Kerzenleuchter) sind 7 andere Produkte notwendig (Kerzen, Bienenwachs, Hanf, Messing, Kupfererz, Golderz, Kohle). In den Schaubildern nur angedeutet sind die Baumaterialien, die für die Errichtung der einzelnen Gebäude notwendig sind und ebenfalls erwirtschaftet werden müssen. Nicht abgebildet sind die Rohstoffabhängigkeiten: Produkte, die nicht aus anderen Erzeugnissen hergestellt werden, kann man nur generieren, wenn entsprechende Rohstoffvorkommen aufgefunden und abgebaut werden; für den Fischfang benötigt man fischreiche Gewässer, für den Eisenabbau Eisenvorkommen usw.

Natürlich werden so bäuerliche Landwirtschaft und städtisches Handwerken in hohem Maße stilisiert. Dennoch geht es hier um *mittelalterliches* Wirtschaften: Zum Ersten legt das schon die Vermarktung und Etikettierung des Spiels durch die Hersteller fest, auf der Verpackung von *Die Siedler – Aufstieg eines Königreichs* liest man das Versprechen, hier könne eine »eigene mittelalterliche Stadt« errichtet werden. Zweitens folgt die visuelle Gestaltung mit Fachwerkhäusern, steinernen Burgen und Stadtbefestigungen deutlich dem populären Bild, das viele Medien vom Mittelalter etabliert haben (vgl. Abb. 9.1). Zum Dritten schließt die porträtierte Wirtschaft durch ihre Produkte und Akteure an populäre Bilder mittelalterlicher Wirtschaftskultur an. Dies trifft besonders – und darum soll es im Folgenden gehen – auf den Bereich der Lebensmittelproduktion zu.

Von den 27 Produkten, die der Spieler in *Die Siedler – Aufstieg eines Königreichs* herstellen kann, haben 12 mit der Ernährung seiner Siedlerschar zu tun; in *Anno 1404* sind es von 62 Produkten 22. Die Lebensmittelproduktion ist also in beiden Spielen ein wesentlicher Bestandteil der modellierten Wirtschaftssysteme. Man kann nun fragen, welches Bild der mittelalterlichen Ess- und Trinkkultur die Spie-

---

15 | Ubisoft (Hrsg.), *Anno 1404 – Das offizielle Magazin zum Spiel*, S. 21.

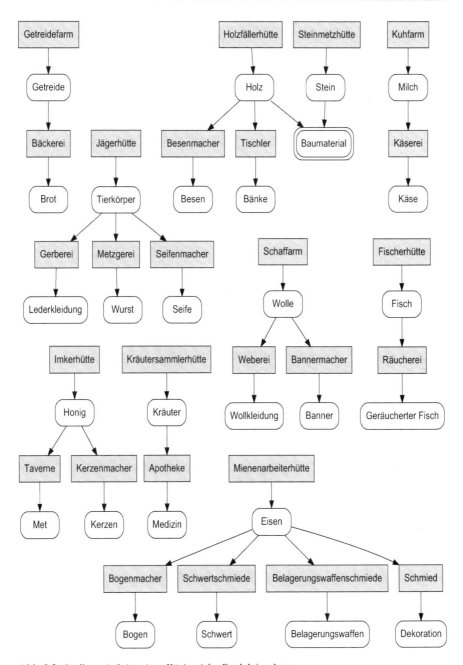

Abb. 9.2: *Siedler – Aufstieg eines Königreichs*: Produktionsketten

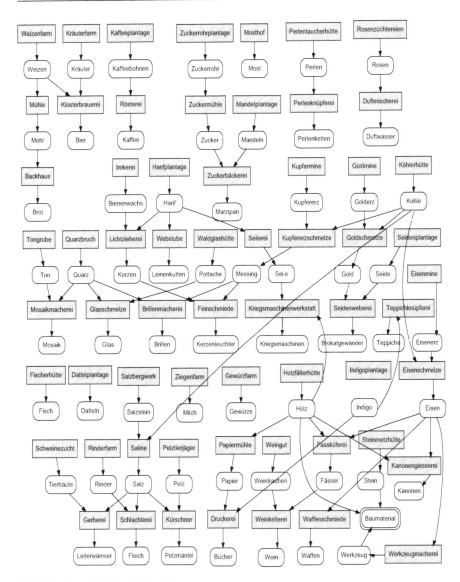

Abb. 9.3: *Anno 1404*: Produktionsketten

Tab. 9.1: Ernährung im Computerspiel: Auftreten verschiedener Lebensmittelgruppen in 22 Spielen[16]

	Auftreten		Auftreten
Getreide	17	Käse, Milch, Butter	5
Brot, Backwaren	15	Branntwein, Met, Most	4
Fisch	13	Zucker	4
Bier	9	Fisch geräuchert	3
Obst	9	Gemüse	3
Wein	9	Honig	3
Schwein	8	Lamm	3
Wild	8	Nüsse, Mandeln	3
Braten, Schinken, Wurst	7	Getreidebrei	2
Salz, Gewürze, Kräuter	7	Geflügel	2
Rind	6		

le dadurch vermitteln. Da auch andere Spiele Aussagen zur mittelalterlichen Ernährungssituation machen, bietet sich die Erweiterung der Frage an: Was wird im Mittelalter-Computerspiel gegessen und getrunken? Und in welche Tradition reihen sich die Spiele durch ihre spezifische Behandlung mittelalterlicher Viktualien- und Küchenkultur ein?

Zum Vergleich wurden die Implementierung bzw. Darstellung von Ernährung in 22 Spielen untersucht (Tab. 9.1). Gezählt wurde – ähnlich wie bei der Auflistung der historischen Personen – jedwedes Auftauchen eines Nahrungsmittels, unabhängig von seiner Funktion. Das Spielelement »Weizen« in *Anno 1404* – entscheidendes Zwischenprodukt für die Brot- und Bierproduktion – hat also in der angestellten Zählung denselben Stellenwert wie der Kürbis, der sich in der Klosterküche von *The Abbey* befindet, vom Spieler jedoch nicht aufgenommen oder benutzt werden kann. Die Lebensmittel wurden zudem in Kategorien eingeteilt, der Weizen geht als Getreide in die Zählung ein, der Kürbis als Gemüse. Die einfache Frage der Untersuchung war somit, ob ein Vertreter einer Kategorie in einem Spiel auftaucht oder nicht.

Als zentrale Ergebnisse lassen sich festhalten: Getreide bzw. Brot und andere Backwaren werden in den meisten Spielen als Bestandteil der mittelalterlichen Ernährung dargestellt. Fast ebenso häufig implementieren die Spiele Fleisch- und Fisch-

222 | Mittelalter Computer Spiele

produkte, mit Abstand folgen Bier, Obst und Wein. Eher selten sind die Spiele, die sich um die Darstellung von Salz, Gewürzen, Zucker, Honig oder Gemüse bemühen. Man kann diesen durch die Spiele präsentierten Speisezettel mit dem Wissen, das die Fachwissenschaft zur Versorgungslage der mittelalterlichen Bevölkerung ermittelt hat, vergleichen und so die Besonderheiten der Thematisierung von Essen und Ernährung durch die Computerspiele herausarbeiten. Zunächst müsste man dafür natürlich differenzieren: Welche historischen Zeiträume sollen betrachtet werden? Um welche Regionen geht es? Welche Gesellschaftsschicht wird untersucht? Das mittelalterliche Europa zwischen 500 und 1500 und zwischen Mittelmeer, Nordsee, Atlantik und Ural[17] kannte notwendigerweise verschiedene Ernährungssituationen, die von Klima, Geographie, Wissensstand, Demographie, Sozialstatus und anderem abhingen. Dieser Vielgestaltigkeit kann hier nicht genügt werden, im Folgenden sei nur auf einige zentrale Merkmale eingegangen, die nach Meinung der Fachwissenschaft die mittelalterliche Agrar- und Ernährungswirtschaft im Gesamten kennzeichnen. Dabei wird die Versorgungslage breiter Bevölkerungsgruppen im Vordergrund stehen, denn die Lebensmittelproduktion in den untersuchten Spielen dient fast ausnahmslos der Versorgung der Gesamtbevölkerung.

Offenkundig ist die große Bedeutung, die die Spiele einerseits der Ernährung durch Getreideprodukte, andererseits dem Fisch- und Fleischverzehr zubilligen. Zwar sind nach den Befunden der Fachwissenschaft sowohl Acker- als auch Viehwirtschaft für das Mittelalter charakteristisch, für die meisten Menschen und die meisten Regionen ist aber während des Mittelalters der Getreideanbau die maßgebliche Nahrungsquelle. Eine Ausnahme bilden die Länder nördlich der Alpen im Frühmittelalter, hier »dominierte zweifellos die Viehwirtschaft«.[18] Will man trotz der Nachteile, die Generalisierungen mit sich bringen, die Ernährungssituation im europäischen Mittelalter zusammenfassen, dann wird man davon ausgehen, dass das »Hauptnahrungsmittel

---

16 | Gezählt wurden Erwähnungen gleich welcher Art in folgenden Spielen: *Age of Empires II: The Age of Kings, Anno 1404, Civilization, Civilization III, Civilization IV, Das Schwarze Auge: Drakensang, Die Gilde, Die Gilde 2, Die Siedler, Die Siedler II – Veni, Vidi, Vici, Die Siedler II – Die nächste Generation, Die Siedler – Das Erbe der Könige, Die Siedler – Aufstieg eines Königreichs, Drakensang: Am Fluss der Zeit, Knights and Merchants, Knights of Honor, Medieval II: Total War, Mount & Blade, Stronghold 2, Stronghold Crusaders, The Abbey, The Elder Scrolls III: Morrowind.*

17 | Zur schwierigen Definition des *historischen* Europas, vgl. René Girault, *Das Europa der Historiker,* in: Beihefte Historische Zeitschrift 21 (1995), S. 55–90.

18 | Werner Rösener, *Agrarwirtschaft, Agrarverfassung und ländliche Gesellschaft im Mittelalter,* München 1992, S. 5.

[...] überall das Getreide« ist[19] und dass »Getreideprodukte die wichtigsten, durch nichts zu ersetzenden Grundnahrungsmittel« waren.[20] Diese Bedeutung des Getreides bilden die Spiele grundsätzlich analog zum Forschungsstand ab, in fast allen untersuchten Spielen taucht der Getreideanbau auf. Auf eine Abweichungen sei jedoch hingewiesen: Während in nahezu allen Spielen aus dem geernteten Getreide Brot hergestellt wird, kennen nur die Spiele *Die Gilde* und *Die Gilde 2* die Verarbeitung zu Brei. Für die Wissenschaft gelten aber »Brei und Brot im Zeitalter vor der Kartoffel [...] als die wichtigsten Grundnahrungsmittel europäischer Bevölkerungen«,[21] »Brei als Hauptgericht« war zumindest im Leben des »gemeinen Mannes« der Regelfall.[22]

Eine zweiter Unterschied zwischen den Spielen und dem wissenschaftlichem Kenntnisstand betrifft den Fisch- und Fleischkonsum, dem in den Spielen in etwa die gleiche Bedeutung wie dem Getreideanbau zukommt: In der Gesamtheit der untersuchten Spiele tauchen 49 Elemente auf, die zur Fleisch- bzw. Fischproduktion gehören, dem gegenüber stehen 59 Elemente auf pflanzlicher Basis und 8 andere tierische Erzeugnisse (Milchprodukte, Honig). Die annähernd gleiche Behandlung von tierischer und pflanzlicher Nahrung deckt sich aber nicht mit dem historischen Befund: Diedrich Saalfeld geht für das Früh- und das Spätmittelalter von einem durchschnittlichen Jahreskonsum von 60–80 kg Fleisch pro Person aus, für das Hochmittelalter schätzt er den Wert auf nur 15–30 kg. Demgegenüber steht die Ernährung durch Getreideerzeugnisse mit 120–150 kg (Früh- und Spätmittelalter) bzw. 240–300 kg (Hochmittelalter).[23] Der Fleischverbrauch war also insbesondere im Hochmittelalter im Vergleich gering und nahm erst im Spätmittelalter aufgrund demographischer Entwicklungen wieder zu.[24] Somit gilt: »Im Mittelalter war Fleisch [...] wohl kei-

---

19 | Hans-Werner Goetz, *Leben im Mittelalter vom 7. bis zum 13. Jahrhundert*, München [6]1996 (1986), S. 29.

20 | Ernst Schubert, *Essen und Trinken im Mittelalter*, Darmstadt 2006, S. 72.

21 | Marlu Kühn/Dorothee Rippmann, *Pflanzen in der Ernährung interdisziplinär: Kontraste der Umwelten und sozialen Milieus, Kontratse der Methoden*, in: Gerhard Jaritz (Hrsg.), *Kontraste im Alltag des Mittelalters*, Wien 2000, S. 103–141, hier S. 110.

22 | Schubert, *Essen und Trinken*, S. 83.

23 | Diedrich Saalfeld, *Wandlungen der bäuerlichen Konsumgewohnheiten vom Mittelalter zur Neuzeit*, in: Irmgard Bitsch/Trude Ehlert/Xenja von Ertzdorff (Hrsg.), *Essen und Trinken in Mittelalter und Neuzeit*, Sigmaringen 1987, S. 59–76, hier S. 62.

24 | Rösener, *Agrarwirtschaft*, S. 35.

ne alltägliche Speise und zumal in einfachen Haushalten besonderen Gelegenheiten vorbehalten«[25] und »Fleischarmut bestimmt die Küche des gemeinen Mannes«.[26]

Auf eine letzte Differenz sei hingewiesen: Für die Ernährung, wie sie die Spiele vorstellen, spielt Gemüse praktisch keine Rolle. In der Forschung wird dagegen stets die Bedeutung des Gemüseanbaus hervorgehoben: Im Frühmittelalter baute man neben Getreide auch Gemüsepflanzen wie Rüben, Bohnen und Erbsen an,[27] im Spätmittelalter bilden sich um die Städte Gartenringe, die die Stadtbewohner mit Gemüse versorgen[28] und der tägliche Getreidebrei wird mit Gemüse schmackhaft gemacht.[29] Eine besondere Bedeutung schreibt Ernst Schubert der Erbse, dem »Fleisch des armen Mannes«,[30] zu: Diese kann neben anderen Hülsenfrüchte auf dem Brachfeld der Dreifelderwirtschaft angebaut werden und »wird auf dem Speisezettel des gemeinen Mannes im späteren Mittelalter nicht mehr fehlen«.[31]

Diese Vergleiche zwischen der Repräsentation der Ernährungswirtschaft in den Spielen und den Befunden der Geschichtswissenschaft lassen sich zusammenfassen: In den Spielen ist die Versorgung durch Viehzucht, Fischfang und Jagd überrepräsentiert, die Ernährung durch Getreidebrei, Hülsenfrüchte und Gemüse ist unterrepräsentiert.

Die Spiele orientieren sich bei ihren Darstellungen von Nahrungsproduktion und Küchenkultur also nicht an wissenschaftlichen Erkenntnissen. Mit ihrer Version der mittelalterlichen Küche schließen sie aber an Vorstellungen anderer Mittelalter-Thematisierungen der Gegenwart an: In Gewölbekellern und auf Burgfesten, aber auch in gewöhnlichen Gasthäusern finden sich anlässlich von Firmenjubiläen, Geburtstagen, Vereinsausfahrten und Hochzeiten[32] Besucher zu einer Gemeinschaft »säuisch schlürfender und rülpsender Tischgenossen«[33] zusammen und erfreuen sich

---

25 | Goetz, *Leben im Mittelalter*, S. 30 f.

26 | Schubert, *Essen und Trinken*, S. 97.

27 | Rösener, *Agrarwirtschaft*, S. 5.

28 | Ebd., S. 36.

29 | Kühn/Rippmann, *Pflanzen in der Ernährung*, S. 111.

30 | Schubert, *Essen und Trinken*, S. 158.

31 | Ebd., S. 19; ähnlich auch bei Rösener, *Agrarwirtschaft*, S. 21.

32 | Thomas Schallaböck, *Mittelalterliche Musik als Ambiente historischer Gastmähler*, in: Lothar Kolmer/Christian Rohr (Hrsg.), *Mahl und Repräsentation*, Paderborn 2000, S. 251–261, hier S. 260.

33 | Jan Keupp, *»Der Tisch hat manche Herrlichkeit«. Tafelfreuden im Mittelalter*, in: Ulrich Klein/Michaela Jansen/Matthias Untermann (Hrsg.), *Küche – Kochen – Ernährung. Archäologie, Bauforschung, Naturwissenschaften*, Paderborn 2007, S. 51–62, hier S. 57.

an Met, drallen Frauenzimmern, Minnesängern, Hofnarren und Hirschkeulen.[34] Die Rede ist von »Ritteressen« und »Rittermahlen«, also erlebnisgastronomischen Veranstaltungen, bei denen man ohne Rücksicht auf Etikette viel isst und trinkt und sich durch Tischsitten (nur mit einem Messer oder ganz ohne Besteck), Unterhaltungsangebot (Laienschauspieler und Musikanten) und Speisefolge »wie im Mittelalter« fühlt und so – das hat Jerome de Groot bemerkt – ein Geschichtsspektakel erleben kann, das hier auch im Wortsinn Geschichts-Konsumation ist.[35] Nach Gabriele Ott haben die Besucher solcher Veranstaltungen zwar »wenig Ahnung vom Mittelalter«, dafür aber »bestimmte Vorstellungen« – und an diesen orientieren sich die Veranstalter.[36] Dies führt nach Ansicht des Mediävisten Jan Keupp dazu, dass »das Klischee vom finsteren, barbarischen Mittelalter nirgendwo so ausgeprägt« ist wie in dieser Form der Unterhaltung durch Geschichte.[37] Einen Eindruck, wie sich bei einem typischen »Ritteressen« die mittelalterliche Küche präsentiert, vermittelt im Restaurant Welser-Kuche ein Blick auf die Menükarte zum »mittelalterlichen Schlemmer-Mahl«, das im Gewölbekeller unter der Münchner Feldherrnhalle (erbaut 1841–1844!) die Teilnehmer »für ein paar Stunden zu ›Mannsbildern und Weibsbildern‹« werden lässt:

Honigwein im Kuhhorn
Fladenbrot mit Griebenschmalz
luftgetrocknetes Rauchfleisch
Hühnersuppe mit Kräutern
gefüllte Eier in Safransoße
Kalbfleischpastete mit Pflaumensoße
Hirschkalbsschlegel – dazu Eierspätzle, Blaukraut, Dunstäpfel
Alter Gebirgskäse
Gewürzkuchen
gebackene Äpfel[38]

---

34 | Jerome de Groot, *Consuming History. Historians and Heritage in contemporary popular Culture.* London, New York 2009, S. 121.

35 | Ebd., S. 122.

36 | Gabriele Ott, »*Ein Ritter kämpft mit Leichtigkeit, wenn's ihm nicht fehlt an Feuchtigkeit.*« *Ritteressen!*, in: Lothar Kohner (Hrsg.), »*Finger Fertig*« – *Eine Kulturgeschichte der Serviette*, Berlin 2008, S. 67–76, hier S. 76.

37 | Keupp, *Tafelfreuden im Mittelalter*, S. 57.

38 | Als Hauptgang kann man auch Spanferkel, Hochrippe, Kräutergans oder Kalbshaxe wählen. In der vegetarischen Variante reicht man Gemüsepastete im Teigmantel mit grüner Sauce und eine Auswahl von Gartengemüse mit Grünkernbratlingen, URL: http://www.welser-kuche. de/ (besucht am 16.05.2011).

Es geht also vor allem um's Fleisch – für Brot und Gemüse oder gar einen Erbsen-brei – würde man auch kaum 49,50 Euro ausgeben. Durch solche Offerten arbeitet die Erlebnisgastronomie kräftig mit an der populären Auffassung von den Menschen des Mittelalters, denen, so die Pointierung bei Ernst Schubert, »der Bratensaft nur so in die Bärte träufelte«.[39] Es sind opulente Vorstellungen dieser Art, an welche die Spiele mit ihrer Darstellung der mittelalterlichen Ernährung anschließen – und nicht die Erkenntnisse wissenschaftlicher Diskurse. Durch das Aufgreifen etablierter Mit-telaltertopoi werden die Erwartungen der Käufer bestätigt und die Spiele können sich und ihre Spielwelten erfolgreich in die reichhaltige Palette der unterhaltenden Ge-schichtsangebote einreihen. Es ist letztlich auch dieser Rekurs auf populärkulturelle Mittelalterbilder, der die Spiele zu deutlich erkennbaren Mittelalter-Spielen macht. Dies gilt im Besonderen auch für die Spiele *Die Siedler – Aufstieg eines Königreichs* und *Anno 1404*, denn hier nimmt die Beschäftigung mit dem modellierten Nahrungs-mittelsektor erhebliche Teile des Spielhandelns ein.

Die Logik des Aufbauspiels

In Aufbausimulationen wie *Die Siedler – Aufstieg eines Königreichs* und *Anno 1404* werden die Nahrungsmittel – und alle anderen Güter – produziert, indem der Spie-ler Stück für Stück die Produktionsketten abarbeitet. Dieser Prozess dominiert das eigentliche Spielhandeln und Spielerlebnis und ist bestimmt durch die formalen De-finitionen der Spielelemente. Für *Die Siedler – Aufstieg eines Königreichs* wurde in Kapitel 4 im Abschnitt *Spielen* ausgeführt, was das bedeutet: Der Ertrag pro Zeit einer Fischerhütte wird definiert durch die Zeitspannen, die für das Angeln der Fi-sche, das Ausliefern des Fangs, die Verpflegung des Siedlers und das Zurücklegen des Weges zwischen Fischerhütte und Siedlungszentrum benötigt werden. Unter Be-rücksichtigung der Spielumgebung (Welche Rohstoffvorkommen existieren? Wo be-finden sich diese? Wie beeinflusst das Klima die Produktion?) können nach diesem Schema die Fischproduktion und auch die anderen Möglichkeiten der Rohstoffge-winnung und Gütererzeugung bewertet werden. Für den erfolgreichen Aufbau muss der Spieler dann eine möglichst kostengünstige Kombination verschiedener Produkti-onssysteme errichten, die den Bedürfnissen der Einwohner genügt und das Wachstum der Siedlung begünstigt. Die Maßstäbe für die Güte der Siedlung sind die verschie-denen Konten des Spielers: Lagerbestand, Einwohnerzahl, Goldvorrat. Da die Ein-

---

39 | Schubert, *Essen und Trinken*, S. 11 f.

wohner durch die jährlichen Steuererhebungen die Goldkasse füllen, die Größe der
Einwohnerschaft wiederum von den durch Baustoffe errichteten Gebäuden und die
Leistungsfähigkeit der Einwohner schließlich von den produzierten Nahrungsmitteln
abhängt, sind die Größen Gold, Einwohner und Produkte letztlich nur verschiedene
Aggregatszustände derselben Währung.

Beim Spielen in einer derart definierten Spielumgebung wird dann – formal gesprochen – ohne Unterlass ein System sich zeitbezogen erhöhender und in gegensei-
tiger Abhängigkeit stehender numerischer Variablen konstruiert, erweitert und optimiert. Ziel dieser Konfigurationen ist die kontinuierliche Akkumulation von Kapital und permanentes Wachstum. Die Spielethik, die dieses Spielsystem verlangt, hat
Alexander Weiß als »klar konsequenzialistisch« bezeichnet; sie sei »keine Prinzipie-
nethik oder Verpflichtungsethik, auch keine Glücksethik (wer sollte glücklich sein?),
sondern reine Folgenethik«.[40] Dies hat natürlich substanzielle Auswirkungen auf das
Spielhandeln, das *Die Siedler – Aufstieg eines Königreichs* und ähnliche mittelalterliche Aufbausimulationen ermöglichen: Am erfolgreichsten ist die Spielerin, die
all ihre spielerischen Entscheidungen konsequent einem möglichst rationalisierten
Profitstreben unterwirft. Denn da das gesamte Spielsystem demselben Kalkül unterworfen ist – und da dies insbesondere für die vom System gesteuerten gegnerischen
Parteien gilt –, ist die Übernahme des rationalen Verhaltens durch die Spielerin alternativlos, sofern nicht nur gespielt, sondern auch gewonnen werden soll. Ted Friedman
hat den Begriff *Cyborg Consciousness* verwandt, um diese Abhängigkeit des Spielers
von den programmierten Spielstrukturen zu beschreiben:

»The way computer games teach structures of thought – the way they reorganize perception – is by
getting you to internalize the logic of the program. To win, you can't just do whatever you want. You
have to figure out what will work within the rules of the game. You must learn to predict the con-
sequences of each move, and anticipate the computer's response. Eventually, your decisions become
intuitive, as smooth and rapid-fire as the computer's own machinations.«[41]

Obwohl es zunächst merkwürdig klingen mag, liegt genau in dieser maschinenmä-
ßigen Anforderung strategischer Simulationsspiele die Ursache für das spielerische
Vergnügen, das sie bereiten können: Indem der Spieler einerseits stets versucht, sich
ebenso gut wie der Computer zu verhalten, indem der Computer andererseits per-

---

40 | Alexander Weiß, *Computerspiele als Aufbewahrungsform des Politischen. Politische
Theorie in Age of Empires und Civilization*, in: Tobias Bevc (Hrsg.), *Computerspiele und Politik. Zur Konstruktion von Politik und Gesellschaft in Computerspielen*, Münster 2007, S. 77–97,
hier S. 85.

41 | Friedman, *Civilization and Its Discontents*, S. 136.

manent die Schwierigkeit und die Anzahl der Aufgaben den verbesserten Fähigkeiten des Spielers anpasst, entsteht idealerweise ein zwar forderndes, nicht aber überforderndes Gleichgewicht aus Beherrschung und Überlastung, das als lustvolle Erfahrung wahrgenommen wird. In Anlehnung an Mihaly Csikszentmihalyi, der dieses »Flow-Phänomen« zuerst beschrieben hat,[42] spricht Nick Caldwell vom »smooth flow of resources from A to B, C and D«, der in den *Siedler*-Spielen nach überlegtem Aufbau, sorgfältiger Überwachung und fortgesetzter Verbesserung den Spieler erfreut und fesselt.[43]

»Alles hängt von der Wirtschaft ab« – so bewirbt der Hersteller *Die Siedler – Aufstieg eines Königreichs*.[44] Und tatsächlich präsentiert sich hier das lustvolle Spielhandeln durch die Gestaltung und Benennung der Spielelemente in erster Linie als Wirtschaftshandeln. Nimmt man diese Zuschreibungen beim Wort, dann würde man mit den Kategorien der Wirtschaftswissenschaften das Handeln des Spielers wohl als gouvernementales Agieren identifizieren und die Siedlungen und Städte als eigenständige Volkswirtschaften verstehen.[45] Dem Spieler selbst ist zwar keine Spielfigur zugewiesen, da er aber je nach Erfolg seiner Aufbau- und Konfigurationsoperationen verschiedene Titel – Landvogt, Baron, Graf, Marquis, Herzog, Erzherzog – erringt, kommt ihm die Position eines unabhängigen Landesfürsten zu. Abgesehen von den Frauen, die nur auf den Festen auftauchen und im Anschluss als (im Wortsinn) unsichtbare Produktionsfaktoren fungieren, sind die Teilnehmer seiner Volkswirtschaft ausnahmslos männliche Arbeiter; sie erscheinen stets, sobald der Spieler einen neuen Betrieb errichtet bzw. einen bestehenden Betrieb ausbaut. Letztendlich geht es nur darum, diese Wirtschaftseinheiten sinnvoll zu platzieren – oder auch wieder abzureißen (die Siedler verschwinden dann automatisch). Da die einzelnen Betriebe nicht

---

42 | Mihaly Csikszentmihalyi, *Flow: The Psychology of Optimal Experience*, New York 1990; vgl. dazu auch Carsten Wünsch/Bastian Jenderek, *Computerspielen als Unterhaltung*, in: Jens Wolling/Thorsten Quandt/Jeffrey Wimmer (Hrsg.), *Die Computerspieler. Studien zur Nutzung von Computergames*, Wiesbaden 2008, S. 41–56, hier S. 49–51 und Poole, *Trigger Happy*, S. 292–297.

43 | Nick Caldwell, *Settler Stories: Representational ideologies in Computer Strategy Gaming*, in: M/C: A Journal of Media and Culture 5 (2000) 3, URL: http://www.apinetwork.com/mc/0010/settlers.php (besucht am 14.06.2011).

44 | Werbetext zu *Die Siedler – Aufstieg eines Königreichs*, URL: http://www.ubi.com/DE/Games/Info.aspx?pld=4912 (besucht am 08.09.2011).

45 | Zu Aufbauspielen aus Sicht der Wirtschaftswissenschaften vgl. Katharina-Maria Behr/Ute Schaedel, *Wirtschaft in Computerspielen*, in: Tobias Bevc/Holger Zapf (Hrsg.), *Wie wir spielen, was wir werden. Computerspiele in unserer Gesellschaft*, Konstanz 2009, S. 185–205, hier S. 186 f.

miteinander konkurrieren, fungieren sie eigentlich nur als Komponenten des umfassenden, vom Spieler verwalteten Staatsbetriebs. Mit idealtypischen Wirtschaftsformen gesprochen, würde man das Spiel daher am ehesten als Simulation einer Zentralverwaltungswirtschaft bezeichnen.

Der Vergleich mit zentralwirtschaftlicher Staatsorganisation läuft aber ins Leere: De facto ist es der Spieler – und nicht die Gemeinschaft der Spielfiguren –, der über alle Produktionsmittel und alles Kapital verfügt. Von Gemeinwirtschaft mit vergesellschafteten Produktionsmitteln kann daher nicht die Rede sein.[46] Zudem – und das ist für das Erleben des Spielhandels entscheidend – führt die oben beschriebene Strukturierung des Spielsystems zwangsläufig dazu, dass sich der Spieler bei seinem Agieren in der dargestellten mittelalterlichen Ökonomie permanent einem radikalen Gewinnstreben verpflichtet und so gut wie möglich dem Ideal des Rational Choice nachfolgt. Seine Position entspricht aus diesen Gründen viel eher der Stellung und den Handlungsprämissen eines freien kapitalistischen Unternehmers, der einem integrierten Konzern mit unterschiedlichen Geschäftszweigen vorsteht und mit anderen Marktteilnehmern (=Computergegnern) um die verfügbaren Rohstoffe und die daraus erwirtschaftbare Kapitalrendite konkurriert.

Die solcherart beschriebene Spielerperspektive hat nun aber wieder wenig gemein mit der geschichtswissenschaftlichen Sicht auf jene Teilbereiche der mittelalterlichen Land- und Stadtwirtschaft, die in *Die Siedler – Aufstieg eines Königreichs* porträtiert werden. Grundsätzlich kann man davon ausgehen, dass entgegen »der gegenwärtigen Privilegierung ›produktiver‹ Leistung [...] im Mittelalter und bis weit in die Frühe Neuzeit hinein die *vita contemplativa* der *vita activa* mindestens gleich-, wenn nicht vorgeordnet« gewesen ist und dass Arbeit »nicht zwangsläufig mit Vorstellungen von Progression und Wachstum in Verbindung gebracht« wurde.[47] Bei den im Spiel zu steuernden Figuren handelt es sich entweder um landwirtschaftliche Nahrungserzeuger – also Bauern – oder um städtische Nahrungsveredler und Güterproduzenten – also Handwerker. Die Geschichtswissenschaft sieht in keiner dieser beiden Gruppen Träger frühkapitalistischen Wirtschaftshandelns. Dessen Voraussetzungen – hinreichendes Kapital und aktive Unternehmertätigkeit – erfüllten in entscheidendem Maße ab Mitte des 14. Jahrhunderts die Fernhändler, die teilweise auch als Verleger im

---

46 | Zur Theorie der Zentralverwaltungswirtschaft und zu historischen Manifestationen vgl. Reinhart Beck, *Sachwörterbuch der Politik*, Stuttgart ²1986, S. 1088 ff.

47 | Corinna Laude/Gilbert Heß, *Konzepte von Produktivität im Wandel vom Mittelalter in die Frühe Neuzeit. Eine Einleitung*, in: dies. (Hrsg.), *Konzepte von Produktivität im Wandel vom Mittelalter in die Frühe Neuzeit*, Berlin 2008, S. 7–26, hier S. 8 f.

Textil- und Metallgewerbe operierten.[48] Den Gewinn der Stadt erwirtschaftet man in *Die Siedler – Aufstieg eines Königreichs* aber nicht durch Handel (oder durch die mit diesem in Mittelalter und Früher Neuzeit eng verzahnte Geldwirtschaft), sondern durch Produktion und Wachstum, bzw. durch die damit generierten Steuereinnahmen. Das öffentliche Finanzwesen wiederum zeichnet sich historisch aber »bis ins 14. Jahrhundert durch sporadische Maßnahmen und nicht durch den Aufbau einer gut organisierten Finanzverwaltung aus«,[49] erst im 17. und 18. Jahrhundert werden europäische Territorialstaaten mit bewusst gestalteter Steuerung »Verbesserungen der eigenen Staatseinnahmen zur Ausdehnung und Festigung der eigenen Machtposition« anstreben, also merkantilistische bzw. kameralistische Wirtschaftspolitik betreiben.[50]

Angesichts dieser (notwendigerweise sehr knapp präsentierten) Befunde zur mittelalterlichen und frühneuzeitlichen Wirtschaftsgeschichte ist festzustellen, dass die akkumulierend-kapitalistische Handlungsmaxime, die *Die Siedler – Aufstieg eines*

48 | Friedrich-Wilhelm Henning, *Das vorindustrielle Deutschland 800 bis 1800*, Paderborn ³1977 (1974), S. 216 f. Man ist sich sicher, dass im Mittelalter Kapitalismus und bäuerliches Wirtschaften nicht zusammengehören und dass »die Mehrzahl der bäuerlichen Familien am Rande des Existenzminimums« lebte, Goetz, *Leben im Mittelalter*, S. 163. Für die Beziehung zwischen kapitalistischem Wirtschaften und handwerkerlicher bzw. zünftischer Mentalität ist die Lage undeutlicher: Werner Sombart hatte als »das beherrschende Wirtschaftsprinzip der handwerksmäßigen Wirtschaftsweise« das Streben des Handwerkers nach Bedarfsdeckung angenommen: »Ein standesgemäßes Auskommen strebt er an, nicht weniger aber vor allem auch nicht mehr. Seine gewerbliche Arbeit soll ihm die materielle Basis für seine Existenz: seine ›Nahrung‹ verschaffen«, Werner Sombart, *Der moderne Kapitalismus*, 2 Bde., Leipzig 1902, Bd. I, S. 86. Die von Sombart angestellte Entgegensetzung von »Nahrung« und Erwerb bzw. von Handwerk und Kapitalismus werden in der Handwerksforschung inzwischen hinterfragt – ohne dass jedoch bereits eindeutige Ergebnisse vorliegen, vgl. Christof Jeggle, *Gewerbliche Produktion und Arbeitsorganisation: Perspektiven der Forschung*, in: Mark Häberlein/Christof Jeggle (Hrsg.), *Vorindustrielles Gewerbe. Handwerkliche Produktion und Arbeitsbeziehungen in Mittelalter und Früher Neuzeit*, Konstanz 2004, S. 19–35; Robert Brandt, *Handwerk und Arbeit. Anmerkungen zur deutschsprachigen Handwerksgeschichtsschreibung und zur Geschichte des vorindustriellen Handwerks in Mitteleuropa während der Frühen Neuzeit*, in: Corinna Laude/Gilbert Heß (Hrsg.), *Konzepte von Produktivität im Wandel vom Mittelalter in die Frühe Neuzeit*, Berlin 2008, S. 289–314; Knut Schulz, *Handwerk, Zünfte und Gewerbe. Mittelalter und Renaissance*, Darmstadt 2010, S. 146 ff. In jedem Fall gilt, wie Erich Maschke bereits 1973 feststellte, dass unter den Handwerkern »die größte Gruppe relativ geringe Vermögen« besaß und dass »große Gewinne nur im Fernhandel gemacht« wurden, Erich Maschke, *Die Schichtung der mittelalterlichen Stadtbevölkerung Deutschlands als Problem der Forschung* (1973), in: ders.: *Städte und Menschen. Beiträge zur Geschichte der Stadt, der Wirtschaft und Gesellschaft 1959–1977*, Wiesbaden 1980, S. 157–169, hier S. 161.

49 | Henning, *Das vorindustrielle Deutschland 800 bis 1800*, S. 120.

50 | Ebd., S. 233.

Königreichs vorgibt, nicht zur Simulation einer mittelalterlichen Stadtwirtschaft passt, die ihren Fokus deutlich auf die Landwirtschaft und die handwerkliche Güterproduktion legt. Oder (und das ist das sachlich richtige Urteil): Die präsentierten Welten und Handlungsangebote von *Die Siedler – Aufstieg eines Königreichs* haben nichts mit dem Bild von der mittelalterlichen Stadt und von den Arbeitsbedingungen und Mentalitäten ihrer Bewohner zu tun, das sich die Geschichtswissenschaft von diesen Gegenständen gemacht hat.

Diskretisierungsgebote

Die Gründe für die Divergenz zwischen dem dargestellten historischen Gegenstand und der Qualität der Handlungsoptionen, die diesen ›spielbar‹ machen, liegen natürlich in der Spiellogik des Genres: Das Ziel des Aufbauspiels ist grenzenloses Wachstum, zum Mittelalter passt dieser Imperativ aber nur wenig.

Anno 1404 zeigt schon durch die Jahreszahl im Titel an, dass man es hier mit dem Ausgang des Mittelalters zu tun hat. Tatsächlich gestaltet sich in diesem Spiel die Verbindung aus Spiellogik und Historie harmonischer. Zwar muss auch in *Anno 1404* eine möglichst große und effiziente Produktionsstruktur errichtet und konfiguriert werden, aber im Unterschied zu *Die Siedler – Aufstieg eines Königreichs* kommt dabei dem Handel entscheidende Bedeutung zu. Zum einen besiedelt man im Spielverlauf mehrere Landmassen, die sich auf spiellogischer Seite vor allem durch unterschiedliche Rohstoffvorkommen und klimatische Voraussetzungen unterscheiden und so jeweils nur spezifische Produktionszweige beherbergen können. Durch die verzweigte Struktur des Produktionstableaus (vgl. Abb. 9.3, S. 220) entsteht dadurch die Notwendigkeit zum Güteraustausch. Zum anderen finden sich in der Spielumgebung andere (computergesteuerte) Parteien, mit denen Handel möglich und häufig auch notwendig ist. Der Warentransfer und der Kauf und Verkauf von Produkten ist also zentraler Bestandteil des Spielsystems von *Anno 1404* und kann vom Spieler durch eine Flotte von Transportschiffen und durch Routen- und Transaktionspläne optimiert werden. Damit modelliert *Anno 1404* neben dem produzierenden auch den kaufmännischen Bereich der (spät-)mittelalterlichen Wirtschaft. Die Aktivitäten bleiben nicht auf einen Kulturraum mit europäischer Anmutung beschränkt, es gilt auch Inseln zu entdecken, die »im Orient« liegen. Hier finden sich neue Rohstoffe wie Quarz und Gold und es gedeihen mit Datteln, Kaffeebohnen, Gewürzen, Zuckerrohr, Mandeln, Rosen und Indigo exotische Pflanzen. Diese »Orientwaren« erlauben die Produktion spezifischer Güter (z. B. Mosaike, Marzipan, Duftwasser, Teppiche, Bücher), die im Laufe des Spiels auch von der Bevölkerung der Heimatinseln nachgefragt werden und dadurch zum Aufbau von Handelsbeziehungen oder überseeischen Niederlassungen verpflichten. Die Position, die der Spieler einnimmt, bleibt zwar auch in *Anno 1404*, ähnlich wie in *Die Siedler – Aufstieg eines Königreichs*, die eines nicht näher bestimmten Herrschers. Durch die Bedeutung, die dem Fernhandel und der Transportlogistik zukommt und durch eine relativ umfassende Darstellung verschiedener klimatischer und kultureller Räume, kann man aber – wenn denn nach historischen Äquivalenten gesucht wird – verschiedene Rollenvorbilder ausmachen: Zum einen weist der Orienthandel in Richtung der oberitalienischen Handelsimperien Venedig oder Genua (ca. 1100–1550), zum anderen deutet die Gestaltung der Heimatstädte mit Kontoren und Speicherstädten (vgl. Abb. 9.4) auf die norddeutsche Hanse (ca. 1150–1450) und mit Patrizierhäusern und Kathedralen im gotischen Stil (vgl. Abb. 7.9, S. 178) auf die von Handelsgeschlechtern dominierten oberdeutschen Städte (ab ca. 1500).[51] Durch diese Fusion von Referenzen auf verschiedene historische Handelsgesellschaften wird man *Anno 1404* in einer Stadt-, Handels- und Seefahrerwelt verorten, die an der Schwelle vom Mittelalter zur Frühen Neuzeit steht. Zwar ist das Spielen in dieser Welt von der selben auf Wachstum und Rationalität ausgerichteten Spiellogik determiniert, die auch *Die Siedler – Aufstieg eines Königreichs* zugrunde liegt. Da aber kaufmännisches Agieren und (spiel-)weltweite Handelsbeziehungen integraler Bestandteil des Spielsystems sind, stehen hier das genretypische Gewinnstreben und die unweigerliche Kapitalakkumulation den historischen Gegenständen und Zeitabschnitten, auf die referiert wird, weniger schroff gegenüber.

Das Konzept Aufbauspiel verträgt sich also besser mit spätmittelalterlich-frühneuzeitlichem Unternehmertum und Fernhandelsgeschäften als mit der mittelalterlichen Handwerkerstadt und ihren bäuerlichen Versorgern. Aber auch wenn die modellierte Welt und die dem Aufbauspiel zwangsläufig inhärente Progression stärker konvergieren, führt ein Spiel, das gesellschaftliche Teilbereiche simuliert, *immer* merkwürdige Konstellationen und irritierende Zusammenhänge vor. Dies liegt am Zwang, jedweden kulturellen Teilbereich, der im Spiel auftauchen soll, in einer diskreten Repräsentation zu formalisieren. Dieses *Diskretisierungsgebot* hat seinen Ursprung in den Erfordernissen des Simulationsspiels selbst. Das zeigt sich beispielsweise an der Spielmechanik, mit der *Anno 1404* die Modellierung verschiedener mittelalterlicher Gesellschaftsgruppen versucht.

Das spielbestimmende Wachstum betrifft in *Anno 1404* nicht nur die städtische Infrastruktur, sondern auch die Bevölkerung. Bis aus der Siedlung eine Metropo-

---

51 | Vgl. Hans-Werner Niemann, *Europäische Wirtschaftsgeschichte. Vom Mittelalter bis heute*, Darmstadt 2009. Hier finden sich knappe Einführungen zu den italienischen (S. 18–21), hanseatischen (S. 22–25) und oberdeutschen (S. 62–65) Handelsgesellschaften.

Abb. 9.4: *Anno 1404*: Das Krantor nach Danziger Vorbild

le geworden ist, müssen die Wohngebäude, die der Spieler baut und die stets vom Typ »Bauernhaus« sind, zum »Bürger«-, »Patrizier«- und »Adligenhaus« aufsteigen. Ob dies geschieht, ist abhängig von der jeweiligen »Zivilisationsstufe«, die die Bevölkerung erreicht hat. Ein Stufenanstieg erfolgt, wenn die Bedürfnisse der aktuell ranghöchsten Gesellschaftsgruppe erfüllt sind. Leben in der Siedlung beispielsweise ausschließlich Bauern, so muss deren Bedürfnis nach Nahrung und Getränken (Versorgung mit Fisch und Most), nach Gemeinschaft (Nähe der Bauernhäuser zu einem Marktplatz) sowie nach Glaube (Kapelle in Reichweite) befriedigt werden, damit einige Bauernhäuser zu Bürgerhäusern aufsteigen und die Siedlung fortan auch einen bürgerlichen Bevölkerungsanteil aufweist. Dieses System aus Bedürfnissen und stufenweisem Aufstieg von Teilen der Bevölkerung ist zentral für das Spielmechanik von *Anno 1404*. Die Stufen- und Bedürfnisordnung für die okzidentalen Gesellschaftsgruppen zeigt Tab. 9.2. Die Prozentwerte geben dabei an, zu welchem Anteil ein bestimmtes Produkt zur Befriedigung des Bedürfnisses beitragen kann: Patrizier sind erst dann gebührend mit Kleidung versorgt, wenn die Siedlungsproduktion 65 Prozent ihrer Kleidung in Form von Lederwämsern bereitstellen kann etc. Im Spielsystem ist zudem ein Mechanismus implementiert, der dafür sorgt, dass nie alle Einwohner zur nächsthöheren Stufe aufsteigen. So entwickelt sich im Lauf des Spiels die Anzahl von Bauern, Bürgern, Patriziern und Adligen ungefähr im Verhältnis 1:7:10:10. Dabei gilt, dass die Adligen natürlich höhere Steuern zahlen als die Bauern. Die ›unhistorische‹ Verteilung der unterschiedlichen Bevölkerungsgruppen hat eine umgekehrte Bevölkerungspyramide zur Folge – ein weiterer Beleg für die dem Spiel inhärente Wachstumslogik und letztlich die Implementierung einer idealisierten Kapitalismusversion, bei der nicht wenige Reiche von vielen Armen finanziert werden, sondern im Gegenteil der Aufstieg für nahezu alle Gesellschaftsmitglieder möglich ist.

Diese Verquickung von Produktionsstruktur, Steuereinnahmen und Bedürfniserfüllung gilt auch für die Bewohner des Orients, die man nur in zwei Kategorien unterteilt hat – Nomaden und Gesandte – und die, so schreibt es das Handbuch, »im Grunde gar nicht so verschieden sind, lediglich die Geschmäcker sind andere«.[52] In der Tat: Der Nomade – der übrigens nicht etwa umherzieht, sondern in der »Nomadenhütte« wohnt – ernährt sich nicht von Fisch und Most, sondern von Datteln und Ziegenmilch und benötigt anstelle des Marktplatzes den Basar und statt der Kirche die Moschee. Außerdem – hier lässt er den okzidentalen Bauern hinter sich – kennt er bereits das Bedürfnis nach Besitz, namentlich nach Teppichen.

Dem Spielsystem von *Anno 1404*, das durch die Modellierung verschiedener Einflussfaktoren die Simulation von Ökonomie, Städtewachstum und Bevölkerungsentwicklung versucht, kann man natürlich etliche »Fehler« anlasten: Waren Bauern und Bürger besitzlos? Warum verlangt erst der Patrizier nach Brot? Haben Bürger tatsächlich mehr Gewürze als Fisch gegessen? Warum trinken alle ausschließlich Alkohol? Fragen dieser Art gehen jedoch an den Eigenheiten des Simulationsspiels vorbei. Sie berühren lediglich die Darstellungsebene und können im Grunde genommen an jedes historiographische Werk gerichtet werden. Denn wie Hayden White betont hat, gilt auch für die Vermittlungen der Geschichtswissenschaft, dass »die Fakten nicht für sich selbst sprechen, sondern dass der Historiker für sie spricht«; auch der Historiker muss auswählen und weglassen, er setzt »Bruchstücke«, die er aus der historischen Überlieferung gewinnt, zusammen und schafft so ein »besonderes, nicht allgemeines Ganzes«.[53] (Unter anderem) Whites Überlegungen haben dazu geführt, dass die Vorstellung, es existiere eine vom Beobachter unabhängige Welt, die dieser abbildgetreu

---

52 | Handbuch zu *Anno 1404*, S. 22.

53 | Hayden White, *Auch Klio dichtet oder die Fiktion des Faktischen. Studien zur Tropologie des historischen Diskurses*, Stuttgart 1986, S. 149.

Tab. 9.2: *Anno 1404*: Bedürfnisse der »Zivilisationsstufen« (mit den Nachfrageanteilen nach verschiedenen Waren bzw. Diensten in Prozent)

		Bauern	**Bürger**	**Patrizier**	**Adlige**
Sicherheit	Schuldturm			100	100
Besitz	Brillen				40
	Kerzenleuchter			60	30
	Bücher			40	30
Vergnügen	Schenke		100	100	100
Kleidung	Brokatgewänder				40
	Lederwämser			65	30
	Leinenkutten		100	35	30
Glaube	Kirche			70	100
	Kapelle	100	100	30	
Getränke	Wein				50
	Bier			70	30
	Most	100	100	30	20
Nahrung	Fleisch				35
	Brot			45	25
	Gewürze		60	35	20
	Fisch	100	40	20	20
Gemeinschaft	Marktplatz	100	100	100	100
		Bauern	**Bürger**	**Patrizier**	**Adlige**

beschreiben könne, von Historikern »wohl kaum noch« vertreten wird.[54] Grundsätzlich könnte man daher wissenschaftliche Darstellungen zur mittelalterlichen Stadtgesellschaft und Ökonomie mit ähnlichen Fragen konfrontieren, wie sie hier an *Anno
1404* gerichtet wurden.

Natürlich besteht zwischen der wissenschaftlichen und der populärkulturellen
Vergangenheitsthematisierung jener Unterschied, der bereits in Kapitel 4 im Abschnitt *Historisches Wissen* benannt wurde: Der Historiker muss seine Arbeit beglau-
bigen, da er sich an einen »mißtrauischen Leser«[55] wendet. Aber das Computerspiel
unterscheidet sich in einem weiteren Punkt von den Aufsätzen und Monographien
der Historiker – und auch von allen anderen Geschichtsdarstellungen, die nicht in einer digitalen Umgebung stattfinden: Die Computerspielwelt ist diskret.[56] In Kapitel 3
im Abschnitt *Programmierte Regeln* wurde erläutert, was das bedeutet: Computer
können nur mit Inhalten umgehen, wenn diese diskret, d. h. eindeutig unterscheidbar,
sind. Während die Sätze eines Vortrags, die Wörter eines Textes oder die Bestandteile
eines Gemäldes in semantischer Hinsicht nie eindeutig sind und auf kontinuierliche
Felder von Bedeutungen verweisen, arbeitet der Computer auf der untersten Ebene
mit eindeutig unterscheidbaren elektrischen oder optischen Signalen und ist daher
diskontinuierlich.

Man muss über diese Bedingungen sprechen, wenn man die eigentlichen Besonderheiten der Geschichtsdarstellung von Spielen wie *Anno 1404* oder *Die Siedler
– Aufstieg eines Königreichs* verstehen will. Für ein Computerspiel hat die diskre-
te Struktur des Computers die Konsequenz, dass alle Elemente des Spiels eindeutig
bestimmt sein müssen. Dies erreicht man eben durch *Diskretisierung*, also durch »va-
rious forms of chopping up into pieces«.[57] Die Effekte der Diskretisierung fasst Brosl
Hasslacher wie folgt zusammen: »The outcome is a discrete and synthetic micro-
world image of the original problem«.[58] Das Entscheidende dabei ist nicht, das das
Abbild *kleiner* als das Original ist – »Ein Modell ist immer eine Vereinfachung, eine

---

54 | Thomas Etzemüller, »*Ich sehe das, was Du nicht siehst*«. Wie entsteht historische Er-
kenntnis?, in: Jan Eckel/Thomas Etzemüller (Hrsg.), *Neue Zugänge zur Geschichte der Geschichtswissenschaft*, Göttingen 2007, S. 27–68, hier S. 27.

55 | Ricœur, *Zeit und Erzählung 1*, S. 265.

56 | Lev Manovich, *Software Takes Command*, Version vom 20. 11. 2008, URL: http://lab.
softwarestudies.com/2008/11/softbook.html (besucht am 21. 01. 2009), S. 214.

57 | Brosl Hasslacher, *Algorithms in the World of Bounded Resources*, in: Rolf Herken
(Hrsg.), *The Universal Turing Machine. A Half-Century Survey*, Berlin 1988, S. 417–433, hier
S. 421.

58 | Ebd., S. 421.

VERSORGUNG FÜR BEISPIELSTÄDTE

Anzahl der Häuser	10	25	50	75	100	150	200	250	300	500
Stadtstatus	-	Siedlung	Kleinstadt	Kleinstadt	Stadt	Großstadt	Großstadt	Großstadt	Handelszentrum	Metropole
Bewohner	Bauern: 80 Bürger: 0 Patrizier: 0 Adlige: 0	Bauern: 40 Bürger: 300 Patrizier: 0 Adlige: 0	Bauern: 80 Bürger: 240 Patrizier: 600 Adlige: 0	Bauern: 120 Bürger: 360 Patrizier: 900 Adlige: 0	Bauern: 160 Bürger: 480 Patrizier: 725 Adlige: 760	Bauern: 240 Bürger: 720 Patrizier: 1100 Adlige: 1120	Bauern: 320 Bürger: 960 Patrizier: 1450 Adlige: 1520	Bauern: 400 Bürger: 1200 Patrizier: 1800 Adlige: 1920	Bauern: 480 Bürger: 1440 Patrizier: 2175 Adlige: 2280	Bauern: 800 Bürger: 2400 Patrizier: 3600 Adlige: 3840
Fischerhütten	1	1	2	3	4	5	7	8	10	16
Gewürzfarmen	-	1	2	2	3	4	5	6	8	12
Backhäuser	-	-	1	2	2	3	4	5	6	9
Schlachtereien	-	-	-	-	1	1	2	2	3	4
Mosthöfe	1	1	2	3	4	6	8	10	11	19
Klosterbrauereien	-	-	1	2	2	3	4	5	6	10
Kelterhäuser	-	-	-	-	-	-	2	2	3	4
Webstuben	-	1	2	2	3	4	5	5	7	10
Gerbereien	-	-	1	1	1	2	2	3	3	5
Kürschnereien	-	-	-	-	-	1	1	2	2	3
Seidenwebereien	-	-	-	-	-	-	-	-	-	-
Druckereien	-	-	-	-	1	1	2	2	2	4
Brillenmachereien	-	-	-	-	-	-	-	-	2	3
Feinschmieden	-	-	-	-	-	-	-	-	-	3
Stadtstatus	Siedlung	Dorf	Kleinstadt	Stadt	Großstadt	Großstadt	Handelszentrum	Handelszentrum	Metropole	Metropole
Bewohner	Nomaden: 150 Gesandte: 0	Nomaden: 375 Gesandte: 0	Nomaden: 225 Gesandte: 875	Nomaden: 345 Gesandte: 1300	Nomaden: 450 Gesandte: 1750	Nomaden: 675 Gesandte: 2625	Nomaden: 900 Gesandte: 3500	Nomaden: 1125 Gesandte: 4375	Nomaden: 1350 Gesandte: 5250	Nomaden: 2250 Gesandte: 8750
Dattelplantagen	1	1	2	3	4	6	8	10	12	20
Zuckerbäckereien	-	-	-	-	-	-	-	2	3	4
Ziegenfarmen	1	1	2	2	3	4	6	7	8	13
Röstereien	-	-	1	2	2	3	4	5	6	9
Teppichknüpfereien	-	1	1	2	2	3	4	5	6	9
Perlenknüpfereien	-	-	-	2	3	4	5	6	7	12
Duftmischereien	-	-	-	-	-	-	3	4	5	7

Abb. 9.5: *Anno 1404*: Tabelle aus dem *Strategiebuch*

Art Idealisierung dessen, was modelliert werden soll«[59] –, sondern dass es *diskret* sein muss.

Die Folgen des Diskretisierungsgebots zeigt ganz deutlich die Aufstellung in Tab. 9.2: Die Bedürfnisse – und damit auch die Zivilisationsstufen – werden repräsentiert durch eindeutige Werte. Man könnte Tabellen dieser Art für alle Bereiche der Spielwelt von *Anno 1404* aufstellen. Und tatsächlich verzeichnet das *Offizielle Strategiebuch* zu *Anno 1404*, eine Begleitpublikation mit einer Fülle an detaillierten Informationen zum Spiel, in tabellarischen Auflistungen die Werte und Codierungen zum Mechanismus der »Ruhmgewinnung«, zu den sogenannten »Geschenken für den Orient«, zu den verschiedenen diplomatischen Rängen, zum Einfluss der unterschiedlichen Steuersätze, zu den Eigenschaften der Schiffstypen und der Werften, zu den Verkaufspreisen, die die Produkte im Handel erzielen, zu den Gesamtkosten der Produktionsketten, zu den Qualitäten verschiedener militärischer Anlagen, zu Lagerkapazitäten, Baukosten und Gebäudetypen, kurz, zu nahezu allen spielrelevanten Bereichen.[60] Abb. 9.5 zeigt eine dieser Tabellen: Hier werden unterschiedliche Zu-

---

59 | Weizenbaum, *Macht des Computer*, S. 202.

60 | Burkhard Strube/Roland Strube, *ANNO 1404. Das Offizielle Strategiebuch*, Hamburg 2009. Auch in Wiki-Projekten wie dem AnnoWiki (»Hier soll im Laufe der Zeit die größte Wis-

sammensetzungen der Einwohnerschaft mit jeweils optimalen Versorgungsstrukturen verknüpft. Es ist nicht verwunderlich, dass das Medium der Tabelle das bevorzugte Hilfsmittel für die in Aufbausimulationen spielbestimmenden Effizienzabwägungen ist, schließlich erhebt die Tabelle »durch die Zuordnung der elementaren Daten zu ihren Tabellenzellen die Diskontinuität zum Prinzip«[61] und kann daher verschiedenste Spielzusammenhänge übersichtlich und verlustfrei wiedergeben. Die Tatsache, dass letztlich alle Spielinformationen und Handlungsoptionen – mithin also das gesamte Spiel – in Tabellenform gebracht werden könnten, sagt natürlich viel über das Wesen und die Möglichkeiten der Geschichtsdarstellung in Aufbauspielen wie *Anno 1404* oder *Die Siedler – Aufstieg eines Königreichs*.

Die Säkularisierung des Mittelalters

Die für das Simulationsspiel unabdingbare Diskretisierung gelingt nicht für alle Bereiche gleich gut: Während Bausektor, Handel oder Fiskalpolitik noch relativ problemlos mir eindeutigen, diskreten Modellen abzubilden sind, funktioniert dieser Repräsentationsmodus für andere kulturelle Bereiche nur leidlich. Vor allem die Modellierung von Kirche, Religion und Frömmigkeit verkommt unter dem Diktat der ganzen Zahl häufig zu einer absurden Angelegenheit.

Das Bedürfnis nach Glauben wird in *Anno 1404* durch Kapellen und Kirchen befriedigt. Der Kirchbau ist unkompliziert und erfordert lediglich einen freien Bauplatz und die Rohstoffe Holz und Stein sowie eine gut gefüllte Kasse: die Kapelle kostet 1500, die Kirche 5000 Goldstücke. Holz und Stein kann man direkt abbauen, das Gold wird durch die entrichteten Steuern der Einwohnerschaft oder durch den Verkauf von Rohstoffen und Produkten erwirtschaftet. Ist der Kirchenbau einmal errichtet, stillt er das Glaubensbedürfnis aller Bewohner in seinem Einflusskreis dauerhaft (vgl. Abb. 9.6); weitere Aktionen für seinen Unterhalt sind nicht notwendig. Die Religion wird so also ohne viel Aufhebens mit der selben Produktionsmechanik und Wachstumslogik abgehandelt, die auch die wirtschaftlichen Prozesse steuern. Als politischer Faktor, sittlich-normierende Instanz oder welterklärende Organisation tritt Kirche in *Anno 1404* nicht auf. Daran ändert auch der »Kaiserdom« nichts:

---

sensdatenbank zu allen vier Anno-Teilen entstehen.«) werden allerlei spielrelevante Zusammenhänge in Tabellenform gebracht. Vgl. URL: http://1404.annowiki.de (besucht am 23.09.2011).

61 | Markus Krajewski, *In Formation. Aufstieg und Fall der Tabelle als Paradigma aer Datenverarbeitung*, in: David Gugerli u. a. (Hrsg.), *Nach Feierabend. Zürcher Jahrbuch für Wissensgeschichte*, Bd. 3, Zürich 2007, S. 37–55, hier S. 37 f.

Abb. 9.6: *Anno 1404*: Einflussradius einer Kirche

Zwar übertrifft dieses Großprojekt die anderen Kirchenbauten in seinen Dimensionen – Kosten u. a. 50 000 Goldstücke, Bauzeit über 2 Stunden (in Echtzeit) – nicht aber hinsichtlich der Funktion, nämlich der Befriedigung des Bedürfnisses nach Glauben.

Die Stellung des Religiösen wird also im Vergleich zu den wissenschaftlichen Erkenntnissen ganz unzureichend dargestellt, sieht doch die Fachwissenschaft im Mittelalter »die am meisten von Religion durchtränkte« Epoche.[62] Für eine genauere Zusammenfassung auch nur der wichtigsten Leitlinien ist die Bedeutung von Kirche und Religion für die mittelalterliche Gesellschaft zu umfassend und vielschichtig und hier nicht der Raum. Es sei lediglich darauf hingewiesen, dass Überlegungen existieren, den unspezifischen Begriff »Mittelalter« durch den Terminus »Zeitalter des Christentums« zu ersetzen und so die »Zeit, in der es radikal verboten war, Nicht-Christ zu sein« als Einheit zu begreifen.[63] Periodisierungskriterium wäre also »Aufstieg und

---

62 | Arnold Angenendt, *Geschichte der Religiosität im Mittelalter*, Darmstadt 1997, S. 757.

63 | Der Vorschlag stammt von Karl Ferdinand Werner, die Zitate aber von Peter von Moos, der Werner diskutiert, Peter von Moos, *Gefahren des Mittelalterbegriffs. Diagnostische und präventive Aspekte*, in: Joachim Heinzle (Hrsg.), *Modernes Mittelalter. Neue Bilder einer populären Epoche*, Frankfurt/M, Leipzig 1994, S. 33–63, hier S. 42.

Fall des Staatskirchentums, abgegrenzt gegen vorkonstantinischen Synkretismus und modernen Pluralismus«, die Epoche notwendigerweise verlängert bis 1789.[64]

Ein Grund für die *Säkularisierung des Mittelalters* im Computerspiel ist sicherlich die bereits in Kapitel 7 im Abschnitt *Verschwörungstheorie und Vermarktungspraxis* aufgezeigte Zurückhaltung gegenüber religiösen Themen, um ein Spiel weltweit verkaufen zu können. Indem die Hersteller verschiedene Religionen zwar visuell unterscheidbar abbilden, ihnen im Spielsystem jedoch identische Positionen zuweisen, nivellieren sie die verschiedenen Glaubenssysteme mit ihren spezifischen Entstehungsgeschichten, Institutionen und gesellschaftlichen Bedeutungen zu grundsätzlich gleichwertigen Spielelementen. Ob man nun in *Anno 1404* eine Moschee oder eine Kirche errichtet oder ob man in *Assassin's Creed* gegen einen Sarazenen oder einen Tempelritter kämpft, wird somit bedeutungslos und die Entscheidung für Islam oder Christentum bekommt die gleiche Qualität wie die Wahl zwischen zwei Sportmannschaften, die sich lediglich durch ihre Vereinsfarben unterscheiden. Es muss aber hinzugefügt werden, dass diese Gleichschaltung, mit der die Spiele an Marktteilnehmer verschiedener Kulturkreise und Hintergründe verkauft werden sollen, nur Islam und Christentum betrifft – entweder scheuen sich die Entwickler, auch die jüdische Geschichte mit demselben Religionsformalismus abzuhandeln, oder jüdische Spieler und Spielerinnen bilden keine hinreichend große Zielgruppe, als dass auch ihnen ein Identifikationsangebot unterbreitet werden müsste.

Die grundsätzlichere Ursache für die eigenwillige Behandlung des Religiösen ist aber in der Bedingung, die das Simulationsspiel seinen Inhalten auferlegt, zu sehen: Es gelingt den Designern nicht, die Bedeutung der Religion im Medium des Simulationsspiels mit seinen diskreten, logischen und formal ausführbaren Modellen ähnlich differenziert und umfassend zu repräsentieren, wie es beispielsweise die Geschichtswissenschaft mit den fein abgestuften, mitunter vieldeutigen und machtvoll-sublimen Möglichkeiten des sprachlichen Ausdrucks vermag.

Diese Erklärung wird gestützt durch die Versuche, mit denen in anderen Spielen die Religion ins Spielsystem integriert wird und die ebenfalls durch ihren schematisch-funktionalistischen Charakter irritieren. So genügt die Wirtschaftssimulation *Die Gilde 2* der formalen Bedingung, indem der mittelalterliche Klerus und seine Bedeutung ganz selbstverständlich in die Logik der Produktionskette eingegliedert werden. Das Priesteramt ist ein Beruf, der zu Spielbeginn ebenso gewählt werden kann, wie das Bäckerhandwerk. Und so wie der Bäcker sich, den Mitteln entsprechend, Backstube (1500 Gulden), Bäckerei (4000) oder Konditorei (8000) leisten kann, so erwirbt auch der Priester je nach Budget Kirche (2000), Dom (7500) oder Kathedrale (15 000). Um den Reichtum zu mehren (und um im Spiel voran zu schreiten), produziert der Bäcker Brot und Kuchen, der Priester Gedichte und Pergament. Die Unterschiede sind nicht prinzipieller, sondern nur gradueller Natur: Mit Weizen bzw. Kiefernholz werden unterschiedliche Rohstoffe benötigt und das Brötchen braucht weniger Zeiteinheiten zur Herstellung als das Pergament. Dass Pergament nicht aus Holzfasern, sondern aus Tierhäuten hergestellt wird, illustriert nebenbei die Schludrigkeit, die sich bei ganz genauem Blick immer wieder in den Spielen auffinden läßt.

Ähnlich unbeholfen wie die Modellierung des kirchlichen Ämter in *Die Gilde 2* erscheint der Ansatz, mit welchem das Burgensimulationsspiel *Stronghold 2* die Religion einbettet: Damit ein Gottesdienst abgehalten werden kann, müssen Kerzen vorhanden sein. Hierfür sind Bienenstock und Kerzengießerei zu errichten. Der Lohn eines Gottesdienstes ist dann ein Zuwachs an Beliebtheit für den Burgherrn, also den Spieler. Diese Anerkennung ist wiederum wichtig, weil ohne sie die Untertanen selbständig die Burg verlassen und damit die Produktion zum Stillstand bringen. Auch hier sind Religion und Achtung vor der Obrigkeit also letztlich nur Ableitungen von den wirtschaftlichen Produktionsroutinen.

Überhaupt ist es kein Zufall, dass viele Spiele ihre Welten um wirtschaftliche Problemstellungen aufbauen: In den Wirtschaftswissenschaften existieren nun mal Erklärungsansätze, die menschliches Handeln einzig durch rationale Kosten-Nutzen-Abwägungen motiviert sehen. Auch wenn beispielsweise John Gray vor diesem »economic imperialism that tries to explain every human activity in terms of a conception of rational action« warnt,[65] ist für die Computerspielentwicklung eine Gesellschaftstheorie, die vollständig auf logischen Gesetzen beruht, alles andere als ein Ärgernis. Wenn dadurch eine Lehre, deren Erklärungspotenzial schon für gegenwärtige Prozesse meist angezweifelt wird, kurzerhand das innere Gerüst für die Modellierung vergangener Wirklichkeiten abgeben muss, führt dies in Verbindung mit dem Diskretisierungsgebot des Mediums Computer zu extremen Formalisierungen – und mitunter Trivialisierung – der modellierten Gegenstände. Das trifft – wie gezeigt – auf die Religion im Aufbauspiel zu; für sie gilt ganz augenscheinlich die selbe »Produktionslogik«, die Kacper Pobłocki bei seiner Analyse der *Civilization*-Spiele als spielbestimmendes Prinzip identifiziert hat: »Nearly every element of the game is quantified (not only money, production of units and infrastructure but also science and culture) and gradually ›produced‹«.[66]

---

65 | John Gray, *We simply do not know!*, in: London Review of Books 31 (2009), S. 13–14, hier S. 14.

66 | Pobłocki, *Becoming-state*, S. 165.

Otto Gerhard Oexle hat eine doppelte, entgegengesetzte Wahrnehmung des Mittelalters im Denken der Moderne ausgemacht und für diesen Sachverhalt die Wendung vom »entzweiten Mittelalter« geprägt. Oexle sieht das Mittelalter auf zweierlei Weise in der Moderne präsent: »in einer positiven und negativen Besetzung des Begriffs, in Abstoßung und Aneignung, in Verurteilung und Identifikation«.[67] Grundsätzlich geht es dabei um die Frage, »ob denn nun die Überwindung des Mittelalters einen Fortschritt darstellt oder ob nicht vielmehr der Fortschritt der Moderne, gemessen am Mittelalter, sich als ein Unglück erweisen muß.«[68] Für die Interpretationslinie, die das Mittelalter positiv und aus identitärem Impetus liest, hatte Novalis 1799 mit seiner Schrift »Die Christenheit oder Europa« einen Schlüsseltext geliefert: Der Romantiker beschwor die »schönen, glänzenden Zeiten, wo Europa ein christliches Land war, wo *Eine* Christenheit diesen menschlich gestalteten Weltteil bewohnte; *Ein* großes gemeinschaftliches Interesse [...] die entlegensten Provinzen dieses weiten geistlichen Reichs« verband.[69]

Diese religiöse Fundierung der Mittelalterrezeption ist im Computerspiel weitestgehend verschwunden. Religion ist hier, das wurde für einige Simulationsspiele gezeigt, nur noch ein nachgeordneter Spielaspekt (eine Ausnahme ist *Medieval II: Total War*, das Religion aber nur in einer politisch-militärischen Dimension realisiert, vgl. dazu 286 ff.) und nicht mehr wie im »Antimodernismus« der Romantiker der Fixstern, auf den sich die Affirmation ausrichtet.[70] Diese Säkularisierung gelingt nicht erst den Mittelalterthematisierungen der Computerspielindustrie: Nach Valentin Groebner ist 1945 – »nicht nur in Deutschland und Österreich« – die Zeit der »politischen Großmetaphern« vorbei und das Mittelalter steht »nicht mehr für religiöse Authentizität oder für nationale Ursprünge«.[71] Stattdessen wird seit »der zweiten

67 | Oexle, *Das entzweite Mittelalter*, S. 7.

68 | Ebd., S. 23.

69 | Zit. nach ebd., S. 15; vgl. auch Behler, *Frühromantik*, S. 146 ff.

70 | Vgl. Odo Marquard, *Neuzeit vor der Neuzeit? Zur Entdramatisierung der Mittelalter-Neuzeit-Zäsur*, in: Jan P. Beckmann u. a. (Hrsg.), *Philosophie im Mittelalter*, Hamburg 1987, S. 369–373, hier S. 370.

71 | Valentin Groebner, *Arme Ritter. Moderne Mittelalterbegeisterungen und die Selbstbilder der Mediävistik*, in: Thomas Martin Buck/Nicola Brauch (Hrsg.), *Das Mittelalter zwischen Vorstellung und Wirklichkeit. Probleme, Perspektiven und Anstöße für die Unterrichtspraxis*, Münster u. a. 2011, S. 336–345, hier S. 338. Groebner sieht seit dem Ausgang des 18. Jahrhunderts neben der Beschäftigung mit dem Mittelalter unter religiösem Vorzeichen zudem eine Beschäftigung aus politisch-nationaler Motivlage: »Ein erhabenes Mittelalter als vergangener Ursprung und utopische Zukunft gleichzeitig war im 19. Jahrhundert genau das, was ehrgeizige junge Gelehrte überall in Europa gerade brauchten.« ebd., S. 336.

Hälfte des 20. Jahrhunderts [...] ›das‹ Mittelalter mit etwas Neuem verbunden, einem neuen Modus der Geschichts-Benutzung«: Unterhaltung und Tourismus sind »heute die Vorzeichen für populären Geschichtsgebrauch«, der sich durch »Rekombination des Pittoresken« auszeichnet.[72] Wie sehr dies für die Mittelalterwelten der Aufbauspiele zutrifft, wird der folgende Abschnitt zeigen.

Mittelaltermodellbau

Bisher wurden die Aufbauspiele im Wesentlichen über ihre logische Struktur erklärt: Der Sog oder Flow, der die Spielfreude hervorruft und der durch das Agieren in einem wohl balancierten System aus Unter- und Überforderung entstehen kann, folgt im Falle von *Die Siedler – Aufstieg eines Königreichs* und *Anno 1404* aufgrund der Anlage des Spielsystems strengen Produktions- und Wachstumslogiken. Aber für die Spieler und Spielerinnen sind nicht nur die Formen und Möglichkeiten des spielerischen Handelns entscheidend. Es werden häufig auch die graphischen und animationstechnischen Eigenheiten hervorgehoben, wenn die *Siedler*- und die *Anno*-Spiele gelobt werden. Bereits die Besprechung des ersten *Siedler*-Teils, die 1994 eine »mitreißende, aufregende und vor allem knuddelige Weltensimulation« begrüßte,[73] bezeugt die Bedeutung, die Kognition *und* Ästhetik zukommt.

Die Wertschätzung von Grafik und Animation bestimmt – neben der Diskussion des Spielsystems – auch die Rezensionen der aktuellen Spiele: *Die Siedler – Aufstieg eines Königreichs* zeichnet sich demnach durch »Schnuckeligkeit« aus, ist »hübsch« und wird für seine »detailreiche Spielwelt«, »gelungene Animationen« und »landschaftliche Abwechslung« geschätzt, zudem lobt man die »sehr lebendige, charmante Spielwelt« und »buntes Treiben in den Siedlungen«.[74] Ähnlich werden bei *Anno 1404* »liebevoll gestaltete Gebäude und Einwohner«, »fantastische Wassereffekte« und »idyllische Inseln« hervorgehoben und man würdigt, dass alles »bis ins letzte Detail animiert« ist und »unzählige stimmungsvolle Details« zu bewundern sind.[75]

Letztlich geht es bei diesen Bewertungen der visuell-animierten Aspekte der Spiele um die Frage, ob sich der sogenannte »Aquariumseffekt« einstellen wird. Was ist damit gemeint? Den Aufbauspielen als emergenten Spielen ist gemein, dass der

---

72 | Ebd., S. 338 f.

73 | Christian von Duisburg, *Die Siedler*, Power Play (1994) 1, S. 39.

74 | Christian Schmidt, *Die Siedler – Aufstieg eines Königreichs*, in: GameStar (2007) 11, S. 86–92, hier S. 92.

75 | Heiko Klinge, *Anno 1404*, in: GameStar (2009) 8, S. 82–85, hier S. 85.

Spieler einzelne Elemente (im Wesentlichen Gebäude mit Bewohnern und Arbeitern) platziert und diese dann ohne sein Zutun operieren und miteinander interagieren. So entsteht eine bewegte, verknüpfte Struktur, die der Spieler zwar errichtet hat, die er aber nicht direkt steuert. Den einzelnen Gebäuden, Figuren, Fuhrwerken oder Schiffen kann man nun bei ihren Routinen und Interaktionen zusehen – und sich ähnlich wie beim Blick in ein Aquarium an der beständigen Veränderung und Bewegung erfreuen. Dass neben dem Spielsystem mit seinen Handlungsoptionen, Spielzielen und immanenten Logiken auch dieses Betrachten und Entdecken für die Nutzer von großer Bedeutung ist, veranschaulichen einige Beiträge aus Diskussionsforen zu *Anno 1404* und *Die Siedler – Aufstieg eines Königreichs*:

»Die Grafik ist schön und liebevoll gemacht, man möchte eigentlich am Anfang einfach immer nur zuschauen, was die lieben Siedler so treiben!«[76]

»Anno 1404 ist genau das aufbauspiel das ich immer wollte [...] Man kann sich zurücklehnen und nur seine bewohner beobachten [...] Die Grafik sieht einfach spitze aus und das Wasser :-o !«[77]

»Also hier kann man wirklich von Aquarium ›siedeln‹ sprechen. Das ist so ein Spiel wo die Motivation hauptsächlich vom zugucken und vom wachsen der Stadt herkommt [...]«[78]

Es existiert eine andere, ältere Freizeitbeschäftigung, deren Reiz zu Teilen ebenfalls im Betrachten detaillierter und möglichst originalgetreuer Welten besteht: Wenn »alle Arbeiten abgeschlossen« sind, kann man »zu einem imaginären Spaziergang durch die Modelllandschaft« aufbrechen, in der die »vielen Ausgestaltungsteile der Anlage [...] zum genüßlichen Betrachten« einladen. Die Beobachter erleben ein »hübsches Schauspiel« und sehen, wie »Züge kommen, Züge abfahren, Rangierlokomotiven einzelne Güterwagen an Züge anhängen«.[79] Diese Passagen sind einem Buch entnommen, das in Planung, Bau und Betrieb elektrischer Modelleisenbahnanlagen einführt. Neben der Vermittlung von Fachwissen zu Themen wie Elektronik, Streckenplanung oder Rollmaterial (Lokomotiven, Wagen) geht es immer wieder um die Ge-

---

76 | Nutzer »mamabear«, in: Siedler Portal Forum, 29.09.2007, URL: http://www.siedler-portal.de/siedlerforum/die-siedler-6-aufstieg-eines-k-nigreichs-allgemein/11688-wie-findet-ihr-das-neue-s-6-denn-nun-wirklich-wer-hat-schongespielt.html (besucht am 20.06.2011).

77 | Nutzer »King_crazy«, in: Ubi.com Foren, 17.06.2009, URL: http://forums-de.ubi.com/eve/forums/a/tpc/f/4921078286/m/4011064467 (besucht am 22.06.2011), Orthographie unverändert.

78 | Nutzer »SpiderFive«, in: SiedlerGames Forum, 31.10.2006, URL: http://www.siedler-games.de/forum/anno-1701-und-1404/6680-tipps-fragen-erste-erkenntnisse-2-print.html?pp=40 (besucht am 20.06.2011), Orthographie unverändert.

79 | Bernd Schmid, *Die elektrische Eisenbahn. Planen, Bauen, Spielen*, Augsburg 1999, S. 128, 136.

staltung der Anlage mittels Plastikhäuschen, Bahnhofs- und Viaduktnachbildungen, Figuren, Modellautos und Hügeln und Tälern aus Fliegengitter und Küchenkrepp.

Dabei sei ein »einheitliches Gestaltungsbild« der Anlage wichtig,[80] immer wieder solle der »kritische Blick über die ländlichen Gebäude und ihr Zusammenwirken« gehen.[81] Dem Autor geht es also um einen Anlagenbau »im Sinne eines harmonischen Gesamtbildes«[82] – und in dieser Hinsicht hat die Modelleisenbahn viel mit den Aufbau-Computerspielen gemeinsam, freuen sich deren Spieler doch ebenso darüber »wie schön das alles aussieht«.[83]

Neben der großen Bedeutung, die das »harmonische Gesamtbild« sowohl für die Nutzer und Anhänger von Modellbahnen als auch von Aufbauspielen hat, gibt es eine weitere Gemeinsamkeit zwischen diesen Freizeitbeschäftigungen: Die Marken *Die Siedler* und *Anno* erzielen ihre Umsätze zu großen Teilen auf dem deutschen Markt,[84] ebenso hat die Modellbahn in Deutschland ihre größte Relevanz entwickeln können.[85] Das Aufbauspiel wurde bereits als »deutsches Phänomen« identifiziert[86]

---

80 | Ebd., S. 7.

81 | Ebd., S. 136.

82 | Ebd., S. 115.

83 | Nutzer »Otamaus«, in: Siedler Portal Forum, 30.09.2007, URL: http://www.siedler-portal. de/siedlerforum/die-siedler-6-aufstieg-eines-k-nigreichs-allgemein/11688-wie-findet-ihr-das-neue-s-6-denn-nun-wirklich-wer-hat-schon-gespielt.html (besucht am 22.06.2011).

84 | *Die Siedler – Aufstieg eines Königreichs* belegte unter den in Deutschland meist verkauften Spielen des Jahres 2007 den achten Platz, *Anno 1404* errang 2009 sogar Platz 3, vgl. *Die media-control-Jahrescharts 2007*, in: GamesMarkt (2008) 1, S. 18; *Die media-control-Jahrescharts 2009*, in: GamesMarkt (2010) 1, S. 22. In den Top-20-Listen der Jahre 2007 bzw. 2009, die die Verkäufe von PC-Spielen in den Vereinigten Staaten, Japan und Großbritannien summieren und damit gut die Hälfte des weltweiten Umsatzes an Computerspielen repräsentieren, sind *Die Siedler – Aufstieg eines Königreichs* und *Anno 1404* hingegen nicht vertreten, vgl. Entertainment Software Association (Hrsg.), *Essential Facts about the Computer and Video Game Industry 2008*, URL: http://www.theesa.com/facts/pdfs/ESA_EF_2008.pdf, S. 6; dies., *Essential Facts about the Computer and Video Game Industry 2010*, URL: http://www.theesa.com/facts/pdfs/ESA_Essential_Facts_2010.pdf, S. 8.

85 | Vgl. Rolf-Jürgen Gleitsmann/Rolf-Ulrich Kunze/Günther Oetzel, *Technikgeschichte*, Konstanz 2009, S. 108. Zum deutschen Modellbahn-Markt und zu deutschen Unternehmen vgl. auch *Modellbahn fährt weiter in Deutschland*, in: Handelsblatt online, 12.10.2004, URL: http://www.handelsblatt.com/unternehmen/industrie/modellbahn-faehrt-weiter-in-deutschland/2415520.html (besucht am 22.06.2011); Märklin, *Pressemitteilung: Mit voller Zugkraft in die Zukunft*, 02.02.2011, URL: http://produktadmin.maerklin.de/presse-upload/0001-0 1_Maerklin_Basismeldung_110202.pdf (besucht am 26.06.2011).

86 | Frank Patalong, *Anno 1503: Wuselige Zeitreise*, in: Spiegel Online, 01.11.2011, URL: http://www.spiegel.de/netzwelt/web/0,1518,220745,00.html (besucht am 26.04.2011).

und *Die Siedler* »das Spiel zur deutschen ›Schaffe, schaffe, Häusle baue‹-Mentalität« genannt.[87] Die Frage, ob für den Erfolg von Modellbahn und Aufbauspiel eventuell ähnliche (nationale) Mentalitäten verantwortlich sein könnten, sei hier aber nicht weiter verfolgt – unter anderem, weil für seriöse Aussagen in diesem Bereich wenigstens eine umfangreiche Befragung durchzuführen wäre.[88]

Statt einer breiten Basis hat der Schriftsteller Burkhard Spinnen bei seinem Versuch, das Hobby Modelleisenbahn zu ergründen, im Wesentlichen nur seine eigene Modellbahn-Passion befragt. Spinnen stellt fest, dass es der klassischen Plattenanlage, an der der Modellbahner zu Hause arbeitet, trotz aller Bemühungen letztlich nicht um Realismus gehen könne: Da eine Platte von 2,20 Meter Länge im Maßstab H0 schließlich nur einer Distanz von 190 Real-Metern abbildet,[89] sind »Schnellzüge, [die] mit Höchstgeschwindigkeit ihre engen Kreise um Fachwerkhäuser und Sägewerke, um Bergdörfer und Wiesen, um Schloßruinen und Gnadenkapellen schlagen [...] beinahe schon Nonsens«.[90] Stattdessen geht es nach Spinnen bei der Modellbahnanlage um Folgendes:

»[S]ie liefert ihrem Erbauer [...] den symbolischen Entwurf einer Welt, in der moderne Technik und schlichte, althergebrachte Lebensformen, genauer: in der *endlose Bewegung* und *stillgestelltes Leben* miteinander versöhnt sind. [...] Auf ihr ist die Erde noch (oder wieder) [...] eine übersichtliche Scheibe mit Mitte und Rand. Die still verträumten Welten auf dieser Scheibe sind sicher umschlossen vom stählernen Band der Technik. Und derart vor allem Unbekannten geschützt, besitzen sie, was die moderne Welt – zumindest im Bewußtsein derer, die die kopernikanische Wende verinnerlicht haben – nicht oder nicht mehr besitzt: klare Positionen. Während draußen alles im Fluß und nichts Ganzes zu erkennen ist, sind Außen und Innen, Nah und Fern, Richtig und Falsch auf der Platte eindeutige Größen. Dort scheint Leben, auch und gerade innerhalb der Technik, des Schienenrunds, noch möglich zu sein. Doch es ist eben nicht nur ländliches, kleinstädtisches, es ist auch stillgelegtes Leben – kurz: es ist Idylle.«[91]

87 | Michail Hengstenberg, *Irgendwie Deutsch*, in: GEE (2005) 10, URL: http://www.geemag. de/2005/01/10/irgendwie-deutsch/ (besucht am 26.04.201⁻).

88 | Die starke Stellung des Aufbauspiels in Deutschland wird auch diagnostiziert – jedoch nicht erklärt – in: Jörg Müller-Lietzkow/Ricarda Bouncken/Wolfgang Seufert, *Gegenwart und Zukunft der Computer- und Videospielindustrie in Deutschland*, München 2006, S. 15; Teipen, *Weltmarkt mit Hürden*, S. 23; Lars Konzack, *Video Games in Europe*, in: Mark J. P. Wolf (Hrsg.), *The Video Game Explosion. A History from PONG to PlayStation® and Beyond*, Westport, London 2008, S. 203–210, hier S. 207.

89 | Burkhard Spinnen, *Modell-Eisenbahn. Kleine Philosophie der Passionen*, München 1998, S. 23.

90 | Ebd., S. 32.

91 | Ebd., S. 32 f.

Abb. 9.7: *Anno 1404*: Fachwerkhaus im Computer-Aufbauspiel

Abb. 9.8: *Modelleisenbahn*: Fachwerkhaus des Zubehörherstellers Vollmer

Mit einigen kleinen Adaptionen versehen, könnte diese Deutung auch für die Mittelalter-Aufbauspiele geschrieben worden sein: Ebenso wie die Modelleisenbahnen realisieren die vorgestellten Aufbauspiele »schlichte, althergebrachte Lebensformen« und stellen sie affirmativ als Idylle aus. Vor allem die stets vitalen, wildromantischen Bilderbuchlandschaften und die nach ganz ähnlichen Maßgaben gestalteten beschaulichen Dorf- und Stadtszenarien zeigen die Parallelität von Aufbauspielideal und Modellbauideal (vgl. Abb. 9.7 und 9.8). So kann man dem Spieler, der in einer Diskussion in einem Internetforum zu *Die Siedler – Aufstieg eines Königreichs* anmerkte, das Spiel würde »halt viel heile welt« zeigen,[92] nur beipflichten. Aber auch in Bezug auf die universale Raumgestaltung existieren Ähnlichkeiten: Wie die Modellbahn findet auch das Aufbausimulationsspiel in der Ebene statt und ähnlich wie die Platte des Modellbahners endet die (Spiel-)Welt in *Anno 1404* an einer scharfen Kante (vgl. Abb. 9.9). Ins Mittelalter wird dadurch übrigens nur über den Zwischenschritt des 19. Jahrhunderts verwiesen: Die Kugelgestalt der Erde war dem Mittelalter bekannt, den »wichtigsten Verbreitungsherd der Geschichte von der flachen Erde« hat man in einer Kolumbus-Biographie von 1828 ausgemacht.[93]

---

92 | Nutzer »00siedler«, in: Siedler Portal Forum, 21.10.2007, URL: http://www.siedler-portal.de/siedlerforum/die-siedler-6-aufstieg-eines-k-nigreichs-allgemein/11688-wie-findet-ihr-das-neue-s-6-denn-nun-wirklich-wer-hat-schon-gespielt-3.html (besucht am 28.06.2011), Orthographie unverändert.

93 | Washington Irving, *History of the Life an Voyages of Christopher Columbus*, New York 1828. Für das Zitat und eine Besprechung von Irving vgl. Jan Philip Müller, *Flache Erde*, in: Butis Butis (Hrsg.), *Goofy History: Fehler machen Geschichte*, Köln, Weimar, Wien 2009, S. 16–18, hier S. 16.

Abb. 9.9: *Anno 1404*: Das Ende der Spielwelt

Der große Unterschied zwischen Computerspiel und Modelleisenbahn ist natürlich, dass es bei *Die Siedler – Aufstieg eines Königreichs* und *Anno 1404* nicht um die moderne Technik in Form von Dampf-, Diesel- und Elektrolokomotive geht, die mit der übersichtlichen, geordneten, harmonischen Welt versöhnt wird. Aber auch die Mittelalter-Aufbauspiele haben ein Projekt der Moderne: Indem sie Spielsysteme vorstellen, deren zentrale Konzepte Produktion, Wirtschaft und Wachstum sind und sie so einige der hauptsächlichsten Kennzeichen der modernen Industriegesellschaft spielbar machen, thematisieren sie einen erheblichen Teil der Lebenswirklichkeit des *modernen* Menschen. Eine Idyllisierung ist das in erster Linie nicht deshalb, weil die permanente Gewinnmaximierung durch fröhliche Bauern und Handwerker in hübschen Fachwerkstädten und ohne Maschinenlärm und Luftverschmutzung erfolgt. Was in *Die Siedler – Aufstieg eines Königreichs* und *Anno 1404* eigentlich versprochen wird, ist die Erfüllung der Sehnsucht nach einer Arbeitswelt, die nicht durch enorme Differenzierungen und Verkomplizierungen gekennzeichnet ist. Im Mittelalter-Aufbauspiel dreht sich zwar ganz analog zur kapitalistischen Realität alles um das Produkt und die Erzeugung von Mehrwert, hier sind aber die Produzenten und ihre Tätigkeiten, die Produkte und ihre Herstellungsvorgänge, die Märkte und ihre Akteure allesamt sichtbar – und nach einiger Spielpraxis auch vollständig zu begreifen. Im Gegensatz zur (europäischen) Gegenwart, die gekennzeichnet ist durch mehrere politische Repräsentationsebenen und eine Vielzahl von Verwaltungsorganen, durch transnational integrierte Produktfertigungen und den weltweiten Finanzmarkt sowie durch sich immer weiter beschleunigende Innovationsfolgen im kommunikativ-technologischen Bereich – um nur einige der Unübersichtlichkeiten der Globalisierung zu nennen – erleben die Spieler von *Die Siedler – Aufstieg eines Königreichs* und *Anno 1404* eine Welt mit überschaubarer, verständlicher und eindeutiger (Wirtschafts-)Ordnung.

Diese Idylle realisieren die Computerspiele über pittoreske Darstellungen und über die angebotenen Handlungsmodelle. Vor allem die Strukturierung des Spielhandelns muss dabei interessieren, wird doch in den ausgeprägten Interaktionsmöglichkeiten eine wesentliche Besonderheit des Computerspiels gesehen.[94] Ralf Adelmann und Hartmut Winkler haben versucht, das Spezifikum computerspielerischer Handlungspotenziale herauszuarbeiten. Sie greifen dazu auf Norbert Elias und seine die Menschheitsgeschichte als einen Prozess zunehmender Zivilisierung beschreibende Kulturtheorie zurück: Nach Elias sei die Moderne »vor allem dadurch gekennzeichnet, dass der gesellschaftliche Apparat komplexer« werde. Da immer mehr Instanzen an den Einzelvorgängen beteiligt seien, würden »*lange Handlungsketten* an die Stelle von kurzen« treten; dies bedeute »*Aufschub*, wenn nicht die Befriedigung überhaupt unabsehbar« werde.[95] Adelmann und Winkler betrachten vor dem Hintergrund dieser knappen Zusammenfassung dann die Handlungsangebote actionlastiger Egoshooter-Computerspiele:

»Unsere These ist, dass Computerspiele in der Mitte der Moderne – utopisch – noch einmal das Drama der kurzen Handlungskette eröffnen. In die Sphäre des Probehandelns versetzt, von tatsächlichen Folgen abgetrennt, Spiel eben, erlauben sie den Subjekten sich selbst als wirksam, als handlungsfähig zu setzen. Dies scheint uns das Privileg der Egoshooter zu sein; Ursache Wirkung; Zack und weg [...]«[96]

Diese Diagnose muss aber nicht auf Egoshooter beschränkt werden. Durch die in diesem Kapitel angestellten Untersuchungen kann sie auch als prägnante Zusammenfassung des »Idyllischen« im Aufbauspiel und am Aufbauspielen gelten: Mit kurzen, sicht- und kontrollierbaren Handlungsketten gelingt Spielen wie *Anno 1404* und *Die Siedler – Aufstieg eines Königreichs* die Utopie eines Wirtschaftsraums, der unbe-

---

94 | Vgl. Greg M. Smith, *Introduction. A few Words about Interactivity*, in: ders. (Hrsg.), *On a Silver Platter. CD-ROMs and the Promises of a New-Technology*, New York, London 1999, S. 1–34.

95 | Ralf Adelmann/Hartmut Winkler, *Kurze Ketten. Handeln und Subjektkonstitution in Computerspielen*, in: Ästhetik & Kommunikation 41 (2010) 148, S. 99–107, hier S. 104.

96 | Ebd., S. 105.

grenzten Aufstieg und maximalen Gewinn erlaubt, dabei aber ohne die ökonomische Komplexität der Moderne auskommt. Dieses transparente System Aufbauspiel und seine direkte Pragmatik hat in der spielbestimmenden Produktionskette sogar eine markante Veranschaulichung.

Vollständige Sicht und permanente Kontrolle sind aber nicht nur charakteristisch für die Spielerposition im Mittelalter-Aufbauspiel. Die nächsten Kapitel werden zeigen, dass diese Spieleigenschaften bzw. Handlungsmodi auch die Mittelalterdarstellung zweier Computerspiele prägen, die sich stärker an geschichtswissenschaftlichen Wissensbeständen orientieren, als die bisher besprochenen Spiele.

10 Rollenspiele

Der Mensch ist unscharf.[1]

Die Gilde 2

Im vorangegangenen Kapitel ist der Abschnitt *Diskretisierungsgebote* auf die Grund-
bedingungen eingegangen, die alle Simulationsversuche im Medium Computer eint:
Der Computer als Maschine, die nur mit unterscheidbaren Signalen umgehen kann,
erfordert zwingend diskretisierte Datensätze für seine Operationen. Dies führt – das
hat der Abschnitt *Die Säkularisierung des Mittelalters* gezeigt – zu Vergangenheitsdarstellungen, die letztlich immer dem Raster der Tabelle verhaftet bleiben, sofern
die historischen Wissensbestände nicht nur erzählt, sondern modelliert werden sollen.
Dies gilt auch für das Spiel *Die Gilde 2* und sein Spielsystem, das in Teilen ebenfalls
von Ressourcenmanagement und Aufbautätigkeit bestimmt wird und damit den Aufbauspielen *Die Siedler – Aufstieg eines Königreichs* und *Anno 1404* nicht unähnlich
ist. Die Wirtschaftssimulation wird hier aber mit Elementen des Rollenspiels erweitert, dadurch bietet *Die Gilde 2* eine originelle Annäherung an Sujets mittelalterlicher
Alltagskultur.

Die Gilde 2 (4HEAD Studios/JoWooD 2006) wurde vom niedersächsischen
4HEAD-Studio entwickelt und vom österreichischen Publisher JoWooD vertrieben.
Der Verleger spricht von einer »erfolgreichen Veröffentlichung und Vermarktung«
und berichtet in diesem Zusammenhang von der Steigerung des gesamten Unterneh-

---

1 | Christoph Schlingensief, in: *Knistern der Zeit. Christoph Schlingensief und sein Opern-
dorf in Burkina Faso*, Regie: Sibylle Dahrendorf, Deutschland 2012.

mensumsatzes im Jahr 2006,[2] verzichtet aber auf die Publikation konkreter Verkaufszahlen. Letztendlich scheint das Spiel seinen Produzenten aber kein Glück gebracht
zu haben: Die zunächst ausgelieferte Spielversion erwies sich als äußerst fehlerhaft
und funktionierte erst nach Installation einiger zusätzlicher Programmteile zufrie-
denstellend. Welchen Einfluss *Die Gilde 2* und sein problematischer Verkaufsstart
tatsächlich auf die unternehmerischen Schwierigkeiten der beteiligten Firmen hatte, kann hier nicht geklärt werden; festzuhalten bleibt jedoch, dass 4HEAD 2007
aufgekauft wurde[3] und dass JoWooD 2011 Insolvenz anmelden musste.[4]

Nichtsdestotrotz handelt es sich bei *Die Gilde 2* um ein traditionsreiches Spiel
mit begeisterter Anhängerschaft. Bereits 1988 erschien *Die Fugger* (Electric Ball-
haus/Bomico 1988), erster Teil einer Serie von Spielen, die alle das Leben und Wirtschaften in einer mittelalterlichen Stadt zum Thema haben. In *Die Fugger* geht es vor
allem um die Produktion einiger Waren und den gewinnbringenden Handel mit ihnen. Spielziel ist die Heirat mit einem Mitglied der namensgebenden Fugger-Familie,
dafür muss man bis zum Reichsfürsten aufsteigen. Da dieser Rang – wie alle anderen Adelstitel in *Die Fugger* – käuflich ist, fokussiert sich das Spielhandeln auf die
Anhäufung von Kapital durch effektive Verwaltung der Warenproduktion und des
Fernhandelsystems. Auch im Nachfolger *Die Fugger II* (Sunflowers 1996) blieb die
Simulation der spätmittelalterlichen Warenwirtschaft und des zugehörigen Handels-
und Finanzsystems spielbestimmend. Im dritten Teil *Die Gilde* (4HEAD Studios/Jo-
WooD 2002) – der Namenswechsel hat seine Gründe in einem Rechtsstreit mit den
Nachfahren der Augsburger Fugger-Familie – wird jedoch erstmals die Spielfigur mit
ihren charakterlichen Eigenschaften und ihren Interaktionen mit anderen, vom Computer gesteuerten Figuren wichtig und neben die Aufgabe, ein ökonomisches System
zu konfigurieren, tritt nur die Steuerung und Entwicklung der eigenen Rolle. Durch
diese Erweiterung der Wirtschaftssimulation um Elemente des Rollenspiels gelingt
es *Die Gilde* und später dann *Die Gilde 2*, so viele verschiedene Aspekte mittelalterlichen Stadtlebens abzubilden, wie kaum ein anderes Spiel.

---

2 | JoWooD, *Geschäftsbericht 2006*, URL: http://corporate.jowood.com/images/stories/
publications/geschaeftsbericht2006_de.pdf (besucht am 12.04.2011), S. 24.

3 | dtp entertainment, *Pressemitteilung: dtp hilft Entwicklerteam AHead Entertain-
ment/4Head Studios*, 09.10.2007, URL: http://forum.dtp-entertainment.com/viewtopic.php?f=41
&t=7073 (besucht am 12.04.2011).

4 | JoWooD, *Pressemitteilung: JoWooD beantragt Eröffnung eines Sanierungsverfahrens*,
07.01.2011, URL: http://corporate.jowood.com/content/view/224/1 (besucht am 13.04.2011).

Numerische Individualisierung

Die Gilde 2 beginnt stets im Jahre 1400, Schauplatz sind verschiedene europäische Regionen, je nach gewähltem Terrain finden sich bis zu 4 Städte auf der Karte, darunter Heidelberg und Augsburg, Nottingham und Hucknall, Lyon und Mácon. Die Städte sind jedoch nicht nach ihren Vorbildern aufgebaut und bestehen in England wie in Süddeutschland aus denselben Gebäudeeinheiten. Auch die Jahreszahlen spielen nur insofern eine Rolle, als dass beim Jahreswechsel – er erfolgt bei normaler Spielgeschwindigkeit alle 96 Minuten[5] – Meldungen von verschiedenen ›echten‹ historischen Ereignisse eingeblendet werden. Diese berichten in aller Regel vom Heiraten, Kriegführen und Ableben der gekrönten Häupter:»König James I. von Schottland ist gestorben, dies ist gewisslich Gottes Strafe für die fortgesetzten Überfälle im Norden Englands« (1437);»Kreuzzüge aus Polen und Ungarn sind vor Wien von den Ottomanen vernichtet worden, die Murad II. anführt« (1444); usw. Mit der Spielhandlung haben diese Anzeigen aber nichts zu tun, zudem bleiben sie bei jedem neuerlichen Spielaufruf die selben.

In *Die Gilde 2* werden also über Geographie, Chronologie und Ereignisgeschichte konkrete Bestandteile des historischen Wissens referiert, mit der eigentlichen Spielhandlung werden diese jedoch nicht verbunden. Im Spiel geht es vielmehr darum, in der gewählten Heimatstadt zunächst über Warenproduktion und Handel, später auch über Familienplanung, Korruption und Politik den Aufstieg der eigene Dynastie zu sichern. Der Spieler verwaltet dazu zum einen seine Betriebe und Warenwirtschaften, zum anderen steuert er bis zu drei Dynastiemitglieder durch eine mittelalterliche Miniaturwelt mit Bauernhof, Herrenhaus, Schenke, Marktplatz, Kathedrale, Rathaus, Räuberlager, Diebesgilde und anderem mehr. Der Wirtschaftsteil ähnelt dem aus *Die Siedler – Aufstieg eines Königreichs* und *Anno 1404* bekannten Schema: Produktionsfolgen legen fest, aus welchen Rohstoffen welchen Zwischen- und Endprodukte entstehen können und verschiedene Betriebe realisieren dann Teile des entstehenden Tableaus (vgl. Abb. 10.13, S. 270). Und auch die alternativlose Wettbewerbssituation hat *Die Gilde 2* mit diesen Aufbauspielen gemein:»Auch wenn es bei diesem Spiel kein fest definiertes Spielziel gibt, das man erreichen muss, so gilt es doch stets die

---

5 | Die kalendarische Zeit wird in *Die Gilde 2* durch Verkürzungen an zwei Stellen auf die Spielzeit abgebildet: Zum einen ist die Uhr, die kontinuierlich läuft, 60-fach beschleunigt, d. h. 1 Minute im Spiel dauert tatsächlich nur 1 Sekunde. Zum anderen dauert 1 Jahr im Spiel nur 4 Spieltage.

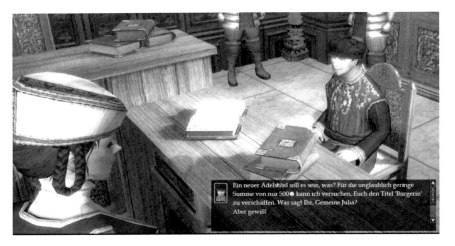

Im Bild: *Ein neuer Adelstitel soll es sein, was? Für die unglaublich geringe Summe von nur 500♦ kann ich versuchen, Euch den Titel 'Bürgerin' zu verschaffen. Was sagt Ihr, Gemeine Julia? Aber gewiß!*

Abb. 10.1: *Die Gilde 2*: Kommunikation im Rollenspiel, links die Figur des Spielers

Nase vorn zu haben, seine Konkurrenten zu kontrollieren oder sie am besten gleich in den Ruin zu treiben und ihre Dynastien auszulöschen.«[6]

Ein großer Unterschied zu den Aufbauspielen besteht jedoch im Maßstab: Während bei *Die Siedler – Aufstieg eines Königreichs* und *Anno 1404* der Spieler ganze Siedlungen und Städte gründet und ausbaut, übernimmt man in *Die Gilde 2* nur die Verwaltung zunächst eines, später dann mehrere Betriebe, die sich auf ein bis drei benachbarte Städte verteilen. Folgerichtig konkurriert man hier nicht mit anderen (computergesteuerten) Siedlungen und Städten sondern mit Computermitspielern, die in denselben Städten mit ihren Betrieben wirtschaften. Während die spielerischen Konflikte sich in *Die Siedler – Aufstieg eines Königreichs* und in *Anno 1404* also gewissermaßen auf internationaler Ebene entfalten, verlässt man in *Die Gilde 2* den innerstädtischen Raum nicht.

Am städtischen Leben partizipiert der Spieler nun nicht nur, indem er Waren produziert und verkauft und die Gewinne in die Vergrößerung und Optimierung seiner Produktionsanlage investiert. Ergänzt wird das Wirtschaftshandeln durch das Spiel mit (zunächst) einer Spielfigur, die an verschiedene Schauplätzen der Stadt bestimmte Aktionen durchführen kann und die auch die direkte Interaktion mit anderen Figuren ermöglicht (Abb. 10.1). So kann sich der Spieler im Rathaus um ein städtisches Amt bewerben oder er kann seine Kontrahenten ausspionieren, anzeigen und – entsprechende Beweise vorausgesetzt – ihre Verurteilung provozieren. Wahlen und

---

6 | Felix Buschbaum, *Die Gilde 2 – Offizielles Lösungsbuch*, Düsseldorf 2006, S. 168.

Abb. 10.2: *Die Gilde 2*: Spielfiguren

Gerichtsverhandlungen können durch Geldzahlungen korrumpiert werden, die Zuneigung anderer Spielfiguren lässt sich durch Geschenke und freundliche Worte beeinflussen und Konkurrenten kann man durch Drohung, Entführung, Vergiftung und andere Verbrechen schädigen. Sogar die Romantik wird modelliert: Durch verschiedene
Maßnahmen lässt sich die Werbung um eine Braut bzw. einen Bräutigam erfolgreich
gestalten, so dass in der Folge durch Heiratsantrag, Vermählung und die Zeugung von
Nachwuchs der Fortbestand der Dynastie gesichert werden kann.[7] Diese Spielhandlungen folgen nun nicht einer Produktionslogik, wie sie die Aufbauspiele auszeichnet
und wie sie auch für den wirtschaftlichen Teil von *Die Gilde 2* maßgeblich ist. Zentral
für das Rollenspiel ist vielmehr die Spielfigur, die über verschiedene Eigenschaften
verfügt, welche wiederum die Prozesse, die hinter Amtswahl, Brautwerbung, Beste-
chungsversuch oder Gerichtsverhandlung stehen, steuern.

Neben den dreidimensionalen Objekten, die in der Stadt umherlaufen (Abb. 10.2),
werden die Spielfiguren in *Die Gilde 2* alle durch dieselben Menge an Parameter repräsentiert und unterscheiden sich lediglich durch die numerischen Werte, mit denen

---

7 | Den Geschlechtsakt kann man aber nicht direkt steuern, wenn Spielfigur und Ehepartner
sich im eignen Wohnhaus befinden, genügt ein Klick auf die Schaltfläche »Gemeinsame Nacht
verbringen« und die Figuren ziehen sich automatisch in den (uneinsehbaren) Schlafbereich zurück.

die Parameter belegt sind. Der Ausgang bestimmter Spielsituationen hängt dann von der Parameterkombination der beteiligten Spielfigur(en) ab. In *Die Gilde 2* existieren pro Spielfigur 10 Parameter. Sie sind mit »Charisma«, »Empathie«, »Feilschen«, »Geheimwissen«, »Geschicklichkeit«, »Handwerkskunst«, »Kampfkunst«, »Konstitution«, »Rhetorik« und »Schattenkunst« bezeichnet und können jeweils einen Wert von 0 bis 10 annehmen.

Beispielsweise wird die »Rhetorik«-Eigenschaft einer Spielfigur unter anderem immer dann wirksam, wenn der Spieler versucht, eine andere Figur zu bestechen – etwa, damit diese bei einer Amtswahl die eigene Kandidatur unterstützt. Ob eine Bestechung erfolgreich ist, regelt ein Algorithmus:

```
1   function AIDecision()
2       local Money = 0 + GetData("TFBribe")
3       local DestMoney = GetMoney("Destination") / 10
4       local Favor = GetFavorToSim("Destination","Owner")
5       local RhetoricSkill = GetSkillValue("",RHETORIC)
6       local FavorFactor = ((Money / DestMoney) * 100) + Favor
            + RhetoricSkill
7       if FavorFactor < 50 then
8           return 0
9       else
10          return 1
11      end
12  end[8]
```

Vier Größen sind für das Ergebnis dieser Prozedur bedeutend (Zeilen 2–5); sie werden zu Beginn in die mit `local` bezeichneten Variablen geladen: `Money` ist der Geldbetrag, den der Spieler für die Bestechung eingesetzt hat. Für `DestMoney` wird das gesamte Vermögen der Spielfigur, die bestochen werden soll, durch 10 geteilt. `Favor` enthält einen Zahlwert, der die Zuneigung zwischen Spielerfigur und Zielfigur ausdrückt. In `RhetoricSkill` schließlich ist die rhetorische Fähigkeit, die die Spielfigur des Spielers zum gegenwärtigen Zeitpunkt hat, gespeichert. Auch ohne Programmierkenntnisse ist ersichtlich, wie die Sache funktioniert: In der Variable `FavorFactor` findet sich das Ergebnis einer Berechnung, bei der der Bestechungsbetrag mit dem Vermögen der Zielperson ins Verhältnis gesetzt und mit dem Faktor 100 potenziert wird und dann mit den Werten für Zuneigung und Rhetorik die entscheidende Summe `FavorFactor` bildet (Zeile 6). Ist diese Summe kleiner als 50, dann scheitert die Bestechung (`return 0`), ist sie gleich oder größer 50, dann lässt sich die Zielfigur kor-

---

8 | Dieser Code befindet sich in der Datei `my_041_BribeCharacter.lua` im Ordner `\Scripts\Measures` des Installationsverzeichnisses von *Die Gilde 2*.

rumpieren (return 1). Eine Bestechung ist also sicher immer dann erfolgreich, wenn der eingesetzte Betrag mindestens halb so groß ist wie ein Zehntel des Vermögens der Zielfigur. Ist dies nicht der Fall, so hängt der Erfolg von der Zuneigung und/oder von den rhetorischen Fähigkeiten ab.

Auf ähnliche Weise sind alle Eigenschaften der Spielfiguren – auch die vom Computer gesteuerten Figuren sind parametrisiert – mit den verschiedenen Spielprozessen verknüpft: Der Eigenschaftswert für »Feilschen« beeinflusst die Preise, die beim Verkauf der eigenen Produkte auf dem Markt erzielt werden, »Charisma« ist unter anderem hilfreich für die freundschaftliche Beziehungen zu anderen Figuren, »Geschicklichkeit« ist – neben »Kampfkunst« – wichtig, wenn es zum direkten Kampf kommt, nützt aber auch für Taschendiebstahl oder Einbrüche, »Handwerkskunst« erhöht die Produktionsgeschwindigkeit der eigenen Betriebe usw. Die Parametrisierung der Spielfigur ist veränderbar, im Laufe des Spiels verdient der Spieler durch ausgeführte Aktionen – Bestechung, Werbung um Ehepartner, erfolgreiche Anklagen vor Gericht usw. – »Erfahrungspunkte«, die in die Steigerung der Eigenschaftswerte investiert werden. Außerdem beginnt man das Spiel nicht stets mit derselben Parametrisierung: In *Die Gilde 2* sind die Spielfiguren in vier »Charakterklassen« unterteilt, die sich unter anderem durch sogenannte »Lernstärken« und »Lernschwächen« bezüglich der Eigenschaften unterscheiden. So kostet es die Charakterklasse »Patron« lediglich 75 Erfahrungspunkte um die Eigenschaftswerte für »Empathie«, »Konstitution« und »Feilschen« zu steigern, da er ihr eine Lernstärke hat. »Kampfkunst«, »Geschicklichkeit«, »Rhetorik« und »Charisma« kann er für den Preis von je 100 Erfahrungspunkten steigern, für »Schattenkunst«, »Handwerkskunst« und »Geheimwissen« muss er 150 Punkte pro Stufe aufwenden. Analog verhält sich diese Codierung der Charakterklassen in *Die Gilde 2* für »Gauner«, »Handwerker« und »Gelehrten« (Tab. 10.1).

Die Charakterklassen unterschieden sich nicht nur durch ihre Vor- und Nachteile in der Eigenschaftsmatrix, sie determinieren auch die Berufe, die der Spieler ergreifen kann, mithin also die Möglichkeiten, mit denen das Geld verdient wird: Ein Gauner kann als Dieb und Räuber arbeiten, ein Patron als Bäcker, Bauer und Brauer, ein Handwerker als Schmied, Tischler und Schneider und der Gelehrte schließlich als Priester und als Alchemist. *Die Gilde 2* versucht also mit einer Verbindung aus charakterlicher Disposition, beruflicher Erwerbsweise und Individualisierungsoptionen über die Eigenschaftswerte eine variationsreiche Menge von Akteuren bereitzustellen, die verschiedene Spielsituationen und -verläufe ermöglichen soll. Tatsächlich präfiguriert die zu Anfangs gewählte Charakterklasse die möglichen Pfade, auf denen der Spieler den Raum, den die Handlungsmöglichkeiten prinzipiell eröffnen, erfolgreich traversieren kann: Ob nun der Aufstieg über Diebstahl und direkten Kampf, über das eifrige Produzieren und Verkaufen oder über kalkulierte Beeinflussung der

Tab. 10.1: Charaktercodierung in *Die Gilde 2*

	Gauner	Patron	Handwerker	Gelehrter
Schattenkunst	×			
Kampfkunst	×××	×	×	
Empathie	×××	×××		×
Konstitution	×××	×××	×××	
Feilschen	×	×××	×××	×
Geschicklichkeit	×	×	×××	×
Handwerkskunst	×		×××	×
Rhetorik		×	×	×××
Charisma		×	×	×××
Geheimwissen				×××

normales Lernen: ×   Lernstärke: ×××

anderen Spielfiguren und der Verhältnisse zu ihnen am besten gelingt, hängt neben dem Beruf auch maßgeblich von den spezifischen Talenten der eigenen Figur ab.

Diese Spielmechanik hat *Die Gilde 2* nicht erfunden, die Verzahnung von Figurenklassen mit spezifischen Tätigkeitsprofilen, Eigenschaftsparametern und eigentlichem Spielgeschehen bilden den Kern der meisten Computer-Rollenspiele. Ihren Ursprung hat diese *parametrisierte Individualisierung* in den Pen-and-Paper-Rollenspielen; der Abschnitt *Aventurien* in Kapitel 8 lieferte ein knappe Beschreibung, wie im Rollenspiel *Das Schwarze Auge* ohne einen prozessierenden Computer durch Charakterbögen und Würfelproben Spielfiguren mit unterschiedlichen Fähigkeiten und Eigenschaften mit detaillierten Spielregeln zusammengebracht werden. Natürlich unterschiedet sich die konkrete Ausgestaltung der Klassen, Eigenschaften und spielerischen Herausforderungen von Spiel zu Spiel: Während *Die Gilde 2* mit seinen mittelalterlichen Berufsgruppen und seinem Eigenschaftsset vor allem wirtschaftliche, politische und soziale Situationen modelliert, spielen beim Fantasy-Rollenspiel *Drakensang: Am Fluss der Zeit* kriegerische und magische Konfliktlösungen die entscheidende Rolle. Statt Charakterklassen und Berufen hat man es hier mit »Rassen« menschlicher (»Mittelländer«, »Tulamide«, »Thorwaler«) und nicht-menschlicher (»Zwerg«, »Elf«) Art zu tun, die dem Spieler jeweils verschiedene Betätigungen (»Krieger«, »Kampfmagier«, »Alchimist«, »Waldläufer« u. a.) vorge-

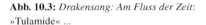

Abb. 10.3: *Drakensang: Am Fluss der Zeit*: »Tulamide« ...

Abb. 10.4: ... und »Thorwaler« in der Charaktererstellung

ben. Nach Steven Poole geht es bei aller Unterschiedlichkeit bei den Typisierungen und Steigerungsoptionen der Computer-Rollenspiele für den Spieler aber stets um dieselbe Verheißung, nämlich um »a chance to be fully individual in a world where an individual has real power«.[9]

Aufgrund der bereits mehrfach thematisierten Bedingungen, denen computerisierte Modellierung unterliegt, gelingt den Spielen trotz aller Variationsmöglichkeiten aber keine tatsächliche Individualisierung im Sinne genetischer Einmaligkeit, sondern nur die Simulation biologischer Variabilität.[10] Dazu wird Leben in *Die Gilde 2* wie in *Drakensang: Am Fluss der Zeit* durch ein Kategorialsystem abgebildet, dass aufgrund seiner unhintergehbaren Festlegung der Individualeigenschaften durch die Klassenzugehörigkeit zu kritisieren ist: Das Klischee des Priesters aus *Die Gilde 2*, der per se über wenig Kampfkraft und eine schlechte körperliche Konstitution, dafür aber über viel rhetorisches Talent, Charisma und Geheimwissen verfügt, mag noch als eher amüsante Fortschreibung gängiger Klischees gelten. Aber die Codierungen, mit denen *Drakensang: Am Fluss der Zeit* die »Tulamiden« und die »Thorwaler« definiert, müssen als ungute Reminiszenzen erscheinen: Diese »Rassen« sind durch ihre visuelle Gestaltung – Abb. 10.3 und 10.4 – , durch ihre Beschreibung – der »Tulamide« entstammt »einem stolzen Wüstenvolk«, der »Thorwaler« ist »ein rauer und trinkfester Geselle mit dem Herz am rechten Fleck« und streift »auf einem Drachenboot als Pirat über die Meere« – und auch durch die Namen, die das Spiel-

---

9 | Poole, *Trigger Happy*, S. 76.

10 | David Myers hat darauf hingewiesen, dass Computer-Rollenspiele eigentlich sogar Simulationen von Simulationen sind, da sie lediglich die Spielsysteme der Pen-and-Paper-Rollenspiele nachahmen, die ihrerseits »real-world objects and events« simulieren, Myers, *Nature of Computer Games*, S. 16.

system jeweils anbietet – z. B. »Rashna ben Harun«, »Nedim ibn Adnan« bzw. »Ansgar Vigilason«, »Thure«, »Eldgrimm«, »Wulfric Rangnarson« – unschwer als die Fantasy-Verkörperungen arabischer bzw. nordeuropäischer Kulturgruppen zu erkennen. Durch festgesetzte Eigenschaftswerte, die sich in *Drakensang: Am Fluss der Zeit* ganz ähnlich wie in *Die Gilde 2* ausnehmen, werden die »Rassen« auch spiellogisch eindeutig bestimmt: Die Tulamiden sind als besonders charismatisch, klug und intuitiv codiert während die Thorwaler sich vor allem durch hohe Werte bei Körperkraft und Konstitution auszeichnen (Abb. 10.5). Diese Zuschreibungen sind nicht zufällig: 1853–55 veröffentlichte Arthur de Gobineau seine universale Rassentheorie, in der er »den Kampf zwischen Bevölkerungen und deren biologisch-sexuellen Reproduktion zu den einzig wirksamen Determinanten der Geschichte« machte[11] und »den Prototyp der überlegenen nordischen oder arischen Rasse definiert – blond, kräftig, intelligent, moralisch und tapfer.«[12] Die (wesentlich ältere) Germanenbegeisterung[13] erfuhr durch Gobineau »eine Biologisierung und Materialisierung«,[14] wurde zu einer »Leitvorstellung« des 19. Jahrhunderts[15] und führte dann spätestens um die Jahrhundertwende auf den »Weg in den rassischen Abgrund«.[16] Nun verbietet aber die Spiellogik von Rollenspielen wie *Drakensang: Am Fluss der Zeit* – anders als die Rassenideologien des 18., 19. und 20. Jahrhunderts[17] – die Hierarchisierung des Rassenregisters: Der Spieler soll unabhängig von der rassischen Zugehörigkeit seiner Spielfigur stets die gleichen Chancen haben, das Spiel erfolgreich zu durchlaufen und die verschiedenen Figurenklassen sollen lediglich unterschiedliche, prinzipiell aber gleichwertige Pfade durch den Spielraum ermöglichen. Daher kompensieren in *Drakensang: Am Fluss der Zeit* die Tulamiden die körperliche Überlegenheit der Thor-

---

11 | Christian Geulen, *Geschichte des Rassismus*, München 2007, S. 72.

12 | Pat Shipman, *Die Evolution des Rassismus. Gebrauch und Mißbrauch von Wissenschaft*, Frankfurt/M. 1995 (engl. 1994), S. 127. Zu Gobineaus Konzeption als reaktionäre Legitimationsbemühung vgl. Heinz Gollwitzer, *Zum politischen Germanismus des 19. Jahrhunderts*, in: Mitarbeiter des Max-Planck-Instituts für Geschichte (Hrsg.), *Festschrift für Hermann Heimpel*, Göttingen 1971, S. 282–356, hier S. 301 f.

13 | Vgl. z. B. Dieter Mertens, *Die Instrumentalisierung der »Germania« des Tacitus durch die deutschen Humanisten*, in: Heinrich Beck u. a. (Hrsg.), *Zur Geschichte der Gleichung »germanisch – deutsch«. Sprache und Namen, Geschichte und Institutionen*, Berlin, New York 2004, S. 37–101.

14 | Kipper, *Der Germanenmythos*, S. 73.

15 | Gollwitzer, *Zum politischen Germanismus*, S. 282.

16 | Shipman, *Die Evolution des Rassismus*, S. 203.

17 | Zum Überblick vgl. Andreas Hofbauer, *Von Rasse zu Identität. Vom Ringen um Paradigmen in der »Wissenschaft vom anderen«*, in: Anthropos 92 (1997), S. 569–576.

waler durch intellektuelle und emotionale Vortrefflichkeiten. Sie schließen damit an die europäische Orientbegeisterung an, die, befördert durch eine wachsende Zahl an Reiseberichten über »Morgenlandfahrten«, in der Aufklärung den Orient vor allem wegen seiner wissenschaftlichen Errungenschaften hochschätzte, ihn in der Romantik in sinnlich-exotischer Lesart auslegte (Friedrich Schlegel: »Im Orient müssen wir das höchste Romantische suchen«[18]) und dann in Architektur, Literatur und Malerei popularisierte.[19] Auf diese Orient-Thematisierungen können die Tulamiden aus dem Computerspiel aufsetzen und erscheinen so als Wiedergänger des »Topos der stolzen und freien arabischen Beduinen, der sich von den Märchen Wilhelm Hauffs über die Gedichte Ferdinand Freiligraths bis hin zur Orient-Trilogie Karl Mays verfolgen läßt«.[20]

Biologische Definitionen von Rasse finden sich in allen Rollenspielen: Bereits das Spielsystem des ersten Pen-and-Paper-Spiels *Dungeons & Dragons* ist nach Lars Konzack »based on the philosophical idea that you are born with an alignment and it is very hard if not impossible to change.«[21] Für *World of Warcraft* hat Jessica Langer herausgearbeitet, dass einige der einzelnen Rassen (»Trolle«, »Tauren«, »Menschen«, »Zwerge«) ganz ähnlich wie in *Drakensang: Am Fluss der Zeit* sehr direkt bestehende Konzepte von Völkern mit unterschiedlichen »Volkscharakteren« in den Fantasy-Kontext des Spiels übersetzen: »trolls correspond directly with black Caribbean folk, particularly but not exclusively Jamaican; tauren represent native North American people (specifically Native American and Canadian First Nations tribes);

---

18 | Zit. nach Rüdiger Safranski, *Romantik. Eine deutsche Affäre*, München 2007, S. 157.

19 | Vgl. Iman Attia, *Die »westliche Kultur« und ihr Anderes. Zur Dekonstruktion von Orientalismus und antimuslimischem Rassismus*, Bielefeld 2009, S. 57–61; Sabine Mangold, *Eine weltbürgerliche Wissenschaft. Die deutsche Orientalistik im 19. Jahrhundert*, Stuttgart 2004, S. 30–34.

20 | Andrea Polaschegg, *Der andere Orientalismus. Regeln deutsch-morgenländischer Imagination im 19. Jahrhundert*, Berlin 2005, S. 86. Die Genese des und die Diskussion über den Orientalismus ist zu komplex, als dass sie hier befriedigend nachgezeichnet werden könnte. Den Anstoß zu einer kritischen Orientalismus-Forschung gegeben hat Edward Said, *Orientalism*, New York 1979; zur Geltung seiner Thesen für die deutsche Orientalistik vgl. Roman Loimeier, *Edward Said und der Deutschsprachige Orientalismus: Eine Kritische Würdigung*, in: Stichproben. Wiener Zeitschrift für kritische Afrikastudien 1 (2001) 2, S. 63–85.

21 | Konzack, *Philosophical Game Design*, S. 36.

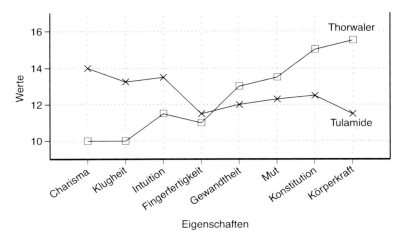

Abb. 10.5: *Drakensang: Am Fluss der Zeit*: Codierte Rassen

humans correspond with white British and white American people; and dwarves correlate to the Scottish.«[22]

Die Spiellogik des Rollenspiels, zu deren innerstem Kern die archetypische Differenzierung verschiedener Spielklassen gehört, ist aber nur der erste Anlass für den Rassismus des Fantasy-Rollenspiels. Mindestens ebenso einflussreich ist die Völkerparade, die Tolkien für sein Mittelerde schuf. Nach Niels Werber ist Tolkiens Welt »obsessed with the differences between certain races [...], their genealogies, bloodlines, crossbreedings, and even their biogenetic procreation«. Tolkien konfrontiere mit einem bestimmten biologitischen Wissen: »races are different not only in terms of skin color or height, but in moral worth, refinement, wisdom, and political integrity«.[23] Die Konflikte, die die Handlung des *Herrn der Ringe* motivieren und antreiben, hätten letztlich rassische Ursachen: »The absolute and insurmountable hate between Elves and Orcs is not outlined as a consequence of political decision-making, but as a result of their opposing DNA sequences.« Damit realisiere Tolkien in seiner Ringgeschichte sehr konkret die sozialdarwinistischen Diskurse des europäischen 19. Jahrhunderts.[24]

---

22 | Jessica Langer, *The Familiar and the Foreign: Playing (Post)Colonialism in World of Warcraft*, in: Hilde G. Corneliussen/Jill Walker Rettberg (Hrsg.), *Digital Culture, Play, and Identity. A World of Warcraft Reader*, Cambridge/Mass. 2008, S. 87–108, hier S. 89.

23 | Werber, *Biopolitics of Middle-earth*, S. 227 f.

24 | Ebd., S. 228. Zu Tolkiens Völkern vgl. auch Petzold, *Tolkiens Kosmos*.

Geschlecht im Computerspielmittelalter

Neben der Einteilung der Spielfiguren in Rassen und Klassen, welche die Möglichkeiten und Attribute der Figuren determinieren, ist ein weiteres Merkmal des Computer-Rollenspiels für die Analyse der Geschichtspräsentation besonders bedeutsam: Sowohl *Die Gilde 2* als auch *Drakensang: Am Fluss der Zeit* stellen für die Modellierung von männlichen und weiblichen Spielfiguren jeweils dieselben Codierungen bereit. Das bedeutet, dass es auf spielpraktischer Ebene irrelevant ist, ob der Spieler in *Die Gilde 2* lieber als Schmied oder als Schmiedin, lieber als Priester oder als Priesterin sein Glück versucht. Eine differenzierte Abbildung der unterschiedlichen Handlungsspielräume und Rollenfunktionen historischer Akteure findet nicht statt. Es ist in *Die Gilde 2* möglich, dass man als Frau um einen Mann wirbt und um die Hand anhält, ebenso kennt das Spiel weibliche Gildenvorsteher, Dorfschulzen, Bischöfe, Inquisitoren und Henker. Da die Eigenschaftswerte lediglich von der gewählten Berufsklasse (vgl. Tab. 10.1, S. 258), nicht aber vom Geschlecht abhängen, ist eine Schmiedin, die aufgrund besserer Kampf- und Körperkraftwerte einen Alchemisten niederschlägt, im System von *Die Gilde 2* also keine Anomalie sondern eine konforme Realisierung der Klassen- und Eigenschaftsmetrik. Die (obligatorische) Wahl des Geschlechts ist somit für die Spielhandlung bedeutungslos. Einzige Ausnahme: Homosexualität ist nicht vorgesehen, der für die Vermählung auserkorene Partner muss vom anderen Geschlecht sein, denn, so formulierte es das Handbuch lakonisch:»Sie wollen doch schließlich auch Nachkommen haben, die Ihre Dynastie weiterführen ...«.[25]

Drakensang: Am Fluss der Zeit behandelt die Geschlechtskategorie auf annähernd analoge Weise: Bei den meisten angebotenen Archetypen kann der Spieler zwischen einer männlichen und einer weiblichen Version wählen, ohne dass dies Auswirkungen auf die spielrelevanten Eigenschaften und Handlungsoptionen hätte. Lediglich zwei Sonderfälle weichen von dieser Regel der geschlechtlichen Neutralität ab: Zwerge sind grundsätzlich männlich, tulamidische Amazonen immer weiblich.

---

25 | Handbuch zu *Die Gilde 2*, S. 15. Ein Spiel, das Homosexualität grundsätzlich erlaubt, ist die (nicht-historische) Lebenssimulation *Die Sims 2* (Maxis/EA Games 2004). Aber obgleich hier sogar ein eheähnlicher Bund zwischen Partnern gleichen Geschlechts möglich ist, propagieren mehrere Spielmechaniken dennoch eine »heterosexuelle Spielstrategie« als Norm, vgl. dazu Anne-Mette Albrechtslund, *Gender Values in Simulation Games: Sex and The Sims*, in: *Proceedings of CEPE 2007: The 7th International Conference of Computer Ethics*, 2007, URL: http://vbn.aau.dk/fbspretrieve/9270719/Paper_2007_CEPE_-_Gender_values_in_simulation_games.pdf (besucht am 06. 06. 2011).

Abb. 10.6: *Die Gilde 2*: Geschlecht als bloßer Anschein

Da das Geschlecht der Spielfiguren für die Spiellogik nicht signifikant ist, beeinflusst es also in *Die Gilde 2* und *Drakensang: Am Fluss der Zeit* lediglich die visuelle Gestalt der Spielfiguren; es ist, so hat es Astrid Deuber-Mankowsky für die Realisierung von Geschlecht in *World of Warcraft*, das einer grundsätzlich ganz ähnlichen Klassenmechanik folgt, formuliert, »reiner Anschein«.[26] Die Geschlechterwahl bewegt sich daher im Computer-Rollenspiel auf der gleichen Ebene wie die Modifikationsmöglichkeiten, die über die Anpassung von Körpergröße, Gesichtszügen, Haartracht, Kopfbedeckungen und ähnlichem eine optische »Individualisierung« erlauben: Die Figuren aus *Die Gilde 2* in Abb. 10.6 sind zwar visuell verschieden, spiellogisch repräsentieren sie aber allesamt dasselbe Parameterset.

Männliche und weibliche Akteure im Mittelalterspiel spiellogisch identisch abzubilden, heißt historische Geschlechterdifferenzen zu ignorieren. Diesen Weg beschreiten zu Teilen auch andere Computerspiele, die mittelalterliche Wissensbestände darstellen und modellieren: Im Strategiespiel *Age of Empires II: Age of Kings* erscheinen die Dorfbewohner, die zum Holzfällen, Jagen oder Hausbau ausgesandt werden und die man im Dorfzentrum mit einfachem Buttonklick erschaffen kann, zu gleichen

---

26 | Astrid Deuber-Mankowsky, *Das virtuelle Geschlecht. Gender und Computerspiele, eine diskursanalytische Annäherung*, in: Claus Pias/Christian Holtorf (Hrsg.), *Escape! Computerspiele als Kulturtechnik*, Köln, Weimar, Wien 2007, S. 86–104, hier S. 102.

Teilen als Männer und Frauen. Die militärischen Einheiten sind jedoch ausnahmslos männlich, so dass *Age of Empires II: Age of Kings* letzten Endes mehr männliche Handlungsoptionen präsentiert. Diese letztlich doch etwas stärkere Ausrichtung auf männliche Akteure gilt auch für die Geschlechtermodellierung in *Anno 1404*: Zwar sind die Spielfiguren, die die Betriebe der Produktionsstrukturen bewirtschaften, zu gleichen Teilen Männer und Frauen. Die Abbildungen jedoch, welche die Gesamtheit der Bauern, Bürger oder Adeligen in den Anzeigen des Spiels repräsentieren, zeigen nur männliche Portraits und verwenden nur die jeweils maskuline Sprachform.

Häufiger als die weitestgehend identische Behandlung von männlichen und weiblichen Handlungsspielräumen ist aber die konkrete Fokussierung auf männliche Akteure: In *Die Siedler – Aufstieg eines Königreichs* sind – das wurde schon berichtet (vgl. S. 217 f.) – alle arbeitenden Spielfiguren männlich, nur zum Fest auf dem Dorfplatz erscheinen auch weibliche Figuren. In *Stronghold 2*, einer Burgensimulation, die Aufbauelemente mit militärischem Strategiespiel vereint, sind die arbeitenden Untertanen ebenfalls ausnahmslos männlich. Zwar befinden sich auch weibliche Figuren auf der Burg, diese laufen aber lediglich ›dekorativ‹ zwischen den Gebäuden umher und haben keine eigentliche Funktion. Im Actionspiel *Assassin's Creed* setzt sich die Stadtbevölkerung gleichermaßen aus Männern und Frauen zusammen, alle handelnden Figuren und die Kombattanten (sarazenische Stadtwachen, fränkische Soldaten, Kreuz- und Tempelritter) sind aber ausnahmslos männlich. Diesem männlichen Primat gegenüber steht nur die Gruppe der Bettlerinnen, die vollständig mit Frauen besetzt ist. Die Bettlerinnen flehen den Spieler bzw. sein Alter Ego Altaïr beharrlich um Geld an, ihre eigentliche Funktion ist jedoch lediglich die eines beweglichen Hindernisses: Almosen kann man ihnen nicht geben, zur Auswahl steht nur Ignorieren, Wegstoßen oder Ermorden. Im Klosterkrimi *The Abbey* schließlich tauchen überhaupt keine Frauen auf und auch die Fülle der Kriegs- und Militärsimulationen – das nächste Kapitel wird mit dem Spiel *Medieval II: Total War* ein Vertreter dieses Genre vorstellen – stellt nahezu ausnahmslos Heerführer und mit Männern besetzte Truppenverbände vor.

In der Geschichtswissenschaft ist die Forderung, »Geschlecht als eine zentrale gesellschaftliche Ordnungskategorie anzuerkennen«,[27] inzwischen weithin akzeptierten. Eine differenzierte Realisierung von Geschlecht, die diesem Anspruch mit unterschiedlichen Handlungsoptionen und verschiedenen, aber gleichberechtigten spiellogischen Bedeutungen begegnet, ist in keinem der untersuchten Spiele zu erkennen.

---

27 | Gunilla-Friederike Budde, *Das Geschlecht der Geschichte*, in: Thomas Mergel/Thomas Welskopp (Hrsg.), *Geschichte zwischen Kultur und Gesellschaft. Beiträge zur historischen Theoriedebatte*, München 1997, S. 125–150, hier S. 126.

Dieser Befund deckt sich mit den Erkenntnissen Sebastian Knoll-Jungs, der sich mit der Darstellung von Geschlecht in einigen Computerspielen, die Geschichte thematisieren (keine Einschränkung auf Mittelalter), auseinandergesetzt hat.[28] Als einzige Ausnahme mit einer weiblichen, mittelalterlichen Protagonistin kennt Knoll-Jung das Strategie- und Actionspiel *Wars & Warriors: Jeanne d'Arc* (Enlight 2004). Dieses wenig erfolgreiche Spiel fokussiert – der Titel zeigt es bereits an – auf Johanna von Orleans als Schlachtenführerin und Actionheldin. Mit Hilfe der populären französischen Jungfrau wird dadurch ein typischerweise mit männlichen Hauptfiguren besetztes Genre umetikettiert. So wird dann zwar eine historische Akteurin in das Zentrum der Spielhandlung gerückt, bezeichnenderweise aber gerade jene Figur, die in Männerkleidung kämpft und in der moderne Aneignungen eine »Vorwegnahme der Emanzipation des weiblichen Geschlechts« sehen wollen.[29]

Es gibt für die weit verbreitete Negation der Geschlechtskategorie im Mittelalter-Computerspiel auf spiellogischer Seite zwei Ursachen: Zum Ersten thematisieren die Spiele gesellschaftliche Teilbereiche, die nach traditioneller Auffassung männlich dominiert sind: Die meisten der untersuchten Spiele haben ihr Thema in kriegerischen Konflikten, wirtschaftlichen Prozessen und gouvernementalem Agieren und präsentieren damit eine nach traditioneller Lesart »männlich konnotierte Sphäre«.[30] Die sorgfältigen Darstellungen verschiedener weiblicher Handlungsspielräume, die die historische Frauenforschung mit ihrer Gewissheit, »daß es *die* Frau im Mittelalter nicht gegeben hat«,[31] inzwischen erarbeiten konnte, finden in solchen überkommenen Modellen von einer Vergangenheit, in der nur Männer geschichtsmächtig sind, keine Berücksichtigung. Zum Zweiten – und das hat die Darstellung von Geschlecht mit der Darstellung von Religion im Mittelalter-Computerspiel gemein – wollen die Spiele nichts falsch machen: Anstatt sich an einem Spielsystem mit geschlechtssensiblen Mechaniken und Spiellogiken zu versuchen – tatsächlich wäre das ja angesichts

28 | Sebastian Knoll-Jung, *Geschlecht, Geschichte und Computerspiele. Die Kategorie »Geschlecht« und die Darstellung von Frauen in Historienspielen*, in: Angela Schwarz (Hrsg.), *»Wollten Sie auch immer schon einmal pestverseuchte Kühe auf Ihre Gegner werfen?« Eine fachwissenschaftliche Annäherung an Geschichte im Computerspiel*, Münster 2010, S. 171–197.

29 | Dietmar Rieger, *Jeanne d'Arc oder das engagierte Engagement*, in: Klaudia Knabel/Dietmar Rieger/Stephanie Wodianka (Hrsg.), *Nationale Mythen, kollektive Symbole: Funktionen, Konstruktionen und Medien der Erinnerung*, Göttingen 2005, S. 175–206, hier S. 195.

30 | Ingrid Baumgärtner, *Lebensräume von Frauen zwischen »privat« und »öffentlich«. Eine Einführung*, in: Rolf Ballof (Hrsg.), *Geschichte des Mittelalters für unsere Zeit*, Stuttgart 2003, S. 125–137, hier S. 125.

31 | Hedwig Röckelein, *Historische Frauenforschung. Ein Literaturbericht zur Geschichte des Mittelalters*, in: Historische Zeitschrift 255 (1992) 2, S. 377–409, hier S. 380.

der genderinformierten Überzeugung,»daß sich der vollständige Kosmos des Mittelalters erst in der Polarität und Komplementarität der Geschlechter konstituierte«,[32] nicht trivial –, marginalisiert man weibliche Akteure lieber möglichst unauffällig. Oder man nimmt eben eine durchgehende Gleichbehandlung von Männlichem und Weiblichem in Kauf, bleibt so ›auf der sicheren Seite‹ und vergällt auch die weiblichen Käuferschichten nicht. Eine Passage aus dem Handbuch des ersten *Gilde*-Teils rechtfertigt dieses Vorgehen selbstbewusst:

»Zu Gunsten des Spielspaßes, auch wenn dies um 1400 nicht vorstellbar war, ist es also ohne weiteres möglich, als weibliche Spielerin auch den Beruf einer Priesterin auszuüben und Bischöfin zu werden. Dies dient dem Spielspaß und der Gleichberechtigung. Wer das unrealistisch nennt, den verstehen wir. Wer es aber nicht akzeptiert oder nicht toleriert, der möge sich zum einen vor Augen halten, dass es sich bei ›DIE GILDE‹ um ein Spiel handelt. Zum anderen sei diesen Personen gesagt, dass wir der Auffassung sind, dass jeder Beruf und jedes Amt jedem offen stehen sollte. Unabhängig vom Geschlecht! Unabhängig von der Herkunft!«[33]

Mit dem etwas seltsamen emanzipatorischen Appell am Ende dieses Zitats gelangt man schließlich zu jener Vergangenheitsaneignung der Moderne, für die Thomas Martin Buck bemerkt hat, dass es ihr häufig in erster Linie »um ›mein‹, ›dein‹, ›unser‹ Mittelalter geht«. Die Referenzgröße sei dabei nicht »die ›objektive‹ vergangene Wirklichkeit, die mühsam aus Quellen und Überresten rekonstruiert werden muss, sondern das eigene moderne Ego, das – jeder methodischen Rationalität abhold – sein ›eigenes‹ Mittelalter konstruiert und dabei gar nicht merkt, dass die eigene moderne Lebenswelt vorbehaltlos in die Vergangenheit projiziert und damit dupliziert wird.«[34] Auf das Verhältnis zwischen der Gegenwart und einer Vergangenheit, die von der Fachwissenschaft als anders, fremd, alteritär verstanden wird, wird sich noch der Abschnitt *Geschichte im Büro* im nächsten Kapitel widmen. Wie die Realität der Spieler vor dem Computer sich ganz konkret bereits in der Gestaltung der Spielfiguren der Mittelalterspiele spiegeln kann, mögen hier die Abb. 10.7–10.10 illustrieren: Mit Rastazöpfchen, Kurzhaarschnitten, Dreadlocks und Lipgloss sind die Protagonisten verschiedener Mittelalter-Spiele nach sehr aktuellen Idealen gestylt und erzählen

32 | Ebd., S. 407.

33 | Handbuch zu *Die Gilde*, S. 16 f.

34 | Thomas Martin Buck, *Zwischen Primär- und Sekundärmittelalter. Annäherung an eine ebenso nahe wie ferne Epoche*, in: Thomas Martin Buck/Nicola Brauch (Hrsg.), *Das Mittelalter zwischen Vorstellung und Wirklichkeit. Probleme, Perspektiven und Anstöße für die Unterrichtspraxis*, Münster u. a. 2011, S. 57–71, hier S. 63.

Abb. 10.7: *Assassin's Creed*: Rastazöpfchen

Abb. 10.8: *Drakensang: Am Fluss der Zeit*: Kurzhaarschnitt

Abb. 10.9: *Drakensang: Am Fluss der Zeit*: Dreadlocks

Abb. 10.10: *Die Siedler – Aufstieg eines Königreichs*: Lipgloss, Strähnchen

Abb. 10.11: *Das Schwarze Auge: Drakensang*: Amazone

Abb. 10.12: *Die Siedler – Aufstieg eines Königreichs*: Figuren vom Spielcover

so mehr über die Mode des frühen 21. Jahrhunderts als über die Alltagskultur des Mittelalters.

Vom Vorteil kleiner Ausschnitte

Die Gilde 2 unterlässt zumindest bei der graphischen Repräsentationen seiner Spielfiguren die Anbindung an gegenwärtige Moden; die Frisuren, Gewändern und Kopfbedeckungen scheinen durchaus nach historischen Vorbildern gestaltet zu sein. Freilich kann man auch hier Ungenauigkeiten aufdecken: Beim Mieder, das alle weiblichen Spielfiguren tragen (vgl. Abb. 10.6), ist zwar im Vergleich zur Damenoberbekleidung anderer Spiele (vgl. Abb. 10.11 und 10.12) die Mühe um Historizität erkennbar, die Forschung ordnet genau genommen dieses Kleidungsstück aber dem 16. Jahrhundert zu.[35] Im Gesamten ist jedoch von den in dieser Arbeit näher betrachteten Titeln *Die Gilde 2* das Spiel, das den Wissensbeständen der Mediävistik am nächsten kommt. Das liegt zum einen an der relativ akribischen Abbildung der mittelalterlichen materiellen Kultur: Über die Darstellung von Brei – ein echtes Alleinstellungsmerkmal des Spiels – wurde schon berichtet (vgl. S. 223). Überhaupt sind die Herstellungsprozesse, die *Die Gilde 2* abbildet, differenzierter und nachvollziehbarer als die Viktualienwirtschaften vergleichbarer Spiele. Abb. 10.13 zeigt, dass sich im Produktionsbaum einige Elemente finden, die über die quasi kanonisierte Mittelalter-Küche der Populärkultur hinausgehen: Im Zentrum stehen hier mit Zuckerrübe, Gerste und Fett drei Produkte, die die überwiegend karge Kost der breiten Bevölkerungsschichten weniger idealisieren. Auch verzweigen sich im Bereich der Lebensmittelproduktion, aber auch in den handwerklichen Bereichen, die Herstellungsketten stärker. Dies führt zu einer weniger schematisierten Darstellung der mittelalterlichen Fertigungsprozesse: Während in *Anno 1404* nur der Betrieb Werkzeugmacherei Werkzeuge (und sonst nichts) herstellen kann, ist dies in *Die Gilde 2* in der Gießerei, der Schmiede, der Waffenschmiede, der Goldschmiede und der Rüstungsschmiede möglich. Daneben kann etwa die normale Schmiede noch Dolche, eiserne Armbänder, Kurzschwerter und Silberringe fertigen, während die Waffenschmiede zusätzlich Eisenkappen, Langschwerter und Kettenpanzer produziert.

Neben dem relativ sorgsamen Bemühen um eine möglichst vielschichtige Abbildung der materiellen Kultur zeichnet sich *Die Gilde 2* vor allem dadurch aus, dass es im Vergleich zu ähnlichen Produktionen einen ›kleineren‹ Ausschnitt modelliert.

---

35 | Katrin Kania, *Kleidung im Mittelalter. Materialien – Konstruktion – Nähtechnik. Ein Handbuch*, Köln, Weimar, Wien 2010, S. 138.

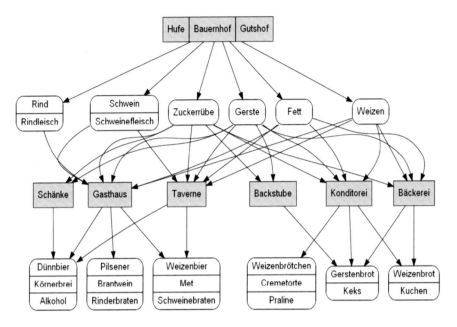

Abb. 10.13: *Die Gilde 2:* Produktionsketten

Die Siedler – Aufstieg eines Königreichs und *Anno 1404* bringen den Spieler wie gezeigt in die Position eines nahezu allmächtigen Regenten bzw. Managers, der für alle Bereiche seines Siedlungsprojektes selbst verantwortlich ist: Er kümmert sich um die Fiskalpolitik, treibt sämtliche Infrastrukturvorhaben voran, operiert als militärischer Führer, verantwortet als Wirtschaftsmanager die gesamte Ökonomie und muss auch die Kirchen und andere Kultureinrichtungen verwalten. Diese Fülle an Aufgaben können die Spiele nur abdecken, indem sie die porträtierten Bereichen in mehrere Teilsysteme zerlegen und diese dann zu einem sorgfältig ausbalancierten Spielsystem verbinden.[36] Wenn aber wie im Fall von *Anno 1404* von der einzelnen Fischerhütte über die Verwaltung mehrerer Handelsrouten bis hin zur Stadt mit über

---

36 | In der Entwicklung von Spielen wie *Anno 1404* gibt es den speziellen Produktionsschritt des *Balancing*: »[...] das Balancing ist ein gern übersehener Teil eines Spiels, denn er wird nur dann besonders auffällig, wenn sich das Spiel schlecht anfühlt. Balancing bedeutet das Ausbalancieren aller im Spiel vorhandenen Features, so dass sie sich gefühlt logisch zusammenfügen und ein kontinuierlicher Spielfluss garantiert wird.« Guido Schmidt (Game Designer Related Designs), *Balancing in ANNO 1404*, in: Entwicklertagebuch Anno 1404, URL: http://anno.de.ubi.com/devdiary.php?diary=devdiary_1404_8 (besucht am 22.07.2011).

100 000 Einwohnern alle Prozesse in der Hand des Spielers bleiben sollen, dann gelingt dies notwendigerweise nur über drastische Komplexitätsreduktionen. Dies muss zu einer Wirtschafts- und Gesellschaftsmodellierung führen, die sehr weit von den vielschichtigen, differenzierten und immer auch von Ungleichzeitigkeiten geprägten Erkenntnissen, welche die Fachwissenschaft zum Mittelalter erarbeitet hat, entfernt ist.

Modellierungen erfordern immer Reduktionen. Vereinfacht man das Objekt der Modellierung nicht, so steht man vor jenem Problem, das Jorge Luis Borges in seiner knappen Prosa *Von der Strenge der Wissenschaft* erzählt hat: Der Versuch der königlichen Kartographen, das Königreich auf die bestmögliche Art und Weise abzubilden, endet hier mit einer Karte, »die die Größe des Reichs besaß und sich mit ihm in jedem Punkt deckte«.[37] *Die Gilde 2* versucht sich nun nicht wie andere Mittelaltersimulationsspiele an der Darstellung einer ganzen mittelalterlichen Volkswirtschaft, sondern bleibt mit seinem Spielraum innerhalb der Grenzen einer mittelalterlichen Stadt. Der Spieler nimmt hier lediglich die Position eines Stadtbewohners ein, die Städte selbst mit ihren Teilsystemen wie Verwaltung, Rechtsprechung, Bildung und Gildenwesen existieren bereits zu Spielbeginn. An der städtischen Struktur kann der Spieler dann auf verschiedene Weise partizipieren: Er kann sich z. B. in ein Amt wählen lassen, seine Kinder auf die Schule schicken oder im Gildenhaus seiner Profession einen Auftrag annehmen. Von der Konstruktion und Aufrechterhaltung des gesamten System ist er aber befreit. Natürlich simplifiziert und schematisiert auch *Die Gilde 2*. Der Gegenstand der Modellierung ist aber gewissermaßen ›kleiner‹, dies erlaubt einen kleineren Maßstab und in der Folge eine detailreichere Darstellung. Das macht *Die Gilde 2* zu jenem Spiel, das man wohl am ehesten für den schulischen Einsatz empfehlen könnte: Während Titel wie *Die Siedler – Aufstieg eines Königreichs* oder *Anno 1404* sich nur eignen, um die stereotype Mittelalterrezeption der Unterhaltungsindustrie zu analysieren und allenfalls noch etwas über die grundsätzlichen Bedingungen der Geschichtsdarstellung im Medium des Simulationsspiels verraten, könnte man *Die Gilde 2* tatsächlich im Geschichtsunterricht einsetzen, um etwas über das Mittelalter zu erfahren.[38] Natürlich würde die zwingend notwendige Kontrastierung mit den

---

37 | Jorge Luis Borges, *Von der Strenge der Wissenschaft*, in: ders., *Borges und ich. Gesammelte Werke Bd. 6*, München, Wien 1982, S. 121.

38 | Für einen gelungenen Projektbericht über den Einsatz von Computerspielen im Geschichtsunterricht vgl. Marco Fileccia/Marisa Marisa Hohnstein, *Napoleon Buonadigitale: Historische Computerspiele*, in: lehrer-online, 10. 06. 2010, URL: http://www.lehrer-online.de/napoleon-buonadigitale.php (besucht am 23. 07. 2011); grundsätzliche Überlegungen zum Geschichtslernen mit Computerspielen in Carl Heinze, *Simulierte Geschichte. Zur Mittelalterdarstellung im Computerspiel*, in: Thomas Martin Buck/Nicola Brauch (Hrsg.), *Das Mittelalter zwischen Vorstel-*

Erkenntnissen der Fachwissenschaft auch in diesem Fall schnell deutlich werden lassen, dass *Die Gilde 2* in erster Linie ein Spiel ist: Der Aufstieg vom gemeinen Städter zum reichen Freiherrn ist ein zentrales Spielziel, bildet aber ein Mittelalter, in dem das Leben »nicht frei, sondern in vielfache Bindungen, Abhängigkeiten und Pflichten verstrickt« war und das sozialen Aufstieg zu einer seltenen und langwierigen Angelegenheit werden lies,[39] nur auf sehr idealisierte Weise ab. Dennoch: Will man überzeugende Mittelaltersimulationen nah am geschichtswissenschaftlichen Diskurs entwickeln, empfiehlt sich die Konzentration auf den kleinen Ausschnitt.

---

lung und Wirklichkeit. Probleme, Perspektiven und Anstöße für die Unterrichtspraxis, Münster u. a. 2011, S. 171–181.

39 | Goetz, *Leben im Mittelalter*, S. 241 f.

11 Kontrollfunktionen

bei mir artet das Spiel in ARBEIT aus [...] Man denkt
hier manchmal viel genauer und vorausschauender als
in der Realität, ist eigentlich eh ein Wahnsinn.[1]
»JERRYLEE1965«

Medieval II: Total War

Die Gilde 2 verbindet Ressourcenmanagement und Wirtschaftssimulation mit Elementen des Rollenspiels und bietet dadurch eine originelle Version mittelalterlicher Alltagskultur. Sozusagen in entgegengesetzte Richtung erweitert *Medieval II: Total War* (The Creative Assembly/Sega 2006) das Prinzip der Aufbauspiele, indem es Geschichte aus der Makroperspektive darstellt und dem Spieler in räumlich und zeitlich konkretisiertem Rahmen – auf einer detaillierten Karte mit 112 Provinzen in Europa, Kleinasien, dem nördlichen Afrika und Nordamerika im Zeitraum 1080–1530 – erlaubt, als Regent eines mittelalterlichen Reiches ökonomisch und diplomatisch, vor allem aber militärisch zu agieren. Damit deckt *Medieval II: Total War* einen so langen Zeitraum und ein so großes Territorium ab wie kaum ein anderes Spiel zum Mittelalter.

Auch *Medieval II: Total War* ist Teil einer erfolgreichen Spieleserie. Am Anfang stand mit *Shogun: Total War* (Creative Assembly/Electronic Arts 2000) ein Strategie- und Taktikspiel, das im 16. Jahrhundert spielt und die als Senguku-Zeit oder Zeit der streitenden Reiche bekannte Epoche der japanischen Geschichte zum Hintergrund hat. Der Spieler übernimmt ein autonomes Territorium, verwaltet dieses, hebt Truppen aus, zieht in den Krieg und versucht, der mächtigste Herrscher zu werden. Das

---

1 | Nutzer »jerrylee1965« zu *Anno 1404*, in: Ubi.Com Foren, 13.09.2009, URL: http://forums-de.ubi.com/eve/forums/a/tpc/f/4921078286/m/4451019087/p/2 (besucht am 20.06.2011), Orthographie unverändert.

Intro des Spiels fasst diese Spielidee wie folgt zusammen: »Japan kann nur von einem einzigen Mann regiert werden. Einem großen Krieger, General und Strategen. Um Shogun zu werden müßt ihr die Schlachten ebenso mit dem Verstand gewinnen wie mit dem Schwert. Nun ist Eure Zeit gekommen: Laßt den großen Krieg beginnen.«[2] Grundsätzlich ändert sich diese Aufgabenbeschreibung in den folgenden Teilen der Serie nicht, lediglich die Zeiten und Themenkreise der Spielhandlung werden modifiziert: Mit antikem Rom,[3] Mittelalter,[4] Früher Neuzeit,[5] und napoleonischen Kriegen[6] bieten die *Total War*-Spiele inzwischen eine veritable Auswahl an Möglichkeiten, Weltgeschichte nachzuspielen.[7]

Wie die anderen Teile wurde auch *Medieval II: Total War* vom Entwicklerstudio The Creative Assembly (Großbritannien und Australien) entwickelt und erzielte gute bis sehr gute Verkaufserlöse: In der ersten Woche nach dem Erscheinen im November 2006 war es das in den Vereinigten Staaten zweitmeist verkaufte Spiel,[8] unter den Jahres-Bestsellern 2006 in Deutschland belegte es Platz 25.[9] Auch bei den Kritikern ist das Spiel überaus beliebt: Noch Ende 2008 führte die Zeitschrift GameStar *Medieval II: Total War* an erster Position ihrer Bestenliste für Strategiespiele[10] und das Portal Gamerankings.com errechnete, das Spielezeitschriften und Spielewebseiten durchschnittlich 87 von 100 möglichen Punkten für das Spiel vergaben – der höchste Wert aller in dieser Arbeit untersuchten Spiele (vgl. Tab. 5.3, S. 127).

Das komplexe Spielsystem von *Medieval II: Total War* besteht aus zwei Teilen, die relativ unterschiedliche Herausforderungen stellen: Im rundenbasierten Strategie-Modus übernimmt der Spieler ein autonomes Territorium und operiert auf einer Karte von Europa, indem er über den Ausbau von Burgen und Städten und über den Fernhandel die Staatseinnahmen steigert und diese dann in den Aufbau seiner Armeen investiert (vgl. Abb. 11.1). Zusätzlich kann über verschiedene Spielfiguren – Agen-

---

2 | Intro von *Shogun: Total War.*

3 | *Rome: Total War* (The Creative Assembly/Sega 2004).

4 | *Medieval: Total War* (The Creative Assembly/Sega 2002); *Medieval II: Total War.*

5 | *Empire: Total War* (The Creative Assembly/Sega 2009).

6 | *Napoleon: Total War* (The Creative Assembly/Sega, Typhoon Games 2010).

7 | Eine knappe Besprechung von *Rome: Total War* bei Wesener, *Geschichte in Bildschirmspielen*, S. 152 ff.

8 | *PC game charts: November 12-18*, in: Gamespot, 29.11.2006, URL: http://www.gamespot.com/pc/strategy/medieval2totalwar/news/6162496/pc-game-charts-november-12-18 (besucht am 22.07.2011).

9 | *Die media-control-Jahrescharts 2006*, in: GamesMarkt (2007) 1, S. 32.

10 | *GameStar-Strategie-Charts 07/2008*, in: GameStar (2008) 8, S. 79.

Abb. 11.1: *Medieval II: Total War*: Strategiekarte. Der Spieler führt England, im Bild seine Besitzungen London und Caen. Französisches Gebiet in der Mitte in Blau, rechts das Heilige Römische Reich mit Frankfurt und Staufen, rebellische Städte und Burgen in Grau. Am unteren Bildrand die aktuell gewählte Armee mit ihren Einheiten (sie ist im Begriff, Angers anzugreifen), links davon die Übersichtskarte mit allen Parteien des Spiels.

ten, Spione, Prinzessinnen, Diplomaten, Kaufleute, Attentäter – mit den computergesteuerten Regenten der anderen Reiche interagiert werden. Ist eine hinreichend große Armee aufgebaut, beginnt die Eroberung benachbarter Territorien. Bis hier kann der Spieler ohne Zeitdruck agieren, wie in einem herkömmlichen Brettspiel stehen dem Spieler pro Spielrunde verschiedene Aktionen zur Verfügung, die er ausführen kann: Armeen könne pro Runde eine gewisse Strecke zurücklegen, in Siedlungen kann ein bestimmte Menge an neuen Gebäuden errichtet werden usw. Sind alle Aktionen ausgeführt, kommt der nächste (Computer-)Mitspieler an die Reihe und führt seine Aktionen aus. Von diesem rundenbasierten Spielmodus weicht *Medieval II: Total War* aber immer dann ab, wenn es zum Kampf kommt: Im Schlachten-Modus steuert der Spieler seine Truppenverbände direkt und muss zeitkritisch auf die Manöver der Gegner reagieren. Dieser Teil des Spiels gehört daher zum Genre der Echtzeit-Strategie, eine Spielform, auf der viele Mittelalter-Spiele basieren. Zunächst sei dieser Teil des Spiels betrachtet.

Das Mittelalter als Schlachtfeld

Es existieren sehr viele Spiele, deren zentrales Spielkonzept aus dem Manövrieren von Militäreinheiten, dem Ausfechten von Schlachten und der Vernichtung des Kontrahenten besteht. Einflussreich waren die Konflikte zwischen den Science-Fiction-Völkern der Atreides, Ordos und Harkonnen, die *Dune II – Kampf um Arrakis* (Westwood Studios/Virgin Interactive 1992) bestimmt haben. Nicht weniger prägend ist die *Age of Empires*-Reihe, die die Spiellogik der aggressiven Expansion inzwischen in nahezu allen weltgeschichtlichen Epochen realisiert hat.[11] Die Spiele, die wie *Medieval II: Total War* ihre Heere und Schlachten im Mittelalter positionieren, sind zahllos.[12] Wie Oliver Traxel bemerkt hat, ist die naheliegendste Erklärung für diese Häufung wohl auch die überzeugendste:»Evidently, the martial associations with the Middle Ages make that period ripe for such games«.[13]

Eine Armee in *Medieval II: Total War* besteht immer aus mehreren Truppenteilen, die sich durch Reichweite, Schlagkraft, Geschwindigkeit, Panzerung und auch durch ihre Rekrutierungskosten unterschieden. Die Einheiten gilt es vor der Schlacht zu formieren (geschlossene Aufstellung, Keilformation usw.) und je nach Gelände und Gegner möglichst sinnvoll zu platzieren (Bogenschützen auf einem Hügel, Infanterie ins Zentrum, Reitereinheiten an den Flanken usw., vgl. Abb. 11.2). In der Schlacht selbst weist man dann durch Anklicken den einzelnen Verbände ihre Angriffsziele zu. Dabei gilt im Grunde genommen stets das sogenannte Schere-Stein-Papier-Prinzip: Die Kavallerie kann Bogenschützen niederreiten, Bogenschützen sind vor allem gegen die schwerfälligen Speerträger wirkungsvoll und Speerträger können der Kavallerie erheblichen Schaden zufügen. Natürlich ist das System vielfältiger als hier skizziert, *Medieval II: Total War* kennt insgesamt über 270 verschiedene Militäreinheiten, wenngleich sich diese manchmal nur durch Variationen in der grafischen Gestaltung und hinsichtlich einiger Eigenschaftswerte wie Angriffs- oder Rüstungsstärke unterscheiden. Das grundsätzliche Prinzip ist aber, dass ähnlich wie im Schere-Stein-

---

11 | Altertum: *Age of Empires* (Ensemble Studios/Microsoft 1997); Mittelalter: *Age of Empires II: The Age of Kings* (Ensemble Studios/Microsoft 1999); Frühe Neuzeit: *Age of Empires III* (Ensemble Studios/Microsoft 2005); zudem verschiedene Zeiten und Regionen in diverse Erweiterungen.

12 | Einige Beispiele: *13th Century: Death of Glory, Crusader Kings, Crusaders: Thy Kingdom Come, Stronghold, Stronghold Crusader, Stronghold 2, The Golden Horde, Two Thrones.*

13 | Traxel, *Medieval and Pseudo-Medieval Elements*, S. 126.

Abb. 11.2: *Medieval II: Total War*: Aufstellung der Armee. Rechts die Kavallerie, ganz vorne die Bogenschützen, dahinter eine lange Reihe von Speerträgern, der General mit Leibwache (grün markiert) hält Abstand.

Papier-Spiel[14] jedes Element immer sowohl Vor- als auch Nachteile hat. So ergibt sich ein Kampfsystem, in dem es auf eine ausgewogene Verteilung der Kräfte und auf den sinnvollen Einsatz der Einheiten ankommt.

Dieses grundsätzliche System wird mit einer Vielzahl weiterer Mechaniken angereichert: Die Fortbewegung durch Schnee oder über steile Hänge wirkt verlangsamend, rasches Marschtempo oder große Hitze führen zur Ermüdung, die Munition ist begrenzt, ein Pfeilregen kann auch der eigenen Vorhut zum Verhängnis werden und ein aussichtsloser Kampf senkt die Truppenmoral und hat eventuell eine unkontrollierte Flucht der Einheiten zur Folge. Ferner erhalten Einheiten – sofern sie eine Schlacht überleben – einen Zuwachs an Erfahrung und werden im nächsten Gefecht mit verbesserten Angriffswerten kämpfen. Kommt es nicht zur Feldschlacht sondern zum Angriff auf eine Stadt oder Burg, sind Belagerungsgeräte wie Leitern, Rammen oder mobile Türme einzusetzen, sofern man sich nicht über die notwendige Durchschlagskraft mittels Katapult, Ballisten oder Trebuchet verfügt. Auch das Terrain spielt

---

14 | Bei Schere-Stein-Papier zeigen die beiden Spieler gleichzeitig mit der Hand eine der drei Formen, dann wird ausgewertet: Die Schere schneidet das Papier, das Papier umwickelt den Stein, am Stein zerbricht die Schere.

eine Rolle: Wälder schützen vor Bogenschützen und der Reiterei, Felsen können die Flanken decken und an Flussläufen kommt der Brücke entscheidenden Bedeutung zu. Durch solche und weitere Konzepte gelingt es *Medieval II: Total War* ein komplexes und anspruchsvolles Taktikspiel zu ermöglichen. Dessen vollständige Beherrschung erfordert den Einsatz vieler Spielstunden und führt mitunter zu wahrem Expertenwissen. Da die Fähigkeiten des Verfassers in diesem Bereich jedoch begrenzt sind und über einfache Manöver kaum hinausgehen, seien zur Illustration der elaborierten Feldherrenkünste, die *Medieval II: Total War* zulässt, die Strategietipps einiger erfahrener Spieler zitiert:

»[...] in open battle I always use a lot of shooting units (up to half a stack); usually I try to have 50 % archers and 50 % xbows for the first are quicker and latter shot harder. When it's not possible to use the terrain, shooting troops form the very first line. They're followed by melee troops and spears at the wings. A few units of heavy cavalry flank one of the wings. I try to break the line if possible, to get the AI confused. I.e. - I don't form a straight line, but rather place some troops forward to flank the enemy which - supposedly - is going to attack my centre [...]. When the battle begins I try to engage enemy with light cav, force him to charge and then decimate using my arrows. Meantime my heavy cav outflank him and engage in decisive charge.«[15]

»The main portion of my line involves a close relationship between missile troops and their covering spearmen. The archers fire off some damage and fall back behind the spears before they can be engaged. [...] When possible, I try to bring some reserves to replace skirmishers after they exhaust their ammo. The entire object of course is to cause a drop in enemy morale at the point of contact. [...] For the all important flanks, I like to keep my reserves of swords/spears to the rear and to the left on the left flank and the right on the right flank. They are not actually part of the first line, but they will have room there to fill in gaps, even up odds, and at this distance they can charge a flanking unit from the side or make their own flank attack. Cavalry take position again behind and to the left and right depending on flank and I feel this gives them the most freedom of movement [...]. The overall look is a large arrowhead that can morph into bulls horns on contact, absorbing the shock of the enemy charge and engulfing/surrounding it. The computer does not often keep a reserve, which is what you should do to counter the same type of defense.«[16]

Diese Ausführungen zeigen, dass für den Erfolg auf den Schlachtfeldern von *Medieval II: Total War* nicht allein die bloße Stärke der Armeen ausschlaggebend ist. Durch den durchdachten Einsatz der Streitkräfte können auch zahlenmäßig überlegene Geg-

---

15 | Nutzer »Nestor von Kowitzky«, in: Total War Center Forums, 07.09.2007, URL: http: //www.twcenter.net/forums/showthread.php?t=77980&highlight=battle+tactics&page=4 (besucht am 02.08.2011), Orthographie unverändert.

16 | Nutzer »cipher88101«, in: Total War Center Forums, 20.11.2007, URL: http: //www.twcenter.net/forums/showthread.php?t=77980&highlight=battle+tactics&page=4 (besucht am 02.08.2011), Orthographie unverändert.

ner besiegt werden. Die grundsätzlichen Taktiken, die dabei angewandt werden soll-ten, sind nicht weit entfernt von den Beschreibungen, die Militärhistoriker von der hochmittelalterlichen Kriegsführung angefertigt haben:

»[I]n the High Middle Ages (c. 1000–1300) cavalry was the dominant arm in battle. Infantry was valued, and was present at most battles, but its role was often almost purely defensive, and it usually takes offensive action to win a true victory. [...] [T]he biggest threat on the battlefield was a cavalry charge, but the strongest defence against a head-on mounted attack was a steady line of spear-armed footmen supported by archery. In other words, cavalry and footmen could work together like sword and shield.«[17]

Man kann also sagen, dass *Medieval II: Total War* die grundsätzlichen taktisch-mili-tärischen Bedingungen des mittelalterlichen Kriegswesens analog zum wissenschaft-lichen Forschungsstand abbildet. Natürlich hat die Vorbildtreue auch ihre Grenzen: Die im Laufe des Mittelalters zunehmende Bedeutung von professionellen, besolde-ten Kriegern – die wiederum »die Barbarisierung des Krieges [förderte], weil für die-se Kämpfer das Beutemachen einen hohen Stellenwert erhielt«[18] –, findet beispiels-weise keine angemessene Entsprechung. Überhaupt gelingt es *Medieval II: Total War* nur leidlich, die Veränderungen, die das Kriegswesen vom 11. Jahrhundert bis zum 16. Jahrhundert gesehen hat,[19] adäquat darzustellen. Die einzige grundlegende Neue-rung, die im Spiel realisiert ist, betrifft die Feuerwaffen: Um das Jahr 1280 erscheint eine Meldung, die die Erfindung des Schießpulvers anzeigt, danach ist es möglich, Musketiere und Schützen mit Hand- oder Hakenbüchsen zu rekrutieren und die Stoß-kraft mit Bombarden und Serpentinen zu erhöhen.

Dennoch: Die Simulation des Zusammenspiels verschiedener Truppenteile und von grundsätzlichen Militärtaktiken gelingt *Medieval II: Total War* relativ gut. Dies liegt zum einen an der geschickten Portionierung des Modellierungsproblems: Zwar können die Armeen mit bis zu 4800 Soldaten eine erhebliche Größe haben, der Spie-ler steuert aber nicht einzelne Figuren sondern Truppeneinheiten. Eine Armee besteht aus maximal 20 Einheiten, d. h. der Spieler hat höchstens 20 verschiedene Elemente zu kommandieren. Die Einheiten wiederum werden aus höchstens 240 Soldaten ge-bildet, diese bewegen sich aber alle nach dem selben Muster und sind nicht direkt zu steuern. Zum anderen wird nur eine sehr begrenzter Ausschnitt modelliert, denn es

---

17 | Clifford J. Rogers, *Tactics and the face of battle*, in: Frank Tallett/D. J. B. Trim (Hrsg.), *European Warfare, 1350–1750*, Cambridge 2010, S. 203–235, hier S. 203.

18 | Rolf-Dieter Müller, *Militärgeschichte*, Köln, Weimar, Wien 2009, S. 86.

19 | Vgl. z. B. den Abschnitt »Von der Bauernarmee zum Berufskriegertum: Das Zeitalter der Ritter« in ebd., S. 83–112.

Abb. 11.3: *Medieval II: Total War*: Die Schlacht in Nahsicht.

geht im Schlachten-Modus immer nur um die kriegerische Auseinandersetzung zwischen zwei Armeen. Dies wird vor allem immer dann augenscheinlich, wenn man mit seiner Armee eine verfeindete Stadt angreift: Außer den gegnerischen Truppen wird man keine weiteren Menschen antreffen, denn auf die Darstellung von Zivilbevölkerung verzichtet *Medieval II: Total War*.

Die Kämpfe zwischen den einzelnen Soldaten sind animiert, so kann der Spieler spektakuläre Szenen mitverfolgen, wenn er mit der frei steuerbaren Kamera ins Schlachtgetümmel zoomt. Die Darstellung dabei ist zwar gewalttätig, nicht aber gewaltverherrlichend (vgl. Abb. 11.3). Die Schlachtenerfahrungen jedoch, die *Medieval II: Total War* (und ähnliche Militärsimulationsspiele) bietet, hat wenig mit den Mühen und Schrecken der einzelnen Kämpfer und ihren schweren Rüstungen zu tun. Die Perspektive, die der Spieler in aller Regel einnimmt, ist die einer omnipräsenten Vogelschau. Von oben erinnern das Schlachtfeld, die ordentlich aufgestellten Heeresteile und die farblich einheitlich uniformierten Soldaten dann »eher an Schlachtenbilder des 19. Jahrhunderts«.[20] Die eigentlichen Spielaktionen führen sogar in noch jüngere und gewissermaßen schmutzfreiere Zeit: Will man mehrere Truppenteile gemeinsam bewegen, dann kann man sie mit gedrückter *Shift*-Taste zu einer Gruppe zusammenfassen und diese dann mit der entsprechenden Ziffer der Computertastatur direkt ansprechen. Dies sind nun Operationen, die direkt aus der Welt der grafischen Betriebssysteme und der Bürosoftware entlehnt wurden. Soldaten auf dem Schlachtfeld werden somit auf dieselbe Art verwaltet wie Dateien in der Ordnerstruktur des Heimcomputers. Das Kriegführen wird zum Verwaltungs- und Ordnungsakt, der einerseits von der effektiven Beherrschung der Interfaces und Tastaturkommandos, andererseits von der genauen Kenntnis der numerischen Werte der einzelnen Militäreinheiten abhängt. Für letzteres haben engagierte Spieler Tabellen und Übersichten erstellt, die alle Parameter verzeichnen und über Webseiten zugänglich gemacht werden[21] und so die genaue Berechnung der effektivsten Komposition der eigenen Armee unterstützen.

Damit legt *Medieval II: Total War* dem Krieg ein rationales Kalkül zugrunde und verlangt, dass die Spieler optimale Strategien finden. Das ist auch ganz praktisch möglich, schließlich kann der Spieler den Spielstand vor einer Schlacht abspeichern und im Falle einer Niederlage die Kampfhandlungen wiederholen. Da der computergesteuerte Gegner sich im neuen Durchlauf identisch verhalten wird, kann der Spieler auf diese Weise solange eine andere, bessere Strategie suchen, bis er den Sieg erringt (oder er einsehen muss, dass es mit der eigenen Armee in der gegebenen Situation keine Gewinnstrategie gibt). Diese gewissermaßen mathematische Auffassung der militärischen Auseinandersetzung widerspricht nun ganz deutlich dem Bild, das zu Beginn des 19. Jahrhunderts etwa Carl von Clausewitz vom Krieg erarbeitet hat: Clausewitz verwirft die Vorstellung, »das Geheimnis der Kriegskunst in solch einem *Calcul* entdeckt zu haben, der dieselbe zu einem Schachspiel machte.«[22] Nach Hartmut Böhme hat Clausewitz als erster »den Zufall und die Wahrscheinlichkeitskalküle in der Theorie des Krieges systematisch berücksichtigt«, Clausewitz sei, so Böhme, »überzeugt, dass die Komplexität und Mannigfaltigkeit der den Krieg beeinflussen-

---

20 | Nicole Müller/Ralf Schlechtweg-Jahn, *Mittelalterbilder im Computerspiel »Medieval: Total War«. Zu Performativität und Immersion von Spieler und Avatar*, in: Perspicuitas, 10.01.2010, URL: http://www.uni-due.de/perspicuitas/mittelalterbilder_computerspiel.pdf (besucht am 04.08.2011).

21 | URL: http://m2tw.warlore.org/units (besucht am 05.08.2011).

22 | Zit. nach Hartmut Böhme, *Krieg und Zufall. Transformationen der Kriegskunst bei Carl von Clausewitz*, in: Hartmut Böhme/Marco Formisano (Hrsg.), *Krieg in Worten / War in Word. Transformations of War from Antiquity to Clausewitz*, Berlin 2010, S. 391–413, hier S. 405.

den Variablen gegen Unendlich gehen«.[23] Dass Krieg »überkomplex« ist[24] liege vor allem an den »internen Prozesseigentümlichkeiten der Kriegsmaschine selbst«, die zu »unabsehbar vielen Störungen und Kontingenzen« führen.[25] Kontingenz und Zufall sind nun bei *Medieval II: Total War* nahezu vollständig ausgeschlossen.[26] Der Krieg erscheint als formales, geschlossenes System – das er hier qua seiner Realisierung im Digitalcomputer tatsächlich ja auch ist. Damit wird auch deutlich, dass die militärstrategischen Computerspiele Wiedergänger der Kriegsspiele des 19. Jahrhunderts sind: Auch Johann Hellwigs Regelspiel kennt keine Würfel, algorithmisiert alle Abläufe und versucht so, den Zufall systematisch auszuschalten.[27] Bevor nun eine Bewertung dieser Kriegsspiele erfolgt, sei auf den größeren Zusammenhang eingegangen, in den *Medieval II: Total War* seine Schlachten stellt.

Totale Kriege, Weltherrschaft

Wie ausgeführt ist der Schlachten-Modus nur ein Teil von *Medieval II: Total War*. Die meiste Zeit operiert der Spieler auf einer stilisierten Karte von Europa, Kleinasien, dem Nahen Osten und dem nördlichen Afrika, die in 106 Territorien aufgeteilt ist.[28] Zu Spielbeginn im Jahr 1080 wird Europa beherrscht von 18 Reichen, die alle aus einer oder mehreren Regionen bestehen. So gehören zu England London, Nottingham und Caen in der Normandie, zu Frankreich Angers, Paris, Toulouse, Marseille und Reims und zum Osmanischen Reich die Provinzen Ikonium, Caesarea, Yerevan und Mossul. Über die Hälfte der Territorien gehört zu keinem der Reiche, sondern wird von sogenannten Rebellen gehalten (vgl. Abb. 11.1). Die Territorien haben allesamt feste Grenzen, die sich im gesamten Verlauf des Spiels – immerhin 450 Jahre – nicht verändern werden. Die Reiche, die sich aus den Territorien zusammensetzten, werden regiert von jeweils einem Oberhaupt – der Spieler wird eines davon sein. Damit ist man schon bei den ersten Problemen, mit denen eine Simulation wie *Medieval II: Total War*, die sich an historischen Herrschaftsordnungen orientiert, konfrontiert wird:

---

23 | Böhme, *Krieg und Zufall*, S. 403.

24 | Ebd., S. 403.

25 | Ebd., S. 407.

26 | Weiterführend zum Problem der Kontingenz in Geschichts-Computerspielen vgl. Schut, *Strategic Simulations*, S. 225.

27 | Vgl. Nohr/Böhme, *Auftritte des Krieges*, S. 26.

28 | Hinzu kommen noch – nach dem Ereignis »Die Welt ist rund«, das ungefähr im Jahr 1400 eintritt – 6 Territorien auf dem amerikanischen Kontinent.

Zum Ersten ist eine »Karte des vormodernen Europa, die klar abgegrenzte Länder in einheitlichen Flächenfarben darstellt, [...] eine irreführende Rückprojektion der modernen Staatenwelt, nichts anderes als eine zu dieser passenden Vorgeschichte.«[29] Zum Zweiten, auch das kann man bei Wolfgang Reinhard nachlesen, entstand »seit dem 8. Jahrhundert mit dem *Lehenswesen* oder *Feudalsystem* [...] eine neue Variante der Beziehung zwischen Herr und Gefolgsmann, die das europäische Mittelalter und die europäische Monarchie zutiefst prägen sollte.«[30] Die Idee, das ein Adeliger, ein Freier oder ein Unfreier dem König oder einem anderen Herrn einen Eid leistet mit dem Versprechen um Rat und Hilfe und daraufhin als Vasall angenommen wird und ein Lehen erhält, kennt *Medieval II: Total War* jedoch nicht. Alle Macht ist hier bei den Reichsoberhäuptern monopolisiert. Sowohl die territoriale Statik als auch die autokratische Regierungsgewalt haben ihre Ursachen natürlich in den Erfordernissen des Simulationsspiels, das seine Elemente zu einem steuer- und spielbaren System verbinden muss. Grenzverläufe, die sich im Fortgang der Zeit ändern, würden den Rahmen des Strategiespiels wohl ebenso sprengen wie die Abbildung einer politischen Ordnung mit gestaffelten Souveränitäten und variablen Loyalitäten. Zusätzlich wird Komplexität reduziert, indem das Spiel auf die Modellierung des unübersichtlichen Klein- und Kleinststaatenteppichs, der das Europa des Mittelalters auch ausgemacht hat, verzichtet und stattdessen gut die Hälfte der Territorien nicht näher spezifizierten »Rebellen« zuschlägt.

Diese Erläuterungen zum grundsätzlichen Aufbau der Mittelalterwelt von *Medieval II: Total War* vorausgeschickt, kann nun das eigentliche Spiel, das hier aufgeführt wird, Beachtung finden. Nachdem der Spieler ein Reich gewählt hat, macht er sich an die Realisierung des Spielziels, das darin besteht, »Ihr Volk zum mächtigsten der Welt zu machen«.[31] Dieses Ziel ist auch formal definiert: Der Spieler gewinnt, wenn er 45 Territorien eingenommen hat – bei insgesamt 106 Territorien kommt diese Aufgabenstellung einem Weltherrschaftsimperativ gleich. Dieser Hegemonialanspruch – dem im Mittelalter wohl Karl V. am nächsten kam[32] –, gilt ausnahmslos für alle spielbaren Reiche. In *Medieval II: Total War* ist es also auch möglich, von Dänemark, Sizilien oder Mailand aus das Abendland und seine Anrainer zu unterwerfen. Spätestens hier wird deutlich, dass das Spiel Uchronien realisiert, also kontrafaktische Geschichtsverläufe ermöglicht, die ab einem Divergenzpunkt das Experimentieren mit der Fra-

---

29 | Wolfgang Reinhard, *Geschichte der Staatsgewalt. Eine vergleichende Verfassungsgeschichte von den Anfängen bis zur Gegenwart*, München [3]2002 (1999), S. 42.

30 | Ebd., S. 33.

31 | Handbuch zu *Medieval II: Total War*, S. 8.

32 | Vgl. Reinhard, *Geschichte der Staatsgewalt*, S. 44.

Abb. 11.4: *Medieval II: Total War*: Frankreich ist ausgelöscht und England bedroht Nürnberg. Links unten die Ausdehnungen des englischen Imperiums in der Übersicht.

ge »Was wäre wenn?« zulassen.[33] In *Medieval II: Total War* ist der Divergenzpunkt das Jahr 1080, in dem die Europakarte die verschiedenen Herrschaftsbereiche zwar stark schematisiert darstellt, sich dabei aber durchaus um die Abbildung ›historischer‹ Verteilungen bemüht: Cordoba und Granada wird von den Mauren gehalten, Byzanz erstreckt sich über beide Seiten der Ägäis und über Teile Kleinasiens, England hat neben seinen britischen auch normannische Besitzungen, Burgund und Lothringen gehören nicht zu Frankreich. Wenn aber im Lauf des Spiels beispielsweise Frankreich vollständig eliminiert wird und England neben den Britischen Inseln auch weite Teile West- und Mitteleuropas kontrolliert und mit Nürnberg auch die letzte Bastion des Heiligen Römischen einnehmen will (vgl. Abb. 11.4), dann ist die Kontrafaktizität, die der Spielverlauf ermöglicht, offenkundig.

Natürlich müssen auch solche Spielsituationen zum Möglichkeitsraum von *Medieval II: Total War* gehören, schließlich würde eine strenge Nachverfolgung his-

---

33 | Zum kontrafaktischen Geschichtsdenken – auch in den Geschichtswissenschaften – vgl. Brendel, *Historischer Determinismus und historische Tiefe*, S. 98–105; Alexander Demandt, *Ungeschehene Geschichte: ein Traktat über die Frage, was wäre geschehen, wenn ... ?*, Göttingen ²1986 (1984); Richard Ned Lebow, *Counterfactuals, History and Fiction*, in: Historical Social Research/Historische Sozialforschung 34 (2009) 2, S. 27–54.

torischer Ereignisketten das Spiel zur linearen Erzählung machen und ihm seine wichtigste Qualität nehmen, nämlich die aktive, folgenreiche Partizipation. Trotz aller Möglichkeiten, den vorgezeichneten Weg des historischen Determinismus mit eigenmächtigen Handlungen und ungesehenen Eroberungen zu verlassen, existieren in *Medieval II: Total War* einige Mechanismen, die zumindest in Ansätzen versuchen, die nichtdeterministische Simulation mit der europäischen Geschichte zu synchronisieren: So wird das bereits erwähnte Spielziel – Eroberung von 45 Territorien – je nach gewähltem Reich mit verschiedenen Zusatzaufgaben angereichert. Spielt der Spieler mit Schottland, Sizilien, Polen, Ungarn, Dänemark, England oder Frankreich, dann muss Jerusalem unter den eroberten Territorien sein, spielt er aber mit Spanien und Portugal, dann ist neben Jerusalem zwingend auch Granada einzunehmen. Man kann hier durchaus den Versuch erkennen, die Kreuzzugsfahrten der europäischen Christenheit und die spanische Reconquista ins Spielgeschehen zu integrieren.[34] Einschneidender noch sind die Großereignisse, die unabhängig vom Spielgeschehen auftreten werden: Um das Jahr 1210 bricht die mongolische Invasion über Europa herein und konfrontiert den Spieler mit einem zusätzlichen, mächtigen Gegner, um 1280 wird das Schießpulver erfunden und erlaubt fortan die Rekrutierung von Einheiten mit Feuerwaffen, um 1355 sucht die Pest Europa heim und führt zu drastischem Bevölkerungsrückgang in den Siedlungen und Städten, um 1360 erscheinen im Osten die Tularmiden und um 1400 schließlich ermöglicht das »Die Welt ist rund«-Ereignis die Konstruktion verbesserter Schiffe und in der Folge die Entdeckung einiger Territorien in Amerika.

Trotz dieser Anbindungen der Spielhandlung an eine allgemeine Zeitleiste des Mittelalters ist *Medieval II: Total War* weniger ein Spiel über historische Ereignisse und historische Besonderheiten – nicht realisiert werden unter vielem anderen beispielsweise Kurfürstenkollegium und geistliche Fürstentümer – als über historische Prozesse und Strukturen, die es mit einem spezifischen Bias ausstellt. Dies hat *Medieval II: Total War* mit den Spielen der *Civilization*-Reihe gemein, die als »first bold attempt to simulate the whole of human history in computer software«[35] einen Durchgang von der Frühzeit bis in Gegenwart und Zukunft bieten. Weltgeschichte wird in *Civilization* dargestellt als permanenter Wettstreit konkurrierender Staaten, der im Wesentlichen den Maximen »the more efficient production, the more advanced the

---

34 | Die ›Spezialziele‹ der anderen Reiche: das Heilige Römische Reich muss Rom erobern, für Venedig und Mailand ist Konstantinopel einzunehmen, für Ägypten, Russland und das Osmanische Reich sind die Ziele Konstantinopel und Jerusalem, für Byzanz ist es Rom und Jerusalem und die Mauren haben neben Jerusalem auch das spanische Toledo zu besetzen.

35 | Pobłocki, *Becoming-state*, S. 164.

civilization; and the more democracy, the better« folgt.[36] Die Geschichte in *Civilization* hat nach Kacper Pobłocki daher folgende Logik: »This history is not contingent in any way, but it is the history of the west. [...] [T]he United States is made the inheritor of all the human advancement and elevated to the position of the most perfect and most ›civilized‹ state of all.«[37]

In *Medieval II: Total War* nun wird die Politikgeschichte des Mittelalters als alternativlose Expansionsgeschichte erzählt. Letztlich laufen alle realisierten Spielkonzepten in diesem Narrativ zusammen: Das gilt natürlich für den Rüstungssektor, der in *Medieval II: Total War* zum einen im Bau der notwendigen Einrichtungen in den eigenen Städten und Burgen erfolgt (Kasernen, Pferdeställe, Militärakademien usw.), zum anderen von den notwendigen Einnahmen durch Steuererhebung und Handel abhängt. Ebenso folgt die Diplomatie – ein System, das in Abhängigkeit von der eigene Stärke und dem eigenen Ruf Vereinbarungen mit den anderen Seiten erlaubt – den expansiven Zielen: »Manchmal ist es zweckmäßig, mit anderen Seiten auf zivilisierte Art zu verhandeln, um die eigenen Eroberungspläne voranzubringen.«[38] Da alle Konflikte in *Medieval II: Total War* aus dem Kampf um Boden erwachsen, ist die diplomatische Lösung aber immer nur ein Aufschub der kriegerischen Auseinandersetzung – das Spiel konstruiert, so hat es Tobias Bevc für ähnliche Spiele formuliert, »den Menschen als des Menschen Wolf«.[39] Auch die Modellierung von Religion und Kirchenpolitik ist letzten Endes nur eine weitere Facette des Eroberungsspiels. Dies sei – auch, weil sich *Medieval II: Total War* diesem Aspekt mit bemerkenswertem Aufwand widmet – näher ausgeführt.

Ein Reich in *Medieval II: Total War* ist entweder katholisch, orthodox oder muslimisch. Die Bevölkerung jedoch kann mit unterschiedlichem Eifer der herrschenden Religion angehören oder auch zu Ketzerei oder Heidentum überlaufen. Erobert der Spieler fremde Provinzen, so sieht er sich zudem eventuell mit einer andersgläubigen Bevölkerungsmehrheit konfrontiert. Folgt die Bevölkerung der kontrollierten Territorien nicht zum überwiegenden Teil dem Bekenntnis des Spielers (das dieser nicht wechseln oder ablegen kann), so kann es zu religiösen Unruhen und in der Folge zum Aufstand – und zum Verlust der Region an Rebellen – kommen. Dem beugt man durch die Entsendung von Kardinälen oder Imamen und durch den Bau von Kirchen

36 | Uricchio, *Simulation, History, and Computer Games*, S. 335.

37 | Pobłocki, *Becoming-state*, S. 166.

38 | Handbuch zu *Medieval II: Total War*, S. 42.

39 | Tobias Bevc, *Virtuelle Politik- und Gesellschaftsmodelle*, in: Tobias Bevc/Holger Zapf (Hrsg.), *Wie wir spielen, was wir werden. Computerspiele in unserer Gesellschaft*, Konstanz 2009, S. 141–160, hier S. 156.

Abb. 11.5: *Medieval II: Total War*: Ein Kreuzzug gegen Mailand endet erfolgreich.

oder Moscheen vor. Die Religion wird so zu einer verwaltungstechnischen Größe, die über gezielte Maßnahmen kontrollierbar ist. Hier folgt *Medieval II: Total War* ganz der schematischen Religionsmodellierung, die auch in vielen anderen Spielen zu finden ist. So hat der Abschnitt *Die Säkularisierung des Mittelalters* ausgeführt, wie *Anno 1404* den Glauben als bloßen Bedürfnis-Parameter realisiert, den der Spieler für ein fortgesetztes Wachstum bei einem bestimmten Wert zu halten hat.

Darüber hinaus nimmt sich aber *Medieval II: Total War* auch der römischen Kurie an und integriert sogar eine Kreuzzugmechanik in das Spielsystem. Der Papst bzw. die Papststaaten sind zunächst ein Reich wie alle anderen auch, d. h. Rom hat eigene Armeen, führt Krieg und kann angegriffen und eingenommen werden. Als Papst spielen kann der Spieler aber nicht, die Papststaaten werden immer vom Computer gesteuert. Spielt man ein katholisches Reich, so kann man an Kreuzzügen, die der Papst selbstständig oder auf Vorschlag einer katholischen Partei ausruft, teilnehmen. Es kann also auch der Spieler, sofern Katholik, einen Kreuzzug initiieren. Ob der Papst einem Vorschlag zustimmt, hängt von der Güte der Beziehungen zwischen dem eigenen Reich und den Papststaaten, von der Frömmigkeit im eigenen Land und vom Verhältnis des Papstes selbst zum potentiellen Kreuzzugsziel ab. Kreuzzüge gegen katholische Staaten sind auch möglich, sofern diese zuvor exkommuniziert wurden, was wiederum von verschiedenen Faktoren abhängt. Wird der Kreuzzug ausgerufen, kann sich der Spieler mit einer oder mehreren Armeen anschließen. Das hat mehrere Vorteile: Kreuzzugarmeen können sich mit doppelter Geschwindigkeit über die Karte bewegen und verbrauchen für die Dauer des Kreuzzugs keine Unterhaltskosten. Und natürlich schließen sich eventuell auch andere Seiten dem Kreuzzug an und

verstärken so die Schlagkraft der Unternehmung. Die Mechanismen des Kreuzzug-
Elements und seine Interdependenzen mit den diplomatischen und politischen Systemen des Spiels sind einigermaßen kompliziert, aber nach einiger Spielzeit kann ein
geübter Spieler auch diese Komponente kontrollieren – und als wirkungsvolles Mittel
einsetzen, um sich der direkten, auch europäischen Konkurrenten zu entledigen (vgl.
Abb. 11.5). Eine tiefere theologische Begründung oder Motivation für die Kreuzzüge
in *Medieval II: Total War* existiert indessen nicht. Und auch dieses Spiel kommt ohne
einen einzige Verweis auf die jüdische Religion aus. So sind die Kreuzzüge letztlich
nur eine weiteres effektives Expansionswerkzeug auf dem Weg zur Weltherrschaft.
Konsequenterweise steht daher auch den muslimischen Reichen – Mauren, Osma-
nen, Ägypter – mit dem Dschihad ein Pendant zur Verfügung. Einziger Unterschied:
Da es im Spiel kein Oberhaupt der Umma gibt, können die muslimischen Führer bei
Bedarf den Religionskrieg selbst ausrufen.

Zu den zwei Spielmodi von *Medieval II: Total War* liegen nun Ergebnisse vor,
die es zusammenzufassen gilt: Erstens gehorchen in *Medieval II: Total War* alle
militärischen Operationen einem rationalen Kalkül, zweitens erzählt das Spiel die
Geschichte des europäischen Mittelalters als Kette alternativloser Expansionskriege.
Damit bindet *Medieval II: Total War* durch seine Spielmechaniken zwei Situationen
historischer Kriegsführung zusammen, die nach Clausewitz gerade den Unterschied
zwischen vormodernem und modernem Krieg kennzeichnen: In den mechanistischen
Auffassungen vom Krieg, die nur »die physischen Massen der Streitkräfte« bedenken
und dem Kriegführen eine »Algebra des Handelns« zugrunde legen, erkennt Clausewitz die – falschen – Lehrmeinungen von Militärtheoretikern, die den Krieg einer »wissenschaftlichen Einhegung« unterziehen wollen.[40] Der Krieg fungiert in der
Logik des umfassenden Strategie- und Weltherrschaftsspiels, das *Medieval II: Total
War* anbietet, nun aber nicht im Sinne eines vormodernen Kabinettkriegs, bei dem die
Schlacht »nur eine etwas verstrickte Diplomatie, eine kräftigere Art zu unterhandeln«
war.[41] Im Mittelalter von *Medieval II: Total War* ist Krieg absolut und – das zeigt ja
bereits der Titel an – total. Über den Krieg dieser Art schreibt Clausewitz, dass es sich
um einen Krieg »Aller gegen Alle« handle, um »ein rasches, unaufgehaltenes Handeln, ein unaufhaltsames Vorschreiten zum Ziel; d. h. ein heftiger, blutiger, schnell
geendigter entscheidender Kampf.«[42] Er kommt aber erst mit Napoleon in die Welt,

---

40 | Alle Zitate in Böhme, *Krieg und Zufall*, S. 398.

41 | Zit. nach ebd., S. 398.

42 | Zit. nach ebd., S. 400.

erst dessen Erscheinen erfordert es, so Böhme,»selber napoleonisch zu werden; eine radikale Polarisierung zwischen Feind und Freund ist geboten.«[43] *Medieval II: Total War* stellt also letztlich erstens eine Simplifizierung und zweitens einen Anachronismus aus: Zum einen war (und ist) Krieg nie so berechen- und kontrollierbar, wie es der Schlachtenmodus des Spiels Glauben macht (auch wenn dies Theoretiker vor Clausewitz so beschrieben haben), zum zweiten ist der totale Krieg, den das Spiel für sein Spielziel der unbegrenzten Expansion benötigt, eine moderne Erscheinung, die – nach der Erfindung der Feuerwaffen – »die ›zweite kopernikanische Wende‹ der Kriegsführung« bedeutete,[44] mit dem Mittelalter aber eigentlich nicht zusammen geht.

Geschichte im Büro

Neben einem Mittelalterbild, das von formalistischer Schlachtenlogik und totaler Expansion bestimmt wird, erzählt *Medieval II: Total War* aber noch eine weitere Geschichte. Deren Topos wurde schon angedeutet als im Abschnitt *Das Mittelalter als Schlachtfeld* auf die Ähnlichkeit der Steuerung im Schlachten-Modus von *Medieval II: Total War* und in gängigen grafischen Dateiverwaltungen hingewiesen wurde: Hier wie dort selektiert und gruppiert man Elemente (Militäreinheiten bzw. Dateien und Ordner) mittels derselben Tastaturkommandos und Mausroutinen. Es geht im Folgenden also darum, wie ein komplexes Spiel wie *Medieval II: Total War* seine Spieler zum Handeln ermächtigt und welche Konsequenzen dies für die Präsentation von Geschichte hat.

   Die Parallelität zwischen den Standardoperationen in Windows- oder Macintosh-Systemen[45] und den Mechaniken, mit denen das Spiel gespielt wird, sind im Strategie-Modus von *Medieval II: Total War* noch augenfälliger: Die vielen Spielsysteme wie Siedlungsverwaltung, diplomatische Optionen, Spielfigurenmanagement, Haushaltsführung usw. werden über eine Vielzahl von Übersichten und Menüs gesteuert, so dass sich der Bildschirm dem Spieler häufig nicht mit mittelalterlichen Rittern und Städten, sondern mit einer Vielzahl an Zahlen, Symbolen, Listen, Diagrammen, Icons und Buttons präsentiert (Abb. 11.6). Zwar werden diese Ansichten

---

43 | Ebd., S. 400.

44 | Ebd., S. 400.

45 | Zu diesen Systemen und ihren Qualitäten als Simulationen von »information groupings and processes in terms of interactions with a physical working space« vgl. Ian Bogost, *Unit Operations. An Approach to Videogame Criticism*, Cambridge/Mass. 2006, S. 106.

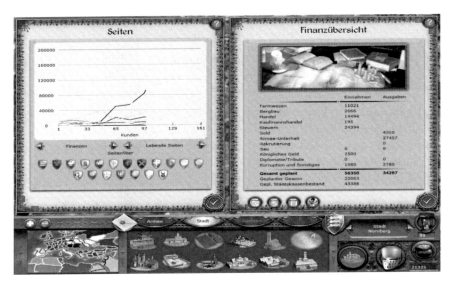

Abb. 11.6: *Medieval II: Total War*: Diagramme, Tabellen, Icons, Buttons

durch die Farb- und Schriftwahl und durch stilisierte Bordüren und Siegel etwas anti-
kisiert, die Navigation und Interaktion auf dieser Ebene des Spiels folgt aber ganz den
aus anderen Computer-Kontexten bekannten Gesetzmäßigkeiten: Aktionen müssen
durch entsprechende Schaltflächen bestätigt werden, Fenster lassen sich öffnen und
schließen, Werte verändert man mit Reglern und das Fragezeichen öffnet das entsprechende Thema der (Spiel-)Hilfe. Auch in anderen Spielen stößt man immer wieder
auf Übersichten und Konfigurationsseiten von ganz ähnlicher Machart. So zeichnet
sich das Interface von *Die Siedler – Aufstieg eines Königreichs* (Abb. 11.7) durch eine
fast unübersichtliche Menge an Schaltflächen, Reglern und Zahlwerten aus. Und auch
in *Drakensang: Am Fluss der Zeit, Anno 1404* und *Die Gilde 2* verbringt der Spieler viel Zeit mit derartigen Steuerungswerkzeugen. Übersichten, Regler, Tabellen,
Diagramme finden sich folglich vor allem in Spielen, deren Spielsysteme zu großen
Teilen emergenten Charakter haben und die – dass wurde in Kapitel 5 ausgeführt (vgl.
S. 117 ff.) – immer neue Pfade durch den Spielraum zu den (vielen verschiedenen)
Zielzuständen erlauben.

Emergente Spiele haben also eine relativ große Nähe zu anderen Formen compu-
terisierter Informationsverarbeitung. Was dies für die Präsentation von Vergangenheit
bedeutet, kann ermessen werden, wenn man einen der maßgeblichsten Anwendungsbereiche der computerisierten Informationsverarbeitung in den Blick nimmt: Nach
Hartmut Böhme ist das Büro sowohl »ein Motor der Entwicklung von Kommunikations-

Abb. 11.7: *Die Siedler: Aufstieg eines Königreichs*: Komplexe Kontrollfunktionen

Techniken« wie auch einer der wichtigsten Anwendungsbereiche für das gegenwärtig »zentrale Medium«, für den Computer.[46] Was nun den Vergleich von Geschichte in emergenten Computerspielen mit dem Büro, das der Bevölkerung nach wie vor z. B. an den »klassischen Orten« wie staatlichen Ämtern, Krankenkassen oder Versicherungen gegenübertritt,[47] fruchtbar macht, ist die konzise Bestimmung, mit der Böhme die Vorgänge der Büroarbeit zusammenfasst:

»Büros, so klein oder groß sie sein mögen, sind Relais von Informationsströmen, die eingehen, koordiniert, verwaltet, gespeichert, distribuiert und ausgegeben werden. [...] Was immer auch inhaltlich die Arbeit eines Büros sein mag: es kommt ›etwas hinein‹, wird ›verarbeitet‹ und ›geht wieder hinaus‹ – doch nur in der Form von Zeichen. [...] Um ›was-auch-immer‹ es sich handelt, es hat eine Chance, zu einem ›Vorgang‹ im Büro zu werden, nur dann, wenn ›es‹ sich in formalisierte Operationen sprachlicher, informationeller, mathematischer, statistischer, graphischer Art übersetzen lässt.

---

46 | Hartmut Böhme, *Das Büro als Welt – Die Welt im Büro*, in: Herbert Lachmayer/Eleonora Louis (Hrsg.), *Work & Culture. Büro, Inszenierung von Arbeit*, Klagenfurt 1998, S. 95–105, hier S. 103.

47 | Ebd., S. 96 f.

Nur dann kann etwas, das ›in der Welt draußen‹ alles mögliche ist, zu einem ›Vorgang‹ werden, oder wie man im altbürokratischen Österreich so schön sagte: zu einer ›Evidenz‹. Die Welt außerhalb des Büros ist ein opakes Chaos wimmelnder Materie, Dinge und Körper; die Welt im Büro ist ›Evidenz‹. Evidenz tritt ein, wenn irdische Materie in einen Zeichenprozeß transsubstantiiert wird. Nichts ist so wichtig wie diese systematische Trennung des Büros von seinen Umgebungen, so sehr es zu ihnen gehören mag.«[48]

Dass identisch wie im von Böhme hier beschriebenen Bürovorgang auch im geregelten Spielvorgang nur Zeichen nach Vorschriften in andere Zeichen transformiert werden, hat bereits der Abschnitt *Spielsystem und Interpretation* in Kapitel 2 gezeigt (vgl. S. 38 ff.), dass dies sich nicht grundsätzlich ändert, wenn ein Computer das Spielsystem aufrecht erhält, ist im Abschnitt *Programmierte Regeln* in Kapitel 3 nachzulesen (vgl. S. 62 ff.). Wenn nun die »Welt draußen« für die Vergangenheit (bzw. das Wissen über und die Vorstellungen von der Vergangenheit) steht und nicht das Büro sondern das Computerspiel der Ort ist, an dem die Zeichen ihre Transformation erfahren, so sollte deutlich werden, wie sehr Böhmes Analyse der Büro-Logik auch auf Computerspiele wie *Medieval II: Total War* oder *Die Gilde 2* zutrifft: Nach Böhme sind Büros »Verwandlungsmaschinen von gesellschaftlichen und natürlichen Prozessen derart, dass sie zu Datenagglomerationen werden«.[49] Auch in *Medieval II: Total War* werden Wissensbestände über das Mittelalter vollständig in informationelle, mathematische Prozesse übersetzt (z. B. im Schlachten-Modus oder in der Kreuzzugmechanik), auch in *Die Gilde 2* werden alle Spielelemente (z. B. Talente, Waren, Gebäude, Zuneigungen) durch numerische Werte repräsentiert. Nur so kann ›die Vergangenheit‹ vom Digitalcomputer prozessiert werden – »Die ›Welt‹ kann ins Innere eines Büros eintreten nicht nach den Regeln ›draußen‹, sondern nur nach den Regeln des Büros.«[50] Daher gleichen, so hat es Andreas Rosenfelder formuliert, »die künstlichen Universen der Videospiele viel eher dem preußischen Beamtenstaat als dem amerikanischen Disneyland«.[51]

Wenn nun aber historische Ideen, Mentalitäten, Situationen, Entwicklungen oder Zusammenhänge nur dann Aufnahme ins emergente Computerspiel finden können, wenn es gelingt, sie als exakte Informationen zu codieren, dann führt dies zwingend zu eindeutigen, formalisierten Vergangenheitssystemen. Entweder ist das Vergangenheitswissen in einer absoluten Form implementiert oder es ist nicht vorhanden. Zwar

---

48 | Böhme, *Büro als Welt*, S. 98.

49 | Ebd., S. 100.

50 | Ebd., S. 99.

51 | Andreas Rosenfelder, *Digitale Paradiese. Von der schrecklichen Schönheit der Computerspiele*, Köln 2008, S. 58.

können verschiedene Aspekte unterschiedlich wichtig für das Spiel sein und also unterschiedliche Relevanz im Spielsystem erhalten, in der Binnenlogik des Computers haben sie aber allesamt dieselbe Qualität. Ein Hiatus oder Vagheiten oder verschiedene Interpretationsoptionen können nicht thematisierte werden. Das emergente Computerspiel kennt nur Evidenzen – genau wie die »zweite Wirklichkeit«, die durch das Büro geschaffen wird und durch die »nur die Dinge, Phänomene, Lebewesen, Menschen, Einrichtungen [...] existieren, von denen es ›Papiere‹, oder sagen wir: Datensätze gibt«.[52]

Es ist die formale Eindeutigkeit und seine Konsequenz, nämlich der Zwang zur Diskretisierung (vgl. dazu auch Kapitel 9, S. 236 ff.), die Alexander Galloway dazu führt, Computerspiele als Allegorien auf die informatische Gesellschaft selbst, als »Kontrollallegorien« zu bezeichnen.[53] Er schließt damit an Gilles Deleuze an, nach dem die »Kontrollgesellschaften« dadurch bestimmt sind, dass man »nie mit irgend etwas fertig wird« (während für die (zeitlich vorangehenden) »Disziplinargesellschaften« galt: hier »hörte man nie auf anzufangen«).[54] Zwar ist Galloways Beispiel die *Civilization*-Reihe, aber seine These gilt auch für Strategiespiele wie *Medieval II: Total War*, für Wirtschaftssimulationen wie *Die Gilde 2* und für Aufbausimulationen wie *Anno 1404*: »Videospiele versuchen die informatische Kontrolle nicht zu verbergen, sie stellen sie im Gegenteil zur Schau.«[55] Tatsächlich wird durch die vielen Übersichten, Menüs, Regler und Ansichten, die etwa *Medieval II: Total War* seinen Spielern anbietet, das eigentliche, formale Spielsystem – befreit von lebensweltlichen Bedeutungsebenen – sichtbar und kontrollierbar. Es geht dann im Spiel letztlich »um die Kenntnis von Systemen und die Kenntnis von Codes, oder, besser vielleicht, die Kenntnis *des* Systems und die Kenntnis *des* Codes«.[56] Denn wie Galloway ganz richtig feststellt, ist eigentlich schon der Begriff »Logik der Informatik« redundant,[57] digitale Computation kennt nur die eine, immer selbe (formale) Logik.

Das hat nun Folgen für die Geschichtsdarstellung in diesem Medium: Otto Gerhard Oexle hat davon gesprochen, dass »die Lust zu einem Blick in fremde Wel-

---

52 | Böhme, *Büro als Welt*, S. 99 f.

53 | Alexander R. Galloway, *Den Code spielen. Allegorien der Kontrolle in Civilization*, in: Claus Pias/Christian Holtorf (Hrsg.), *Escape! Computerspiele als Kulturtechnik*, Köln 2007, S. 271–286, hier S. 267.

54 | Gilles Deleuze, *Postskriptum über die Kontrollgesellschaften* (frz. 1990), in: ders.: *Unterhandlungen. 1972–1990*, Frankfurt/M. 1993, S. 254–262, hier S. 257.

55 | Galloway, *Den Code spielen*, S. 275.

56 | Ebd., S. 276.

57 | Ebd., S. 286.

ten« eine Ursache für die Mittelalterthematisierungen in Filmen, Ausstellungen oder Erlebnisangeboten sei und so letztlich »die ›Alterität‹ des Mittelalters zum Grund seiner ›Modernität‹« werde.[58] Auch der Geschichtsdidaktik geht es unter anderem um »Alteritätserfahrung«: »Geschichte hat es stets mit [...] der Erfahrung von Andersartigkeit zu tun: Wer sich mit vergangenen Zeiten befasst, begegnet dem Fremden. Sich damit intensiver auseinander zu setzen eröffnet die Chance, Verständnis für andere Denkweisen und Wertvorstellungen zu entwickeln, das eigene, vermeintlich Selbstverständliche zu relativieren, aber auch zu festigen.«[59] Ebenso argumentieren Vertreter der Kulturgeschichte, die historische Situationen nicht deshalb untersuchen wollen, »weil ein Kern von uns darin steckt, sondern weil sie ›anders‹ sind und wir daraus lernen können, wie relativ und wenig selbstverständlich unsere eigene Welt ist.«[60]

Alteritätserfahrungen mit einem unbekannten, fremden Mittelalter bieten die emergenten Computerspiele *Medieval II: Total War, Anno 1404, Die Siedler – Aufstieg eines Königreichs* und *Die Gilde 2* nicht. Das liegt in erster Linie nicht an den behandelten Themen und Ausschnitten der historischen Wissensbestände – obgleich diese häufig nur sattsam Bekanntes zeigen –, sondern an der Bindung an die immer gleiche digitale Logik, denen die Spielsysteme gehorchen müssen. Was Michael Sauer für den schulischen Geschichtsunterricht fordert – »Handlungen sollten nicht einfach bewertet, sondern ihr Hintergrund, ihre ›Logik‹, sollte untersucht werden«[61] – können sie nicht bieten, eben weil das Computerspiel nur die eine Logik der computerisierten Informationsverarbeitung kennt. Eine Erfahrung wie die des Zeitreisenden aus Mark Twains satirischem Roman *Ein Yankee am Hofe des König Artus*, der sich nach einem Schlag auf den Kopf im Britannien des 6. Jahrhunderts wiederfindet und nach einiger Zeit bemerken muss, dass er »wie ein zweiter Robinson Crusoe auf eine unbewohnte Insel geworfen worden war«[62] und sich ob der seltsamen und fremden Verhaltensweisen der Menschen in seiner Umgebung fragt, ob es sich bei »Camelot« nicht doch um den »Namen der Irrenanstalt« handeln müsse,[63] wird der Spieler von *Medieval II: Total War* oder *Anno 1404* nicht machen. Stattdessen

---

58 | Oexle, *Das entzweite Mittelalter*, S. 11.

59 | Sauer, *Geschichte unterrichten*, S. 76.

60 | Thomas Mergel, *Überlegungen zu einer Kulturgeschichte der Politik*, in: Geschichte und Gesellschaft 29 (2002), S. 574–606, hier S. 590.

61 | Sauer, *Geschichte unterrichten*, S. 76.

62 | Mark Twain, *Ein Yankee am Hofe des Königs Artus*, Frankfurt/M., Leipzig 1997 (engl. 1889), S. 68.

63 | Ebd., S. 21.

wird er versuchen, schnellstmöglich die Logik des Spielsystems zu durchschauen und dann in diesem geschlossenen, vollständig kontrollierbaren System fortwährend nach optimalen Gewinnstrategien suchen.[64] Dafür muss er erstens gut im logisch-mathematischen Schlussfolgern und im Abwägen von Wahrscheinlichkeiten sein, zweitens ist eine allgemeine Computer-Literalität für die Bedienung des Spielinterfaces von Vorteil. Für beides ist kein ethnographischer Blick auf fremde Kulturen und unbekannte Bedeutungen notwendig, sondern vor allem viel Erfahrung im Bedienen von Computerprogrammen. Da sich die Steuerungs- und Bedienprinzipien in der Computerwelt ähneln, wirken sich dafür auch Kenntnisse aus anderen Feldern – Dateiverwaltung, Tabellenkalkulation, Betriebssystemadministration und natürlich Programmierung – förderlich aus. Das wusste auch schon Nolan Bushnell, der mit seiner Firma Atari bereits ab Beginn der 1970er Jahre kommerzielle Videospiele entwickelte: »Ich habe nie Computerprogrammierer eingestellt, die nicht gerne Games spielen. Es gibt [...] keine guten Programmierer, die nicht auch gute Gamer sind.«[65] Alexander Galloways Einschätzung zu *Civilization* ist also zuzustimmen und kann auch auf die hier diskutierten emergenten Computerspiele erweitert werden: Wenn solch ein Spiel »überhaupt von etwas handelt, dann von der informatischen Gesellschaft selbst«.[66]

Damit ist aber nun nicht gesagt, dass Computerspiele prinzipiell keine Alteritätserfahrung produzieren könnten. Hartmut Böhme geht in seinem Büro-Text davon aus, dass die »erste, immaterielle Symbolebene einer Gesellschaft [...] immer die Erzählung« war. Das Büro besorge zwar »die Verwandlung von Erzählungen in formalisierte Daten«, aber das bedeute nicht, »daß unsere Gesellschaften nicht immer noch erzählen«.[67] Wie auch mit Computerspielen Vergangenheit jenseits von Formalisierungen und Diskretisierungen erzählt werden kann (oder: könnte), wird der Ausblick im abschließenden Kapitel behandeln. Der Politik- und Strategiesimulation *Medieval II: Total War* jedenfalls gelingt es nicht, ihre Mittelalterdarstellung von der Algorithmenlogik der gegenwärtig nahezu omnipräsenten computerisierten Datenverarbeitung zu entkoppeln.

64 | Zur Verbindung von Rationalität und Strategie im Computerspiel vgl. auch Nohr/Wiemer, *Strategie Spielen*, S. 8–13.

65 | Nolan Bushnell, zit. nach Tilman Baumgärtel, *Interview mit Nolan Bushnell*, in: Telepolis, 10.11.1998, URL: http://www.heise.de/tp/artikel/2/2525/1.html (besucht am 19.09.2011).

66 | Galloway, *Den Code spielen*, S. 276.

67 | Böhme, *Büro als Welt*, S. 101 f.

Schluss

Verdichtung und Differenzierung

Diese Arbeit hat die Mittelalterdarstellung und Mittelaltermodellierung aktueller Computerspiele zum Thema. Für Espen Aarseth waren Computerspiele im Jahr 2001 »sicherlich das vielfältigste und schnelllebigste kulturelle Genre, das es je gab«.[1] Und auch 2011 ist die Computerspielentwicklerin Kellee Santiago begeistert von der »sheer variety of gameplay I see happening«.[2] Tatsächlich sind die Formen und Mechaniken, mit denen Computerspiele ihre Geschichten und Welten präsentieren und mit denen sie die Spieler zum Handeln auffordern, ausgesprochen vielfältig. Daher hat diese Arbeit ihren Schwerpunkt auf Einzelanalysen gelegt. Es bestand die Hoffnung, so die je spezifischen Kombinationen von Spielmechanik und Geschichtsdarstellung, mit denen Mittelalter in verschiedenen Spielen thematisiert wird, möglichst umfassend und differenziert verstehen zu können. Eine andere Methode wäre der Heterogenität des Gegenstandes nicht angemessen. Außerdem konnte durch das ›Close Reading‹ gezeigt werden, was die historischen Computerspiele mit anderen Medien, Praktiken und Wissensordnungen – historischer Roman, Geschichtswissenschaft, Pen-and-Paper-Rollenspiel, Erlebnisgastronomie, Modellbau, Büroorganisation – verbindet und wo die Synthese von Mittelalter, Computer und Spiel einer ganz

---

1 | Aarseth, *Allegorien des Raums*, S. 303.

2 | Kellee Santiago, Geschäftsführerin von thatgamecompany, zit. nach Christian Nutt, *Gamescom: Sony Panel Charts The Next 10 Years In Games*, in: Gamasutra (Webseite), 17.08.2011, URL: http://www.gamasutra.com/view/news/36649/Gamescom_Sony_Panel_Charts_The_Next_10_Years_In_Games.php (besucht am 22.09.2011).

eigenen Logik folgt und folgen muss. Schließlich lag der Analyse einzelner Spiele das Anliegen zugrunde, die Spiele bzw. das Spielerlebnis, das sie ermöglichen, auch für Leser und Leserinnen nachvollziehbar zu machen, welche die analysierten Computerspiele nicht kennen oder überhaupt wenig Erfahrung mit dieser Medienform haben. Ein solcher, qualitativer Zugang bedingt, dass sich die Ergebnisse der Arbeit aus vielen einzelnen, manchmal sich auch widersprechenden Einsichten zusammensetzen. Es kann daher im Folgenden nicht darum gehen, *die* Mittelalterdarstellung im Computerspiel zu referieren. Die Einzelanalysen stehen für sich. In ihrer Zusammenstellung bilden sie aber gleichzeitig ein Panorama der Mittelalterdarstellung im Computerspiel, das auch einige synthetisierende Schlüsse zulässt.

Zunächst sei nochmals auf die Vorteile eingegangen, die sich für die Produzenten ergeben, wenn sie ihre Spiele mit historischen Wissensbeständen anreichern. In den Kapiteln 7 und 8 wurden mit *Geschichte als Marke* und *Geschichte als Universum* die zwei zentralen Motive für den Einsatz von Geschichte im Computerspiel ausgemacht. *Geschichte als Marke* meint die Potentiale, die sich aus der Verwendung von Geschichte für die Produzenten bezüglich der Bewerbung und des Verkaufs eines Spiels ergeben. Es geht hier vor allem um den Wiedererkennungswert, den Epochenbezeichnungen, bekannte historische Personen und etablierte Geschichtsmotive durch ihre solide Verankerung im kollektiven Wissen haben und der dann auf das neue Produkt übertragen werden kann. Die Auseinandersetzung mit dem Actionspiel *Assassin's Creed* hat diese Vermarktungslogik nachgezeichnet: Obwohl die eigentliche Vorlage der Spielgeschichte – Wladimir Bartols Assassinenroman *Alamut* – nichts mit Richard Löwenherz, Saladin und dem Dritten Kreuzzug zu tun hat, gelingt dem Spiel durch eine Transponierung in Raum und Zeit eine Anbindung an populäre Mittelalterthemen. So kann von einer reichen Tradition an Kreuzzugs- und Heiliges-Land-Bearbeitungen profitiert werden und das Spiel muss die potentiellen Käufer nicht erst mit seinem Stoff bekannt machen. Es ist offensichtlich, dass diese Vorteile auch für die Mittelalterimplementierungen der anderen Spiele gelten. Der Mechanismus *Geschichte als Marke* ist nicht auf Computerspiele beschränkt, sondern spielt auch bei anderen Medien und Erlebnisangeboten eine wichtige Rolle. Das hat Aleida Assmann mit Blick auf historische Bücher, Museen, Ausstellungen, Filme, architektonische Denkmäler und historische Landschaften bemerkt: »Geschichte [...] verkauft sich gut.«[3]

Geschichte als Universum beschreibt hingegen ein Motiv für die Anreicherung mit Geschichte, das besonders für die Entwickler von Computerspielen relevant

---

3 | Assmann, *Geschichte im Gedächtnis*, S. 25.

ist. Zwar profitieren auch Romane oder Filme von interessanten Hintergründen und Schauplätzen. Hier aber kann der Autor den Zuschauer bzw. Leser führen und entscheidet selbst über die Sachverhalte, die gezeigt werden. Natürlich hängt auch im Computerspiel die Erfahrung der Rezipienten von den Konstruktionen der Autoren ab. Da Computerspiele aber per se einen Raum bereitstellen müssen, in dem die freie Bewegung möglich ist (und zum Spiel werden kann), müssen Computerspielentwickler immer vollständige und funktionsfähige Umgebungen entwerfen, die sie aus einer Vielzahl von Spielelementen zusammensetzen. Ob sich diese Elemente dann zu einer glaubwürdigen und konsistenten Spielwelt verbinden, hängt maßgeblich von ihrer Gestaltung und Benennung ab. Der Computerspieldesigner ist also bei der Erschaffung seiner Figuren, Architekturen, Topographien, Artefakte und Bezeichnungen auf ein stimmiges Gesamtkonzept angewiesen. Und dafür bietet sich, das ist das Argument von *Geschichte als Universum*, neben fantastischen Welten wie Aventurien oder Mittelerde, in besonderem Maße auch ein historisches Universum wie das Mittelalter an.

Mit *Geschichte als Marke* und *Geschichte als Universum* stehen zwei Konzepte zur Verfügung, die die Motive für den Einsatz von Geschichte im Computerspiel erklären können. Sie stehen in einem additiven Verhältnis, die Geschichtsdarstellung eines Spiels kann sowohl der Logik des einen als auch des anderen Prinzips folgen. Die Konzepte sind weder auf die hier behandelten Spiele noch auf das Mittelalter beschränkt. Darüber hinaus scheinen sie auf zwei grundsätzliche Verfahren gesellschaftlicher Vergangenheitsreflexion zu weisen: *Geschichte als Marke* hat eine Nähe zu den Geschichtsdarstellungen der populären Unterhaltungskultur, die ihren Rezipienten eine »hohe Allgemeinverständlichkeit und Zugänglichkeit« bietet und sich durch »sinnfällige, kohärente Narrative« auszeichnen.[4] Bei solchen Angeboten – die erlebnisgastronomische Veranstaltung ›Ritteressen‹ mag als Beispiel dienen – wird Geschichte zu einem Vorrat eingängiger, wiedererkennbarer und eindeutiger Motive kombiniert und zugespitzt. Demgegenüber steht der Modus *Geschichte als Universum*, der sich der Vergangenheit bedient, weil diese auch als nahezu unerschöpfliches Reservoir für Geschichten, Figuren und vieles andere dienen kann. Der gesellschaftliche Teilbereich, der die größten und reichsten Wissensbestände zur Vergangenheit erarbeitet hat, ist die Geschichtswissenschaft mit ihrem kompendiarischen Anspruch und ihrem Interesse für Besonderheiten, Abweichungen und Spezialfälle. Das historische Computerspiel, das *Geschichte als Marke* und *Geschichte als Universum*

---

4 | Korte/Paletschek, *Geschichte in populären Medien und Genres*, S. 15.

gebraucht, profitiert also sowohl von den *Verdichtungen* der populär-unterhaltenden Geschichtskultur als auch von den *Differenzierungen* der historischen Forschung.

Jenseits des Materialismus

Im ersten Teil dieser Arbeit wurde der Zugang für die Spielanalysen des zweiten Teils entwickelt: Computerspiele basieren auf formalen Systemen, die durch ihre Symbole immer auch auf Wissensbestände der alltäglichen Lebenswelt verweisen. Das Erzeugen von Spiel in der Struktur Computerspiel ist somit als Tätigkeit zu verstehen, die von formaler und von lebensweltlicher Information bestimmt wird. Dieses Verständnis war dann grundlegend für die Spielanalysen. Es wurde versucht, die spiellogischen Mechaniken wie die lebensweltlichen Referenzen der Spiele gleichermaßen zu berücksichtigen.

Es hat sich gezeigt, dass die Beschränkung des Computers, nur mit diskreten, eindeutigen Datensätzen umgehen zu können, die Weltentwürfe der Computerspiele maßgeblich beeinflusst. Die Spielmechaniken, mit denen *Anno 1404* mittelalterliche Stadtgesellschaft, *Drakensang: Am Fluss der Zeit* verschiedene Völker oder *Die Gilde 2* Männer und Frauen simuliert, führen allesamt zu schematischen, formalistischen, dem Diktat der Tabelle gehorchenden Darstellungen. Sie verlangen ein Spielen, das zu einem Gutteil formales Operieren ist. Damit wird deutlich, dass Computerspiele Computerprogramme sind und dass beim Spielen Maschinencode ausgeführt wird. Alexander Galloway hat diese Qualität des Computerspiels betont: »Logic gates open and close. Electrons flow. Display devices illuminate. [...] Video games are games, yes, but more important they are software systems«.[5] Letztlich weisen die Analysen der Systeme, mit denen Simulationsspiele Mittelalter modellieren, auf Marshall McLuhans Medienlektüre, nach der »das Medium die Botschaft ist«[6] und »die gestaltende Kraft bei Medien die Medien selber sind«.[7]

Für McLuhan herrschte ein »Mangel an Verständnis« über die Wirkung der Medien, weil »wir dem Programm-›Inhalt‹ unserer Medien Beachtung schenken, während wir die Form übersehen«.[8] Daher fokussierte er ganz auf die medialen Logiken und Anordnungen. Diese Arbeit hat sich nun aber neben den medialen – d. h. im Spezi-

5 | Galloway, *Gaming*, S. 5 f.

6 | Marshall McLuhan, *Die magischen Kanäle. Understanding Media*, Düsseldorf u. a. 1992 (engl. 1964), S. 17.

7 | Ebd., S. 33.

8 | Ebd., S. 242.

ellen den spiellogischen – Bedingungen des Computerspiels auch seiner inhaltlichen – d. h. lebensweltlich-referentiellen – Seite zugewandt. Dahinter steht die mit Nelson Goodman gewonnene Überzeugung, dass für die Wahrnehmung von Symbolen verschiedene Bezugsrahmen maßgeblich sind und dass daher Computerspiel-Symbole auch auf konventionelle Wissensbestände verweisen können. Insbesondere kommt so erst das Historische ins Spiel. Denn formale Systeme, das hat Sybille Krämer ausgeführt, »sprechen nie über die wirkliche Welt«.[9]

Es wurde gezeigt, dass die historischen Wissensbestände, auf die die Spiele verweisen, teilweise den Beständen der Geschichtswissenschaft entlehnt sind, teilweise aber auch in anderen gesellschaftlichen Wissensfeldern wie Romanen, Filmen oder Erlebnisangeboten etabliert wurden. Es kann hier nicht darum gehen, diese Anbindungen an den historischen Diskurs zusammenzufassen – dafür sind die Mittelalterthematisierungen der analysierten Spiele zu vielfältig. Auf eine Tendenz, der die historischen Wissensbestände häufig folgen, sei aber hingewiesen: Es scheint, als würde im Computerspiel das Mittelalter vermehrt über seine materiale Dimension erschlossen. So ist in vielen Spielen die Darstellung mittelalterlicher Architektur – bzw. die populäre Vorstellung davon – vorzufinden. Mittelalter wird markiert und mitgeteilt über massive Burgen und Stadtmauern, über steinerne Kirchen und Kathedralen – und vor allem und immer wieder über das Fachwerkhaus, das in quasi jedem Spiel seinen Auftritt hat. Ferner nehmen vor allem in den Aufbau- und Wirtschaftsspielen Tätigkeiten und Prozesse, die mit der Nahrungs- und Güterproduktion zusammenhängen, breiten Raum ein und legen nahe, bäuerliches Wirtschaften und Handwerksberufe wie den Schmied oder den Bäcker zum Kanon der Mittelalterchiffren des Computerspiels zu zählen. Spiele, die stärker auf den militärischen Bereich fokussieren, widmen sich ausführlich der Abbildung von Rüstungen, Waffen und Belagerungsmaschinen und stellen Mittelalter somit ebenfalls vornehmlich über historische Materialien und Gerätschaften aus.

Zum einen resultiert diese Konzentration auf die Sachkultur des Mittelalters aus den Schwerpunkten, die in anderen populären Medien und Erlebnisangeboten gesetzt werden und die damit partiell schon festgelegt haben, was denn nun ›mittelalterlich‹ ist. Stellvertretend sei auf die Mittelalterthematisierung der Mittelalter-Märkte hingewiesen: Sven Kommer hat berichtet, dass man auf Mittelalter-Märkten häufig Teilnehmer mit beachtlichem Wissen zum Mittelalter antreffen könne. Das Wissen betreffe aber nahezu ausschließlich sachkulturelle Bereiche wie Lebensmittel, Handwerkstechniken und Kostümierung. Die Mittelalter-Aneignung der Märkte dreht sich

9 | Krämer, *Symbolische Maschinen*, S. 183.

demnach vor allem um die materielle Kultur, andere Bereiche – etwa die Ebene der sozialen Interaktion – sind nicht Gegenstand der Beschäftigung.[10]

Es existieren aber auch medienspezifische Gründe für das gesteigerte Interesse des Computerspiels an der materiellen Kultur des Mittelalters. Zum Ersten ist das Computerspiel (unter anderem) ein visuelles Medium und stellt daher seine Welten und Geschichten immer auch über Bilder und dreidimensionale Modelle vor. Das bedingt natürlich die Bezugnahme auf historische Güter, Architekturen und Materialien. Zum Zweiten müssen Wissensbestände, die in die Spielmechaniken integriert werden sollen, formalisiert und diskretisiert werden. Das gelingt leichter, wenn das Mittelalter über Domänen wie Infrastruktur, Produktion, Militär und Handel erschlossen wird. Diese Bereiche können über ihr ›Material‹ – Bauwerke, Rohstoffe, Güter, Soldaten, Geld – dargestellt werden. Ihre Interdependenzen lassen sich dann (vermeintlich) unkompliziert zu spielbaren Systemen formalisieren. Besonders die emergenten Spiele – also Aufbau- und Wirtschaftsspiele wie *Die Siedler – Aufstieg eines Königreichs*, *Anno 1404* oder *Die Gilde 2* – zeichnen sich in der Folge durch eine Tendenz zur Quantifizierung aus und stellen ein Mittelalter vor, das von Rohstoffkosten, Produktionsraten, Handelserträgen, Wachstumsquoten und Steueraufkommen dominiert wird.

Damit erhalten die Computerspiele eine gewisse Nähe zur historischen Ökonometrie. Die Anhänger dieser geschichtswissenschaftlichen Teildisziplin waren in den 1950er bis 1970er Jahren ihren Weg »von den Datenreihen der Marktpreise zu den Grunddaten der volkswirtschaftlichen Gesamtrechnung weiter zu den Daten über Vermögen und Einkommen von Berufsgruppen und Klassen bis hin zu den quantifizierbaren Spuren kultureller Praktiken und religiöser Einstellungen« gegangen und griffen für ihre Berechnungen auch auf mathematische Modellierung und computergestützte Datenanalyse zurück.[11] Nach Lutz Raphael konnte die historische Ökonometrie die Geschichtswissenschaft aber »trotz anfänglicher Euphorie« nicht nachhaltig beeinflussen, im Gegenteil sei »angesichts des erheblichen Aufwands [...] bei relativ bescheidenen Ergebnissen die Skepsis« gewachsen.[12] Zudem, und das verbindet diese

---

10 | Sven Kommer, *Mittelalter-Märkte zwischen Kommerz und Historie*, in: Thomas Martin Buck/Nicola Brauch (Hrsg.), *Das Mittelalter zwischen Vorstellung und Wirklichkeit. Probleme, Perspektiven und Anstöße für die Unterrichtspraxis*, Münster u. a. 2011, S. 183–199, hier S. 198.

11 | Lutz Raphael, *Geschichtswissenschaft im Zeitalter der Extreme. Theorien, Methoden, Tendenzen von 1900 bis zur Gegenwart*, München 2003, S. 179. Zur Forschungsagenda der quantitativen Sozialgeschichte vgl. J. Morgan Kousser, *Quantitative Social-Science History*, in: Michael Kammen (Hrsg.), *The Past Before Us. Contemporary Historical Writing in the United States*, Ithaca 1980, S. 433–456.

12 | Raphael, *Geschichtswissenschaft*, S. 180.

Disziplin mit dem Aufbau- und Wirtschaftsspiel, kritisiert man an der »Cliometrie« eine grundlegende methodische Schwäche, nämlich »die tendenzielle Einengung der Fragestellung der Wirtschaftsgeschichte auf quantifizierbare [...] Themen«.[13] Nun hat die Geschichtswissenschaft in der zweiten Hälfte des 20. Jahrhunderts eine ganze Fülle von Paradigmenwechseln durchlaufen und ist von einer primär politikgeschichtlichen Ausrichtung über eine sozial- und strukturgeschichtliche Orientierung (hierzu gehört auch die historische Ökonometrie) inzwischen bei anthropologisch und kulturwissenschaftlich informierten Perspektiven angelangt.[14] Damit sind (beispielsweise) Fragen nach den menschlichen Vorstellungswelten und Mentalitäten, nach den Rollen von Fremden und Außenseitern oder nach kulturellen und symbolischen Praktiken in den Fokus des geschichtswissenschaftlichen Interesses gerückt.[15] Die Einsicht, dass »Wahrnehmungsweisen und Sinnstiftungsmuster, Selbstdeutungen und Weltbilder der historischen Subjekte mindestens so wichtige ›Tatsachen‹ der Geschichte darstellen wie beispielsweise ihre sozioökonomische Lage oder ihre Zugehörigkeit zu ›objektiv feststellbaren‹ Ständen, Schichten oder Klassen«,[16] findet sich in den analysierten Spielen aber nicht. Hinsichtlich dieser ›kulturalistischen‹ Betrachtungsweise sind die Spiele blind – oder sehen, das zeigt beispielsweise die Implementierung des Religiösen, nur sehr unscharf.

Die Konzentration auf ein ›materiales‹ und ›formalisierbares‹ Mittelalter, wie es die untersuchten Spiele exerziert haben, ist jedoch nicht alternativlos. Zwar benötigen vor allem emergente Computerspiele immer ein gewissermaßen ›systemisches‹ Modellierungsobjekt und werden daher prinzipiell Probleme mit der Behandlung von Themen wie »Verwandtschaft, Freundschaft, Bruderschaft« oder »Lebensformen im

---

13 | Richard Tilly, *Einige Bemerkungen zur theoretischen Basis der modernen Wirtschaftsgeschichte*, in: Jahrbuch für Wirtschaftsgeschichte 1 (1994), S. 131–149, hier S. 139.

14 | Notwendigerweise ist das eine verkürzte Wiedergabe der Entwicklung. Sie orientiert sich an Hans-Werner Goetz, *Aktuelles Mittelalter zwischen Vorstellung und Wirklichkeit: die Perspektive der Mittelalterforschung*, in: Thomas Martin Buck/Nicola Brauch (Hrsg.), *Das Mittelalter zwischen Vorstellung und Wirklichkeit. Probleme, Perspektiven und Anstöße für die Unterrichtspraxis*, Münster u. a. 2011, S. 73–92, hier S. 81 f.

15 | Vgl. aus mediävistischer Perspektive ebd., S. 82; ders., *Einführung: Die Gegenwart des Mittelalters und die Aktualität der Mittelalterforschung*, in: ders. (Hrsg.), *Die Aktualität des Mittelalters*, Bochum 2000, S. 7–23, hier S. 13. Vgl. allgemein z. B. Thomas Mergel, *Kulturgeschichte – die neue »große Erzählung«?*, in: Wolfgang Hardtwig/Hans-Ulrich Wehler (Hrsg.), *Kulturgeschichte Heute (Sonderheft 16 Geschichte und Gesellschaft)*, Göttingen 1996, S. 41–77; Heinz Dieter Kittsteiner, *Was heißt und zu welchem Ende studiert man Kulturgeschichte?*, in: Geschichte und Gesellschaft 23 (1997), S. 5–27.

16 | Daniel, *Clio unter Kulturschock I*, S. 200.

304 | Mittelalter Computer Spiele

Krieg« – so die Titel aktueller mediävistischer Publikationen[17] – haben. Aber die Simulation ist nicht der einzige Modus, mit dem das Computerspiel Geschichte mitteilen kann. Vor allem die Analysen des Adventures *The Abbey* und des Actionspiels *Assassin's Creed* haben gezeigt, dass Computerspiele auch erzählend Geschichte vermitteln können. Dass dabei im ersten Fall nur etwas bieder von Bücherverbrennung und Dämonologie, im zweiten Fall relativ unhistorisch von Gralssuche und Verschwörungstheorie erzählt wird, liegt nicht am Medium, sondern an den Autoren. Prinzipiell wäre es jedoch durchaus möglich, auch im Computerspiel ein vielfältiges, von Ungleichzeitigkeiten geprägtes, und durch verschiedene Ordnungen, Lebenswelten und Mentalitäten bestimmtes – kurz, ein gegenüber der Moderne grundsätzlich ›anderes‹ – Mittelalter[18] zu behandeln. Das wird aber nur Spielen gelingen, welche die Spielhandlungen ein Stück weit narrativ strukturieren, d. h. über ein teilweise progressives Spielsystem verfügen. Die Vergangenheit ist, so hat das Erhard Wiersing formuliert, als »Menschenwirklichkeit [...] ein unauslotbarer Geschehenszusammenhang«.[19] Man wird ihr, das zeigt die Analyse der Mittelalterdarstellung im Computerspiel deutlich, eher im Modus der Erzählung als mit den Methoden der Modellbildung gerecht.

Dieses abschließende Plädoyer für ›erzählende‹ (und gegen ›modellierende‹) Computerspiele zum Mittelalter entspringt nicht der akademischen Sozialisation des Historikers, der sich in seiner Disziplin nahezu ausschließlich mit Texten (Quellen und Darstellungen) – und damit mit narrativer Rede[20] – der Vergangenheit annähert und z. B. mit Jan Eckel in der Erzählung einen »grundlegenden Modus der Erkenntnis und der Wirklichkeitskonstruktion« der Geschichtswissenschaft sieht.[21] Es geht

---

17 | Gerhard Krieger (Hrsg.), *Verwandtschaft, Freundschaft, Bruderschaft. Soziale Lebens- und Kommunikationsformen im Mittelalter*, Berlin 2009; Gabriel Zeilinger, *Lebensformen im Krieg. Eine Alltags- und Erfahrungsgeschichte des süddeutschen Städtekriegs 1449/50*, Stuttgart 2007.

18 | Vgl. Oexle, *Das entzweite Mittelalter*, S. 11 f.; Goetz, *Die Gegenwart des Mittelalters und die Aktualität der Mittelalterforschung*, S. 13 f.

19 | Erhard Wiersing, *Geschichte des historischen Denkens. Zugleich eine Einführung in die Theorie der Geschichte*, Paderborn u. a. 2007, S. 713.

20 | Vgl. Ricœur, *Zeit und Erzählung 1*, S. 126.

21 | Jan Eckel, *Der Sinn der Erzählung. Die narratologische Diskussion in der Geschichtswissenschaft und das Beispiel der Weimargeschichtsschreibung*, in: Jan Eckel/Thomas Etzemüller (Hrsg.), *Neue Zugänge zur Geschichte der Geschichtswissenschaft*, Göttingen 2007, S. 201–230, hier S. 201. Ähnlich bei Katja Stopka: »Das Herstellen von ›Geschichte‹ ist gebunden an Sprachlichkeit und Textlichkeit. Denn Historiker befassen sich zumeist mit den schriftlichen Hinterlassenschaften der Menschheit, wobei sie ihre daraus gewonnenen Vergangenheitsrekonstruktionen wiederum schriftlich fixieren.« Katja Stopka, *Guide Geschichte und Literatur*, in:

auch nicht um einen pädagogisch motivierten Appell, der von den Herstellern von Computerspielen differenziertere Vergangenheitsdarstellungen fordert. Mit der Vergangenheit kann jeder (im Rahmen der geltenden Gesetze) machen, was er will. Vielmehr liegt die durch diese Arbeit gewonnene Erkenntnis zugrunde, dass durch eine vertiefte Auseinandersetzung mit dem Mittelalter – und hier ist explizit das Mittelalter der Geschichtswissenschaft gemeint – jenseits der formalistischen Simulationsspiele neue Spielideen und anspruchsvolle interaktive Erzählungen entstehen könnten. So wäre es z. B. möglich, gerade die ›Fremdheit‹ des Mittelalters für originelles Rätseldesign zu nutzen. Und auch, dass die Grabeskirche in Jerusalem nur als unbegehbare ›schwarze Kiste‹ im Spiel auftaucht, nicht aber mit ihren religiösen, symbolischen und kulturellen Bedeutungen in die Spielhandlung integriert wird, hat nichts mit den medialen Voraussetzungen, sondern mit historisch uninteressiertem oder uninformiertem Storydesign zu tun. Das heißt nun nicht, dass Computerspiele den wissenschaftlichen Diskurs abbilden sollen. Computerspiele wollen unterhalten und müssen sich verkaufen. Aber nach fünfzig Jahren Computerspielgeschichte, die beeindruckende Entwicklungen auf dem Gebiet der Grafik, der Animation, der automatisierten Steuerung von Figuren und Umwelten und der Interaktionsmöglichkeiten erbracht hat, würde es dem Computerspiel gut tun, wenn auch seine Helden, Handlungsaufforderungen, Welten und Geschichten gründlicher und überraschender gestaltet werden würden.

Das Mittelalter der Geschichtswissenschaft hat, so Ernst Voltmer, »kein einheitliches Gesicht«. Es ist »christlich und heidnisch, zivilisiert und barbarisch, ständisch geordnet und anarchisch, fortschrittlich und primitiv, unbeweglich-statisch und dynamisch-revolutionär«. Es zeichnet sich aus »durch Nicht-Einheitlichkeit, eine ungeheure Vielfalt, durch Zersplitterung, das Auseinanderfallen in ein buntes Nebeneinander der verschiedensten Lebensbereiche und Schauplätze, stärkste räumliche und zeitliche Verschiebungen und Kontraste«.[22] Es scheint, als sei dieses Mittelalter den Spieleproduzenten völlig unbekannt.

Clio-online, 15. 11. 2008, URL: http://www.clio-online.de/guides/geschichteliteratur/stopka2008 (besucht am 01. 10. 2011).

22 | Voltmer, *Das Mittelalter ist noch nicht vorbei*, S. 196.

Verzeichnisse

Abbildungen

Tabellen

Untersuchungsmaterial

Die behandelten Spiele werden nach dem offiziellen Titel im deutschen Verkauf aufgeführt. Zunächst erfolgt eine Auflistung aller behandelter oder erwähnter Spiele, die einen Bezug zum Mittelalter (oder unmittelbar anschließenden Epochen und Themenkreisen) haben, dann die Auflistung weiterer erwähnter Spiele. Wenn nicht anders angegeben, bezieht sich der Eintrag auf die PC-Version des Spiels. Danach steht zunächst der/die Entwickler bzw. das (maßgebliche) Entwicklerstudio, dann der Publisher. In einigen Fällen liegen Entwicklung und Vertrieb in einer Hand. Ergänzt wird das Verzeichnis des Untersuchungsmaterials noch um die Auflistung der zitierten oder erwähnten gedruckten Medien. Die Handbücher der Spiele werden hier nicht eigens ausgeführt, Belege finden sich in den jeweiligen Fußnoten.

Computerspiele mit Mittelalterbezug

13th Century – Death or Glory, Unicorn Games Studio/1C Company, 2008.
Adventure, William Crowther, Don Woods, 1976.
Age of Empires II: The Age of Kings, Ensemble Studios/Microsoft, 1999.
Anno 1404, Related Designs, Blue Byte/Ubisoft, 2009.
Anno 1503, Max Design, Sunflowers/Sunflowers, 2002.
Assassin's Creed, Ubisoft Montreal/Ubisoft, 2009.
Assassin's Creed 2, Ubisoft Montreal/Ubisoft, 2010.
Assassin's Creed: Brotherhood, Ubisoft Montreal/Ubisoft, 2011.
Civilization, MicroProse, 1991.
Civilization III, Firaxis/Infogrames, 2001.
Civilization IV, Firaxis/2K Games, 2005.
Conquests of the Longbow: The Legend of Robin Hood (Dos, Amiga), Sierra On-Line, 1991.
Crusader – Kreuzzüge, Wanadoo, 1998.
Crusader Kings, Paradox Interactive, 2004.
Crusaders: Thy Kingdom Come, Neocore Games/cdv Software, 2008.
Dark Age of Camelot, Mythic, 2001.
Das Geheimnis von Alamut, Wanadoo, 2001.
Das Schwarze Auge: Drakensang, Radon Labs/dtp entertainment, 2008.
Die Fugger, Electric Ballhaus/Bomico, 1988.
Die Fugger II, Sunflowers, 1996.
Die Gilde, 4HEAD Studios/JoWooD, 2002.
Die Gilde 2, 4HEAD Studios/JoWooD, 2006.
Die Legende des Propheten und des Mörders, Wanadoo, 2000.
Die Siedler (Amiga), Blue Byte, 1993.
Die Siedler II – Veni, Vidi, Vici, Blue Byte, 1996.
Die Siedler II – Die nächste Generation, Ubisoft, 2006.
Die Siedler – Das Erbe der Könige, Ubisoft, 2004.
Die Siedler – Aufstieg eines Königreichs, Blue Byte/Ubisoft, 2007.
Die Siedler 7, Ubisoft, 2010.
Drakensang: Am Fluss der Zeit, Radon Labs/dtp entertainment, 2010.
Empire Earth, Stainless Steel Studios/Sierra Entertainment, 2001.

EverQuest, Verant Interactive/Sony, 1999.

Excalibur (Atari 8-bit), Chris Crawford/Atari, 1983.

Gothic 3, Piranha Bytes/Deep Silver, 2006.

Great Invasions, Indie Games Productions/Nobilis, 2006.

King Arthur: The Role Playing Wargame, Neocore Games/Ubisoft, 2009.

King's Quest, Sierra On-Line/IBM, 1984.

Knights and Merchants, Joymania Entertainment/Blackstar Interactive, 1998.

Knights of Honor, Black Sea Studios/Sunflowers, 2004.

Lionheart: King's Crusade, Neocore Games/Paradox Interactive, 2010.

Medieval II: Total War, The Creative Assembly/Sega, 2006.

Medieval: Total War, The Creative Assembly/Sega, 2002.

Mount & Blade, TaleWorlds/Paradox Interactive, 2008.

Multi User Dungeon (PDP-10), Roy Trubshaw, Richard Bartle, 1978.

Nostradamus – Die letzte Prophezeiung, Kheops Studio/Morphicon, 2007.

Patrizier IV, Gaming Mind Studios/Kalypso Media, 2010.

Pilgrim, Wanadoo, 1997.

Robin Hood – Die Legende von Sherwood, Spellbound Entertainment/Wanadoo Edition, 2002.

Shogun: Total War, The Creative Assembly/Electronic Arts, 2000.

Stronghold, Firefly Studios/Take 2 Interactive, God Games, 2001.

Stronghold 2, Firefly Studios/2K Games, 2006.

Stronghold Crusader, Firefly Studios/Take 2 Interactive, God Games, 2002.

The Abbey, Alcachofa Soft/Crimson Cow, 2008.

The Elder Scrolls III: Morrowind, Bethesda Softworks/Ubisoft, 2002.

The Golden Horde, World Forge/JoWooD, 2008.

Two Thrones, Paradox Entertainment/KOCH Media, 2004.

Venetica, Deck13/dtp entertainment, 2009.

Wars & Warriors: Jeanne d'Arc, Enlight, 2004.

World of Warcraft, Blizzard Entertainment, 2004.

Weitere erwähnte Computerspiele

Age of Empires, Ensemble Studios/Microsoft, 1997.

Age of Empires III, Ensemble Studios/Microsoft, 2005.

Anno 1701, Related Design/Koch Media, 2006.

Call of Duty, Infinity Ward/Activision, 2003.

Chess Champion MK I (Schachcomputer), Novag, 1978.

Der Tag wird zur Nacht, Hochschule der Medien Stuttgart, 2003.

Deus Ex: Human Revolution, Eidos Montreal/Square Enix, 2011.

Die Sims 2, Maxis/EA Games, 2004.

Doom, id Software, 1993.

Dune II – Kampf um Arrakis, Westwood Studios/Virgin Interactive, 1992.

Empire: Total War, The Creative Assembly/Sega, 2009.

FIFA 10, Electronic Arts, 2009.

Fritz 11, Chessbase, 2008.

Gabriel Knight 1: Sins of the fathers, Sierra Entertainment, 1993.

Gabriel Knight 2: The Beast within, Sierra Entertainment, 1995.

Gabriel Knight 3: Blood of the Sacred, Blood of the Damned, Sierra Entertainment, 1999.

Gran Turismo 5 (Playstation 3), Sony, 2010.

Grand Master Chess (C64), Kingsoft, 1982.

Grand Theft Auto III, Rockstar Games, 2002.

Magnavox Odyssey 1 TL200 (Spielkonsole), Magnavox, 1972.

Maniac Mansion, Lucasfilm Games, 1987.

Myst, Broderbund, 1993.

Napoleon: Total War, The Creative Assembly/Sega, Typhoon Games, 2010.

OXO (EDSAC), Alexander Douglas, 1956.

Rome: Total War, The Creative Assembly/Sega, 2004.

Second Life, Linden Lab, 2003.

SimCity, Maxis Software/Infogrames, 1989.

SimCity 2000, Maxis Software, 1993.

SingStar (Playstation 2, Playstation 3), London Studio/Sony, 2004.

Spacewar! (PDP-1), Steve Russel, 1962.

Super Mario Land (Game Boy), Nintendo, 1990.

Tennis for Two (Analogcomputer/Oszilloskop), William Higinbotham, 1958.

Tetris, Alexey Pajitnov, 1984.

Tomb Raider, Core Design Europe/Eidos, 1996.

Wii Sports (Wii), Nintendo, 2006.

Gedruckte Medien

Wladimir Bartol, *Alamut*, Bergisch Gladbach 1993 (slov. 1938).

Dan Brown, *The Da Vinci Code*, New York 2003.

Felix Buschbaum, *Die Gilde 2 – Offizielles Lösungsbuch*, Düsseldorf 2006.

Florian Don Schauen (Hrsg.), *Vater der Fluten*, Weldems 2010.

Florian Don-Schauen, Thomas Römer und Anton Weste, *Liber Cantiones. Eine Sammlung aventurischer Zaubersprüche in überarbeiteter Fassung*, Waldems 2008.

Umberto Eco, *Der Name der Rose*, München, Wien 1982 (it. 1980).

Chris Gosse (Hrsg.), *Zoo-Bootanica Aventurica. Tiere und Pflanzen des Schwarzen Auges*, Erkrath 2004.

Gary Gygax und Dave Arneson, *Dungeons & Dragons. Rules for Fantastic Medieval Wargames Campaigns Playable with Paper and Pencil and Miniature Figures*, Lake Geneva 1974.

Johann Christian Ludwig Hellwig, *Versuch eines aufs Schachspiel gebaueten taktischen Spiels von zwey und mehreren Personen zu spielen*, Leipzig 1780.

Ralf Hlawatsch u. a., *Geographia Aventurica. Die Welt des Schwarzen Auges*, Waldems [4]2003.

David Hodgson und David Knight, *Assassin's Creed Limited Edition Art Book*, Roseville 2007.

David Hodgson, David Knight und Damien Waples, *Assassin's Creed Official Game Guide*, Roseville 2007.

Thomas Römer (Hrsg.), *Wege der Helden. Generierungsregeln für alle aventurischen Helden*, Weldems 2007.

—— (Hrsg.), *Wege des Schwertes. Talent- und Kampfregeln des Schwarzen Auges*, Weldems 2007.

—— (Hrsg.), *Das Schwarze Auge Basisregelwerk. Hardcover-Ausgabe 2008*, Waldems [2]2008.

Thomas Römer (Hrsg.), *Wege der Götter. Regelwerk zu den Göttern Aventuriens in der Welt des Schwarzen Auges*, Weldems 2008.

Burkhard Strube und Roland Strube, *ANNO 1404. Das Offizielle Strategiebuch*, Hamburg 2009.

J. R. R. Tolkien, *Der Herr der Ringe. 3. Bde.* Stuttgart [8]1980 (engl. 1954/55).

— *Der kleine Hobbit*, Recklinghausen [9]1992 (engl. 1937).

Ubisoft (Hrsg.), *Anno 1404 – Alle Infos zum Spiel!*, Düsseldorf 2009.

— (Hrsg.), *Anno 1404 – Das offizielle Magazin zum Spiel*, Düsseldorf 2009, URL: http://ubisoft-tv.de/playvideo.php?lid=154 (besucht am 20. 01. 2011).

Wissenschaftliche Literatur

Kleinere Arbeiten wie Artikel aus Tageszeitungen, Spielezeitschriften und von Internetseiten werden, sofern sie nicht von größerem Interesse sind, nur in der entsprechenden Fußnote belegt.

Espen Aarseth, *Cybertext. Perspectives on Ergodic Literature*, Baltimore, London 1997.

— *Allegorien des Raums: Räumlichkeit in Computerspielen*, in: Zeitschrift für Semiotik 23 (2001) 1, S. 301–318.

— *Computer Game Studies, Year One*, in: Game Studies 1 (2001) 1, URL: http://www.gamestudies. org/0101/editorial.html (besucht am 10. 09. 2008).

— *Quest Games as Post-Narrative Discourse*, in: Marie-Laure Ryan (Hrsg.), *Narrative Across Media. The Languages of Storytelling*, Lincoln 2004, S. 361–376.

— *Game Studies: What is it Good For?*, in: International Digital Media & Arts Association Journal 2 (2005) 1, S. 3–7.

Espen Aarseth, Solveig Marie Smedstad und Lise Sunnanå, *A Multi-Dimensional Typology of Games*, in: Marinka Copier und Joost Raessens (Hrsg.), *Level Up. Digital Game Research Conference*, Utrecht 2003, S. 48–53.

Günter Abel, *Sprache, Zeichen und Interpretation*, in: Hans Lenk und Hans Poser (Hrsg.), *Neue Realitäten – Herausforderungen der Philosophie. XVI. Deutscher Kongreß für Philosophie*, Berlin 1995, S. 264–284.

Natascha Adamowsky, *Spielfiguren in virtuellen Welten*, Frankfurt/M., New York 2000.

— *Was ist ein Computerspiel?*, in: Ästhetik & Kommunikation 32 (2001) 115, S. 19–24.

Ernest Adams, *Replayability, Part 2: Game Mechanics*, in: Gamasutra, 03. 07. 2001, URL: http://www. gamasutra.com/view/feature/3059/replayability_part_2_game_.php (besucht am 04. 09. 2011).

Ralf Adelmann und Hartmut Winkler, *Kurze Ketten. Handeln und Subjektkonstitution in Computerspielen*, in: Ästhetik & Kommunikation 41 (2010) 148, S. 99–107.

Anne-Mette Albrechtslund, *Gender Values in Simulation Games: Sex and The Sims*, in: *Proceedings of CEPE 2007: The 7th International Conference of Computer Ethics*, 2007, URL: http://vbn. aau.dk/fbspretrieve/9270719/Paper_2007_CEPE_-_Gender_values_in_simulation_games.pdf (besucht am 06. 06. 2011).

Hans Joachim Alpers und Werner Fuchs, *25 Jahre Das Schwarze Auge. Eine Retrospektive zum DSA-Jubiläum*, in: Aventurischer Bote (2009) 138, S. 3–4.

Arnold Angenendt, *Geschichte der Religiosität im Mittelalter*, Darmstadt 1997.

Thomas H. Apperley, *Genre and Games Studies. Toward a Critical Approach to Video Game Genres*, in: Simulation & Gaming 37 (2006), S. 6–23.

Andreas von Arnauld, *Vom Spielvertrag*, in: ders. (Hrsg.), *Recht und Spielregeln*, Tübingen 2003, S. 51–56.

Aleida Assmann, *Geschichte im Gedächtnis. Von der individuellen Erfahrung zur öffentlichen Inszenierung*, München 2007.

Jan Assmann, *Kollektives Gedächtnis und kulturelle Identität*, in: Jan Assmann und Tonio Hölscher (Hrsg.), *Kultur und Gedächtnis*, Frankfurt/M. 1988, S. 9–19.

— *Das kulturelle Gedächtnis*, München 1992.

Iman Attia, *Die »westliche Kultur« und ihr Anderes. Zur Dekonstruktion von Orientalismus und antimuslimischem Rassismus*, Bielefeld 2009.

Hugo Aust, *Der historische Roman*, Stuttgart, Weimar 1994.

Ursula Baatz, *Das Spiel ist Ernst, der Ernst ist Spiel. Ein Versuch über unendliche Spiele*, in: Ursula Baatz und Wolfgang Müller-Funk (Hrsg.), *Vom Ernst des Spiels. Über Spiel und Spieltheorie*, Berlin 1993, S. 5–20.

John D. Barrow, *Die Natur der Natur. Wissen an den Grenzen von Raum und Zeit*, Reinbek b. Hamburg 1996 (engl. 1988).

Richard Bartle, *Designing Virtual Worlds*, Indianapolis 2004.

— *When Openness Closes. The Line between Play and Design*, in: Stephan Günzel, Michael Liebe und Dieter Mersch (Hrsg.), *Conference Proceedings of the Philosophy of Computer Games 2008*, Potsdam 2008, S. 44–55.

Hans Michael Baumgartner, *Thesen zur Grundlegung einer transzendentalen Historik*, in: Hans Michael Baumgartner und Jörn Rüsen (Hrsg.), *Seminar Geschichte und Theorie. Umrisse einer Historik*, Frankfurt/M. [2]1981 (1976), S. 274–302.

Peter Baumgartner, *Der Hintergrund des Wissens. Vorarbeiten zu einer Kritik der programmierbaren Vernunft*, Klagenfurt 1993.

Ingrid Baumgärtner, *Lebensräume von Frauen zwischen »privat« und »öffentlich«. Eine Einführung*, in: Rolf Ballof (Hrsg.), *Geschichte des Mittelalters für unsere Zeit*, Stuttgart 2003, S. 125–137.

Stefan Baur, *Historie in Computerspielen:* »*Anno 1602 – Erschaffung einer neuen Welt*«, in: Werkstatt Geschichte 23 (1999), S. 83–91.

Reinhart Beck, *Sachwörterbuch der Politik*, Stuttgart [2]1986.

Ernst Behler, *Frühromantik*, Berlin, New York 1992.

Katharina-Maria Behr und Ute Schaedel, *Wirtschaft in Computerspielen*, in: Tobias Bevc und Holger Zapf (Hrsg.), *Wie wir spielen, was wir werden. Computerspiele in unserer Gesellschaft*, Konstanz 2009, S. 185–205.

Benjamin Beil, *Vom Castle Smurfenstein zum LittleBigPlanet. Modding, Leveleditoren und Prosumenten-Kulturen*, in: Sebastian Abresch, Benjamin Beil und Anja Griesbach (Hrsg.), *Prosumenten-Kulturen* (Navigationen. Zeitschrift für Medien- und Kulturwissenschaften 9, 1), 2009, S. 191–214.

Peter L. Berger und Thomas Luckmann, *Die gesellschaftliche Konstruktion der Wirklichkeit. Eine Theorie der Wissenssoziologie*, Frankfurt/M. [5]1980 (engl. 1966).

Elwyn R. Berlekamp, John H. Conway und Richard K. Guy, *Winning Ways for Your Mathematical Play*, Bd. 3, Natick [2]2003 (1982).

Tobias Bevc, *Konstruktion von Politik und Gesellschaft in Computerspielen?*, in: ders. (Hrsg.), *Computerspiele und Politik. Zur Konstruktion von Politik und Gesellschaft in Computerspielen*, Berlin 2007, S. 25–54.

— *Virtuelle Politik- und Gesellschaftsmodelle*, in: Tobias Bevc und Holger Zapf (Hrsg.), *Wie wir spielen, was wir werden. Computerspiele in unserer Gesellschaft*, Konstanz 2009, S. 141–160.

Hartmut Böhme, *Das Büro als Welt – Die Welt im Büro*, in: Herbert Lachmayer und Eleonora Louis (Hrsg.), *Work & Culture. Büro, Inszenierung von Arbeit*, Klagenfurt 1998, S. 95–105.

— *Krieg und Zufall. Transformationen der Kriegskunst bei Carl von Clausewitz*, in: Hartmut Böhme und Marco Formisano (Hrsg.), *Krieg in Worten / War in Word. Transformations of War from Antiquity to Clausewitz*, Berlin 2010, S. 391–413.

Johannes Rogalla von Bieberstein, *Die These von der freimaurerischen Verschwörung*, in: Helmut Reinalter (Hrsg.), *Freimaurer und Geheimbünde im 18. Jahrhundert in Mitteleuropa*, Frankfurt/M. [3]1989 (1983), S. 85–111.

Dieter A. Binder, *Die Freimaurer. Ursprung, Rituale und Ziele einer diskreten Gesellschaft*, Freiburg, Basel, Wien 1998.

Anne Bobzin und Klaus Weber, *Das Bauhaus-Schachspiel von Josef Hartwig*, Berlin 2006.

Ian Bogost, *Unit Operations. An Approach to Videogame Criticism*, Cambridge/Mass. 2006.

— *Persuasive Games. The Expressive Power of Videogames*, Cambridge/Mass. 2007.

Jay David Bolter und Richard Grusin, *Remediation. Understanding New Media*, Cambridge/Mass. 2000.

Norbert Bolz, *Computer als Medium – Einleitung*, in: Norbert Bolz, Friedrich Kittler und Christoph Tholen (Hrsg.), *Computer als Medium*, München 1994, S. 9–16.

Hartmut Boockmann, *Tausend Jahre Verlegenheit zwischen Antike und Neuzeit: Vorstellungen vom Mittelalter – Umrisse des Mittelalters*, in: Hartmut Boockmann und Kurt Jürgensen (Hrsg.), *Nachdenken über Geschichte. Beiträge aus der Ökumene der Historiker*, Neumünster 1991, S. 367–381.

Bodo von Borries, *Imaginierte Geschichte*, Köln, Weimar, Wien 1996.

Arno Borst, *Was uns das Mittelalter zu sagen hätte. Über Wissenschaft und Spiel*, in: Historische Zeitschrift 244 (1987) 3, S. 537–555.

Robert Brandt, *Handwerk und Arbeit. Anmerkungen zur deutschsprachigen Handwerksgeschichtsschreibung und zur Geschichte des vorindustriellen Handwerks in Mitteleuropa während der Frühen Neuzeit*, in: Corinna Laude und Gilbert Heß (Hrsg.), *Konzepte von Produktivität im Wandel vom Mittelalter in die Frühe Neuzeit*, Berlin 2008, S. 289–314.

David S. Bratman, *J. R. R. Tolkien*, in: John Clute und John Grant (Hrsg.), *The Encyclopedia of Fantasy*, London 1997, S. 950–955.

Heiko Brendel, *Historischer Determinismus und historische Tiefe – oder Spielspaß? Die Globalechtzeitstrategiespiele von Paradox Interactive*, in: Angela Schwarz (Hrsg.), *»Wollten Sie auch immer schon einmal pestverseuchte Kühe auf Ihre Gegner werfen?« Eine fachwissenschaftliche Annäherung an Geschichte im Computerspiel*, Münster 2010, S. 95–122.

Steve Breslin, *The History and Theory of Sandbox Gameplay*, in: Gamasutra (Webseite), 16.07.2009, URL: http://www.gamasutra.com/view/feature/4081/the_history_and_theory_of_sandbox (besucht am 11.01.2011).

Martin Brownlow, *Game Programming Golden Rules*, Hingham 2004.

Edmund Bruns, *Das Schachspiel als Phänomen der Kulturgeschichte des 19. und 20. Jahrhunderts*, Münster u.a. 2003.

Thomas Martin Buck, *Mittelalter und Moderne. Plädoyer für eine qualitative Erneuerung des Mittelalter-Unterrichts an der Schule*, Schwalbach/Ts. 2008.

— *Das Mittelalter zwischen Vorstellung und Wirklichkeit*, in: Thomas Martin Buck und Nicola Brauch (Hrsg.), *Das Mittelalter zwischen Vorstellung und Wirklichkeit. Probleme, Perspektiven und Anstöße für die Unterrichtspraxis*, Münster u.a. 2011, S. 21–54.

— *Zwischen Primär- und Sekundärmittelalter. Annäherung an eine ebenso nahe wie ferne Epoche*, in: Thomas Martin Buck und Nicola Brauch (Hrsg.), *Das Mittelalter zwischen Vorstellung und Wirklichkeit. Probleme, Perspektiven und Anstöße für die Unterrichtspraxis*, Münster u.a. 2011, S. 57–71.

Gunilla-Friederike Budde, *Das Geschlecht der Geschichte*, in: Thomas Mergel und Thomas Welskopp (Hrsg.), *Geschichte zwischen Kultur und Gesellschaft. Beiträge zur historischen Theoriedebatte*, München 1997, S. 125–150.

Jacobus Johannes Buytendijk, *Wesen und Sinn des Spiels. Das Spielen des Menschen und der Tiere als Erscheinungsform der Lebenstriebe*, Berlin 1933 (ndl. 1932).

Roger Caillois, *Die Spiele und die Menschen. Maske und Rausch*, Stuttgart 1960 (frz. 1958).

Nick Caldwell, *Settler Stories: Representational Ideologies in Computer Strategy Gaming*, in: M/C: A Journal of Media and Culture 5 (2000) 3, URL: http://www.apinetwork.com/mc/0010/settlers.php (besucht am 14. 06. 2011).

Martin Campbell-Kelly, *Past into Present: The EDSAC Simulator*, in: Rául Rojas und Ulf Hashagen (Hrsg.), *The First Computers: History and Architectures*, Cambridge/Mass. 2002, S. 397–416.

John L. Casti, *Complexification*, New York 1994.

— *Artificial Games*, in: Florian Rötzer (Hrsg.), *Schöne neue Welten? Auf dem Weg zu einer neuen Spielkultur*, München 1995, S. 141–157.

Heather Chaplin und Aaron Ruby, *Smartbomb. The Quest for Art, Entertainment, and Big Bucks in the Videogame Revolution*, Chapel Hill 2005.

John Clute, *Secondary World*, in: John Clute und John Grant (Hrsg.), *The Encyclopedia of Fantasy*, London 1997, S. 847.

Nate Combs, *The Price of Serenity?*, in: Terra Nova (Blog), 15. 04. 2006, URL: http://terranova.blogs.com/terra_nova/2006/04/serene.html (besucht am 10. 03. 2010).

Christoph Conrad und Martina Kessel, *Geschichte ohne Zentrum*, in: dies. (Hrsg.), *Geschichte schreiben in der Postmoderne. Beiträge zur aktuellen Diskussion*, Stuttgart 2004, S. 9–36.

Mia Consalvo, *Cheating. Gaining Advantage in Videogames*. Cambridge/Mass. 2007.

Christoph Cornelißen, *Was heißt Erinnerungskultur? Begriffe – Methoden – Perspektiven*, in: Geschichte in Wissenschaft und Unterricht 54 (2003) 10, S. 548–563.

Hilde G. Corneliussen und Jill Walker Rettberg, *Introduction:* »*Orc Professor LFG*,« *or Researching in Azeroth*, in: dies. (Hrsg.), *Digital Culture, Play, and Identity. A World of Warcraft Reader*, Cambridge/Mass. 2008, S. 1–15.

Wolfgang Coy, *Matt nach 10⁶⁰ Rechenschritten!*, in: Georg Hartwagner, Stefan Iglhaut und Florian Rötzer (Hrsg.), *Künstliche Spiele*, München 1993, S. 202–218.

— *Aus der Vorgeschichte des Mediums Computer*, in: Norbert Bolz, Friedrich Kittler und Christoph Tholen (Hrsg.), *Computer als Medium*, München 1994, S. 19–37.

— *Die Entfaltung programmierbarer Medien*, in: Florian Rötzer (Hrsg.), *Schöne neue Welten? Auf dem Weg zu einer neuen Spielkultur*, München 1995, S. 9–17.

Chris Crawford, *The Art of Computer Game Design*, Berkeley 1984.

Mihaly Csikszentmihalyi, *Flow: The Psychology of Optimal Experience*, New York 1990.

Ute Daniel, *Clio unter Kulturschock. Zu den aktuellen Debatten der Geschichtswissenschaft. Teil I*, in: Geschichte in Wissenschaft und Unterricht 48 (1997), S. 195–219.

Gilles Deleuze, *Postskriptum über die Kontrollgesellschaften* (frz. 1990), in: ders.: *Unterhandlungen. 1972–1990*, Frankfurt/M. 1993, S. 254–262.

Alexander Demandt, *Ungeschehene Geschichte: ein Traktat über die Frage, was wäre geschehen, wenn … ?*, Göttingen ²1986 (1984).

Marko Demantowsky, *Der Zusammenhang und die Differenz von »Erinnerungskultur« und »Geschichtskultur«*, in: Alfred Loesdau (Hrsg.), *Erinnerungskultur in unserer Zeit – zur Verantwortung des Historikers*, Berlin 2005, S. 43–61.

Christoph Dette, *Zur Rezeptionsgeschichte der Templer seit dem 18. Jahrhundert*, in: Zenon Hubert Nowak (Hrsg.), *Vergangenheit und Gegenwart der Ritterorden. Die Rezeption der Idee und die Wirklichkeit*, Toruń 2001, S. 211–228.

Astrid Deuber-Mankowsky, *Das virtuelle Geschlecht. Gender und Computerspiele, eine diskursanalytische Annäherung*, in: Claus Pias und Christian Holtorf (Hrsg.), *Escape! Computerspiele als Kulturtechnik*, Köln, Weimar, Wien 2007, S. 86–104.

Julian Dibbell, *The Life of the Chinese Gold Farmer*, in: The New York Times, 17. 06. 2007, URL: http://www.nytimes.com/2007/06/17/magazine/17lootfarmers-t.html (besucht am 06. 08. 2011).

Joris Dormans, *On the Role of the Die: A brief ludologic Study of Pen-and-Paper Roleplaying Games and their Rules*, in: Game Studies 6 (2006) 1, URL: http://www.gamestudies.org/0601/articles/ dormans (besucht am 01. 02. 2011).

Jon Dovey und Helen W. Kennedy, *Game Cultures. Computer Games as New Media*, Maidenhead, New York 2006.

Ralf Dörner und Dirk Ringe, *Kein Kinderspiel. Wie Spiele entstehen – ein Blick hinter die Kulissen*, in: iX (2006) 9, S. 42–49.

Nicolas Ducheneaut u. a., *»Alone Together?« Exploring the Social Dynamics of Massively Multiplayer Online Games*, in: *Proceedings of the SIGCHI Conference on Human Factors in Computing Systems CHI '06*, Montreal 2006, S. 407–416.

Jan Eckel, *Der Sinn der Erzählung. Die narratologische Diskussion in der Geschichtswissenschaft und das Beispiel der Weimargeschichtsschreibung*, in: Jan Eckel und Thomas Etzemüller (Hrsg.), *Neue Zugänge zur Geschichte der Geschichtswissenschaft*, Göttingen 2007, S. 201–230.

Umberto Eco, *Nachschrift zum »Namen der Rose«*, München, Wien ⁹1987 (it. 1983).

Simon Egenfeldt-Nielsen, Jonas Heide Smith und Susana Pajares Tosca, *Understanding Video Games. The Essential Introduction*, New York, London 2008.

Norbert Elias, *Der Fußballsport im Prozeß der Zivilisation*, in: Rolf Lindner (Hrsg.), *Der Satz »Der Ball ist rund« hat eine gewisse philosophische Tiefe*, 1983 Berlin, S. 12–21.

Astrid Erll, *Kollektives Gedächtnis und Erinnerungskulturen. Eine Einführung*, Stuttgart, Weimar 2005.

Markku Eskelinen, *Six Problems in Search of a Solution. The Challenge of Cybertext Theory and Ludology to Literay Theory*, in: Peter Gendolla und Jörgen Schäfer (Hrsg.), *The Aesthetics of Net Literature. Writing, Reading and Playing in Programmable Media*, Bielefeld 2007, S. 179–207.

Thomas Etzemüller, *»Ich sehe das, was Du nicht siehst«. Wie entsteht historische Erkenntnis?*, in: Jan Eckel und Thomas Etzemüller (Hrsg.), *Neue Zugänge zur Geschichte der Geschichtswissenschaft*, Göttingen 2007, S. 27–68.

Marco Fileccia und Marisa Marisa Hohnstein, *Napoleon Buonadigitale: Historische Computerspiele*, in: lehrer-online, 10. 06. 2010, URL: http://www.lehrer-online.de/napoleon-buonadigitale.php (besucht am 23. 07. 2011).

Gary Alan Fine, *Shared Fantasy. Role-Playing Games as Social Worlds*, Chicago, London 1983.

Gonzalo Frasca, *Simulation versus Narrative: Introduction to Ludology*, in: Mark J. P. Wolf und Bernard Perron (Hrsg.), *The Video Game Theory Reader*, New York 2003, S. 221–235.

Ute Frevert und Anne Schmidt, *Geschichte, Emotionen und die Macht der Bilder*, in: Geschichte und Gesellschaft 37 (2011), S. 5–25.

Johannes Fried, *Erinnerung und Vergessen. Die Gegenwart stiftet die Einheit der Vergangenheit*, in: Historische Zeitschrift 273 (2001) 3, S. 561–593.

Ted Friedman, *Civilization and Its Discontents. Simulation, Subjectivity, and Space*, in: Greg M. Smith (Hrsg.), *On a silver platter: CD-ROMs and the promise of a new technology*, New York 1999, S. 132–150.

Andreas Friedrich, *Einführung*, in: ders. (Hrsg.), *Filmgenres. Fantasy- und Märchenfilm*, Stuttgart 2003, S. 9–14.

Urte Undine Frömming, *A Personal Rainstorm in My Inventory. Eine sozialanthropologische Untersuchung*, in: Journal Ethnologie 5 (2007), Themenschwerpunkt Digitale Welten, URL: http:

//journal-ethnologie.de/Deutsch/Schwerpunktthemen/Schwerpunktthemen_2007/_Digitale_ Welten/A_personal_rainstorm_in_my_Inventory/index.phtml (besucht am 13.03.2010).

Horst Fuhrmann, *Einladung ins Mittelalter*, München 1987.

Daniel Fulda, *Literarische Thematisierungen von Geschichte*, in: Sabine Horn und Michael Sauer (Hrsg.), *Geschichte und Öffentlichkeit. Orte – Medien – Institutionen*, Göttingen 2009, S. 209–218.

Bettina Funcke, *Pop oder Populus. Kunst zwischen High und Low*, Köln 2007.

Klaus Füßmann, *Historische Formungen. Dimensionen der Geschichtsdarstellung*, in: Klaus Füßmann, Theodor Heinrich Grütter und Jörn Rüsen (Hrsg.), *Historische Faszination. Geschichtskultur heute*, Köln u. a. 1994, S. 27–44.

Hans Georg Gadamer, *Die Aktualität des Schönen. Kunst als Spiel, Symbol und Fest* (1974), in: ders.: *Gesammelte Werke, Bd. 8: Ästhetik und Poetik*, Tübingen 1993.

Alexander R. Galloway, *Gaming. Essays on Algorithmic Culture*, Minneapolis 2006.

— *Den Code spielen. Allegorien der Kontrolle in Civilization*, in: Claus Pias und Christian Holtorf (Hrsg.), *Escape! Computerspiele als Kulturtechnik*, Köln 2007, S. 271–286.

Heinz Gaube, *Masyaf – Hauptburg der Assassinen*, in: Alfried Wieczorek, Mamoun Fansa und Harald Meller (Hrsg.), *Saladin und die Kreuzfahrer. Begleitband zur Sonderausstellung*, Darmstadt 2005, S. 275–279.

James Paul Gee, *What Video Games Have to Teach Us About Learning and Literacy*, New York 2007.

Hans Vilmar Geppert, *Der historische Roman*, Tübingen 2009.

Christian Geulen, *Geschichte des Rassismus*, München 2007.

Seth Giddings, *Playing with Non-Humans: Digital Games as Technocultural Form*, in: Suzanne de Castell und Jennifer Jenson (Hrsg.), *Worlds in Play. International Perspectives on Digital Games Research*, New York 2007, S. 115–128.

René Girault, *Das Europa der Historiker*, in: Beihefte Historische Zeitschrift 21 (1995), S. 55–90.

Rolf-Jürgen Gleitsmann, Rolf-Ulrich Kunze und Günther Oetzel, *Technikgeschichte*, Konstanz 2009.

Stephan Günzel, *The Space-Image. Interactivity and Spatiality of Computer Games*, in: Stephan Günzel, Michael Liebe und Dieter Mersch (Hrsg.), *Conference Proceedings of the Philosophy of Computer Games 2008*, Potsdam 2008, S. 170–189.

— *Simulation und Perspektive. Der bildtheoretische Ansatz in der Computerspielforschung*, in: Matthias Bopp, Rolf F. Nohr und Serjoscha Wiemer (Hrsg.), *Shooter. Ein Computerspiel-Genre in multidisziplinärer Perspektive*, Münster 2009, S. 331–352.

— *Der reine Raum des Spiels. Zur Kritik des Magic Circle*, in: Mathias Fuchs und Ernst Strouhal (Hrsg.), *Das Spiel und seine Grenzen*, Wien 2010, S. 187–200.

Hans-Werner Goetz, *Leben im Mittelalter vom 7. bis zum 13. Jahrhundert*, München [6]1996 (1986).

— *Einführung: Die Gegenwart des Mittelalters und die Aktualität der Mittelalterforschung*, in: ders. (Hrsg.), *Die Aktualität des Mittelalters*, Bochum 2000, S. 7–23.

— *Umberto Eco und das Interesse am Mittelalter*, in: Tom Kindt und Hans-Harald Müller (Hrsg.), *Ecos Echos. Das Werk Umberto Ecos: Dimensionen, Rezeptionen, Kritiken*, München 2000, S. 37–52.

— *Geschichtswissenschaft und Geschichtsbewusstsein. Gegenwärtige Tendenzen der Mediävistik*, in: Rolf Ballof (Hrsg.), *Geschichte des Mittelalters für unsere Zeit. Erträge des Kongresses der Geschichtslehrer Deutschlands »Geschichte des Mittelalters im Geschichtsunterricht«, Quedlinburg 20.–23. Oktober 1999*, Wiesbaden 2003, S. 265–278.

— *Aktuelles Mittelalter zwischen Vorstellung und Wirklichkeit: die Perspektive der Mittelalterforschung*, in: Thomas Martin Buck und Nicola Brauch (Hrsg.), *Das Mittelalter zwischen Vorstel-*

lung und Wirklichkeit. Probleme, Perspektiven und Anstöße für die Unterrichtspraxis, Münster u. a. 2011, S. 73–92.

Stacey Goguen, *Dual Wielding Morality: World of Warcraft and the Ethics of Ganking*, in: *Philosophy of Computer Games Conference*, Oslo 2009, URL: http://www.hf.uio.no/ifikk/forskning/forskningsprosjekter/3.place/SGoguen%20-%20Oslo09%20-%20Manuscript.pdf (besucht am 02. 07. 2011).

Heinz Gollwitzer, *Zum politischen Germanismus des 19. Jahrhunderts*, in: Mitarbeiter des Max-Planck-Instituts für Geschichte (Hrsg.), *Festschrift für Hermann Heimpel*, Göttingen 1971, S. 282–356.

Nelson Goodman, *Wege der Referenz*, in: Zeitschrift für Semiotik 3 (1981) 1, S. 11–22.

— *Sprachen der Kunst. Entwurf einer Symboltheorie*, Frankfurt/M. 1997 (engl. 1968).

John Gray, *We simply do not know!*, in: London Review of Books 31 (2009), S. 13–14.

Stefan M. Grünvogel, *Formal Models and Game Design*, in: Game Studies 5 (2005) 1, URL: http://www.gamestudies.org/0501/gruenvogel (besucht am 04. 03. 2011).

Valentin Groebner, *Das Mittelalter hört nicht auf. Über historisches Erzählen*, München 2008.

— *Willkommen in der Zeitmaschine*, in: Literaturen (2008) 11, S. 16–20.

— *Arme Ritter. Moderne Mittelalterbegeisterungen und die Selbstbilder der Mediävistik*, in: Thomas Martin Buck und Nicola Brauch (Hrsg.), *Das Mittelalter zwischen Vorstellung und Wirklichkeit. Probleme, Perspektiven und Anstöße für die Unterrichtspraxis*, Münster u. a. 2011, S. 336–345.

Jerome de Groot, *Consuming History. Historians and Heritage in contemporary popular Culture*. London, New York 2009.

Waldemar Grosch, *Computerspiele im Geschichtsunterricht*, Schwalbach/Ts. 2002.

Heinrich Theodor Grütter, *Warum fasziniert die Vergangenheit? Perspektiven einer neuen Geschichtskultur*, in: Klaus Füßmann, Heinrich Theodor Grütter und Jörn Rüsen (Hrsg.), *Historische Faszination. Geschichtskultur heute*, Köln, Weimar, Wien 1994, S. 45–57.

Randi Gunzenhäuser, *Raum, Zeit und Körper in Actionspielen*, in: Dichtung Digital 4 (2002) 22, URL: http://www.brown.edu/Research/dichtung-digital/2002/03-22-Gunzenhaeuser.htm (besucht am 10. 10. 2010).

Tobias Haberl, *Authentisch*, in: Süddeutsche Zeitung Magazin (2010) 44, S. 30–31.

Maurice Halbwachs, *Das Gedächtnis und seine sozialen Bedingungen*, Frankfurt/M. 1985 (frz. 1925).

Heinz Halm, *Die Assassinen 1092 bis 1273*, in: Alexander Demandt (Hrsg.), *Das Attentat in der Geschichte*, Köln 1996, S. 61–74.

Christine Hanke, *Next Level. Das Computerspiel als Medium. Eine Einleitung*, in: Jan Distelmeyer, Christine Hanke und Dieter Mersch (Hrsg.), *Game over!? Perspektiven des Computerspiels*, Bielefeld 2007, S. 7–18.

Wolfgang Hardtwig, *Geschichtskultur und Wissenschaft*, München 1990.

Brosl Hasslacher, *Algorithms in the World of Bounded Resources*, in: Rolf Herken (Hrsg.), *The Universal Turing Machine. A Half-Century Survey*, Berlin 1988, S. 417–433.

Henriette Heidbrink und Jürgen Sorg, *Dazwischen. Zur Mesodimension der Medien*, in: Ingo Köster und Kai Schubert (Hrsg.), *Medien in Raum und Zeit. Maßverhältnisse des Medialen*, Bielefeld 2009, S. 81–101.

Stefan Heidenreich, *FlipFlop. Digitale Datenströme und die Kultur des 21. Jahrhunderts*, München, Wien 2004.

Axel Heimsoth, *Wettkampfspiele. Spiegel und Gegenwart*, in: Deutsches Hygiene-Museum Dresden (Hrsg.), *Spielen. Zwischen Rausch und Regel*, Ostfildern-Ruit 2005, S. 20–31.

Carl Heinze, *Simulierte Geschichte. Zur Mittelalterdarstellung im Computerspiel*, in: Thomas Martin Buck und Nicola Brauch (Hrsg.), *Das Mittelalter zwischen Vorstellung und Wirklichkeit. Probleme, Perspektiven und Anstöße für die Unterrichtspraxis*, Münster u. a. 2011, S. 171–181.

Sean Q. Hendricks, *Incorporative Discourse Strategies in Tabletop Fantasy Role-Playing Gaming*, in: Patrick J. Williams, Sean Q. Hendricks und Keith W. Winkler (Hrsg.), *Gaming as Culture. Essays on Reality, Identity and Experience in Fantasy Games*, Jefferson 2006, S. 39–56.

Gerhard Henke-Bockschatz, *Denkmalschutz und Kulissenarchitektur*, in: Vadim Oswalt und Hans-Jürgen Pandel (Hrsg.), *Geschichtskultur. Die Anwesenheit von Vergangenheit in der Gegenwart*, Schwalbach/Ts. 2009, S. 174–183.

Friedrich-Wilhelm Henning, *Das vorindustrielle Deutschland 800 bis 1800*, Paderborn [3] 1977 (1974).

Michael Hitchens und Anders Drachen, *The Many Faces of Role-Playing Games*, in: International Journal of Role-Playing 1 (2008), S. 3–21.

Lucien Hölscher, *Die Einheit der historischen Wirklichkeit und die Vielfalt der geschichtlichen Erfahrung*, in: Ulrich H. J. Körtner (Hrsg.), *Geschichte und Vergangenheit. Rekonstruktion – Deutung – Fiktion*, Neukirchen-Vluyn 2007, S. 23–33.

Thomas Hölscher, *Nelson Goodmans Philosophie des Analogen und des Digitalen*, in: Martin Warnke, Wolfgang Coy und Georg Christoph Tholen (Hrsg.), *Hyperkult II. Zur Ortsbestimmung analoger und digitaler Medien*, Bielefeld 2005, S. 111–122.

Andreas Hofbauer, *Von Rasse zu Identität. Vom Ringen um Paradigmen in der »Wissenschaft vom anderen«*, in: Anthropos 92 (1997), S. 569–576.

Christian Hoffstadt und Michael Nagenborg, *The Concept of War in the World of Warcraft*, in: Stephan Günzel, Michael Liebe und Dieter Mersch (Hrsg.), *Conference Proceedings of the Philosophy of Computer Games 2008*, Potsdam 2008, S. 126–141.

Douglas R. Hofstadter, *Gödel, Escher, Bach. Ein endloses geflochtenes Band*, Stuttgart 1985.

Johan Huizinga, *Homo Ludens. Vom Ursprung der Kultur im Spiel*, Reinbek b. Hamburg [20]2006 (ndl. 1938).

Rudolf Thomas Inderst, *Vergemeinschaftung in MMORPGs*, Boizenburg 2009.

Barry Ip, *Technological, Content, and Market Convergence in the Games Industry*, in: Games and Culture 3 (2008) 2, S. 199–244.

Robert Irwin, *Der Islam und die Kreuzzüge 1096 bis 1699*, in: Jonathan Riley-Smith (Hrsg.), *Illustrierte Geschichte der Kreuzzüge*, Frankfurt/M., New York 1999, S. 251–298.

Christof Jeggle, *Gewerbliche Produktion und Arbeitsorganisation: Perspektiven der Forschung*, in: Mark Häberlein und Christof Jeggle (Hrsg.), *Vorindustrielles Gewerbe. Handwerkliche Produktion und Arbeitsbeziehungen in Mittelalter und Früher Neuzeit*, Konstanz 2004, S. 19–35.

Henry Jenkins, *Games, the New Lively Art*, in: Joost Raessens und Jeffrey Goldstein (Hrsg.), *Handbook of Computer Game Studies*, Cambridge, London 2005, S. 175–192.

Dennis G. Jerz, *Somewhere Nearby is Colossal Cave: Examining Will Crowther's Original »Adventure« in Code and in Kentucky*, in: Digital Humanities Quarterly 1 (2007) 2, URL: http://www. digitalhumanities.org/dhq/vol/1/2 (besucht am 21. 10. 2010).

Aki Järvinen, *Gran Stylissimo: The Audiovisual Elements and Styles in Computer and Video Games*, in: Frans Mäyrä (Hrsg.), *Proceedings of Computer Games and Digital Cultures Conference*, Tampere 2002, S. 113–128.

Jesper Juul, *The Open and the Closed: Games of Emergence and Games of Progression*, in: Frans Mäyrä (Hrsg.), *Proceedings of Computer Games and Digital Cultures Conference*, Tampere 2002, S. 323–329.

— *Half-Real. Video Games between Real Rules and Fictional Worlds*, Cambridge 2005.

Friedrich Kambartel, *Formales und inhaltliches Sprechen*, in: Hans-Georg Gadamer (Hrsg.), *Das Problem der Sprache. VIII. Deutscher Kongress für Philosophie*, München 1967, S. 293–312.

Margret Kampmeyer-Käding, *Strategiespiele. Taktische Spielvergnügen mit Verstand und Fantasie*, in: Deutsches Hygiene-Museum Dresden (Hrsg.), *Spielen. Zwischen Rausch und Regel*, Ostfildern-Ruit 2005, S. 84–93.

Katrin Kania, *Kleidung im Mittelalter. Materialien – Konstruktion – Nähtechnik. Ein Handbuch*, Köln, Weimar, Wien 2010.

Wulf Kansteiner, *Postmoderner Historismus – Das kollektive Gedächtnis als neues Paradigma der Kulturwissenschaften*, in: Friedrich Jäger und Jürgen Straub (Hrsg.), *Handbuch der Kulturwissenschaften*, Bd. 2, Stuttgart 2004, S. 119–139.

Julian Kücklich, *Online-Rollenspiele als soziale Experimentierräume*, in: Tobias Bevc (Hrsg.), *Computerspiele und Politik. Zur Konstruktion von Politik und Gesellschaft in Computerspielen*, Münster 2007, S. 55–75.

— *Review: Jesper Juul, Half-Real. Video Games between Real Rules and Fictional Worlds; Ian Bogost, Unit Operations. An Approach to Videogame Criticism*, in: European Journal of Cultural Studies 11 (2008) 2, S. 245–248.

— *Narratologische Ansätze – Computerspiele als Erzählungen*, in: Tobias Bevc und Holger Zapf (Hrsg.), *Wie wir spielen, was wir werden. Computerspiele in unserer Gesellschaft*, Konstanz 2009, S. 27–48.

Hagen Keller, *Überwindung und Gegenwart des ›Mittelalters‹ in der europäischen Moderne*, in: Frühmittelalterliche Studien 37 (2003), S. 477–496.

Max Kerner, *Zeitbezug und Mittelalterverständnis in Umberto Ecos ›Der Name der Rose‹*, in: ders. (Hrsg.), *»… eine finstere und fast unglaubliche Geschichte«? Mediävistische Notizen zu Umberto Ecos Mönchsroman »Der Name der Rose«*, Darmstadt 1988, S. 53–80.

Jan Keupp, *»Der Tisch hat manche Herrlichkeit«. Tafelfreuden im Mittelalter*, in: Ulrich Klein, Michaela Jansen und Matthias Untermann (Hrsg.), *Küche – Kochen – Ernährung. Archäologie, Bauforschung, Naturwissenschaften*, Paderborn 2007, S. 51–62.

Naim A. Kheir, *Motivation and Overview*, in: ders. (Hrsg.), *Systems Modeling and Computer Simulation*, New York 1995 (1988), S. 3–26.

Dieter Köhler, *Historischer Realismus in Computerspielen*, in: Sabine Horn und Michael Sauer (Hrsg.), *Geschichte und Öffentlichkeit*, Göttingen 2009, S. 226–233.

Marlu Kühn und Dorothee Rippmann, *Pflanzen in der Ernährung interdisziplinär: Kontraste der Umwelten und sozialen Milieus, Kontratse der Methoden*, in: Gerhard Jaritz (Hrsg.), *Kontraste im Alltag des Mittelalters*, Wien 2000, S. 103–141.

Ulrich Kiesow, *10 Jahre DSA: Ein erstaunter Blick zurück*, in: Aventurischer Bote (1994) 2, S. 22–24.

Rainer Kipper, *Der Germanenmythos im Deutschen Kaiserreich. Formen und Funktionen historischer Selbstthematisierung*, Göttingen 2002.

Graeme Kirkpatrick, *Controller, Hand, Screen. Aesthetic Form in the Computer Game*, in: Games and Culture 4 (2009) 2, S. 127–143.

James Kister u. a., *Experiments in Chess*, in: Journal of the ACM 4 (1957) 2, S. 174–177.

Friedrich Kittler, *Grammophon – Film – Typewriter*, Berlin 1986.

— *Es gibt keine Software*, in: ders.: *Draculas Vermächtnis*, Leipzig 1993, S. 225–242.

Heinz Dieter Kittsteiner, *Was heißt und zu welchem Ende studiert man Kulturgeschichte?*, in: Geschichte und Gesellschaft 23 (1997), S. 5–27.

Carlos Kölbl, *Zum Aufbau der historischen Welt bei Kindern*, in: Journal für Psychologie 12 (2004) 1, S. 25–49.

Rune Klevjer, *Computer Game Aesthetics and Media Studies*, Vortrag im Rahmen der 15th Nordic Conference on Media and Communication Research, Reykjavik 11.–13.08.2001, URL: http:// www.uib.no/people/smkrk/docs/klevjerpaper_2001.htm (besucht am 09.09.2010).

Susanne Knaller, *Ein Wort aus der Fremde. Geschichte und Theorie des Begriffs Authentizität*, Heidelberg 2007.

Sebastian Knoll-Jung, *Geschlecht, Geschichte und Computerspiele. Die Kategorie »Geschlecht« und die Darstellung von Frauen in Historienspielen*, in: Angela Schwarz (Hrsg.), »*Wollen Sie auch immer schon einmal pestverseuchte Kühe auf Ihre Gegner werfen?« Eine fachwissenschaftliche Annäherung an Geschichte im Computerspiel*, Münster 2010, S. 171–197.

Sven Kommer, *Mittelalter-Märkte zwischen Kommerz und Historie*, in: Thomas Martin Buck und Nicola Brauch (Hrsg.), *Das Mittelalter zwischen Vorstellung und Wirklichkeit. Probleme, Perspektiven und Anstöße für die Unterrichtspraxis*, Münster u.a. 2011, S. 183–199.

Lars Konzack, *Philosophical Game Design*, in: Mark J. P. Wolf und Bernard Perron (Hrsg.), *The Video Game Theory Reader*, New York 2003, S. 33–44.

— *Video Games in Europe*, in: Mark J. P. Wolf (Hrsg.), *The Video Game Explosion. A History from PONG to PlayStation® and Beyond*, Westport, London 2008, S. 203–210.

Klaus Kornwachs, *Von der Macht der Vernunft und der Ohnmacht der Computer – Weizenbaum revisited*, in: Forum der Forschung (2009) 22, S. 33–40.

Barbara Korte und Sylvia Paletschek, *Geschichte in populären Medien und Genres: Vom Historischen Roman zum Computerspiel*, in: dies. (Hrsg.), *History Goes Pop. Zur Repräsentation von Geschichte in populären Medien und Genres*, Bielefeld 2009, S. 9–60.

Raph Koster, *A Theory of Fun for Game Design*, Scottsdale 2005.

J. Morgan Kousser, *Quantitative Social-Science History*, in: Michael Kammen (Hrsg.), *The Past Before Us. Contemporary Historical Writing in the United States*, Ithaca 1980, S. 433–456.

Gerhard Koziélek, *Ideologische Aspekte der Mittelalter-Rezeption zu Beginn des 19. Jahrhunderts*, in: Peter Wapnewski (Hrsg.), *Mittelalter-Rezeption. Ein Symposion* (Germanistische Symposien, Berichtsbde. 6), Stuttgart 1986, S. 119–132.

Markus Krajewski, *In Formation. Aufstieg und Fall der Tabelle als Paradigma der Datenverarbeitung*, in: David Gugerli u.a. (Hrsg.), *Nach Feierabend. Zürcher Jahrbuch für Wissensgeschichte*, Bd. 3, Zürich 2007, S. 37–55.

Wolfgang Kramer, *Was macht ein Spiel zu einem Spiel? Erfahrungen und Ansichten eines Spieleautors*, in: Zeitschrift für Semiotik 23 (2001), S. 285–300.

Andreas Körber, *Neue Medien und Informationsgesellschaft als Problembereich geschichtsdidaktischer Forschung*, in: Zeitschrift für Geschichtsdidaktik 1 (2002), S. 165–181.

Gerhard Krieger (Hrsg.), *Verwandtschaft, Freundschaft, Bruderschaft. Soziale Lebens- und Kommunikationsformen im Mittelalter*, Berlin 2009.

Sybille Krämer, *Symbolische Maschinen. Die Idee der Formalisierung in geschichtlichem Abriß*, Darmstadt 1988.

— *Spielerische Interaktion. Überlegungen zu unserem Umgang mit Instrumenten*, in: Florian Rötzer (Hrsg.), *Schöne neue Welten? Auf dem Weg zu einer neuen Spielkultur*, München 1995, S. 225–237.

— *Die Welt, ein Spiel? Über die Spielbewegung als Umkehrbarkeit*, in: Deutsches Hygiene-Museum (Hrsg.), *Spielen. Zwischen Rausch und Regel*, Ostfildern-Ruit 2005, S. 11–17.

Stephan Körner, *Philosophie der Mathematik. Eine Einführung*, München 1968 (engl. 1960).

Andreas Lange, *Storykiller. Von der Zerstörung der Geschichten in Computerspielen*, in: Ästhetik & Kommunikation 32 (2001/2002) 115, S. 79–84.

Jessica Langer, *The Familiar and the Foreign: Playing (Post)Colonialism in World of Warcraft*, in: Hilde G. Corneliussen und Jill Walker Rettberg (Hrsg.), *Digital Culture, Play, and Identity. A World of Warcraft Reader*, Cambridge/Mass. 2008, S. 87–108.

Susanne K. Langer, *Philosophie auf neuem Wege: das Symbol im Denken, im Ritus und in der Kunst*, Frankfurt/M. 1992 (engl. 1942).

Dieter Langewiesche, *Zeitwende. Geschichtsdenken heute*, hrsg. v. Nikolaus Buschmann und Ute Planert, Göttingen 2008.

Corinna Laude und Gilbert Heß, *Konzepte von Produktivität im Wandel vom Mittelalter in die Frühe Neuzeit. Eine Einleitung*, in: dies. (Hrsg.), *Konzepte von Produktivität im Wandel vom Mittelalter in die Frühe Neuzeit*, Berlin 2008, S. 7–26.

Moritz Lazarus, *Über die Reize des Spiels*, Berlin 1883.

Richard Ned Lebow, *Counterfactuals, History and Fiction*, in: Historical Social Research/Historische Sozialforschung 34 (2009) 2, S. 27–54.

Helmut Lethen, *Versionen des Authentischen: sechs Gemeinplätze*, in: Hartmut Böhme und Klaus R. Scherpe (Hrsg.), *Literatur und Kulturwissenschaften. Positionen, Theorien, Modelle*, Reinbek b. Hamburg 1996, S. 205–231.

Michael Liebe, *There is no Magic Circle. On the Difference between Computer Games and Traditional Games*, in: Stephan Günzel, Michael Liebe und Dieter Mersch (Hrsg.), *Conference Proceedings of the Philosophy of Computer Games 2008*, Potsdam 2008, S. 324–340.

Konrad Lischka, *William Higinbothams »Tennis for Two«. Computerspiel als Rüstungsabfall – die Anfänge*, in: Telepolis, 13. 07. 2001, URL: http://www.heise.de/tp/r4/artikel/9/9043/1.html (besucht am 09. 11. 2010).

Konrad Lischka und Tom Hillenbrand, *Rollenspiel mit Meister-Maske. 25 Jahre »Das Schwarze Auge«*, in: Spiegel Online, 06. 11. 2009, URL: http://www.spiegel.de/netzwelt/spielzeug/0,1518,658725,00.html (besucht am 10. 11. 2010).

Günther Lottes, *Erinnerungskulturen zwischen Psychologie und Kulturwissenschaft*, in: Günter Oesterle (Hrsg.), *Erinnerung, Gedächtnis, Wissen. Studien zur kulturwissenschaftlichen Gedächtnisforschung*, Göttingen 2005, S. 163–184.

Amin Maalouf, *Der Heilige Krieg der Barbaren. Die Kreuzzüge aus der Sicht der Araber*, München ³2001 (frz. 1983).

Esther MacCallum-Stewart, *From Catch the Flag to Shock and Awe: How* World of Warcraft *Negotiates Battle*, in: Akira Baba (Hrsg.), *Situated Play: DiGRA 2007 Conference Proceedings*, Tokyo 2007, S. 66–73.

— *»Never Such Innocence Again«: War and Histories in* World of Warcraft, in: Hilde G. Corneliussen und Jill Walker Rettberg (Hrsg.), *Digital Culture, Play, and Identity. A World of Warcraft Reader*, Cambridge/Mass. 2008, S. 39–62.

Esther MacCallum-Stewart und Justin Parsler, *Controversies: Historicising the Computer Game*, in: Akira Baba (Hrsg.), *Situated Play: DiGRA 2007 Conference Proceedings*, Tokyo 2007, S. 203–210.

Daniel Mackay, *The Fantasy Role-Playing Game. A New Performing Art*, Jefferson 2001.

Sabine Magerl, *Der Chronist des Grauens*, in: Frankfurter Allgemeine Sonntagszeitung, 26. 10. 2003, S. 26.

Stefan Majetschak, *Sichtvermerke. Über Unterschiede zwischen Kunst- und Gebrauchsbildern*, in: ders. (Hrsg.), *Bild-Zeichen. Perpektiven einer Wissenschaft vom Bild*, Paderborn 2005, S. 97–121.

Steven Malliet und Gust de Meyer, *The History of the Video Game*, in: Joost Raessens und Jeffrey Goldstein (Hrsg.), *Handbook of Computer Game Studies*, Cambridge, London 2005, S. 23–45.

Sabine Mangold, *Eine weltbürgerliche Wissenschaft. Die deutsche Orientalistik im 19. Jahrhundert*, Stuttgart 2004.

Lev Manovich, *The Language of New Media*, Cambridge/Mass. 2001.

— *Software Takes Command*, Version vom 20. 11. 2008, URL: http://lab.softwarestudies.com/2008/11/softbook.html (besucht am 21. 01. 2009).

Odo Marquard, *Neuzeit vor der Neuzeit? Zur Entdramatisierung der Mittelalter-Neuzeit-Zäsur*, in: Jan P. Beckmann u. a. (Hrsg.), *Philosophie im Mittelalter*, Hamburg 1987, S. 369–373.

David W. Marshall, *Introduction: The Medievalism of Popular Culture*, in: ders. (Hrsg.), *Mass Market Medieval: Essays on the Middle Ages in Popular Culture*, Jefferson, North Carolina 2007, S. 1–12.

Matías Martínez, *Zur Einführung: Authentizität und Medialität in künstlerischen Darstellungen des Holocaust*, in: ders. (Hrsg.), *Der Holocaust und die Künste. Medialität und Authentizität von Holocaust-Darstellungen in Literatur, Film, Video, Malerei, Denkmälern und Musik*, Bielefeld 2004, S. 7–21.

Florian F. Marzin, *Quellen der Fantasy-Literatur*, in: Hans-Joachim Alpers u. a. (Hrsg.), *Lexikon der Fantasy-Literatur*, Erkrath 2005, S. 10–16.

Erich Maschke, *Die Schichtung der mittelalterlichen Stadtbevölkerung Deutschlands als Problem der Forschung* (1973), in: ders.: *Städte und Menschen. Beiträge zur Geschichte der Stadt, der Wirtschaft und Gesellschaft 1959-1977*, Wiesbaden 1980, S. 157–169.

Martin McEachern, *A Crusade*, in: Computer Graphics World 31 (2008) 1, S. 12–18.

Marshall McLuhan, *Die magischen Kanäle. Understanding Media*, Düsseldorf u. a. 1992 (engl. 1964).

Thomas Mergel, *Kulturgeschichte – die neue »große Erzählung«?*, in: Wolfgang Hardtwig und Hans-Ulrich Wehler (Hrsg.), *Kulturgeschichte Heute (Sonderheft 16 Geschichte und Gesellschaft)*, Göttingen 1996, S. 41–77.

— *Überlegungen zu einer Kulturgeschichte der Politik*, in: Geschichte und Gesellschaft 29 (2002), S. 574–606.

Dieter Mersch, *Die Geburt der Mathematik aus der Struktur der Schrift*, in: Gernot Grube, Werner Kogge und Sybille Krämer (Hrsg.), *Schrift. Kulturtechnik zwischen Auge, Hand und Maschine*, Paderborn, München 2005, S. 219–233.

— *Logik und Medialität des Computerspiels*, in: Jan Distelmeyer, Christine Hanke und Dieter Mersch (Hrsg.), *Game over!? Perspektiven des Computerspiels*, Bielefeld 2007, S. 19–41.

Dieter Mertens, *Die Instrumentalisierung der »Germania« des Tacitus durch die deutschen Humanisten*, in: Heinrich Beck u. a. (Hrsg.), *Zur Geschichte der Gleichung »germanisch – deutsch«. Sprache und Namen, Geschichte und Institutionen*, Berlin, New York 2004, S. 37–101.

Mathias Mertens, *»A Mind Forever Voyaging«. Durch Computerspielräume von den Siebzigern bis heute*, in: Claus Pias und Christian Holtorf (Hrsg.), *Escape! Computerspiele als Kulturtechnik*, Köln, Weimar, Wien 2007, S. 45–54.

Mathias Mertens und Tobias O. Meissner, *Wir waren Space Invaders: Geschichten vom Computerspielen*, Frankfurt/M. 2006.

Paul R. Messinger, Eleni Stroulia und Kelly Lyons, *A Typology of Virtual Worlds: Historical Overview and Future Directions*, in: Journal of Virtual Worlds Research 1 (2008) 1, URL: http://journals.tdl.org/jvwr/article/view/291/245 (besucht am 09.08.2011).

Jan Philip Müller, *Flache Erde*, in: Butis Butis (Hrsg.), *Goofy History: Fehler machen Geschichte*, Köln, Weimar, Wien 2009, S. 16–18.

Nicole Müller und Ralf Schlechtweg-Jahn, *Mittelalterbilder im Computerspiel »Medieval: Total War«. Zu Performativität und Immersion von Spieler und Avatar*, in: Perspicuitas, 10.01.2010, URL: http://www.uni-due.de/perspicuitas/mittelalterbilder_computerspiel.pdf (besucht am 04.08.2011).

Rolf-Dieter Müller, *Militärgeschichte*, Köln, Weimar, Wien 2009.

Wolfgang Müller-Funk, *Einleitung: Das Spiel ist Ernst, der Ernst ist Spiel*, in: Ursula Baatz und Wolfgang Müller-Funk (Hrsg.), *Vom Ernst des Spiels. Über Spiel und Spieltheorie*, Berlin 1993, S. 1–4.

Jörg Müller-Lietzkow, *Überblick über die Computer- und Videospielindustrie*, in: Tobias Bevc und Holger Zapf (Hrsg.), *Wie wir spielen, was wir werden. Computerspiele in unserer Gesellschaft*, Konstanz 2009, S. 241–261.

Jörg Müller-Lietzkow, Ricarda Bouncken und Wolfgang Seufert, *Gegenwart und Zukunft der Computer- und Videospielindustrie in Deutschland*, München 2006.

Herfried Münkler, *Die Deutschen und ihre Mythen*, Berlin 2009.

Nick Montfort, *Twisty Little Passages. An Approach to Interactive Fiction*, Cambridge/Mass. 2005.

Peter von Moos, *Umberto Ecos offenes Mittelalter. Meditationen über die Historik des Romans*, in: Max Kerner (Hrsg.), *»... eine finstere und fast unglaubliche Geschichte«? Mediävistische Notizen zu Umberto Ecos Mönchsroman »Der Name der Rose«*, Darmstadt 1988, S. 128–168.

— *Gefahren des Mittelalterbegriffs. Diagnostische und präventive Aspekte*, in: Joachim Heinzle (Hrsg.), *Modernes Mittelalter. Neue Bilder einer populären Epoche*, Frankfurt/M, Leipzig 1994, S. 33–63.

Torill Elvira Mortensen, *WoW is the New MUD: Social Gaming from Text to Video*, in: Games and Culture 1 (2006) 4, S. 397–413.

Bernd Mütter, *»Geschichtskultur« – Zukunftsperspektive für den Geschichtsunterricht am Gymansium?*, in: Geschichte, Politik und ihre Didaktik 26 (1998) 3/4, S. 165–177.

Gerald Munier, *Geschichte im Comic*, Hannover 2000.

Sheila C. Murphy, *»This is Intelligent Television«. Early Video Games and Television in the Emergence of the Personal Computer*, in: Bernard Perron und Mark J. P. Wolf (Hrsg.), *The Video Game Theory Reader 2*, New York 2009, S. 197–212.

Janet Murray, *Hamlet on the Holodeck. The Future of Narrative in Cyberspace*, Cambridge/Mass. 1997.

David Myers, *The Nature of Computer Games. Play as Semiosis*, New York u.a. 2003.

Frans Mäyrä, *An Introduction to Game Studies*, London u.a. 2008.

Rainer Nagel, *Reiche und Welten der Fantasy-Literatur*, in: Hans-Joachim Alpers u.a. (Hrsg.), *Lexikon der Fantasy-Literatur*, Erkrath 2005, S. 23–27.

Tilman Nagel, *Das Kalifat der Abbasiden*, in: Ulrich Haarman (Hrsg.), *Geschichte der arabischen Welt*, München 1987, S. 101–165.

Nicholas Negroponte, *Being Digital*, New York 1995.

Britta Neitzel, *Point of View und Point of Action. Eine Perspektive auf die Perspektive in Computerspielen*, in: Klaus Bartels und Jan-Noël Thon (Hrsg.), *Computer/Spiel/Räume. Materialien zur*

Einführung in die Computer Game Studies (Hamburger Hefte zur Medienkultur 5), Hamburg 2007, S. 8–28.

Benjamin Wai-ming Ng, *Video Games in Asia*, in: Mark J. P. Wolf (Hrsg.), *The Video Game Explosion. A History from PONG to PlayStation® and Beyond*, Westport, London 2008, S. 211–222.

David B. Nieborg und Shenja van der Graaf, *The mod industries? The industrial logic of non-market game production*, in: European Journal of Cultural Studies 11 (2008), S. 177–195.

Hans-Werner Niemann, *Europäische Wirtschaftsgeschichte. Vom Mittelalter bis heute*, Darmstadt 2009.

Rolf F. Nohr und Stefan Böhme, *Die Auftritte des Krieges sinnlich machen. Johann C. I. Hellwig und das Braunschweiger Kriegsspiel*, Braunschweig 2009.

Rolf F. Nohr und Serjoscha Wiemer, *Strategie Spielen. Zur Kontur eines Forschungsprojekts*, in: dies. (Hrsg.), *Strategie Spielen. Medialität, Geschichte und Politik des Strategiespiels*, Berlin 2008, S. 8–28.

Paul Nolte, *Öffentliche Geschichte. Die neue Nähe von Fachwissenschaft, Massenmedien und Publikum: Ursachen, Chancen und Grenzen*, in: Julia Hornig und Michele Barricelli (Hrsg.), *Aufklärung, Bildung, »Histotainment«? Zeitgeschichte in Unterricht und Gesellschaft heute*, Frankfurt/M. 2008, S. 131–146.

Pierre Nora (Hrsg.), *Les lieux de mémoire I–III*, Paris 1984–1992.

Otto Gerhard Oexle, *Das entzweite Mittelalter*, in: Gerd Althoff (Hrsg.), *Die Deutschen und ihr Mittelalter. Themen und Funktionen moderner Geschichtsbilder vom Mittelalter*, Darmstadt 1992, S. 7–28.

— *Die Moderne und ihr Mittelalter. Eine folgenreiche Problemgeschichte*, in: Peter Segl (Hrsg.), *Mittelalter und Moderne. Entdeckung und Rekonstruktion der mittelalterlichen Welt*, Sigmaringen 1997, S. 307–364.

Vadim Oswalt und Hans-Jürgen Pandel (Hrsg.), *Geschichtskultur. Die Anwesenheit von Vergangenheit in der Gegenwart*, Schwalbach/Ts. 2009.

Gabriele Ott, *»Ein Ritter kämpft mit Leichtigkeit, wenn's ihm nicht fehlt an Feuchtigkeit.« Ritteressen!*, in: Lothar Kohner (Hrsg.), *»Finger Fertig« – Eine Kulturgeschichte der Serviette*, Berlin 2008, S. 67–76.

Martina Padberg und Martin Schmidt, *Die Magie der Geschichte. Zur Einführung*, in: dies. (Hrsg.), *Die Magie der Geschichte: Geschichtskultur und Museum*, Bielefeld 2010, S. 11–22.

Sylvia Paletschek, *Why Analyse Popular Historiographies?*, in: dies. (Hrsg.), *Popular Historiographies in the 19th and 20th Centuries. Cultural Meanings, Social Practices*, Essen 2011, S. 1–18.

Hans-Jürgen Pandel, *Dimensionen des Geschichtsbewusstseins*, in: Geschichtsdidaktik 12 (1987) 2, S. 130–142.

— *Geschichtskultur als Aufgabe der Geschichtsdidaktik: Viel zu wissen ist zu wenig*, in: Vadim Oswalt und Hans-Jürgen Pandel (Hrsg.), *Geschichtskultur. Die Anwesenheit von Vergangenheit in der Gegenwart*, Schwalbach/Ts. 2009, S. 19–33.

Roger E. Pedersen, *Game Design Foundations*, Plano 2003.

Bernard Perron und Mark J. P. Wolf, *Introduction*, in: dies. (Hrsg.), *The Video Game Theory Reader 2*, New York 2009, S. 1–21.

Helmut W. Pesch, *Fantasy. Theorie und Geschichte einer literarischen Gattung*, E-Book Ausg., Köln 2009 (1982), URL: http://www.helmutwpesch.de/download.htm (besucht am 04.05.2011).

Hans Petschar, *Das Schachspiel als Spiegel der Kultur*, in: Ursula Baatz und Wolfgang Müller-Funk (Hrsg.), *Vom Ernst des Spiels. Über Spiel und Spieltheorie*, Berlin 1993, S. 122–135.

Dieter Petzold, *Tolkiens Kosmos*, in: Helmut W. Pesch (Hrsg.), *J. R. R. Tolkien – der Mythenschöpfer*, Meitingen 1984, S. 123–142.

Robert Pfaller, *Immer fleißig spielen! Profaner Realismus und Heiliger Ernst zwischen Menschen und Maschinen*, in: Claus Pias und Christian Holtorf (Hrsg.), *Escape! Computerspiele als Kulturtechnik*, Köln 2007, S. 147–159.

Jörg Pflüger, *Wo die Quantität in Qualität umschlägt. Notizen zum Verhältnis von Analogem und Digitalem*, in: Martin Warnke, Wolfgang Coy und Georg Christoph Tholen (Hrsg.), *HyperKult II. Zur Ortsbestimmung analoger und digitaler Medien*, Bielefeld 2005, S. 27–94.

Jean Piaget, *Das moralische Urteil beim Kinde*, Stuttgart 1983 (frz. 1932).

Claus Pias, *Welt im Raster. Historische Szenen strategischer Interaktivität*, in: Ästhetik & Kommunikation 32 (2001) 115, S. 39–50.

— *Computer Spiel Welten*, Berlin 2002.

— *Vor dreißig Jahren: Die erste Spielkonsole*, in: Franfurter Allgemeine Sonntagszeitung, 28. 12. 2003, S. 54.

Martin Picard, *Video Games and their Relationship with other Media*, in: Mark J. P. Wolf (Hrsg.), *The Video Game Explosion. A History from PONG to PlayStation® and Beyond*, Westport, London 2008, S. 293–300.

Eva Ulrike Pirker und Mark Rüdiger, *Authentizitätsfiktionen in populären Geschichtskulturen: Annäherungen*, in: Eva Ulrike Pirker u. a. (Hrsg.), *Echte Geschichte. Authentizitätsfiktionen in populären Geschichtskulturen*, Bielefeld 2010, S. 11–30.

Andreas Platthaus, *Prinz Eisenherz, das bin ich*, in: Frankfurt Allgemeine Zeitung, 17. 09. 2005, S. 42.

Kacper Pobłocki, *Becoming-state. The bio-cultural imperialism of Sid Meier's Civilization*, in: Focaal – European Journal of Anthropology 39 (2002), S. 163–177.

Andrea Polaschegg, *Der andere Orientalismus. Regeln deutsch-morgenländischer Imagination im 19. Jahrhundert*, Berlin 2005.

Steven Poole, *Trigger Happy. Videogames and the Entertainment Revolution*, New York 2000.

Thorsten Quandt und Jeffrey Wimmer, *Online-Spieler in Deutschland 2007. Befunde einer repräsentativen Befragungsstudie*, in: Thorsten Quandt, Jeffrey Wimmer und Jens Wolling (Hrsg.), *Die Computerspieler: Studien zur Nutzung von Computergames*, Wiesbaden 2008, S. 169–192.

Leopold von Ranke, *Vorrede*, in: ders. (Hrsg.), *Jahrbücher des Deutschen Reichs unter dem Sächsischen Hause*, Bd. 1, Berlin 1837, S. V–XII.

Lutz Raphael, *Geschichtswissenschaft im Zeitalter der Extreme. Theorien, Methoden, Tendenzen von 1900 bis zur Gegenwart*, München 2003.

Hedwig Röckelein, *Historische Frauenforschung. Ein Literaturbericht zur Geschichte des Mittelalters*, in: Historische Zeitschrift 255 (1992) 2, S. 377–409.

Wolfgang Reinhard, *Geschichte der Staatsgewalt. Eine vergleichende Verfassungsgeschichte von den Anfängen bis zur Gegenwart*, München [3]2002 (1999).

Tobias Röhl und Regine Herbrik, *Mapping the Imaginary. Maps in Fantasy Role-Playing Games*, in: Forum Qualitative Sozialforschung/Qualitative Social Research 9 (2008) 3, URL: http://www. qualitative-research.net/index.php/fqs/article/view/1162 (besucht am 19. 03. 2011).

Paul Ricœur, *Zeit und Erzählung. Bd. 1: Zeit und historische Erzählung*, München 1988 (frz. 1983).

Dietmar Rieger, *Jeanne d'Arc oder das engagierte Engagement*, in: Klaudia Knabel, Dietmar Rieger und Stephanie Wodianka (Hrsg.), *Nationale Mythen, kollektive Symbole: Funktionen, Konstruktionen und Medien der Erinnerung*, Göttingen 2005, S. 175–206.

Clifford J. Rogers, *Tactics and the face of battle*, in: Frank Tallett und D. J. B. Trim (Hrsg.), *European Warfare, 1350–1750*, Cambridge 2010, S. 203–235.

Andrew Rollings und Ernest Adams, *Andrew Rollings and Ernest Adams on Game Design*, Berkeley 2003.

Andrew Rollings und Dave Morris, *Game Architecture and Design: A New Edition*, Boston u. a. 2004.

Andreas Rosenfelder, *Digitale Paradiese. Von der schrecklichen Schönheit der Computerspiele*, Köln 2008.

Jörn Rüsen, *Geschichtsdidaktik heute – Was ist und zu welchem Ende betreiben wir sie (noch)?*, in: Ernst Hinrichs und Wolfgang Jacobmeyer (Hrsg.), *Bildungsgeschichte und historisches Lernen*, Frankfurt/M. 1991, S. 9–23.

— *Was ist Geschichtskultur? Überlegungen zu einer neuen Art, über Geschichte nachzudenken*, in: Klaus Füßmann, Heinrich Theodor Grütter und Jörn Rüsen (Hrsg.), *Historische Faszination. Geschichtskultur heute*, Köln, Weimar, Wien 1994, S. 3–26.

— *Geschichtskultur als Forschungsproblem*, in: Jörn Rüsen, Klaus Fröhlich und Heinrich Theodor Grütter (Hrsg.), *Geschichtskultur*, Pfaffenweiler 1996, S. 39–50.

— *Geschichte als Kulturprozeß*, Köln, Weimar, Wien 2002.

— *Faktizität und Fiktionalität der Geschichte – Was ist Wirklichkeit im historischen Denken?*, in: Jens Schröter und Antje Eddelbüttel (Hrsg.), *Konstruktion von Wirklichkeit. Beiträge aus geschichtstheoretischer, philosophischer und theologischer Perspektive*, Berlin 2004, S. 19–32.

— *Aus Zeit Sinn machen – Versuch einer Typologie temporaler Sinnbildung*, in: ders. (Hrsg.), *Kultur macht Sinn. Orientierung zwischen Gestern und Morgen*, Köln u.a. 2006, S. 192–225.

Werner Rösener, *Agrarwirtschaft, Agrarverfassung und ländliche Gesellschaft im Mittelalter*, München 1992.

Florian Rötzer, *Konturen der ludischen Gesellschaft im Computerzeitalter*, in: ders. (Hrsg.), *Schöne neue Welten? Auf dem Weg zu einer neuen Spielkultur*, München 1995, S. 171–216.

Joe Rybicki, *The Real and the Semi-Real*, in: 1up.com (Blog), 12.04.2006, URL: http://www.1up.com/do/blogEntry?bId=6883235 (besucht am 10.03.2010).

Diedrich Saalfeld, *Wandlungen der bäuerlichen Konsumgewohnheiten vom Mittelalter zur Neuzeit*, in: Irmgard Bitsch, Trude Ehlert und Xenja von Ertzdorff (Hrsg.), *Essen und Trinken in Mittelalter und Neuzeit*, Sigmaringen 1987, S. 59–76.

Rüdiger Safranski, *Romantik. Eine deutsche Affäre*, München 2007.

Katie Salen und Eric Zimmerman, *Rules of Play. Game Design Fundamentals*, Cambridge/Mass. 2004.

Michael Sauer, *Geschichte unterrichten. Eine Einführung in die Didaktik und Methodik*, 6. akt. u. erw. Aufl., Seelze 2007 (2001).

— *Editorial*, in: Geschichte in Wissenschaft und Unterricht 60 (2009) 2, S. 75.

Thomas Schallaböck, *Mittelalterliche Musik als Ambiente historischer Gastmähler*, in: Lothar Kolmer und Christian Rohr (Hrsg.), *Mahl und Repräsentation*. Paderborn 2000, S. 251–261.

Thomas Scharff, *Wann wird es richtig mittelalterlich?*, in: Simona Slanička und Mischa Meier (Hrsg.), *Antike und Mittelalter im Film*, Köln 2007, S. 63–83.

Hans Scheuerl, *Zur Begriffsbestimmung von »Spiel« und »spielen«*, in: Zeitschrift für Pädagogik 21 (1975), S. 341–349.

— *Das Spiel. Untersuchungen über sein Wesen, seine pädagogischen Möglichkeiten und Grenzen*, Weinheim, Basel [10]1977 (1954).

Lawrence Schick, *Heroic Worlds. A History and Guide to Role-Playing Games*, Buffalo, New York 1991.

Jörg R. J. Schirra, *Computervisualistik*, in: Klaus Sachs-Hombach (Hrsg.), *Bildwissenschaft. Disziplinen, Themen, Methoden*, Frankfurt/M. 2005, S. 268–280.

Benedikt Schüler, Christopher Schmitz und Karsten Lehmann, *Geschichte als Marke. Historische Inhalte in Computerspielen aus der Sicht der Softwarebranche*, in: Angela Schwarz (Hrsg.), *»Wollten Sie auch immer schon einmal pestverseuchte Kühe auf Ihre Gegner werfen?« Eine fachwissenschaftliche Annäherung an Geschichte im Computerspiel*, Münster 2010, S. 199–215.

Bernd Schmid, *Die elektrische Eisenbahn. Planen, Bauen, Spielen*, Augsburg 1999.

Bernd Schönemann, *Geschichtsdidaktik und Geschichtskultur*, in: Bernd Mütter, Bernd Schönemann und Uwe Uffelmann (Hrsg.), *Geschichtskultur. Theorie – Empirie – Pragmatik*, Weinheim 2000, S. 26–58.

— *Die Geschichtskultur der Erlebnisgesellschaft. August der Starke in Tokio*, in: Sowi 30 (2001) 2, S. 135–142.

Bernt Schnettler, *Thomas Luckmann: Kultur zwischen Konstitution, Konstruktion und Kommunikation*, in: Stephan Moebius und Dirk Quadflieg (Hrsg.), *Kultur. Theorien der Gegenwart*, Wiesbaden 2006, S. 170–184.

Uwe Schöning, *Theoretische Informatik – kurzgefasst*, Heidelberg, Berlin [4]2001 (1992).

Oliver R. Scholz, *When Is a Picture?*, in: Synthese 95 (1993), S. 95–106.

— *Bild, Darstellung, Zeichen*, Frankfurt/M. [2]2004 (1994).

Rüdiger Schott, *Das Geschichtsbewußtsein schriftloser Völker*, in: Archiv für Begriffsgeschichte 12 (1968), S. 166–205.

Niklas Schrape, *Playing with Information. How Political Games Encourage the Player to Cross the Magic Circle*, in: Stephan Günzel, Michael Liebe und Dieter Mersch (Hrsg.), *Conference Proceedings of the Philosophy of Computer Games 2008*, Potsdam 2008, S. 108–125.

Alfred Schütz und Thomas Luckmann, *Strukturen der Lebenswelt*, Bd. 1, Frankfurt/M. [5]1994 (1975).

Ernst Schubert, *Essen und Trinken im Mittelalter*, Darmstadt 2006.

Knut Schulz, *Handwerk, Zünfte und Gewerbe. Mittelalter und Renaissance*, Darmstadt 2010.

Kevin Schut, *Strategic Simulations and Our Past. The Bias of Computer Games in the Presentation of History*, in: Games and Culture 2 (2007), S. 213–235.

Angela Schwarz, *»Wollen Sie wirklich nicht weiter versuchen, diese Welt zu dominieren?« Geschichte in Computerspielen*, in: Barbara Korte und Sylvia Paletschek (Hrsg.), *History goes Pop: Zur Repräsentation von Geschichte in populären Medien und Genres*, Bielefeld 2009, S. 313–340.

— *Computerspiele – Ein Thema für die Geschichtswissenschaft?*, in: dies. (Hrsg.), *»Wollten Sie auch immer schon einmal pestverseuchte Kühe auf Ihre Gegner werfen?« Eine fachwissenschaftliche Annäherung an Geschichte im Computerspiel*, Münster 2010, S. 7–28.

Björn Schwarz, *Ein ganz starker Typ. Test Commodore 64*, in: CHIP 6 (1983) 6, S. 48–50.

Kim Selling, *»Fantastic Neomedievalism«: The Image of the Middle Ages in Popular Fantasy*, in: David Ketterer (Hrsg.), *Flashes of the Fantastic: Selected Essays from the War of the Worlds. Centennial, Nineteenth International Conference on the Fantastic in the Arts*, Weatport 2004, S. 211–218.

Pat Shipman, *Die Evolution des Rassismus. Gebrauch und Mißbrauch von Wissenschaft*, Frankfurt/M. 1995 (engl. 1994).

Tom Shippey, *Light-elves, Dark-elves, and Others: Tolkien's Elvish Problem*, in: Tolkien Studies 1 (2004), S. 1–15.

Migual Sicart, *The Ethics of Computer Games*, Cambridge/Mass. 2009.

Jean-Pierre Sicre, *Nachwort*, in: Wladimir Bartol, *Alamut*, Bergisch Gladbach 1993, S. 666–671.

Simona Slanička und Mischa Meier, *Einleitung*, in: dies. (Hrsg.), *Antike und Mittelalter im Film*, Köln 2007, S. 7–16.

Greg M. Smith, *Introduction. A few Words about Interactivity*, in: ders. (Hrsg.), *On a Silver Platter. CD-ROMs and the Promises of a New-Technology*, New York, London 1999, S. 1–34.

Werner Sombart, *Der moderne Kapitalismus*, 2 Bde., Leipzig 1902.

Burkhard Spinnen, *Modell-Eisenbahn. Kleine Philosophie der Passionen*, München 1998.

Dierk Spreen, *Schachmatt? Nach Kasparows Niederlage*, in: Ästhetik & Kommunikation 32 (2001/2002) 115, S. 35–37.

Kurt Squire, *Changing the game: What happens when video games enter the classroom*, in: Innovate 1 (2005) 6, URL: http://www.innovateonline.info/index.php?view=article&id=82 (besucht am 07.08.2010).

Kurt Squire und Henry Jenkins, *Harnessing the Power of Games in Education*, in: InSight 3 (2003), S. 5–33.

Karlheinz Stierle, *Fragmente eines Selbstentwurfs. Petrarcas Wege zur Neuzeit*, in: ders.: *Petrarca*, München, Wien 1998, S. 7–80.

Katja Stopka, *Guide Geschichte und Literatur*, in: Clio-online, 15.11.2008, URL: http://www.clio-online.de/guides/geschichteliteratur/stopka2008 (besucht am 01.10.2011).

Ernst Strouhal, *Schachspiele – Weltspiele*, in: Ulrich Schädler (Hrsg.), *Spiele der Menschheit. 5000 Jahre Kulturgeschichte der Gesellschaftsspiele*, Darmstadt 2007, S. 65–71.

Christian Strub, *Trockene Rede über mögliche Ordnungen der Authentizität. Erster Versuch*, in: Jan Berg, Hans-Otto Hügel und Hajo Kurzenberger (Hrsg.), *Authentizität als Darstellung*, Hildesheim 2007, S. 7–17.

Brian Sutton-Smith, *Die Dialektik des Spiels. Eine Theorie des Spielens, der Spiele und des Sports*, Schorndorf 1978.

— *The Ambiguity of Play*, Cambridge/Mass., London 1997.

T. L. Taylor, *Play Between Worlds. Exploring Online Game Culture*, Cambridge/Mass. 2006.

Christina Teipen, *Hochtechnologische Unternehmen im Spiegel des »Varieties-of-Capitalism«-Ansatzes. Arbeit und Beschäftigung in der Computerspieleindustrie*, in: Kölner Zeitschrift für Soziologie und Sozialpsychologie (2008) 4, S. 764–787.

— *Weltmarkt mit Hürden. Wachstumsbarrieren behindern die Computerspielindustrie*, in: WZB-Mitteilungen (2009) 125, S. 21–23.

Hans Thieme, *Historische Computerspiele. Geschichtliches Lernpotential oder politisch-ethische Desorientierung?*, in: Geschichte, Politik und ihre Didaktik 23 (1995) 1/2, S. 97–108.

Jan-Noël Thon, *Unendliche Weiten? Schauplätze, fiktionale Welten und soziale Räume heutiger Computerspiele*, in: Klaus Bartels und Jan-Noël Thon (Hrsg.), *Computer/Spiel/Räume. Materialien zur Einführung in die Computer Game Studies* (Hamburger Hefte zur Medienkultur 5), Hamburg 2007, S. 29–60.

Richard Tilly, *Einige Bemerkungen zur theoretischen Basis der modernen Wirtschaftsgeschichte*, in: Jahrbuch für Wirtschaftsgeschichte 1 (1994), S. 131–149.

J. R. R. Tolkien, *On Fairy-Stories* (1947), in: ders.: *Tree and Leaf*, London ²1988 (1964), S. 9–73.

Oliver M. Traxel, *Medieval and Pseudo-Medieval Elements in Computer Role-Playing Games: Use and Interactivity*, in: Studies in Medievalism 16 (2008), S. 123–142.

Daniel Tyradellis und Michal S. Friedlander (Hrsg.), *10 + 5 = Gott. Die Macht der Zeichen*, Köln 2004.

Stanislaw M. Ulam, *Adventures of a Mathematician*, Berkeley, Los Angeles, London 1991 (1976).

William Uricchio, *Simulation, History, and Computer Games*, in: Joost Raessens und Jeffrey Goldstein (Hrsg.), *Handbook of Computer Game Studies*, Cambridge, London 2005, S. 327–334.

Ernst Voltmer, *Das Mittelalter ist noch nicht vorbei … Über die merkwürdige Wiederentdeckung einer längst vergangenen Zeit und die verschiedenen Wege, sich ein Bild davon zu machen*, in: Alfred Haverkamp und Alfred Heit (Hrsg.), *Ecos Rosenroman. Ein Kolloquium*, München 1987, S. 185–228.

Dennis Waskul und Matt Lust, *Role-Playing and Playing Roles: The Person, Player, and Persona in Fantasy Role-Playing*, in: Symbolic Interaction 27 (2004) 3, S. 333–356.

Max Weber, *Die »Objektivität« sozialwissenschaftlicher und sozialpolitischer Erkenntnis* (1904), in: ders.: *Gesammelte Aufsätze zur Wissenschaftslehre*, hrsg. v. Johannes Winckelmann, Tübingen [7]1988, S. 146–214.

Karin Wehn, *Computerspiele – Kunstform des digitalen Zeitalters*, in: Telepolis, 27. 01. 2011, URL: http://www.heise.de/tp/artikel/34/34093/1.html (besucht am 09. 10. 2011).

Alexander Weiß, *Computerspiele als Aufbewahrungsform des Politischen. Politische Theorie in Age of Empires und Civilization*, in: Tobias Bevc (Hrsg.), *Computerspiele und Politik. Zur Konstruktion von Politik und Gesellschaft in Computerspielen*, Münster 2007, S. 77–97.

Frank Weinreich, *Fantasy. Einführung*, Essen 2007.

Joseph Weizenbaum, *Die Macht der Computer und die Ohnmacht der Vernunft*, Frankfurt/M. 1978 (engl. 1976).

Mark B. Wells, *Maniac*, in: Roger B. Lazarus u. a. (Hrsg.), *Computing at LASL in the 1940s and 1950s. Los Alamos Scientific Laboratory Report LA-6943-H*, Los Alamos 1972, S. 16–21.

Ulrich Wenzel, *Archiv und Algorithmus. Symbolverarbeitende Maschinen als Medien der Populärkultur*, in: Andreas Ziemann (Hrsg.), *Medien der Gesellschaft – Gesellschaft der Medien*, Konstanz 2006, S. 271–286.

Niels Werber, *Geo- and Biopolitics of Middle-earth: A German Reading of Tolkien's* The Lord of the Rings, in: New Literary History 36 (2005) 2, S. 227–246.

Stefan Wesener, *Geschichte in Bildschirmspielen. Bildschrimspiele mit historischem Inhalt*, in: Tobias Bevc (Hrsg.), *Computerspiele und Politik. Zur Konstruktion von Politik und Gesellschaft in Computerspielen*, Münster 2007, S. 141–164.

Hayden White, *Auch Klio dichtet oder die Fiktion des Faktischen. Studien zur Tropologie des historischen Diskurses*, Stuttgart 1986.

Georg Wieland, *Gottes Schweigen und das Lachen der Menschen*, in: Alfred Haverkamp und Alfred Heit (Hrsg.), *Ecos Rosenroman. Ein Kolloquium*, München 1987, S. 97–122.

Serjoscha Wiemer, *Ein ideales Modell der Vernunft? Überlegungen zur Regelhaftigkeit und strategischen Rationalität des Schachspiels*, in: Rolf F. Nohr und Serjoscha Wiemer (Hrsg.), *Strategie Spielen. Medialität, Geschichte und Politik des Strategiespiels*, Berlin 2008, S. 136–161.

— *Strategie in Echtzeit. Ergodik zwischen Kriegsspiel und Wirtschaftssimulation*, in: Rolf F. Nohr und Serjoscha Wiemer (Hrsg.), *Strategie Spielen. Medialität, Geschichte und Politik des Strategiespiels*, Berlin 2008, S. 213–248.

Josef Wiemeyer, *Digitale Spiele. (K)ein Thema für die Sportwissenschaft*, in: Sportwissenschaft 39 (2009), S. 120–128.

Erhard Wiersing, *Geschichte des historischen Denkens. Zugleich eine Einführung in die Theorie der Geschichte*, Paderborn u. a. 2007.

Patrick J. Williams, Sean Q. Hendricks und Keith W. Winkler, *Introduction: Fantasy Games, Gaming Cultures, and Social Life*, in: ders. (Hrsg.), *Gaming as Culture. Essays on Reality, Identity and Experience in Fantasy Games*, Jefferson 2006, S. 1–18.

Rainer Wirtz, *Das Authentische und das Historische*, in: Thomas Fischer und Rainer Wirtz (Hrsg.), *Alles authentisch? Popularisierung der Geschichte im Fernsehen*, Konstanz 2008. S. 187–203.

Carsten Wünsch und Bastian Jenderek, *Computerspielen als Unterhaltung*, in: Jens Wolling, Thorsten Quandt und Jeffrey Wimmer (Hrsg.), *Die Computerspieler. Studien zur Nutzung von Computergames*, Wiesbaden 2008, S. 41–56.

Stephanie Wodianka, *Zwischen Mythos und Geschichte. Ästhetik, Medialität und Kulturspezifik der Mittelalterkonjunktur*, Berlin, New York 2009.

Mark J. P. Wolf, *Genre and the Video Game*, in: ders. (Hrsg.), *The Medium of the Video Game*, Austin 2001, S. 113–134.

— (Hrsg.), *The Video Game Explosion. A History from PONG to PlayStation® and Beyond*, Westport, London 2008.

Peter Wolf, *Der Traum von der Zeitreise. Spielerische Simulation von Vergangenheit mit Hilfe des Computers*, in: Geschichte in Wissenschaft und Unterricht 47 (1996), S. 535–547.

Jens Wolling, Thorsten Quandt und Jeffrey Wimmer, *Warum Computerspieler mit dem Computer spielen. Vorschlag eines Analyserahmens für die Nutzerforschung*, in: dies. (Hrsg.), *Die Computerspieler. Studien zur Nutzung von Computergames*, Wiesbaden 2008, S. 13–22.

Olaf Wolters, *Elektronische Spiele: Wachstumsmarkt mit großer Wertschöpfung*, in: Arnold Picot (Hrsg.), *Spielend die Zukunft gewinnen: Wachstumsmarkt elektronische Spiele*, Berlin, Heidelberg 2008, S. 26–36.

— *Kulturgut und Spitzentechnologie*, in: Olaf Zimmermann und Theo Geißler (Hrsg.), *Streitfall Computerspiele: Computerspiele zwischen kultureller Bildung, Kunstfreiheit und Jugendschutz*, 2. erw. Aufl., Berlin 2008, S. 122–123.

Hartmann Wunderer, *Computer im Geschichtsunterricht. Neue Chancen für historisches Lernen in der Informationsgesellschaft?*, in: Geschichte in Wissenschaft und Unterricht 47 (1996) 9, S. 526–535.

Nick Yee, *The Demographics, Motivations and Derived Experiences of Users of Massively Multi-User Online Graphical Environments*, in: Presence: Teleoperators and Virtual Environments 15 (2006) 3, S. 309–329.

Holger Zapf, *Computerspiele als Massenmedien. Simulation, Interaktivität und Unterhaltung aus medientheoretischer Perspektive*, in: Tobias Bevc und Holger Zapf (Hrsg.), *Wie wir spielen, was wir werden. Computerspiele in unserer Gesellschaft*, Konstanz 2009, S. 11–25.

Gabriel Zeilinger, *Lebensformen im Krieg. Eine Alltags- und Erfahrungsgeschichte des süddeutschen Städtekriegs 1449/50*, Stuttgart 2007.

Andrzej Zgorzelski, *A Fairy Tale Modified: Time and Space as Syncretic Factors in J. R. R. Tolkien's Trilogy*, in: Zeitschrift für Literaturwissenschaft und Linguistik 92 (1993), S. 126–140.

Reinhard Zulehner, *Rollenspiele als Kulturgut. Eine empirische Studie über Pen&Paper-Rollenspiele*, Marburg 2010.

Rüdiger Zymner, *Phantastische Sozialisation*, in: Christine Ivanović, Jürgen Lehmann und Markus May (Hrsg.), *Phantastik – Kult oder Kultur?*, Stuttgart, Weimar 2003, S. 299–314.

Index

Historische Lebenswelten in populären Wissenskulturen/
History in Popular Cultures

Hans-Joachim Gehrke,
Miriam Sénécheau (Hg.)
Geschichte, Archäologie, Öffentlichkeit
Für einen neuen Dialog zwischen Wissenschaft
und Medien. Standpunkte aus Forschung
und Praxis

2010, 304 Seiten, kart., zahlr. Abb., 29,80 €,
ISBN 978-3-8376-1621-7

Marco Kircher
Wa(h)re Archäologie
Die Medialisierung archäologischen Wissens
im Spannungsfeld von Wissenschaft
und Öffentlichkeit

Mai 2012, 348 Seiten, kart., zahlr. z.T. farb. Abb., 32,80 €,
ISBN 978-3-8376-2037-5

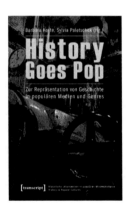

Barbara Korte, Sylvia Paletschek (Hg.)
History Goes Pop
Zur Repräsentation von Geschichte
in populären Medien und Genres

2009, 350 Seiten, kart., zahlr. Abb., 29,80 €,
ISBN 978-3-8376-1107-6

**Leseproben, weitere Informationen und Bestellmöglichkeiten
finden Sie unter www.transcript-verlag.de**